Shopping Enjoyment

Schriften zu Marketing und Handel

Herausgegeben von Martin Fassnacht

Band 17

Zur Qualitätssicherung und Peer Review der vorliegenden Publikation

Die Qualität der in dieser Reihe erscheinenden Arbeiten wird vor der Publikation durch den Herausgeber der Reihe geprüft.

Notes on the quality assurance and peer review of this publication

Prior to publication, the quality of the work published in this series is reviewed by the editor of the series.

Eva Schuckmann

Shopping Enjoyment

Determinanten, Auswirkungen und moderierende Effekte

PL ACADEMIC RESEARCH

Bibliografische Information der Deutschen Nationalbibliothek
Die Deutsche Nationalbibliothek verzeichnet diese Publikation in der Deutschen Nationalbibliografie; detaillierte bibliografische Daten sind im Internet über http://dnb.d-nb.de abrufbar.

Zugl.: Vallendar, Wiss. Hochsch. für Unternehmensführung, Diss., 2013

WHU-Logo auf dem Umschlag:
Abdruck mit freundlicher Genehmigung
der WHU - Otto Beisheim School of Management.

D 992
ISSN 1862-605X
ISBN 978-3-631-65048-6 (Print)
E-ISBN 978-3-653-04097-5 (E-Book)
DOI 10.3726/978-3-653-04097-5

PL Academic Research ist ein Imprint der Peter Lang GmbH.

Peter Lang – Frankfurt am Main · Bern · Bruxelles · New York · Oxford · Warszawa · Wien

Diese Publikation wurde begutachtet.

www.peterlang.com

Geleitwort des Herausgebers

Fast weltweit ist zu festzustellen, dass der Online-Handel zu Lasten des stationären Handels an Marktanteilen gewinnt. Um diese Entwicklung aufzuhalten, setzen stationäre Handelsunternehmen häufig Preis-Promotionen ein. Die Erfolgswirkungen solcher Marketing-Maßnahmen sind in der Marketing-Literatur umstritten. Ein wichtiger Stellhebel für den stationären Handel ist es, Kunden während des Einkaufs ein positives Gefühl zu geben. In der relevanten Literatur wird hier von Shopping Enjoyment gesprochen.

In der wissenschaftlichen Literatur liegen bisher nicht viele Ausarbeitungen zu dem Themengebiet des Shopping Enjoyment vor. Die Auseinandersetzung mit Shopping Enjoyment ist sowohl für die Wissenschaft als auch für die Unternehmenspraxis von großer Bedeutung. Frau Dr. Schuckmann beschäftigt sich mit drei Forschungsfragen:

- Was sind handelsseitige Determinanten von Shopping Enjoyment?
- Welche handelsrelevanten Auswirkungen hat Shopping Enjoyment?
- Welche Variablen moderieren die Stärke der Wirkungsbeziehungen zwischen den Determinanten und Shopping Enjoyment?

Alle drei Forschungsfragen werden sowohl theoretisch-konzeptionell als auch empirisch beantwortet. Das Herzstück der Arbeit stellt das Untersuchungsmodell zu Shopping Enjoyment dar. Es enthält sowohl Determinanten und Moderatoren als auch direkte Effekte auf Auswirkungsvariablen. Sehr positiv ist hervorzuheben, dass das Untersuchungsmodell von Frau Dr. Schuckmann hinsichtlich aller drei Arten von Variablen sehr umfassend geraten ist.

Die Ergebnisse ihrer empirischen Untersuchung zeigen auf, dass der Effekt der Attraktivität des Sortiments, ein klassischer Bereich des Handels, auf das Shopping Enjoyment sehr stark ist. Ebenfalls ist sehr interessant, dass die Attraktivität der Preisposition keine überlegene Rolle bei der Beeinflussung von Shopping Enjoyment spielt. Hinsichtlich der Auswirkungen ist zu konstatieren, dass alle aufgestellten Hypothesen zwischen Shopping Enjoyment und unmittelbarem Verhalten in Form von Verweildauer, Produktinteresse und Kaufimpulsivität bestätigt werden. Dies gilt ebenfalls für die Auswirkungsvariablen im Hinblick auf die Einstellung (Fehler-/Mängeltoleranz) und auf die Verhaltensabsichten in Form von Kundenloyalität und Preisbereitschaft. Sehr erfreulich ist, dass ein direkter Zusammenhang zwischen Shopping Enjoyment und der Bon-/Ausgabenhöhe bestätigt wird.

Die Ergebnisse zu den moderierenden Effekten zeigen auf, dass die bestehenden direkten Wirkungszusammenhänge zwischen handelsseitigen Determinanten und Shopping Enjoyment in nur wenigen Fällen moderiert werden. Interessant ist, dass der Moderator globaler Gemütszustand hier die stärkste Rolle spielt.

Die Ergebnisse der Arbeit von Frau Dr. Schuckmann sind sowohl für die Wissenschaft als auch für die Unternehmenspraxis in sehr hohem Maße aufschlussreich. Ich bin davon überzeugt, dass die Arbeit von Frau Dr. Schuckmann in beiden Bereichen auf sehr großes Interesse stoßen wird.

Prof. Dr. Martin Fassnacht
Inhaber des Lehrstuhls für BWL, insbesondere Marketing und Handel
Otto Beisheim-Stiftungslehrstuhl
WHU – Otto Beisheim School of Management

Vorwort

Shopping Enjoyment als Thema für meine Dissertation stellte für mich sowohl aus wissenschaftlicher als auch aus persönlicher Sicht ein äußerst interessantes Themenfeld dar. Die Idee dazu wurde angeregt zum einen durch die Ergebnisse einer europaweiten Konsumentenstudie, die vom Lehrstuhl durchgeführt wurde, zum anderen auch mein persönliches Interesse für die Selbstinszenierung von Handelsunternehmen. Eines der zentralen Studienergebnisse des Lehrstuhls belegte die über Ländergrenzen hinweg zunehmende Bedeutung anderer Aspekte beim Einkauf als den der reinen Nutzenerfüllung in Form des Erwerbs benötigter Waren und Dienstleistungen. Daraus resultierten Überlegungen, wie das Erlebnis „Einkauf“ für Konsumenten attraktiv gestaltet werden kann. Welche geschäftspolitischen Maßnahmen von Handelsunternehmen nehmen positiven Einfluss auf Emotionen von Konsumenten und ihr Verhalten? Welche anderen Aktivitäten als das allgegenwärtige Angebot von Niedrig- und Niedrigstpreisen lösen Freude bei Konsumenten aus? Sind entsprechende Aktivitäten für Unternehmen rentabel?

Die wissenschaftliche Auseinandersetzung mit diesen und weiteren Fragen wurde stets auch durch die persönliche Reflexion dieses breiten Themenfelds mit einer Reihe von Personen in meinem beruflichen und privaten Umfeld bereichert. Durch sie wurde das Schreiben meiner Dissertation nicht nur erleichtert, sondern überhaupt erst möglich. An erster Stelle danke ich meinem Doktorvater Prof. Dr. Martin Fassnacht, der mir die Promotion an seinem Lehrstuhl ermöglicht und als akademischer Betreuer meiner Arbeit zu meiner fachlichen Entwicklung beigetragen hat. Als wissenschaftliche Mitarbeiterin in seinem Lehrstuhlteam habe ich ein inspirierendes universitäres Umfeld und Menschen kennengelernt, die zu jeder Zeit nicht nur wertschätzende Kollegen waren, sondern auch gute Freunde wurden. Die hohen Ansprüche an die fachliche sowie persönliche Leistung aller Mitarbeiter in einer vertrauensvollen Arbeitsatmosphäre weiß ich auch lange über meine Zeit am Lehrstuhl hinaus zu schätzen. Mein Dank gilt auch Herrn Prof. Dr. Lutz Kaufmann für die Übernahme des Zweitgutachtens. Mit seinen fachlich konstruktiven Hinweisen und seinem persönlichen Rat hat er meine Arbeit unterstützt.

Besonders möchte ich mich bei meinen unmittelbaren Lehrstuhlkollegen bedanken, die mich mit Hilfsbereitschaft und freundschaftlicher Gemeinschaft begleitet haben: Dr. Saskia Appelhoff, Sandra Bödeker, Dr. Andreas Ettinger, Dr. Wenzel Drechsler, Dr. Sonja Klose, Dr. Ibrahim Köse, Stephanie Krause,

Prof. Dr. Sabine Möller, Jürgen Pannek, Dr. Christian Stallkamp und Dr. Rebecca Winkelmann. Die wissenschaftliche Zusammenarbeit und der rege Erfahrungsaustausch mit ihnen sowie zahllose Späße während und außerhalb der Arbeit brachten stets Freude an allen Aufgaben und Herausforderungen. Angenehmere Kollegen als sie hätte ich mir nicht wünschen können. Ebenso möchte ich mich auch bei vielen Mitarbeitern der WHU bedanken, auf deren Unterstützung ich mich zu jeder Zeit verlassen konnte: Katrin Doetsch, Ulrike Grosser, Heidrun Hoffmann, Elisabeth Pirsch, Birgit Schwind und Sabrina Weinerth. Sie haben mich mit unzähligen Aufsätzen und Büchern, Informationen und wertvollen Tipps versorgt und dabei stets ein Lächeln bereitgehalten.

Für ihre freundschaftliche Treue auch in Zeiten des Untertauchens bin ich vor allem meinen langjährigen Freunden dankbar. Sie sind zu jeder Zeit an meiner Seite, um kleine und große Momente zu teilen, und um mich durch persönlichen Rat und ihr Dasein zu bereichern. Ich bin glücklich, Freunde wie sie zu haben: Mischa Bechtolsheimer, Yvonne Burbach, Dr. Yasmin Fargel, Charlotte Huck, Nadine und Patric Kirchner, Diana Mabayoje, Anne Mayer-Vorfelder, Katharina Nikolai und Anna Schleicher.

Ganz besonders herzlich danken möchte ich zuletzt und sicherlich doch an erster Stelle meiner Familie: Meinem Bruder und besten Freund Steffen, der einfach immer für mich da ist. Meinen Brüdern Jochen und Gunter, die mir mit Witz und guten Gesprächen Freude bereiten. Meiner Omi Anneliese, die meine erfahrenste Ratgeberin ist und mir warmherziges Vertrauen schenkt. Meinem Opi Leo und Onkel Georg, die die Fertigstellung meiner Dissertation so gerne erlebt hätten. Manfred und Helga mit Katrin, Anne und Frank sowie Frieda und Volker, die für mich meine zweite Familie sind. Den größten Rückhalt haben mir allen voran meine Eltern geboten, die mit ganzer Kraft das Fundament für meinen persönlichen und akademischen Werdegang gelegt und meine Interessen stets gefördert haben. Ihnen und auch Peter, den ich immer bei mir trage, möchte ich diese Dissertation widmen.

Dr. Eva Schuckmann

Inhaltsverzeichnis

Abbildungsverzeichnis

Tabellenverzeichnis

1. Einleitung

1.1 Motivation der Arbeit

Mit dem gestiegenen Breitenwohlstand haben sich die Bedürfnisse von Konsumenten verändert und ihre Ansprüche kontinuierlich erhöht. Anstelle der Zufriedenstellung von Grundbedürfnissen und der Bedarfsdeckung an funktionalen Gütern und Dienstleistungen kommt heutzutage dem **emotionalen Erleben im Rahmen des Konsums** eine wesentliche Bedeutung zu: „Unübersehbar dominieren psychische und physische Formen des Genusses: gute Laune, Entspannung, Erregung, Unterhaltung, Gemütlichkeit, Coolness, Sensationen der Sinne – nie Gesehenes, nie Gehörtes, unvergleichliche Gefühle usw." (Schulze 2005, S. 545). Dieser Genuss- und Erlebniswunsch der Konsumenten erstreckt sich nicht nur auf den eigentlichen Konsum, sondern besteht bereits im Beschaffungszeitpunkt. Die Einkaufsaktivitäten bilden somit einen essentiellen Ansatzpunkt für den Handel zur Befriedigung dieser gefühlsbetonten Anspruchshaltung von Konsumenten.

Der Genuss- und Erlebnisnachfrage von Konsumenten liegt ein starkes Bedürfnis nach positiver emotionaler Aktivierung zugrunde, dessen Entstehung sich auf soziodemographische, sozioökonomische und soziokulturelle Veränderungen zurückführen lässt:

Relevante **soziodemographische Veränderungen** sind die zunehmende Anzahl an Einpersonenhaushalten (prognostizierte Veränderung zwischen 2009 und 2030 insgesamt ca. +11,3%; vgl. Statistisches Bundesamt Deutschland 2011a, S. 7), die steigende Frauenerwerbstätigkeit (Veränderung zwischen 2000 und 2010 insgesamt ca. +12,4%; vgl. Statistisches Bundesamt 2011b, S. 91) und die Alterung der Bevölkerung (beispielsweise bevölkerungsanteiliges Wachstum der Altersgruppe über 65 Jahre zwischen 2000 und 2009 insgesamt ca. +23,4%, vgl. Statistisches Bundesamt 2011b, S. 42). Folge der beiden erstgenannten soziodemographischen Trends ist neben einer erhöhten Kaufkraft der privaten Haushalte auch eine stärkere Beanspruchung des Zeitbudgets durch die Doppelbelastung aus Berufstätigkeit und Haushaltsführung, die mit einem sinkenden Anteil der verfügbaren Zeit zur freien Verwendung einhergeht. Zeit entwickelt sich für erwerbstätige Personen folglich zu einer knappen Ressource, deren nutzenoptimale Verwendung sie anstreben. Mit dem Trend zu Einpersonenhaushalten als Ausdruck sozialstruktureller Veränderungen ist zusätzlich der Rückgang sozialer Kontakte und Vernetzung im privaten Bereich verbunden. Demgegenüber verfügen Personen, die dem wachsenden Segment der älteren Altersgruppen angehören, häufig über ein hohes Finanz- und Freizeitbudget. Im Lauf des Lebenszyklus sparen Personen gewöhnlich Vermögen an (dies gilt insbesondere für die gegenwärtige Altersgruppe über 65 Jahre, die vom wirtschaftlichen Aufschwung der 1950er Jahre profitiert hat), das sie zusätzlich zu ihren monatlichen Versorgungsbezügen nach Beendigung der Berufstätigkeit konsumieren. Durch den Austritt aus dem Berufsleben steht älteren Personen in der Regel zudem das gesamte Zeitbudget zur freien Verfügung.

Sozioökonomische Entwicklungen betreffen insbesondere den gestiegenen finanziellen und materiellen Breitenwohlstand als Folge des Wirtschaftswachstums seit den 1950er Jahren, der mit einer Anhebung des durchschnittlichen Lebensstandards einhergeht. Der Anstieg der Konsumausgaben privater Haushalte in Deutschland (Veränderung zwischen 2003 und 2010 insgesamt ca. +12,5%; vgl. Statistisches Bundesamt Deutschland 2011b, S. 641) resultiert zudem als Folge der erhöhten Kaufkraft durch die beschriebenen soziodemographischen Veränderungen. Die umfassende Ausstattung der Bevölkerung mit Gebrauchsgütern (vgl. Statistisches Bundesamt Deutschland 2011b, S. 546) ist zudem ein Beleg für die hohe „Konsumerfahrenheit", die zu einer Sättigung materieller Konsumbedürfnisse führt.

Soziokulturelle Veränderungen, die ursächlich für das Bedürfnis nach positiver emotionaler Aktivierung sind, betreffen den gesellschaftlichen Wertewandel sowie eine grundlegende Wende der kulturellen Bedeutung der Aktivität des Einkaufens. Durch den gestiegenen materiellen Breitenwohlstand findet in den modernen postindustriellen Gesellschaften ein Bedeutungsverlust klassischer Lebensziele statt, die etwa die Zufriedenstellung physiologischer Bedürfnisse wie beispielsweise Nahrung, Wärme oder Wohnraum umfassen. Da diese den objektiven Lebensbedingungen entsprechend als gesichert gelten, resultiert im Sinne humanistischer Theorien (vgl. Zimbardo/Gerrig 2008, S. 522) das Streben nach übergeordneten Lebenszielen. „Die Realisierung des eigenen innewohnenden Potenzials – die vollständige Entwicklung der eigenen Möglichkeiten und Talente" (Zimbardo/Gerrig 2008, S. 522) avancieren zum Ausdruck der Bedürfnisse materiell gesättigter Gesellschaften und spiegeln den Wunsch nach Selbstverwirklichung wider. Da Güter und Dienstleistungen in vielen Bereichen nicht mehr der existenziellen Grundsicherung dienen, entwickelt sich der Prozess ihrer Beschaffung weg von einer lästigen Notwendigkeit zunehmend hin zu einer Aktivität, der man im Rahmen frei verfügbarer Zeit als Hobby, Vergnügen, Zeitvertreib oder zur eigenen Unterhaltung nachgeht. Einkaufen dient daher nicht mehr ausschließlich dem Erwerb benötigter Waren, sondern befriedigt weitaus mehr Motive, die Ausdruck der persönlichen Individualität sind (vgl. Tauber

1972, S. 46). Shopping als Gesamtheit materieller und immaterieller Konsumerlebnisse erfüllt den Wunsch nach Genuss, Abwechslung und Neuartigkeit und gilt als „way of life in contemporary consumer society" (Guiry/Lutz 2006, S. 3).

Die beschriebenen gesellschaftlichen Trends und ihre Folgen in Form von Verknappung der (Frei-) Zeitbudgets, Veränderung sozialer Strukturen, Sättigung der Grundbedürfnisse und funktionaler Konsumbedürfnisse sowie der Entwicklung einer produkt- beziehungsweise kaufunabhängigen Bedeutung des Shopping führen zu einer **neuen Anspruchshaltung an zeitkonsumierende Aktivitäten** im privaten Bereich. Genussaspekte, die mit positiver emotionaler Aktivierung einhergehen, erfahren hierbei einen Bedeutungszuwachs. Schulze (2005, S. 13) formuliert provokant, dass „das Leben schlechthin (...) zum Erlebnisprojekt geworden" sei. Er drückt damit aus, dass **positive Gefühle, etwa Freude und Spaß, einen hohen Stellenwert** genießen und der individuellen Persönlichkeit entsprechend in allen Lebensbereichen angestrebt werden.

Die dargestellten Genuss- und Erlebniserwartungen der Konsumenten stellen den **Handel vor große Herausforderungen**. Um bereits während der zeitverzehrenden Einkaufsaktivität positive Gefühle beim Kunden entstehen zu lassen, bedarf es freudestiftender Maßnahmen (beispielsweise das Angebot kostenloser Getränke während des Einkaufs) auf Seiten der Anbieter. Diese verursachen jedoch häufig Kosten, ohne dass eine direkte Wirkung auf den Konsumenten und folglich sein Verhalten messbar ist. Daher werden sie gerade in Zeiten finanzieller Anspannung nur mit großer Zurückhaltung eingesetzt.

Die Umsatzentwicklung im deutschen Einzelhandel war in den vergangenen Jahren rückläufig und wurde zusätzlich durch die 2008 entstandene Finanz- und Wirtschaftskrise negativ beeinflusst. Im Jahr 2010 konnte erstmalig wieder ein geringes Umsatzwachstum im Einzelhandel von real 1,2% gegenüber dem Vorjahr erzielt werden (vgl. Statistisches Bundesamt Deutschland 2011c, S. 1). Insgesamt sinkt der Anteil des Einzelhandelsumsatzes am privaten Konsum. Während dieser Anfang der 1990er Jahre noch über 40% betrug, lag der Anteil 2010 nur noch bei 27% (vgl. KPMG 2006, S. 19; o. V. 2011b). Auch die durchschnittliche Umsatzrendite des deutschen Einzelhandels liegt seit einigen Jahren bei nur rund einem Prozent (vgl. Helaba Research 2011, S. 3; o. V. 2005), so dass es insgesamt von einer strukturellen Krise und angespannten Finanzlage der Branche zu sprechen gilt.

Ursächlich für die herausfordernde wirtschaftliche Lage der Branche sind neben der konjunkturellen Entwicklung vor allem handelsseitige Gründe. Aufgrund einer unklaren strategischen Positionierung vieler Handelsunternehmen gleichen sich ursprünglich konkurrierende Geschäftsstätten zunehmend an, da sie austauschbare Sortimente in einem ähnlich gestalteten Einkaufsumfeld zu vergleichbaren Preisen anbieten. Dauerhafte Niedrigpreispositionierung und aggressive Sonderangebotspolitik führen zudem zu einem ruinösen Preiskampf im Einzelhandel, der zu der negativen Umsatzentwicklung der Branche beiträgt. Hieran gemessen führt das überproportionale Flächenwachstum vieler Anbieter schließlich zu einer kontinuierlich sinkenden Flächenproduktivität (vgl. Bayerisches Staatsministerium für Wirtschaft, Infrastruktur, Verkehr und Technologie 2009, S. 9). Zusätzlich stellt der Handel mit Waren im Internet viele Unternehmen des stationären Einzelhandels vor neue Herausforderungen. Da Onlinehändler ihren Kunden eine große Produktvielfalt, umfangreiche produktbezogene Informationsmöglichkeiten, hohe Preistransparenz und damit verbundene Preisvorteile, die Möglichkeit zeit- und ortsunabhängig einzukaufen sowie eine stressfreie Warenlieferung nach Hause anbieten können, ist die Relevanz einer eindeutigen strategischen Positionierung von Unternehmen im klassischen Vertriebskonzept des stationären Handels evident.

Um diesen strukturellen Entwicklungen zu begegnen, ist die **Schaffung einer sogenannten „Unique Selling Proposition (USP)“** im Rahmen einer klaren strategischen Ausrichtung erforderlich. Eine eindeutige und differenzierte Stellung im Markt trägt dazu bei, dass Kunden zwischen den Leistungsangeboten unterschiedlicher Anbieter unterscheiden und Präferenzen unabhängig von einer reinen Preisorientierung entwickeln können (Fassnacht 2003, S. 3, S. 100). Als Differenzierungskriterium dient insbesondere das Angebot einer überlegenen Leistung, die einen Nutzenzuwachs für Kunden beinhaltet. Dieser Nutzenzuwachs kann über die materielle Leistung hinaus auch immaterielle Aspekte beinhalten. So stellt ein Einkaufserlebnis, bei dem Konsumenten eine positive emotionale Aktivierung in Form von Freude (im Folgenden „Shopping Enjoyment“) empfinden, einen Genuss- beziehungsweise Erlebnisnutzen dar, der Unternehmen möglicherweise Preiserhöhungen gestattet und damit zu einer wirtschaftlich erfolgreichen Marktteilnahme ohne Beteiligung am ruinösen Preiskampf führt. Es herrscht Einigkeit darüber, dass dies ein wesentliches Differenzierungsmerkmal und damit eine USP des stationären Handels darstellt (vgl. u. a. Hart et al. 2007, S. 586).

Das **Angebot eines Zusatznutzens in Form von Shopping Enjoyment** ist nur dann möglich, wenn Unternehmen die handelsseitigen Ursachen freudestiftender Einkaufserlebnisse bekannt sind (vgl. Jin/Sternquist 2004, S. 1). Angesichts des hohen gesellschaftlichen Stellenwerts gefühlsbetonter Erlebnisse im Rahmen jeglicher Art von (Freizeit-) Aktivität sind diesbezügliche Erkenntnisse von hohem Interesse, um „shopping as a form of leisure-time enjoyment“

(Bäckström 2011, S. 2011) bei einem Anbieter zu etablieren. Darüber hinaus sind auch Erkenntnisse bezüglich erfolgsrelevanter Auswirkungen von Shopping Enjoyment von Bedeutung, da sie die Grundlage freudestiftender Aktivitäten des Handels bilden.

Trotz der dargelegten hohen Anerkennung, die das Konzept eines gefühlsbetonten Einkaufserlebnisses genießt, liegt bislang kein breit angelegtes theoretisch-konzeptionelles und empirisch überprüftes Untersuchungsmodell zu Shopping Enjoyment im Handel vor, das konkrete Handlungsempfehlungen für die Unternehmenspraxis liefert. Die **bisherige Forschung** beschränkt sich auf eine einseitige Betrachtung einzelner direkter Wirkungszusammenhänge zwischen Shopping Enjoyment und dessen Ursachen (auch Determinanten) beziehungsweise dessen Auswirkungen. An einer umfassenden zeitgemäßen Systematik handelsseitiger Determinanten sowie handelsrelevanter Auswirkungen mangelt es zudem. Auch hinsichtlich des inhaltlichen Begriffsverständnisses (Konzeptualisierung) und eines allgemeingültigen Messmodells (Operationalisierung) von Shopping Enjoyment ist eine Forschungslücke zu attestieren. Überdies wurde bisher keine Untersuchung zu möglichen Einflussfaktoren auf die bestehenden Wirkungszusammenhänge zwischen den einzelnen Determinanten und Shopping Enjoyment durchgeführt. Erkenntnisse eines solchen breit angelegten Untersuchungsmodells sind aus Handelssicht wünschenswert „to make stores, malls, and service encounters, places that make us feel good“ (Mano 1999, S. 149).

1.2 Zielsetzung der Untersuchung

Die dargelegte Motivation der Arbeit verdeutlicht die hohe Bedeutung von Shopping Enjoyment während des Einkaufserlebnisses von Konsumenten: einerseits infolge der veränderten Nutzenpräferenzen in Form von gefühlsbetonter Genuss- und Erlebnisorientierung und andererseits aufgrund der strukturellen Herausforderungen des Handels. Die beschriebenen wissenschaftlichen Erkenntnislücken begründen zudem die Relevanz der vorliegenden Untersuchung zu Shopping Enjoyment. Deren **grundlegende Zielsetzung** ist die Erarbeitung eines besseren Verständnisses managementrelevanter Stellhebel zur Schaffung von Shopping Enjoyment und der sich daraus ergebenden Auswirkungen für Handelsunternehmen. Vor diesem Hintergrund lassen sich **drei Forschungsfragen** ableiten, deren Beantwortung theoretisch-konzeptionell sowie durch empirische Überprüfung erfolgen soll.

Der grundlegenden Zielsetzung der vorliegenden Arbeit entsprechend werden zunächst managementrelevante Stellhebel in Form von Determinanten von

Shopping Enjoyment untersucht. Während in der bestehenden Literatur umfängliche Kenntnisse hinsichtlich der konsumentenseitigen und in der jeweiligen Persönlichkeitsstruktur verankerten Ursachen von Shopping Enjoyment bestehen (vgl. Cox/Cox/Anderon 2005, S. 251 f.), sind diese hinsichtlich handelsseitiger Determinanten nur fragmentarisch vorhanden und werden aktuell aufkommenden Trends (z.B. Events) in der Unternehmenspraxis (vgl. Leischnig/Schwertfeger/Geigenmüller 2011, S. 218) nicht gerecht. Vor diesem Hintergrund werden bestehende Erkenntnisse auf Basis einer breiten Literaturrecherche um die Ergebnisse durchgeführter explorativer Kunden- und Experteninterviews sowie einer Fokusgruppendiskussion ergänzt und im Rahmen einer Taxonomie systematisiert. Dieser Vorgehensweise liegt folgende Forschungsfrage zugrunde:

Forschungsfrage 1: *Welche handelsseitigen Determinanten von Shopping Enjoyment existieren?*

Die Untersuchung der Auswirkungen von Shopping Enjoyment ist bereits Gegenstand einiger wissenschaftlicher Arbeiten. Diese fokussieren sich jedoch in der Regel auf ausgewählte Aspekte des Konsumentenverhaltens wie etwa die Verweildauer (vgl. Forsythe/Bailey 1996, S. 189), die Wiederbesuchsabsicht (vgl. Hart et al. 2007, S. 597) und die Kaufimpulsivität (Beatty/Ferrell 1998, S. 182). Eine Systematik unterschiedlicher Auswirkungskategorien liegt in der Literatur nicht vor. Die Bedeutung der mit Shopping Enjoyment verbundenen Auswirkungen für den Handel ist dabei evident: Das Angebot freudestiftender Maßnahmen durch den Handel stellt eine strategische Positionierungsalternative dar, um ein individuelles Profil im Wettbewerb zu erzeugen, das schließlich zu einer konsumentenseitigen Präferenz führt. Freudestiftende Maßnahmen verursachen jedoch Kosten, die durch langfristig finanziellen Unternehmenserfolg als Folge von Shopping Enjoyment amortisiert beziehungsweise überkompensiert werden müssen. Folgende Forschungsfrage kann hieraus abgeleitet werden:

Forschungsfrage 2: *Welche handelsrelevanten Auswirkungen hat Shopping Enjoyment?*

Die Ermittlung managementrelevanter Stellhebel von Shopping Enjoyment als übergeordnetes Forschungsziel der vorliegenden Untersuchung wird durch die Einbeziehung weiterer Faktoren in das Untersuchungsmodell ergänzt. Bei diesen handelt es sich sowohl um konsumenten- als auch handelsseitige Variablen, die den Einfluss der Determinanten auf Shopping Enjoyment verstärken beziehungsweise abschwächen oder sogar dessen Wirkungsrichtung ändern können. Bei Variablen, die auf die Richtung und Stärke bestehender Wirkungszusammenhänge einwirken, handelt es sich um sogenannte Moderatoren. In der relevanten Literatur werden in diesem Zusammenhang insbesondere Persönlichkeitsprädispositionen in Form einer grundlegenden Shoppingorientierung von Konsumenten berücksichtigt (vgl. Westbrook/Black 1985 und die dort zitierte Literatur). Darüber hinaus gilt es weitere Faktoren zu identifizieren, die den direkten Einfluss einzelner Determinanten auf Shopping Enjoyment moderieren, um Erkenntnisse über die Robustheit dieser direkten Wirkungszusammenhänge gegenüber äußeren Einflüssen zu erlangen. Hieraus resultiert die letzte Forschungsfrage, die es im Rahmen der vorliegenden Untersuchung zu beantworten gilt:

Forschungsfrage 3: *Welche Variablen moderieren die Stärke der Wirkungsbeziehungen zwischen den Determinanten und Shopping Enjoyment?*

1.3 Gang der Untersuchung

Die vorliegende Arbeit gliedert sich in sechs Kapitel. An dieses einleitende **erste Kapitel** schließt sich die Darstellung der begrifflichen und theoretischen Grundlagen der Arbeit in **Kapitel zwei** an. Zunächst werden die theoretischen Grundlagen von Konsumentenemotionen vorgestellt (Abschnitt 2.1). In den beiden darauffolgenden Abschnitten werden die für diese Arbeit grundlegende Begriffsdefinition (Abschnitt 2.2) sowie Konzeptualisierung (Abschnitt 2.3) von Shopping Enjoyment hergeleitet. In Abschnitt 2.4 wird das umweltpsychologische Verhaltensmodell von Mehrabian/Russell (1974) als theoretischer Bezugspunkt der vorliegenden Untersuchung vorgestellt und auf den Shoppingkontext der vorliegenden Untersuchung angewandt.

In **Kapitel drei** wird das dieser Arbeit zugrunde liegende Untersuchungsmodell zu Shopping Enjoyment entwickelt. Im Anschluss an einen einführenden Modellüberblick in Abschnitt 3.1 werden die Hypothesen zu den direkten (Abschnitt 3.2) und den moderierenden (Abschnitt 3.3) Effekten in Zusammenhang mit Shopping Enjoyment hergeleitet. Dies erfolgt für alle im Untersuchungsmodell enthaltenen Konstrukte, die jeweils theoretisch-konzeptionell erarbeitet werden.

Die zur empirischen Überprüfung des entwickelten Untersuchungsmodells relevanten Grundlagen werden im **vierten Kapitel** dargestellt. In Abschnitt 0 erfolgt zunächst eine Beschreibung der empirischen Untersuchung auf Basis des Erhebungsdesigns und -instruments sowie der Vorgehensweise zur Datenerhebung und der dadurch erhaltenen Datengrundlage. Die methodischen Grundlagen der Datenanalyse sind Gegenstand des Abschnitts 4.2.

Kapitel fünf beinhaltet die Untersuchung der direkten (Abschnitt 5.1) und moderierenden (Abschnitt 5.2) Effekte im Untersuchungsmodell. Zunächst werden alle Messmodelle der jeweiligen Konstrukte entwickelt und anschließend die empirische Überprüfung der im dritten Kapitel hergeleiteten Hypothesen durchgeführt und die jeweiligen Untersuchungsergebnisse vorgestellt. Diese dienen zur Beantwortung der dieser Arbeit zugrunde liegenden Forschungsfragen (vgl. Abschnitt 1.2).

Im **sechsten Kapitel** wird eine abschließende Betrachtung der Arbeit vorgenommen. In Abschnitt 6.1 werden zunächst die zentralen Ergebnisse der Untersuchung zusammengefasst und eine wissenschaftliche Bewertung der Arbeit vorgenommen. Aufbauend auf den Erkenntnissen aus der Beantwortung der Forschungsfragen in Kapitel fünf werden in Abschnitt 6.2 sowohl Ansatzpunkte für weitere wissenschaftliche Forschungsarbeiten als auch managementrelevante Implikationen für die unternehmerische Praxis identifiziert.

2. Grundlagen der Untersuchung

Die begrifflichen und theoretischen Grundlagen für die Erarbeitung des dieser Arbeit zugrunde liegenden Untersuchungsmodells (vgl. Kapitel drei) werden in diesem Kapitel gelegt. Zunächst werden in Abschnitt 2.1 relevante theoretische Grundlagen von Konsumentenemotionen erörtert. Die Darstellung der begrifflichen und konzeptionellen Grundlagen zum Zweck der Herleitung einer Begriffsdefinition sowie Konzeptualisierung von Shopping Enjoyment folgt in den beiden anschließenden Abschnitten 2.2 und 2.3. Abschließend wird in Abschnitt 2.4 die theoretische Grundlage des späteren Untersuchungsmodells durch die Erläuterung und Übertragung des umweltpsychologischen Verhaltensmodells nach Mehrabian/Russell (1974) auf den Shoppingkontext gelegt.

2.1 Theoretische Grundlagen von Konsumentenemotionen

2.1.1 Der Emotionsbegriff

Emotionen sind Untersuchungsgegenstand unterschiedlicher wissenschaftlicher Disziplinen, weshalb eine Vielzahl an Emotionsdefinitionen existiert, die kaum Übereinstimmung untereinander aufweisen (vgl. für eine Übersicht Kleinginna/Kleinginna 1981). Bereits die hohe Begriffsvielfalt und die fehlende eindeutige Unterscheidung von Emotion, Gefühl, Affekt und Stimmung deuten auf die Problematik einer allgemeingültigen Begriffsbestimmung hin.

Insbesondere die Psychologie, seit einiger Zeit aber auch verstärkt die Konsumentenverhaltensforschung, beschäftigen sich mit der Untersuchung von Emotionen. Da die Konsumentenverhaltensforschung Grundlage dieser Untersuchung ist, jedoch einige Berührungspunkte mit der Psychologie aufweist, werden im Folgenden Begriffsverständnisse beider Bereiche erläutert. Auch eine Abgrenzung weiterer Emotionsbegriffe wird vorgenommen.

2.1.1.1 Begriffsverständnis der Psychologie

Eine anerkannte Vorgehensweise zur Annäherung an den Emotionsbegriff in der Psychologie ist die Beschreibung der komplexen Veränderungen körperlicher und mentaler Komponenten (vgl. Zimbardo/Gerrig 2008, S. 459; vgl. für eine alternative Abgrenzung beispielsweise Myers 2008, S. 548 ff.; Rothermund/Eder 2011, S. 165 ff.). Diese können zu den folgenden drei Ebenen zusammengefasst werden (vgl. Izard 1999, S. 20; Scherer 2000, S. 138):

- Subjektives Empfinden (Gefühl),
- neurophysiologische Reaktionen und
- beobachtbarer Ausdruck.

Beim **subjektiven Empfinden** handelt es sich um das Gefühl, das Personen erleben (vgl. Sokolowski 2008, S. 299; Stout/Leckenby 1986, S. 36). So stellt das Empfinden von Freude oder Glück ein positives Gefühl im Zuge einer glücklichen Situation dar. Trauer oder Angst hingegen werden als negative Gefühle wahrgenommen.

Neurophysiologische Reaktionen umfassen Reaktionen des autonomen Nervensystems. Ein erhöhter Pulsschlag oder elektrische Potenziale im muskulären Gewebe (z.B. Zittern) etwa stellen neurophysiologische Reaktionen dar (vgl. Zimbardo/Gerrig 2008, S. 459).

Der **beobachtbare Ausdruck** umfasst das sichtbare Gebaren einer Person, in der Regel in Form des Gesichtsausdrucks (vgl. Zimbardo/Gerrig 2008, S. 456). Beispielsweise ist das Empfinden einer glücklichen Situation gewöhnlich mit einem Lachen oder Lächeln verbunden.

Dieser sogenannte „Reaktionstrias" (vgl. Scherer 2000, S. 138) wird von einigen Autoren um weitere Aspekte ergänzt. Hierbei handelt es sich um motivationale und/oder kognitive Komponenten. Motivationale beziehungsweise handlungsorientierte Komponenten drücken die mit der Emotion verbundene Aktionsbereitschaft beziehungsweise -tendenz aus (vgl. Buck 1985, S. 396). Diese kann sich beispielsweise in Form der Umarmung einer anderen Person in einer glücklichen Situation zeigen. Kognitive Komponenten umfassen Prozesse von „Interpretationen, Erinnerungen und Erwartungen", die eine Beurteilung einer Emotion in einer konkreten Situation ermöglichen (vgl. Zimbardo/Gerrig 2008, S. 454; vgl. hierzu auch Lazarus 1984, S. 124). So entwickeln etwa Zimbardo/Gerrig (2008, S. 454) auf Basis dieser Erkenntnisse folgende weit gefasste Definition des Emotionsbegriffs: Eine Emotion ist „ein komplexes Muster von Veränderungen, darunter physiologische Erregung, Gefühle, kognitive Prozesse und Reaktionen im Verhalten als Antwort auf eine Situation, die als persönlich bedeutsam wahrgenommen wurde."

Dem Verständnis der Theorie der kognitiven Bewertung (auch Appraisal Theory) zufolge kann die Beurteilung einer Emotion sowohl bewusst beziehungsweise reflektiert als auch unbewusst oder automatisch ablaufen (vgl. Bagozzi/Gopinath/Nyer 1999, S. 185; Frijda 2008, S. 68 ff.). Die kognitive Beurteilung einer Situation oder eines Sachverhalts wie auch die Emotionen selbst haben Einfluss auf das Verhalten (vgl. Zaltman 1997, S. 426).

2.1.1.2 Begriffsverständnis der Konsumentenverhaltensforschung

Vertreter der Konsumentenverhaltensforschung des deutschsprachigen Raums verwenden die Begriffe Emotion und Gefühl häufig synonym (vgl. Kroeber-Riel/Weinberg 2003, S. 100; Merkle/Kreutzer 2008, S. 23 ff.), wobei der Emotionsbegriff in geringerem Ausmaß verbreitet ist. Trommsdorff/Teichert (2009, S. 59) begründen dies mit dem allgemeinen Sprachgebrauch und -verständnis sowohl in der deutschen Sprache als auch im engeren Marketingkontext, wonach mit Emotionen per se ein spezifisches Ausmaß innerer Erregung assoziiert wird. Sie definieren Emotionen diesem Verständnis entsprechend „als einen Zustand innerer Erregung, welcher durch einen konkreten Stimulus ausgelöst wird (Objektbezug) und durch Stärke (schwach bis stark), Richtung (positiv oder negativ) und Art (Gefühlstyp und Ausdruck) bestimmt wird“ (vgl.Trommsdorff/Teichert 2009, S. 60).

In der Konsumentenverhaltensforschung des deutschsprachigen Raums umfassen Emotionsdefinitionen häufig verschiedene Dimensionen beziehungsweise Komponenten. In der Regel handelt es sich hierbei um (a) die Stärke beziehungsweise Intensität, (b) die Richtung und (c) die Art beziehungsweise Qualität der Emotion. Analog zur Definition von Trommsdorff/Teichert (2009), die die genannten Dimensionen einschließt, umfasst auch das Begriffsverständnis nach Kroeber-Riel/Weinberg (2003, S. 106) diese Dimensionen, die diese zusätzlich um mögliche Bewusstseinsschwankungen hinsichtlich der Emotion ergänzen. Ihre Definition lautet somit: „Emotionen sind (1) innere Erregungen, die (2) angenehm oder unangenehm empfunden und (3) mehr oder weniger bewusst (4) erlebt werden.“

In der bestehenden Literatur ist die Auffassung etabliert, dass Emotionen Reaktionen auf Reize darstellen. Verhaltenswissenschaftler unterscheiden zwischen externen und internen Reizen, die die Aktiviertheit von Konsumenten auslösen. Während Fischer/Wiswede (2002, S. 110) in ihrer Definition ausschließlich äußere Reize als Auslöser von Emotionen berücksichtigen, beziehen Bagozzi/Gopinath/Nyer (1999, S. 184) in ihr Verständnis von Emotionen auch innere Reize mit ein. Demnach kann beispielsweise eine Vorstellung oder ein Gedanke eine bestimmte emotionale Reaktion hervorrufen.

Entgegen der prozessualen Sichtweise der Psychologie werden Emotionen in der Konsumentenverhaltensforschung als Zustand konzeptualisiert. Dieses Verständnis resultiert aus der Notwendigkeit der Messung von Emotionen, die nur zeitpunktbezogen erfolgen kann. Der Zustand von Freude beispielsweise wird somit zu einem bestimmten Zeitpunkt eines Emotionsprozesses erfasst (vgl. Izard 1999, S. 22). Forschungsarbeiten, die **Emotionen als Zustand** begreifen, treffen keine spezifischen Annahmen bezüglich möglicher Ursachen von Emotionen. Schmidt-Atzert (1996, S. 20) begründet dies damit, dass eine Zuordnung der Ursachen von Emotionen in Form von inneren oder äußeren Reizen in der Regel nicht möglich sei. In der Literatur konnte sich diese Auffassung nicht etablieren. Emotionen, so die verbreitete Meinung, werden durch Reize ausgelöst, wodurch eine Abgrenzung zu Stimmungen möglich ist, die neben weiteren Unterschieden gewöhnlich nicht reizbedingt sind (vgl. Abschnitt 2.1.1.3).

2.1.1.3 Abgrenzung weiterer Emotionsbegriffe

Die zuvor genannte fehlende eindeutige Unterscheidung von Emotion, Gefühl, Affekt und Stimmung beruht auf der Verwässerung der Begriffe im Sprachgebrauch. Gleiches gilt auch für den wissenschaftlichen Bereich und dort besonders für deren uneinheitliche Verwendung in der englischsprachigen Literatur. Mit der Definition des Emotionsbegriffs aus psychologischer Sicht (vgl. Abschnitt 2.1.1.1) geht eine Abgrenzung von Gefühl einher. Im Folgenden wird daher ein kurzer Überblick über das Verständnis der Begriffe Affekt und Stimmung erarbeitet.

Dem Begriff **Affekt** liegen unterschiedliche Bedeutungsinhalte zugrunde. Zunächst kann zwischen der Begriffsverwendung in der englisch- und der deutschsprachigen Literatur unterschieden werden. Während die englischsprachige Literatur unter Affekt einen Sammelbegriff für Emotionen, Stimmungen oder gar Einstellungen versteht (vgl. Bagozzi/Gopinath/Nyer 1999, S. 184), ist dessen Verwendung im deutschsprachigen Raum von eher untergeordneter Bedeutung. Die Psychiatrie grenzt Affekte deutlich ein und bezeichnet diese als sehr intensive, kognitiv wenig kontrollierbare Emotionen von kurzer Dauer (vgl. Otto/Euler/Mandl 2000, S. 13). Für das verhaltenswissenschaftliche Verständnis ergänzen Kroeber-Riel/Weinberg (2003, S. 100) zusätzlich, dass Affekte „Gefühle der Akzeptanz oder Ablehnung eines Sachverhalts" beinhalten, die „inhaltlich kaum differenziert sind." Analog zum psychologischen Emotionsbegriff werden unter einer **affektiven Reaktion** sowohl gefühlsmäßige und physiologische Reaktionen als auch sichtbare Reaktionen des Ausdrucks subsumiert. Davon können weiterhin affektive Komponenten einer Einstellung bezüglich eines Objekts abgegrenzt werden. „Gemeint ist damit die gefühlsmäßige Haltung gegenüber dem Einstellungsobjekt", so Viehöver (2006, S. 42).

Das grundsätzliche gefühlsmäßige Erleben wird durch die **Stimmung** eines Menschen beschrieben. In der Stimmungsforschung existieren unterschiedliche Definitionen, die Silberer/Jaekel (1996, S. 15) zu drei Kategorien zusammenfassen: „(1) die Stimmung als ungerichtete, subjektiv erfahrene Befindlichkeit,

(2) die Stimmung als ungerichtete, schwach intensive und länger andauernde Befindlichkeit sowie (3) Stimmungen als temporäre Verhaltensdispositionen." Definitionen des ersten Ansatzes erfassen die Stimmung als „momentane, subjektiv erfahrene Befindlichkeit" (vgl. Silberer/Jaekel 1996, S. 16), die im Gegensatz zu Emotionen oder Einstellungen ungerichtet, also ohne Bezug auf ein bestimmtes Objekt, ist (vgl. Ewert 1983, S. 400; Fiske 1981, S. 231). Definitionen der zweiten Kategorie integrieren die Intensität und die zeitliche Dauer als Abgrenzungskriterien zu Emotionen (vgl. Gardner 1985, S. 282). Die dritte Kategorie von Definitionen bezieht sich hauptsächlich auf den Aspekt der Eignung von Stimmungen zur Verhaltensbeeinflussung (vgl. Hampel 1977, S. 45).

Gemäß Silberer/Jaekel (1996, S. 18 f.) weisen die Abgrenzungen jeweils Unzulänglichkeiten auf, die sie durch die Entwicklung einer eigenen Definition zu überwinden versuchen. Sie definieren die Stimmung als „relativ ungerichtete subjektiv erfahrene Befindlichkeit" (Silberer/Jaekel 1996, S. 20) und ziehen dadurch folgende Unterschiede zu den bestehenden Begriffsbestimmungen: Da Stimmungen und Emotionen in fließenden Übergängen ineinander übergehen und sich abwechseln können (vgl. hierzu auch Beatty/Ferrell 1998, S. 173; Frijda 1986, S. 253; Park/Kim/Forney 2006, S. 436), kann auch die Stimmung in gewissem Umfang Bezug zu einem Objekt aufweisen. Stimmungen können zudem in bestimmten Fällen intensiv und unbeständig erlebt werden, so dass die Intensität und zeitliche Dauer nach deren Verständnis keine abschließenden Abgrenzungskriterien gegenüber Emotionen darstellen. Schließlich ist auch die Beeinflussung des Verhaltens kein Bestandteil ihrer Definition (vgl. hierzu auch Bagozzi/Gopinath/Nyer 1999, S. 185), da dieser Aspekt erst durch eine empirische Überprüfung Validität erhalten könne.

Insgesamt werden die von Silberer/Jaekel (1996) erarbeiteten Stimmungsmerkmale auch von anderen Wissenschaftlern der Konsumentenverhaltensforschung anerkannt, wenngleich die Mehrheit der Definitionen eine geringe Flexibilität hinsichtlich der Dimensionen Intensität und Dauer aufweisen. Zusätzlich beinhalten manche Begriffsbestimmungen die atmosphärische Diffusität und Ungeordnetheit von Stimmungen im Vergleich zu Emotionen (vgl. Kroeber-Riel/Weinberg 2003, S. 100; Schwarz 1987, S. 2), was häufig auf einer fehlenden Identifizier- und Zuordenbarkeit der Auslöser für Stimmungen beruht.

2.1.2 Messung von Emotionen

Die Verfahren zur Messung von Emotionen können in drei Gruppen eingeteilt werden, die sich jeweils für eine der drei beschriebenen Ebenen des psychologischen Emotionsverständnisses eignen (vgl. Abschnitt 2.1.1.1). Folglich lassen sich Verfahren zur subjektiven Erlebnismessung, psychobiologischen Messung und Messung des Ausdrucksverhaltens unterscheiden (vgl. Kroeber-Riel/Weinberg 2003, S. 107; für einen Einblick in diese Verfahren vgl. Plutchik/Kellerman 1989). In der englischsprachigen Literatur werden die Messverfahren der drei Ebenen in die beiden Kategorien „Self-report Measures" und „Autonomic Measures" eingeteilt (vgl. Poels/Dewitte 2006, S. 20). Unter Autonomic Measures fassen diese Arbeiten Verfahren zur psychobiologischen Emotionsmessung und Messung des Ausdrucksverhaltens zusammen.

Im Folgenden soll dem psychologischen Emotionsverständnis entsprechend eine Unterscheidung aller Ebenen erfolgen, so dass der beschriebenen Dreiteilung gefolgt wird. Abbildung 2–1 ermöglicht einen Überblick über die Systematik der unterschiedlichen Messverfahren. Eine ausführliche Betrachtung der Messverfahren erfolgt ausschließlich für die subjektive Erlebnismessung aufgrund der hier zugrunde gelegten Relevanz der Gefühlsebene. Diese Entscheidung wird auf Basis der nachfolgenden Ausführungen zur Zweckmäßigkeit der jeweiligen Verfahren begründet.

Abbildung 2–1: Systematik der Verfahren zur Emotionsmessung.

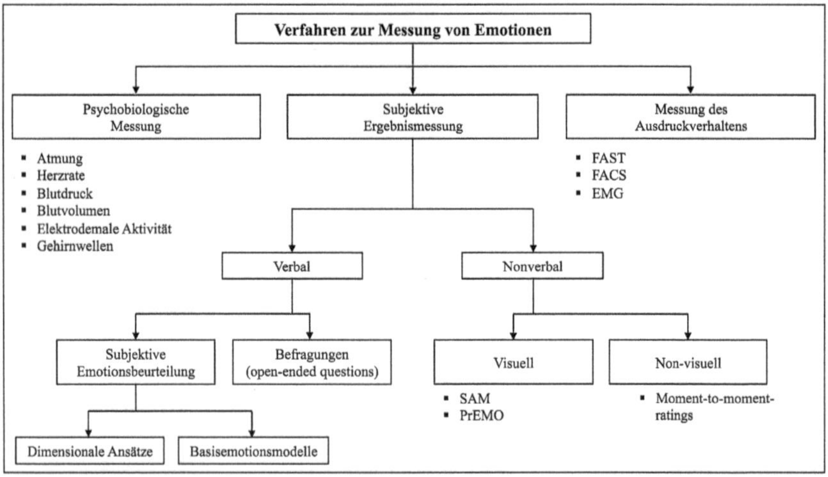

Bezeichnungen: FAST = Facial Affect Scoring Technique, FACS = Facial Action Coding System, EMG = Facial Electromyography, SAM = Self-Assessment-Manikin, PrEMO = Product Emotion Measure

Subjektive Erlebnismessung

Die subjektive Erlebnismessung kann durch verbale und nonverbale Messverfahren erfolgen. Um Emotionen **verbal** zu erfassen, stehen unterschiedliche Verfahren zur Verfügung, die offene Fragestellungen im Rahmen von Befragungen sowie subjektive Emotionsbeurteilungen (oder Berichterstattungen) auf Basis von beobachtbaren Indikatoren (auch Items) in Form emotionaler Ausdrücke mithilfe des Semantischen Differenzials oder Likert-Skalen umfassen (vgl. Poels/Dewitte 2006, S. 20; zum Semantischen Differenzial vgl. Kroeber-Riel/Weinberg 2003, S. 108).

Allgemein werden in der psychologischen Emotionsforschung zwei grundsätzliche Ordnungsstrategien beziehungsweise Ansätze zur subjektiven Emotionsbeurteilung unterschieden. Hierbei handelt es sich um den sogenannte dimensionalen Ansatz und sogenannte Basisemotionsmodelle. Der **dimensionale Ansatz** geht auf Untersuchungen von Mehrabian/Russell (1974) zurück, deren Auffassung zufolge die Gesamtheit menschlicher Emotionen anhand einer Taxonomie bestehend aus drei bipolaren Dimensionen beschrieben werden kann. Ihnen zufolge stellt jede Emotion eine Kombination aus den jeweiligen Ausprägungen der Dimensionen Gefallen beziehungsweise Lust („pleasure" – „displeasure"), Erregung („arousal" –„nonarousal") und Dominanz („dominance" – „submissiveness") dar (auch PAD-Ansatz; vgl. Mehrabian/Russell 1974, S. 18 f.). Die Emotionsdimension Gefallen drückt die positive oder negative Richtung eines Gefühls aus, Erregung beschreibt die Stärke des Gefühls, was physiologisch der Aktiviertheit entspricht (vgl. Trommsdorff/Teichert 2009, S. 62). Unter Dominanz verstehen Mehrabian/Russel (1974, S. 19) das Ausmaß, in dem sich ein Individuum uneingeschränkt, frei und alles „im Griff" zu haben fühlt (vgl. Gröppel-Klein/Germelmann 2010, S. 33). Der tridimensionale PAD-Ansatz beruht auf Ergebnissen früherer Arbeiten. Er baut beispielsweise auf den Dimensionen Lust – Unlust, Erregung – Beruhigung, Spannung – Lösung nach Wundt (1901, S. 101) und den nicht ausschließlich emotionsbezogenen Dimensionen „evaluation", „activity" und „potency" nach Osgood/Suci/Tannenbaum (1957, S. 71 f.) auf. Um die drei Emotionsdimensionen messen zu können, entwickelten Mehrabian/Russell (1974, S. 216) eine Verbalskala, die für jede Dimension jeweils sechs Indikatoren umfasst.

Insbesondere in der englischsprachigen Konsumentenverhaltensforschung wird die Relevanz der Dominanzdimension kritisch hinterfragt. In ihrer Untersuchung zur Atmosphäre in Geschäftsstätten, deren Wirkung auf Konsumentenemotionen und das resultierende Verhalten von Konsumenten in der Geschäftsstätte (sogenannte In-Store-Verhalten) stellen Donovan/Rossiter

(1982, S. 55) fest, dass Dominanz als Emotionsdimension keinen starken Einfluss auf das Konsumentenverhalten hat, da sie eine stärker kognitive als emotionale Qualität besitzt (vgl. hierzu auch Olney/Holbrook/Batra 1991, S. 446). Zudem, so die Wissenschaftler, wohnt der zugehörigen Verbalskala eine gewisse Ambiguität inne, so dass der prädiktive Gehalt dieser Dimension fragwürdig sei. Russell selbst stellt in einer späteren Arbeit mit den Autoren Ward und Pratt (1978; vgl. ebenso Russell/Pratt 1980, S. 313) fest, „a measure of dominance accounted for only a trivial proportion of variance in the obtained factor structure of the affective quality attributed to places". Russell/Pratt (1980, S. 312) zufolge repräsentieren die Dimensionen Gefallen und Erregung die emotionale Komponente der untersuchten affektiven Qualität unterschiedlicher Umwelten umfänglich (für weitergehende Erläuterungen zum zweidimensionalen Emotionsmodell vgl. Abschnitt 2.3.1). Auch sie ordnen der Dominanzdimension einen stärker kognitiven Charakter zu. Als Vertreter der deutschsprachigen Konsumentenverhaltensforschung heben schließlich auch Kroeber-Riel/Weinberg (2003, S. 430) die empirisch wenig bewährte Bedeutung dieser Dimension zur Messung von Emotionen hervor, da es sich hierbei „um ein Attribut kognitiver Vorgänge" zu handeln scheint. In der Konsumentenverhaltensforschung genießt der PA(D)-Ansatz sowohl zur Untersuchung von Emotionen während einer Konsumsituation im Handelsumfeld (vgl. u. a. Donovan/Rossiter 1982; Mano/Oliver 1993; Sherman/Mathur/Smith 1997) als auch zur Erfassung emotionaler Komponenten des Konsumerlebnisses große Akzeptanz (vgl. Havlena/Holbrook 1986).

Basisemotionsmodelle gehen von der Annahme aus, dass das Spektrum menschlicher Emotionen aus einer Mischung universeller Primär- beziehungsweise Basisemotionen besteht (vgl. Izard 1999, S. 55, 115 ff. und 126; Plutchik 1991, S. 115 ff.; Plutchik 1996; Poels/Dewitte 2006, S. 20). Ihnen zufolge sind grundlegende Basisemotionen aufgrund biologischer Entwicklungen genetisch veranlagt, wenngleich individuelle, soziale und kulturelle Einflüsse mittelbar und unmittelbar auf diese einwirken (vgl. Gerhards 1988, S. 201; Wilson 1980, S. 13). Die genetische Veranlagung erklärt die weitgehend automatischen und einheitlichen Reaktionen unterschiedlicher Menschen auf emotionale Reize (vgl. Kroeber-Riel/Weinberg 2003, S. 103). Zur Bestimmung von Basisemotionen werden unterschiedliche Kriterien herangezogen, so dass je nach Ansatz eine unterschiedliche Anzahl primärer Emotionen resultiert (für einen Überblick über die Basisemotionsmodelle vgl. Ortony/Turner 1990, S. 316). Weite Anerkennung genießen die zehn Basisemotionen Interesse, Freude/Vergnügen, Überraschung/Schreck, Kummer/Schmerz, Zorn/Wut, Ekel/Abscheu, Geringschätzung/Verachtung, Furcht/Entsetzen, Scham und Schuldgefühle/Reue nach

Izard (1999, S. 66). Um die einzelnen Emotionen messbar zu machen, entwickelte Izard (1999, S. 150 ff., 250 ff.) eine Verbalskala, die für jede dieser Emotionen jeweils drei Indikatoren umfasst.

Insgesamt werden sowohl der dimensionale Ansatz als auch Basisemotionsmodelle zur retrospektiven Gefühls- beziehungsweise subjektiven Erlebnismessung in der Konsumentenverhaltensforschung angewandt. Havlena/Holbrook (1986, S. 402) stellen im Rahmen ihrer Untersuchung beide Ansätze im Kontext einer Konsumsituation gegenüber und stellen fest, dass der dimensionale Ansatz einen höheren Erkenntnisgewinn bezüglich des emotionalen Charakters eines Konsumerlebnisses generiert. Dennoch gilt für beide Ansätze gleichermaßen, dass eine zu umfangreiche Indikatorenliste ein hohes Maß kognitiver Reflektion der Probanden erfordert, was Zweifel an der Reliabilität emotionsbezogener Messungen hervorruft. Generell wird das Bewusstsein von Individuen hinsichtlich ihrer Emotionen und ihrer Bereitschaft diese zu kommunizieren hinterfragt (vgl. Poels/Dewitte 2006, S. 21). Vor dem Hintergrund der Unterschiede verschiedener Kulturen hinsichtlich Begriffsverständnissen gilt es Verbalskalen fallweise anzupassen. Poels/Dewitte (2006, S. 21) ziehen schließlich folgendes Fazit zu verbalen Messverfahren: „Combining these constraints with verbal self-report, it can be argued that a perception of emotional response may be measured rather than the emotional response itself."

Eine Alternative zu verbalen Messverfahren stellen **nonverbale Messverfahren** zur subjektiven Erlebnismessung dar. Sie ermöglichen es, Emotionen „mehr ins Bewusstsein zu bringen (...) oder/und die Emotionen in einer nicht-sprachlichen Modalität – zum Beispiel mittels Bilder- oder Farbskalen – zu äußern" (vgl. Kroeber-Riel/Weinberg 2003, S. 110; in Anlehnung an: Kroeber-Riel 1984; Konert 1986, S. 87 ff.; Weinberg 1986b, S. 12 ff.). Bei den nonverbalen Messverfahren können visuelle sowie nicht-visuelle Messverfahren unterschieden werden.

Bei den **visuellen Messverfahren** werden Emotionen durch cartoonähnliche Abbildungen (sogenannte Piktogramme), anstelle von verbalen Begriffen bewertet beziehungsweise gemessen. Einen etablierten Ansatz stellt das Self-Assessment-Manikin (SAM) dar, wohingegen es sich beim Product Emotion Measure (PrEmo) um ein jüngeres Verfahren handelt. Das von Lang (1980) entwickelte SAM beruht auf den drei Emotionsdimensionen Gefallen, Erregung und Dominanz von Mehrabian/Russell (1974). Anstelle der dimensionsbezogenen verbalen Indikatoren jedoch entwickelte Lang fünf „Figuren" für jede Dimension. Analog zum verbalen PAD-Ansatz wird auch beim visuellen SAM-Verfahren die Dominanzdimension aus Gründen mangelnder Aussagekraft und Validität häufig entbehrt (vgl. Poels/Dewitte 2006, S. 21). Bei PrEmo hingegen werden keine statischen, sondern animierte Bilder gezeigt. Die 18 Animationen (sechs Animationen je Emotionsdimension) dauern jeweils 1 bis 2 Sekunden und bilden neun positive und neun negative Emotionen ab. Die Befragten geben an, inwieweit ihre durch einen bestimmten Stimulus hervorgerufenen Gefühle durch jede Animation repräsentiert werden. Hierdurch soll ein differenzierteres Emotionsbild ermöglicht werden als durch SAM (vgl. Desmet/Hekkert/Jacobs 2000, S. 112 f.).

Insgesamt wird mithilfe von visuellen Messverfahren ein kulturenübergreifend und zudem auch für Kinder anwendbarer Ansatz zur Messung von Emotionen zur Verfügung gestellt, da keine Verständnisschwierigkeiten hinsichtlich Begriffsformulierungen auftreten (vgl. Desmet/Hekkert/Jacobs 2000, S. 113; Morris 1995, S. 64). Einige Autoren heben hervor, dass SAM den Einfluss kognitiver Vorgänge bei der Beurteilung von Emotionen überwinde (vgl. Morris et al. 2002), worüber jedoch kein Konsens in der wissenschaftlichen Literatur herrscht, da auch bei diesen Verfahren verbale Erläuterungen für die zu befragenden Personen erforderlich sind. Zudem ist die Bedeutung der Bilder nicht immer sofort verständlich, wodurch schließlich kognitive Prozesse ausgelöst werden. Folglich, so die Kritiker, werden auch bei SAM Wahrnehmungen von Emotionen, nicht aber Emotionen selbst gemessen (vgl. Poels/Dewitte 2006, S. 22). PrEmo hingegen wurde explizit als Messverfahren im Bereich der Werbewirkungsforschung entwickelt und konnte sich in anderen Bereichen der Konsumentenverhaltensforschung nicht durchsetzen, was u. a. auf den höheren technologischen Aufwand zurückzuführen ist.

Eine **nicht-visuelle** nonverbale Methode zur Emotionsmessung stellen sogenannte Moment-to-moment-Ratings da, bei denen etwa im Rahmen der Werbewirkungsforschung noch während der Programmdarbietung die spontanen emotionalen Eindrücke festgestellt werden (für einen Überblick solcher Verfahren vgl. Kroeber-Riel/Weinberg 2003, S. 110 f.; Poels/Dewitte 2006, S. 22). Grundsätzlich visualisieren die Befragten bei diesen Verfahren selbst ihre Emotionen, indem sie beispielsweise mithilfe eines Cursors in eine vorgegebene positive oder negative Richtung während der Betrachtung eines Werbespots ausschlagen. Hierdurch wird eine unverzögerte und kontinuierliche Emotionsmessung ermöglicht. Grundsätzlich wird bei diesen Verfahren häufig jedoch die Diskriminanzvalidität des Messinstruments angezweifelt (zur Diskriminanzvalidität vgl. Abschnitt 4.2.4), da eine klare Abgrenzung unterschiedlicher Emotionen meist ausbleibt (vgl. Abeele/Maclachlan 1994, S. 596 f.).

Die Verfahren der subjektiven Erlebnismessung weisen insgesamt die Vorteile einer hohen Anwendungsfreundlichkeit und Schnelligkeit zur Erhebung von Emotionen auf. Zudem sind sie in der Regel kostengünstig und für großzahlige Erhebungen geeignet, so dass sie insbesondere in der Konsumentenverhaltensforschung zahlreiche Anwendung gefunden haben. Über fast alle Ansätze hinweg weisen sie den Nachteil kognitiver Prozesse bei der Emotionsbeurteilung auf. Es bleibt fragwürdig, wie hoch der Anteil bewusst erlebter Emotionen im Alltag ist, die das Verhalten beeinflussen (vgl. Winkielman/Berntson/Cacioppo 2001). Zudem kann der bereits erwähnte Aspekt der Bereitschaft zur Kommunikation von Emotionen eine Schwierigkeit im Rahmen solcher Verfahren darstellen.

Psychobiologische Messung

Bei den Verfahren der **psychobiologischen Messung** werden im Wesentlichen Aktivierungsvorgänge gemessen, die mit emotionaler Erregung einhergehen und nicht durch das Bewusstsein gesteuert werden (vgl. Bagozzi 1991; Boucsein 1992; Boucsein 1992; Winkielman/Berntson/Cacioppo 2001). Indikatoren dieser Aktivierungsvorgänge sind Atmung, Herzrate, Blutdruck und -volumen, elektrischer Leitungswiderstand der Haut (sogenannte elektrodermale Aktivität), Muskelpotenziale und Gehirnwellen (für eine systematische Darstellung geeigneter Messmethoden vgl. (Buck 1988, S. 555; Grings/Dawson 1978).

Obwohl psychobiologische Messverfahren die Vorteile der Echtzeitmessung und des fehlenden kognitiven Bias der Befragten aufweisen, stehen diesen eine Reihe nachteiliger Aspekte gegenüber (vgl. Poels/Dewitte 2006, S. 24 ff.). So herrschen in der Regel keine natürlichen Bedingungen, da Probanden mit den Messgeräten verbunden werden müssen und es sich zudem häufig um Laborexperimente handelt. Hieraus können sich kontrollierte Handlungen der Probanden ergeben, da sie eine Ahnung vom Untersuchungsgegenstand gewinnen. Um psychobiologische Messmethoden ausführen zu können, sind Erfahrung sowohl in der Anwendung als auch in der Auswertung erforderlich. Die Verfahren machen zwar die Stärke der emotionalen Reaktion messbar, gewöhnlich nicht aber die Richtung des Gefühls (vgl. Hopkins/Fletcher 1994). Die Verfahren können zudem andere Ursachen einer emotionalen Reaktion nicht differenzieren, so dass eine multiple Anwendung unterschiedlicher Messverfahren empfohlen wird, um valide Ergebnisse zu erhalten (vgl. Bagozzi 1991; Plutchik 2003). Die genannten Gründe erklären schließlich die geringe Verbreitung dieser Methoden in der Konsumentenverhaltensforschung.

Messung des Ausdrucksverhaltens

Die **Messung des Ausdrucksverhaltens** umfasst neben dem mimischen Gesichtsausdruck auch das Ausdrucksverhalten des Körpers. Bereits Darwin (1872) erklärt, dass der Gesichtsausdruck einen Indikator für den Gefühlszustand darstellt und emotionsbezogene Informationen kommuniziert. Izard (1999, S. 119) zufolge tritt das mimische Ausdrucksverhalten aufgrund biologischer Vorprogrammierung „reflexartig (…) als Teil des Emotionsprozesses“ auf. Die Aktivität der Gesichtsmuskeln unterschiedlicher Gesichtspartien, etwa der Stirn, Brauen, Augen und unteren Gesichtspartie, spiegelt die Richtung der Emotionen wider, was in der Regel kulturunabhängig ist und die interkulturelle Messung von Emotionen damit ermöglicht (vgl. Ekman/Oster 1979, S. 530). Um emotionale Reaktionen auf Basis der Veränderung des Gesichtsausdrucks messbar zu machen, stehen unterschiedliche Verfahren zur Verfügung (vgl. hierzu auch Trommsdorff/Teichert 2009). Die „Facial Affect Scoring Technique“ (FAST) von Ekman/Friesen/Tomkins (1971) ordnet das tatsächliche Ausdrucksverhalten unterschiedlicher Gesichtsteile auf Basis des standardisierten Ausdrucks der jeweiligen Gesichtsteile kumulativ einer Emotion zu. Das von Ekman/Friesen weiterentwickelte „Facial Action Coding System“ (FACS) kodiert demgegenüber die Bewegung der Gesichtsmuskeln und ordnet sie spezifischen Emotionen zu. „Facial Electromyography“ (EMG) misst darüber hinaus die nicht sichtbare Aktivität der Gesichtsmuskulatur (vgl. Cacioppo et al. 1986). Zum Erkenntnisgewinn der Untersuchung des Ausdrucksverhaltens von Gesicht und Körper beziehungsweise Mimik und Gestik stellt Weinberg (1986b, S. 6) fest: „Nach den empirischen Befunden (…) scheint die Gesichtssprache vor allem geeignet zu sein, verschiedene Arten von Emotionen auszudrücken, während die Körpersprache die Intensität der empfundenen Gefühle widerspiegelt.“

Insgesamt stellen die Methoden zur Messung des Ausdrucksverhaltens sehr aufwendige Verfahren dar, die darüber hinaus kritisch zu beurteilen sind. So finden Messungen des Ausdrucksverhaltens analog zu psychobiologischen Messverfahren gewöhnlich im Rahmen von Laborexperimenten statt, was einen Bias im natürlichen Verhalten der Befragten hervorrufen kann. Zudem kann der Einfluss weiterer Impulse auf das mimische Ausdrucksverhalten, beispielsweise auch in Form von Gedanken, nicht ausgeschlossen werden. Kroeber-Riel/Weinberg (2003, S. 113) erklären in diesem Zusammenhang, dass diese Methoden auch zur Validierung einfacherer Verfahren angewandt werden.

Die Ausführungen zu den unterschiedlichen Verfahren der Emotionsmessung einschließlich ihrer Vor- und Nachteile führen vor dem Hintergrund der Relevanz des Einkaufsumfelds als Impulsgeber für Konsumentenemotionen im

Rahmen der vorliegenden Arbeit sowie der angestrebten großzahligen Datenerhebung zur Präferenz der subjektiven Erlebnismessung auf Basis der Emotionsdimensionen von Mehrabian/Russell (1974). Auch aufgrund der v.a. in der Konsumentenverhaltensforschung bewährten Anwendung dieses Ansatzes wird dieser unter Vernachlässigung der Dominanzdimension den weiteren Ausführungen zugrunde gelegt.

2.1.3 Konsumentenemotionen als wissenschaftlicher Untersuchungsgegenstand

Lange wurde die Bedeutung der Gefühle in der Konsumentenverhaltensforschung vernachlässigt, obwohl schon früh eine stärkere Einbeziehung gefühlsmäßiger Determinanten in die Erklärungsmodelle des Konsumentenverhaltens gefordert wurde (vgl. Trommsdorff/Teichert 2009, S. 65). Cohen/Areni (1991) hoben in ihrem Aufsatz unter dem Titel „Affect and Consumer Behavior" die besondere Bedeutung der Emotionen im Konsumentenverhalten hervor, bevor eine stärkere programmatische Berücksichtigung von psychischen Vorgängen im Inneren von Konsumenten folgte. Diese wurde Anfang der 1990er Jahre durch einen Konferenzbeitrag mit dem Titel „Putting More Emotion into Consumer Research" von Allen (1993, S. 314) ausgelöst. „Die früher durchgeführten Untersuchungen über Konsumentenemotionen bezogen sich in erster Linie auf die Wirkungen der emotionalen Werbung und auf die Auswirkungen von emotionaler Atmosphäre und Stimmung auf das gedankliche (kognitive) Konsumentenverhalten. Die Fragen, wie einzelne starke Emotionen beim Konsumenten entstehen, wie sie gezielt erzeugt werden können, wie sie vom Konsumenten ausgedrückt werden und auf sein Verhalten wirken, bewegen die Forschung erst in den letzten Jahren" (Kroeber-Riel/Weinberg 2003, S. 16).

Die Bedeutung der Erkenntnisse bezüglich emotionaler Aktivierung nimmt insbesondere vor dem Hintergrund vielfach ausgereifter Produkte und gesättigter Konsumgütermärkte stetig zu. Der Markterfolg von Produkten und Einkaufsstätten ist mittlerweile auch auf andere als ausschließlich funktionale und qualitätsbezogene Aspekte zurückzuführen. Die erfolgreiche Schaffung eines Zusatznutzens aus Konsumentenperspektive in Form von Gefühls- und Erlebniswelten erfordert eine gefühlsmäßige Differenzierung gegenüber anderen Angeboten und Anbietern im Markt (vgl. Konert 1986, S. 23; Trommsdorff/Teichert 2009, S. 66). Ein individuelles gefühlsbetontes Angebotsprofil dient der **Etablierung einer emotionalen Beziehung zum Konsumenten**, wofür den unterschiedlichen Marktteilnehmern eine Vielzahl an Instrumenten zur Verfügung steht.

Besondere Relevanz besitzt in der wissenschaftlichen Literatur das sensuale Konsumerlebnis, bei dem verschiedene Reizarten (beispielsweise visuelle, akustische und olfaktorische) eingesetzt werden, um Emotionen zu stimulieren. Insbesondere auf den Gebieten der Werbung (vgl. u. a. Holbrook/Batra 1987; Olney/Holbrook/Batra 1991), Produkt- (vgl. u. a. Desmet/Hekkert/Jacobs 2000; Desmet/Hekkert 2002; Khalid/ Helander 2006; Mano/Oliver 1993) und Verkaufsraumgestaltung (vgl. u. a. Donovan/ Rossiter 1982; Donovan et al. 1994; Gilboa/Rafaeli 2003; vgl. auch Abschnitt 0) wurden umfassende Studien zu unterschiedlichen **sensualen Emotionsstimuli** und ihrer Wirksamkeit durchgeführt. Daneben existieren weitreichende andere Ansatzpunkte für Hersteller und Handel zur emotionalen Konsumentenaktivierung, die Eingang in die emotionspsychologische Konsumentenverhaltensforschung gefunden haben. So bieten die unterschiedlichen **absatzpolitischen Instrumente Möglichkeiten zur emotionalen Differenzierung** aus Sicht der Kunden (vgl. Kroeber-Riel/Weinberg 2003, S. 125). Ein jüngeres Forschungsfeld in diesem Zusammenhang stellt beispielsweise die Untersuchung von Emotionen im Kontext von Preisen dar (vgl. u. a. Diller 2008, S. 96f.; Homburg/Koschate 2005, S. 513). Darüber hinaus können beispielsweise der Einsatz von Verkaufspersonal und das spezifische Angebot an Waren und Dienstleistungen sowie kostenloser Zusatzleistungen eine emotionale Aktivierung von Konsumenten während ihres Einkaufs bewirken (vgl. Kapitel drei).

Darüber hinaus begründet auch die Untersuchung von Emotionen hinsichtlich ihrer **Verhaltensrelevanz** einen wichtigen Forschungszweig. In der wissenschaftlichen Literatur ist der direkte Zusammenhang zwischen Emotionen und Gefühlen mit allen verhaltenstheoretischen Konstrukten unumstritten. „Insbesondere sind sie hervorragende, meist automatisch ablaufende Auslöser von Prozessen" (Trommsdorff/Teichert 2009, S. 62). In diesem Bereich der wissenschaftlichen Forschung hat insbesondere das umweltpsychologische Verhaltensmodell nach Mehrabian/Russell (1974) große Anerkennung erlangt, das zwischen einem Annäherungs- beziehungsweise Meidungsverhalten der Konsumenten gegenüber der emotionsstimulierenden Umwelt unterscheidet (zum umweltpsychologischen Verhaltensmodell vgl. Abschnitt 2.4). Wissenschaftliche Arbeiten messen in Zusammenhang mit Emotionen etwa die Verweildauer (vgl. u. a. Holbrook/Gardner 1993), die Weiterempfehlungs- und Wiederbesuchsabsicht (vgl. Hart et al. 2007), den Einkaufsbetrag (vgl. u. a. Hart et al. 2007) und andere Größen. Auf Basis des dimensionalen Ansatzes zur Messung von Emotionen (vgl. Abschnitt 2.1.2) wird in einer Vielzahl empirischer Arbeiten der Emotionsdimension Gefallen eine besonders hohe Verhaltenswirksamkeit bescheinigt. Für Anbieter von Produkten und Dienstleistungen besitzen diese wissenschaftlichen Ergebnisse folglich einen hohen Erkenntniswert bei der Begründung einer Differenzierungsstrategie zur Vermittlung eines unverwechselbaren Zusatznutzens für Konsumenten.

Demgegenüber werden in der Konsumentenverhaltensforschung auch **negative Aspekte der Verhaltensrelevanz von Emotionen** untersucht. Unter dem Begriff „Dark Side of Consumer Behavior" (vgl. Wansink 1994) werden Untersuchungen zu obsessivem Konsumverhalten subsumiert. Emotionen können demnach zu Kaufzwängen bei Konsumenten führen, die nicht dem Erwerb von Gütern oder Dienstleistungen dienen, sondern einzig dem Gefühlserlebnis während der Kaufsituation (vgl. O'Guinn/Faber 1989, S. 147; Ridgway/Kukar-Kinney/Monroe 2008, S. 622). Ursprünglich positive Gefühle wie Freude stellen in diesem Kontext die Ursache negativen Konsumverhaltens dar, das im wissenschaftlichen Diskurs nicht ausgeblendet wird.

Neben den Stimuli (auch Determinanten) und der Verhaltenswirksamkeit emotionaler Reaktionen sind Emotionen auch **im Kontext weiterer Forschungsgebiete** von Bedeutung. Insbesondere in der personellen Interaktion zwischen Anbieter und Konsumenten werden Emotionen stimuliert und können nachhaltig Einfluss auf den Erlebniswert und die Geschäftsbeziehung nehmen. Im Bereich des interaktionsgetriebenen Dienstleistungssektors werden daher Emotionen beispielsweise im Kontext des Dienstleistungsversagens untersucht (auch service failure; vgl. u. a. Smith/Bolton 2002; Zeelenberg/Pieters 1999), um Aufschluss über relevante Auswirkungen für Anbieter zu ermöglichen. Auch die Beschwerdemanagementforschung integriert konsumentenseitige Emotionen (vgl. u. a. Stephens/Gwinner 1998), um Ansatzpunkte zur Flankierung negativer Auswirkungen auf die Kundenbeziehung zu ermitteln. In Zusammenhang mit nachhaltigen konsumentenseitigen Auswirkungen von Emotionen stellen die Konstrukte Kundenzufriedenheit und Einstellung vielfach untersuchte Forschungsgebiete dar (vgl. u. a. Allen et al. 2005; Dubé/Cervellon/Jingyuan 2003; Phillips/Baumgartner 2002; Westbrook/Oliver 1991).

Der Mehrzahl der genannten Forschungsgebiete in Zusammenhang mit Emotionen ist die Perspektive des **ganzheitlichen Kundenerlebnisses während des Aufenthalts in einer Einkaufsstätte** (zur sogenannten Customer Experience vgl. Abschnitt 3.1) übergeordnet. Dieses Erlebnis reicht über den Kauf von Produkten und Dienstleistungen hinaus und umfasst alle Kontaktpunkte mit einem Anbieter, die das emotionale Empfinden von Konsumenten beeinflussen können (vgl. Babin/Darden/Griffin 1994, S. 645; Derbaix/ Pham 1991, S. 326; Grewal/Levy/Kumar 2009, S. 1). Konsumentenseitige Emotionen während unterschiedlicher Konsumsituationen wurden bisher in einer Reihe wissenschaftlicher Arbeiten untersucht (vgl. u. a. Derbaix/Pham 1991; Donovan et al. 1994; Havlena/Holbrook 1986; Holbrook/Hirschman 1982). Hieraus sind wiederum Forschungsstränge hervorgegangen, die unterschiedliche Schwerpunkte setzen. So fokussieren einige Forschungsarbeiten insbesondere die psychologischen Motive der Shoppingaktivität von Konsumenten, die abhängig von der individuellen Persönlichkeit variieren und grundsätzlich verschieden sein können (vgl. u. a. Westbrook/Black 1985). Daneben werden auf Basis spezifischer Aspekte eines Einkaufserlebnisses von Konsumenten Quellen von Emotionen wie beispielsweise Freude beim Einkauf erforscht und systematisiert (vgl. u. a. Cox/Cox/Anderson 2005).

Eine Übersicht ausgewählter Arbeiten zu den zuvor beschriebenen Facetten der emotionspsychologischen Verhaltensforschung gibt die nachfolgende Tabelle 2–1:

Tabelle 2–1: Ausgewählte Arbeiten zu Facetten der emotionspsychologischen Konsumentenverhaltensforschung

Forschungskontext	Ausgewählte Arbeiten	Untersuchungsschwerpunkt
Emotionen im Werbekontext	Holbrook/Batra 1987; Olney/Holbrook/Batra 1991	Emotionale Reaktionen auf Werbeinhalte; Emotionen als Mediator der Beziehung zwischen Werbung und Konsumentenverhalten
Emotionen im Kontext der Produktgestaltung	Desmet/Hekkert/Jacobs 2000; Desmet/Hekkert 2002; Khalid/Helander 2006; Mano/Oliver 1993	Messung von Emotionen, die durch die Produktgestaltung verursacht werden
Emotionen im Kontext der Verkaufsraumgestaltung	Donovan/Rossiter 1982; Donovan et al. 1994; Gilboa/Rafaeli 2003	Emotionale Reaktionen auf die Verkaufsraumgestaltung; Emotionen als Mediator der Beziehung zwischen Verkaufsraumgestaltung und Konsumentenverhalten
Emotionen im Kontext von Preisen	Diller 2008; Homburg/Koschate 2005	Emotionen als Reaktionen auf Preise; Preiserlebnis

Forschungskontext	Ausgewählte Arbeiten	Untersuchungsschwerpunkt
Verhaltensrelevanz von Emotionen	Mehrabian/Russell 1974; Hoolbrok/Gardner 1993; Hart et al. 2007	Emotionen als Vorstufe von Annäherungs-/ Meidungsverhalten gegenüber der Umwelt; Verhaltensauswirkungen von Emotionen während des Einkaufs
Negative Aspekte der Verhaltensrelevanz von Emotionen	O'Guinn/Faber 1989; Ridgway/Kukar-Kinney/ Monroe 2008; Wansink 1994	Negative Auswirkungen von Emotionen auf das Konsumverhalten (obsessiver Kaufzwang)
Emotionen im Dienstleistungskontext	Smith/Bolton 2002; Zeelenberg/Pieters 1999	Emotionale Reaktionen auf Dienstleistungsversagen und ihre Relevanz für Kundeneinstellung und -verhalten
Emotionen im Kontext des Beschwerdemanagements	Stephens/Gwinner 1998	Emotionen als Determinante des Beschwerdeverhaltens von Konsumenten
Einstellungsrelevanz von Emotionen	Allen et al. 2005; Dubé/Cervellon/Jingyuan 2003; Phillips/Baumgartner 2002; Westbrook/Oliver 1991	Auswirkungen von Emotionen auf Einstellungskonstrukte
Emotionen im Shoppingkontext (Customer Experience)	Cox/Cox/Anderson 2005; Derbaix/Pham 1991; Donovan et al. 1994; Havlena/Holbrook 1986; Holbrook/Hirschman 1982	Emotionen und deren Quellen während des Einkaufserlebnisses

Die Perspektive des ganzheitlichen Kundenerlebnisses ermöglicht die integrierte Betrachtung von Emotionen und deren vielfältiger Ursachen während des Aufenthalts von Konsumenten in einer Einkaufsstätte. Sie stellt daher einen geeigneten Ansatz dar, um eine ganzheitliche handelsseitige Perspektive zur Untersuchung emotionsrelevanter Impulse von Handelsunternehmen aufbauend auf den Forschungsfragen der vorliegenden Arbeit einzunehmen. Darüber hinaus kann eine Betrachtung verhaltens- sowie erfolgswirksamer Auswirkungen von Emotionen während des Einkaufserlebnisses erfolgen. Die emotionspsychologische Konsumentenverhaltensforschung liefert folglich geeignete Erkenntnisse für das zu entwickelnde Untersuchungsmodell dieses Forschungsvorhabens (vgl. Kapitel drei).

2.2 Begriffliche Grundlagen von Shopping Enjoyment

2.2.1 Shopping als Bezugsobjekt

Shopping und der damit verbundene Shoppingprozess sind für die vorliegende Arbeit vom gängigen Begriffsverständnis des Einkaufens und dem damit verbundenen Einkaufsprozess abzugrenzen. Zu diesem Zweck wird sowohl eine inhaltlich-sachliche als auch eine prozessuale Differenzierung vorgenommen.

Bezüglich der **inhaltlich-sachlichen Differenzierung des Shopping** wird der Auffassung von Tauber (1972) gefolgt, der zufolge die Konzepte des Shopping, Kaufens und Konsums voneinander unterschieden werden müssen. Während der Kauf von Gütern und deren Konsum in der Nachkaufphase einen unmittelbaren Produktbezug aufweisen, kann die Aktivität des Shopping auch losgelöst von produkt- beziehungsweise kauforientierten Absichten erfolgen (vgl. Tauber 1972, S. 46). Unter Shopping wird daher der Besuch beziehungsweise Aufenthalt in einer Geschäftsstätte verstanden, der (auch) anderen Motiven als dem gezielten Kauf von Produkten folgt. Eine Vielzahl wissenschaftlicher Publikationen, die auf die Pionierarbeit Taubers (1972) zurückgehen, untersucht die unterschiedlichen **Motive**, die der Aktivität des Shopping zugrunde liegen können. Tauber (1972, S. 47 f.) teilt diese in persönliche und soziale Motive ein. Persönliche Motive umfassen „role playing" (Erfüllung der dem eigenen Rollenverständnis entsprechenden Aufgaben), „diversion" (Abwechslung vom Alltag), „self-gratification" (Selbstbelohnung), „learning about new trends" (Informationsgewinnung bezüglich neuer Produkttrends, -innovationen usw.), „physical activity" (körperliche Ertüchtigung für Personen mit wenig Bewegung im Alltag) und „sensory stimulation" (Genuss sensorischer Stimulation innerhalb des Einkaufsumfelds). Soziale Motive sind „social experience outside the home" (Kontaktaufnahme zu anderen Menschen), „communication with others having a similar interest" (Austausch mit Gleichgesinnten), „peer group attraction" (Wunsch als Kenner wahrgenommen zu werden), „status and authority" (Streben nach Anerkennung und „Macht" in der Beziehung mit den Mitarbeitern eines Unternehmens) und „pleasure of bargaining" (Freude am Verhandeln eines niedrigeren Preises).

Nennenswert ist auch die empirische Untersuchung von Westbrook/Black (1985, S. 100 f.), auf deren Ergebnissen aufbauend sie die Hypothesen von Tauber (1972) bestätigen. Hinsichtlich der Shoppingmotive entwickeln sie eine eigene Taxonomie, die sich an der Verhaltensrelevanz der Shoppingmotive für das Einkaufsverhalten von Konsumenten orientiert. Insgesamt identifizieren sie die sieben Motivations-Cluster „anticipated utility of prospective purchases" (konkreter produktbezogenen Nutzen), „enactment of an economic shopping role" (Erfüllung der dem eigenen Rollenverständnis entsprechenden Aufgaben), „negotiation to obtain price concessions from the seller" (Verhandeln eines niedrigeren Preises), „optimization of merchandise choice in terms of matching shoppers' needs and desires" (bestmögliche Bedürfnisbefriedigung), „affiliation with reference groups" (Austausch mit Gleichgesinnten und Kennern), „exercise of power and authority in marketplace exchanges" (Streben nach Anerkennung und „Macht" in der Beziehung mit den Mitarbeitern eines Unternehmens) und „sensory stimulation from the marketplace itself" (Genuss sensorischer Stimulation innerhalb des Einkaufsumfelds) und liefern damit einen vielzitierten Beitrag im Kontext dieses wissenschaftlichen Forschungsbereichs.

Auch im Rahmen weiterer Arbeiten setzen sich Wissenschaftler mit der Erforschung und Klassifikation der dem Shopping zugrunde liegenden Motive auseinander (vgl. u. a. Bellenger/Robertson/Greenberg 1977; Stone 1954; Westbrook/Black 1985; vgl. hierzu auch Abschnitt 3.3.1.1), die im Kontext des Shopping-Prozesses hier nicht näher ausgeführt werden. Stellvertretend für die allen Arbeiten gleichermaßen zugrunde liegende von der reinen Produktakquise losgelöste Perspektive des Shopping gilt das Resümee von Langrehr (1991, S. 428) „the purchase of goods may be incidental to the experience of shopping. People buy so they can shop, NOT shop so they can buy".

Die **prozessuale Abgrenzung** des Shopping erfolgt auf Basis der Phasen des Einkaufsprozesses von Konsumenten. Die phasenorientierte Unterteilung des Einkaufsprozesses wurde im Zusammenhang mit der Untersuchung des Convenience-Konstrukts von unterschiedlichen Autoren bereits ausführlich diskutiert (vgl. u. a. Ettinger 2009; Reith 2007; Seiders/Berry/Gresham 2000; Seiders et al. 2007). Während Seiders/Berry/Gresham (2000) und Reith (2007) ihre Unterteilung nicht stringent an die Chronologie des Einkaufsprozesses anlehnen, bietet sich für die vorliegende Untersuchung eine Orientierung an der Auffassung von Seiders et al. (2007) und Ettinger (2009) an. In beiden Arbeiten wird der Einkaufsprozess in folgende fünf Phasen unterteilt (vgl. Ettinger 2009, S. 22):

1. Entscheidungsfassung für ein Einzelhandelsunternehmen,
2. Zugang zu einer Einkaufsstätte,
3. Auffinden und Auswahl von Produkten,
4. Abwicklung des Einkaufs sowie
5. eventuell Umtausch und Reklamationen.

Entscheidungsfassung und Zugang entsprechen hierbei der Vorkaufphase. Das Auffinden und Auswählen wie auch die Abwicklung gehören zur Kaufphase, während die Nachkaufphase mögliche Umtäusche und Reklamationen umfasst, die nach dem eigentlichen Kauf erfolgen. Graphisch werden die genannten Phasen des Einkaufsprozesses in Abbildung 2–2 dargestellt.

Abbildung 2–2: Phasen des Einkaufsprozesses und Einordnung des Shoppingprozesses (Eigene Darstellung).

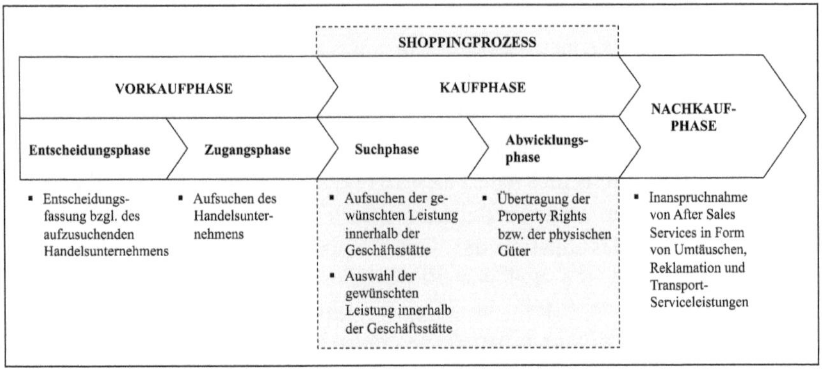

Aus der Abbildung geht die chronologische und damit sachliche Einordnung beziehungsweise Abgrenzung des Shopping(prozesses) hervor, der zeitlich mit der Kaufphase zusammenfällt. Die Vorkaufphase, die die Entscheidung für ein bestimmtes Handelsunternehmen und den Zugang zu diesem umfasst, ist nicht Teil des Shoppingprozesses. Dieser setzt somit erst ab dem Moment des Betretens der Einkaufsstätte an. Entgegen dem Transaktionsverständnis im Sinne einer Übertragung der Property Rights (zum Begriffsverständnis der Property Rights vgl. Commons 1931, S. 652) beziehungsweise der physischen Güter, also dem tatsächlichen Kaufabschluss während des Kaufprozesses, ist die Abwicklungsphase kein zwingend erforderlicher Bestandteil des Shoppingprozesses. Ein Kauf kann somit als Folge des Geschäftsstättenaufenthalts erfolgen, jedoch entspricht bereits das Herumstöbern und Anschauen der angebotenen Leistungen der Aktivität des Shopping. Da der Shoppingprozess nach dem Verlassen der Einkaufsstätte endet, wird schließlich auch die Nachkaufphase dem vorliegenden Verständnis entsprechend nicht integriert. Die zeitlich vollumfängliche Betrachtungsweise des Einkaufsprozesses wird damit dem Verständnis des Shoppingprozesses nicht gerecht, der sich primär auf den Aufenthalt in einer Einkaufsstätte ohne zwingenden Kaufabschluss bezieht.

Insgesamt veranschaulichen die vorangehenden Ausführungen den nicht zwingend erforderlichen Produktbezug des Shopping und des damit verbundenen Shoppingprozesses. Diese Auffassung liegt den nachfolgenden Ausführungen der vorliegenden Untersuchung zugrunde, wenngleich die Verwendung der Begriffe Einkauf beziehungsweise Einkaufsprozess im weiteren Verlauf stellenweise synonym verwendet werden.

2.2.2 Der Begriff Shopping Enjoyment im Spiegel der Literatur

Mit der Untersuchung des Spektrums unterschiedlicher Motive für den Besuch einer Geschäftsstätte geht in der wissenschaftlichen Literatur die Entwicklung des Begriffs Shopping Enjoyment sowie der damit verbundenen Facetten wissenschaftlichen Interesses einher. Grundlage der Entwicklung des Begriffs Shopping Enjoyment sind die Erkenntnisse Taubers (1972; vgl. Abschnitt 2.2.1), die von einer Vielzahl konsumentenverhaltenswissenschaftlicher Studien aufgegriffen und weiterentwickelt wurden. Hieraus leitet sich die Erforschung von Konsumententypologien ab, die auf einer grundsätzlichen Differenzierung unterschiedlicher Shoppingorientierungen von Konsumenten basieren (vgl. Abschnitt 3.3.1.1). In der Literatur werden hierbei zwei generische Shoppingtypen unterschieden, die sich in ihrer grundlegenden Einstellung gegenüber der Aktivität des Shopping und der Bereitschaft zur Zeitverwendung dafür unterscheiden. Eine progressive Arbeit in diesem Zusammenhang stellt die Untersuchung von Bellenger/Robertson/Greenberg (1977, S. 36 f.) dar, die Konsumenten auf Basis einer empirischen Untersuchung in wenig am Shopping interessierte effizienzorientierte Konsumenten einteilen sowie solche Konsumenten, die Shopping als einer Freizeitaktivität nachgehen und Nutzen auch aus nicht produktbezogenen Aspekten ziehen. Letztere werden als Freizeitshopper (auch „recreational shopper"; für eine Übersicht zu Shoppingtypen vgl. Kaltcheva/Weitz 2006, S. 110; auch Bellenger/Korgaonkar 1980, S. 78; Guiry/Lutz 2000, S. 8; Prus/Dawson 1991, S. 149) bezeichnet, die Freude am Einkauf als möglichem Freizeitvertreib haben und nicht dem Konzept der klassisch-ökonomischen Sichtweise des Einkaufs zum Zweck des Produkterwerbs angehören. Dieser am Freizeitgedanken orientierten Unterscheidung von Konsumententypen folgen weitere Arbeiten, die diese grundsätzliche Taxonomie und damit auch die Freude während des Einkaufs als Untersuchungsgegenstand bestätigen (vgl. Babin/Darden/Griffin 1994; Bellenger/Korgaonkar 1980; Boedeker 1995; Jones 1999; Kim 2007; Tauber 1995; Westbrook/Black 1985). Kim/Kim (2008, S. 411) dehnen diese Auffassung einer grundlegenden Shoppingorientierung aus, indem sie Shopping Enjoyment als Persönlichkeitseigenschaft bezeichnen, die bei einigen Konsumenten zu mehr Genuss und Freude am Einkauf führt als bei anderen.

Der überwiegenden Zahl wissenschaftlicher Arbeiten, die Shopping Enjoyment untersuchen, liegt die Annahme zugrunde, dass Konsumenten Freude durch den **Prozess** des Shopping empfinden, der den Ausführungen des vorangehenden Abschnitts 2.2.1 zufolge unabhängig von der Produktakquise motiviert sein kann. Beatty/Ferrell (1998, S. 174) definieren Shopping Enjoyment dieser Auffassung entsprechend „as the pleasure one obtains in the shopping process". Auch Brengman/

Ketelsegers (2007, S. 1) sehen den Einkaufsprozess als Quelle von „intrinsic enjoyment“ (vgl. hierzu auch Guiry/Lutz 2000). Der Freizeitgedanke liegt folglich auch diesen Arbeiten zugrunde, da Konsumenten den Aufenthalt in einer Einkaufsstätte als angenehmen Zeitvertreib erachten, bei dem sie positive Gefühle in Form von Freude empfinden können (vgl. hierzu auch Bäckström 2006, S. 143).

Demgegenüber steht die Auffassung von Cai/Xu (2006, S. 275), die Shopping Enjoyment nicht als ein dem psychologischen Begriffsverständnis entsprechendes subjektives Empfinden einer Emotion auf Gefühlsebene während des Shoppingprozesses verstehen (zum psychologischen Emotionsbegriff und der Gefühlsebene vgl. Abschnitt 2.1.1.1.). Shopping Enjoyment entspricht ihrem Verständnis zufolge der „enjoyability“ einer Einkaufsstätte, also dem Potenzial dieser Einkaufsstätte Einkaufsfreude bei ihren Besuchern auszulösen. Diese Perspektive rührt insbesondere aus der Besonderheit der Untersuchung von Online-Stores, also nichtstationärem Handel, bei dem sich der Shoppingprozess und das damit verbundene Erlebnis von Konsumenten grundlegend unterscheiden. Dennoch unterstreichen Wissenschaftler auch für das Online Shopping Enjoyment die hohe Bedeutung der Einkaufsumwelt. Kim/Fiore/Lee (2007, S. 98) halten in diesem Zusammenhang fest „Consumer shopping enjoyment culminates from pleasure and excitement triggered by the store environment.“

In ihrer Definition von Shopping Enjoyment berücksichtigen Kim/Fiore/Lee (2007, S. 98) nach Wissen der Verfasserin dieser Arbeit als einzige die Emotionsdimensionen Gefallen und Erregung (vgl. Abschnitt 2.1.2). Während „Pleasure“ die positive Richtung der Gefühle beschreibt, die durch die Einkaufsstätte ausgelöst werden, entspricht „excitement“ der Erregung, also der Intensität der Gefühle im Rahmen dieser Definition. Die Emotionsdimensionen werden im Kontext wissenschaftlicher Untersuchungen zum Freizeitshopping beziehungsweise dem so genannten hedonistischen Shopping (vgl. Abschnitt 3.3.1.1; Jin/Sternquist 2004, S. 2) überwiegend allgemein erörtert. Obwohl diese Arbeiten mehrheitlich von der emotionsbezogenen Gefühlsebene in Bezug auf Shopping Enjoyment handeln, wird in den jeweiligen Definitionen und Begriffsbestimmungen kein expliziter Bezug hierauf genommen.

Trotz der nicht geringen Anzahl an Publikationen in diesem wissenschaftlichen Forschungsbereich mangelt es an einer allgemeingültigen Definition des Konstrukts Shopping Enjoyment. Die Freude am Einkauf wird wie vorangehend beschrieben vorwiegend im Kontext des freizeitorientierten Shopping untersucht. Um jedoch ein einheitliches Verständnis von Einkaufsfreude beziehungsweise Shopping Enjoyment und den hierdurch subsumierten Gefühlsfacetten zu erlangen, bedarf es der Entwicklung eines entsprechenden Begriffsverständnisses, das relevante Erkenntnisse der Emotionsforschung (vgl. Abschnitt 2.1.1) einbezieht.

2.2.3 Definition von Shopping Enjoyment

Der Mangel an einer allgemeingültigen Definition von Shopping Enjoyment soll durch die Entwicklung eines eigenen Begriffsverständnisses im Rahmen der vorliegenden Arbeit überwunden werden. Zu diesem Zweck wird in Tabelle 2–2 zunächst ein Überblick über ausgewählte bestehende Definitionen in der Literatur gegeben.

Tabelle 2–2: Ausgewählte Definitionen zu Shopping Enjoyment

Autoren	Definitionsobjekt	Definition
Beatty/Ferrell 1998, S. 174	Shopping Enjoyment im stationären Handel (Shopping Mall)	„Shopping enjoyment is defined as the pleasure one obtains in the shopping process.“
Cai/Xu 2006, S. 275	Shopping Enjoyment im Online-Handel	„Shopping enjoyment refers to the extent to which the shopping experience with a web store is perceived to be enjoyable in its own right, apart from any performance consequences that may be anticipated. However, by shopping enjoyment, we do not mean a simultaneous measure of the psychological state of a person during the shopping process, but rather the *enjoyability* of a store.“
Goyal/Mittal 2007, S. 106	Shopping Enjoyment im stationären Handel	„A buyer's individual characteristic representing the tendency to find shopping more enjoyable and to experience greater shopping pleasure than others.“
Hart et al. 2007, S. 586	Shopping Enjoyment im stationären Handel	„Enjoyment of shopping as a pleasurable experience.“
Jones 1999, S. 130	Shopping Enjoyment im stationären Handel	„Shopping enjoyment can be defined as the degree to which individuals enjoy the shopping process.“
Kim/Fiore/Lee 2007, S. 98	Shopping Enjoyment im Online-Handel	„Consumer shopping enjoyment culminates from pleasure and excitement triggered by the store environment.“
Kim/Kim 2008, S. 411	Shopping Enjoyment im stationären Handel	„Shopping enjoyment is defined as a consumer's personality trait that finds shopping more enjoyable and experiences greater shopping pleasure than other consumers.“
Leischnig/ Schwertfeger/ Geigenmüller 2011, S. 219	Shopping Enjoyment im stationären Handel	„Shopping enjoyment refers to the level of joy and pleasure customers derive from shopping activities.“

Autoren	Definitionsobjekt	Definition
Reynolds/Beatty 1999, S. 511	Shopping Enjoyment im stationären Handel	„Some consumers enjoy shopping as a leisure activity or for recreation, deriving pleasure from the activity."

Die Analyse der bestehenden Definitionen macht deutlich, dass Shopping Enjoyment fast durchweg mit positiven Gefühlen („pleasure" und „joy") gleichgestellt wird. Diese werden der Definition von Beatty/Ferrell (1998, S. 174) zufolge von Konsumenten während des Shopping Prozesses empfunden und der Auffassung von Kim/Fiore/Lee (2007, S. 98) entsprechend durch die Einkaufsumwelt ausgelöst, worauf die Mehrheit der Definitionen jedoch keinen expliziten Bezug nimmt. Eine Ausnahme von diesem grundlegenden positiven Gefühlsverständnis stellt die Arbeit von Cai/Xu (2006, S. 275) dar, die Shopping Enjoyment als das Potenzial einer Einkaufsstätte auffassen, Einkaufsfreude bei ihren Besuchern auszulösen. Auch die Begriffsdefinitionen von Kim/Kim (2008, S. 411) und Goyal/Mittal (2007, S. 106) weisen Abweichungen auf, da sie Shopping Enjoyment als Persönlichkeitseigenschaft definieren.

Grundsätzlich stellt der Gedanke der positiven Emotionswahrnehmung wie auch der Bezug zur Einkaufsumwelt und zum Shoppingprozess eine geeignete Grundlage zur Entwicklung einer eigenen Definition von Shopping Enjoyment dar. Auf Basis der emotionstheoretischen Erkenntnisse empfiehlt sich jedoch zunächst eine differenzierte(re) **Abgrenzung der Shopping Enjoyment innewohnenden Gefühle**, da eine ausschließliche Betrachtung der Valenz (Richtung) von Gefühlen als nicht ausreichend anzusehen ist. Dem dimensionalen Verständnis von Emotionen entsprechend (vgl. Abschnitt 2.1.2) wird im Rahmen dieser Arbeit eine explizite Einbeziehung der Intensität von Gefühlen (Erregung) in das vorliegende Begriffsverständnis vorgenommen. Hieraus resultiert eine zweidimensionale Betrachtungsweise der Gefühle, die unter dem Begriff Shopping Enjoyment subsumiert werden. Aufbauend auf den Erkenntnissen der Emotionsforschung werden positive Empfindungen von mittlerer bis hoher Intensität Freude, Glück und ähnlichen Gefühlen zugeordnet. Folglich wird Shopping Enjoyment als ein Bündel nahestehender Gefühle interpretiert.

Da für die vorliegende Arbeit eine handelsbezogene Perspektive eingenommen wird, findet analog zu bestehenden Definitionen der **Bezug zu möglichen handelsseitigen Stimuli beziehungsweise Determinanten** von Shopping Enjoyment im Rahmen des Begriffsverständnisses Berücksichtigung. Während die Einkaufsumwelt als handelsseitiger Stimulus in der Literatur überwiegend durch das tangible Ladenumfeld beschrieben wird, wird diese im vorliegenden Fall um alle weiteren Aspekte ergänzt, die Einfluss auf die Emotionen von Konsumenten während ihres Aufenthalts in einer Geschäftsstätte nehmen können. Jones (1999, S. 136) stellt in diesem Zusammenhang fest: „it appears that many of the retailer factors go unnoticed when consumers have entertaining shopping experiences. It seems as if consumers are not aware of the importance of these factors until they fall below a certain minimum. Consumers expect a large selection of unique products, extraordinary service, and a comfortable atmosphere and the failure to meet these expectancies is highly memorable and influential to shoppers." Unter Berücksichtigung dieser Ausführungen wird Shopping Enjoyment wie folgt definiert:

Shopping Enjoyment *umfasst (1) intensive (2) positive Emotionen von Konsumenten, die (3) durch handelsspezifische Stimulusvariablen (4) während des Shoppingprozesses ausgelöst werden.*

Zur vorliegenden Definition gilt es anzumerken, dass sie keinen Bezug zu Persönlichkeitseigenschaften im Sinne einer grundsätzlichen Shoppingorientierung (vgl. Abschnitt 3.3.1.1) nimmt. Sie schließt daher nicht aus, dass auch wenig am Einkauf als Freizeitaktivität interessierte Konsumenten, abhängig vom situativen Einkaufserlebnis, Freude empfinden können, was der Auffassung von Jones (1999, S. 130) gerecht wird: „Consumers may have entertaining shopping experience regardless of their motivations or enduring tendency to enjoy the shopping process."

2.3 Konzeptionelle Grundlagen von Shopping Enjoyment

2.3.1 Relevante Grundlagen zur Konzeptualisierung von Shopping Enjoyment in der Literatur

Shopping Enjoyment stellt ein (theoretisches) Konstrukt dar, das nicht direkt beobachtbar ist und sich daher einer unmittelbaren Messung entzieht (zu den Grundlagen der Konstruktmessung vgl. Abschnitt 0). Um empirische Messbarkeit eines Konstrukts zu erlangen, erfolgt zunächst dessen Konzeptualisierung, bei der die grundlegenden inhaltlichen Facetten abgegrenzt und (mögliche) Konstruktdimensionen ausgearbeitet werden (vgl. Pflesser 1999, S. 97; Schnell/Hill/Esser 2008, S. 128). Die Konstruktkonzeptualisierung erfolgt gewöhnlich auf Basis von Literaturrecherchen (vgl. Churchill 1979, S. 67). Diese Vorgehensweise wird im Folgenden auch zur Konzeptualisierung von Shopping Enjoyment gewählt.

Aufgrund einer fehlenden expliziten Konzeptualisierung von Shopping Enjoyment in der Literatur wird auf relevante Erkenntnisse, auch aus ausgewählten thematisch nahestehenden Publikationen im Bereich Customer beziehungsweise Shopping Experience (vgl. Abschnitt 3.1), zurückgegriffen, um die Grundlage einer eigenen Konzeptualisierung für die vorliegende Untersuchung zu schaffen.

Im Vordergrund stehen hierbei Aspekte zu den Emotionsdimensionen Gefallen und Erregung, die als konstituierende Merkmale von Shopping Enjoyment definiert wurden (vgl. Abschnitt 2.2.3). Um zu einer eigenen Konzeptualisierung zu gelangen, werden anschließend Arbeiten der Emotionsforschung, insbesondere die emotionstheoretischen Erkenntnisse des zweidimensionalen „Circumplex Model of Affect" von Russell (1980), herangezogen.

Die Emotionsdimensionen Gefallen und Erregung integrieren Kim/Fiore/Lee (2007, S. 98) nach Wissen der Verfasserin als einzige in ihre Definition von Shopping Enjoyment (vgl. Abschnitt 2.2.3) und bieten dadurch einen möglichen Konzeptualisierungsansatz. Im weiteren Verlauf ihrer Publikation nehmen sie diesbezüglich jedoch keine näher gehenden Erläuterung vor, so dass hier lediglich die Basis für weitere Überlegungen geschaffen wird. Eine jüngere Arbeit im Bereich Shopping Experience stellt die Studie von Hart et al. (2007) dar, in der ein Konzeptualisierungsansatz des Konstrukts Shopping Enjoyment gewissermaßen durch ein Ausschlussverfahren beziehungsweise die Abgrenzung gegenüber anderen positiv gerichteten emotionalen Konstrukten vorgenommen wird. Bei dieser Abgrenzung stellen die Autoren den direkten Vergleich zum Konstrukt „Excitement" auf, was als positive Aufregung zu interpretieren ist: „Whilst excitement corresponds to an emotional state that elicits high levels of pleasure and arousal, enjoyment tends to represent a less emotionally intensive evaluation, which is similar to liking" (Hart et al. 2007, S. 586). Die Autoren integrieren in ihr Verständnis von Shopping Enjoyment die beiden Emotionsdimensionen Gefallen und Erregung, wenngleich sie diese nicht explizit in ihre Definition des Konstrukts aufnehmen. Sie heben hierbei hervor, dass das Niveau an Erregung geringer ist als beim Konstrukt „Excitement". Sie argumentieren weiterhin, dass Shopping Enjoyment demzufolge häufiger empfunden werde, da die Emotion Freude auf stabilerem Niveau ist. Auch Kaltcheva/Weitz (2006) bestätigen ein hohes Erregungsniveau beim Konstrukt „Excitement", was die vorangehend beschriebenen Ausführungen von Hart et al. (2007) stützt.

Eine Verknüpfung zwischen diesen Forschungsbereichen und der Emotionsforschung stellt die Studie von Havlena/Holbrook (1986) dar, in der sie die Eignung des PAD-Ansatzes nach Mehrabian/Russell (1974; vgl. Abschnitt 2.1.2) zur Messung von emotionalen Erlebnissen während einer Konsumsituation überprüfen. Infolge des höheren Detaillierungsgrads bei der Beschreibung von Emotionen und des damit einhergehenden höheren Informationsgehalts dieses Ansatzes bestätigen die Ergebnisse der durchgeführten empirischen Studie dessen Überlegenheit gegenüber dem Basisemotionsmodell nach Plutchik (1991) (vgl. Abschnitt 2.1.2). Hierbei gilt es anzumerken, dass die Eignung des jeweiligen Emotionsmodells vom Untersuchungsgegenstand abhängig ist. Da in der vorliegenden Arbeit der Einfluss handelsbezogener Stimuli auf die Gefühle von Konsumenten untersucht wird, ist die Anwendung des Modells von Mehrabian/Russell (1974) nahe liegend (vgl. Richins 1997, S. 128; Abschnitt 2.4.1).

Insgesamt kann festgehalten werden, dass sich der dimensionale Ansatz zur Erfassung der inhaltlichen Facetten von Emotionen in der Konsumentenverhaltensforschung im weiteren sowie von Shopping Enjoyment im engeren Sinn eignet und in einigen Arbeiten bisher Anwendung gefunden hat (vgl. Abschnitt 2.1.2). Im Folgenden wird daher das dimensionale Emotionsverständnis anhand des „Circumplex Model of Affect" nach Russell (1980) in Abbildung 2–3 näher erläutert, das der grundlegenden Kritik an der kognitiven Qualität der Komponente Dominanz (D) des PAD-Ansatzes (vgl. Abschnitt 2.1.2) folgend lediglich die Dimensionen Gefallen (P) und Erregung (A) berücksichtigt.

Abbildung 2–3: Circumplex Model of Affect.
(Eigene Darstellung in Anl. an: Russell 1980, S. 1164 und Barrett/Russell 1998, S. 970).

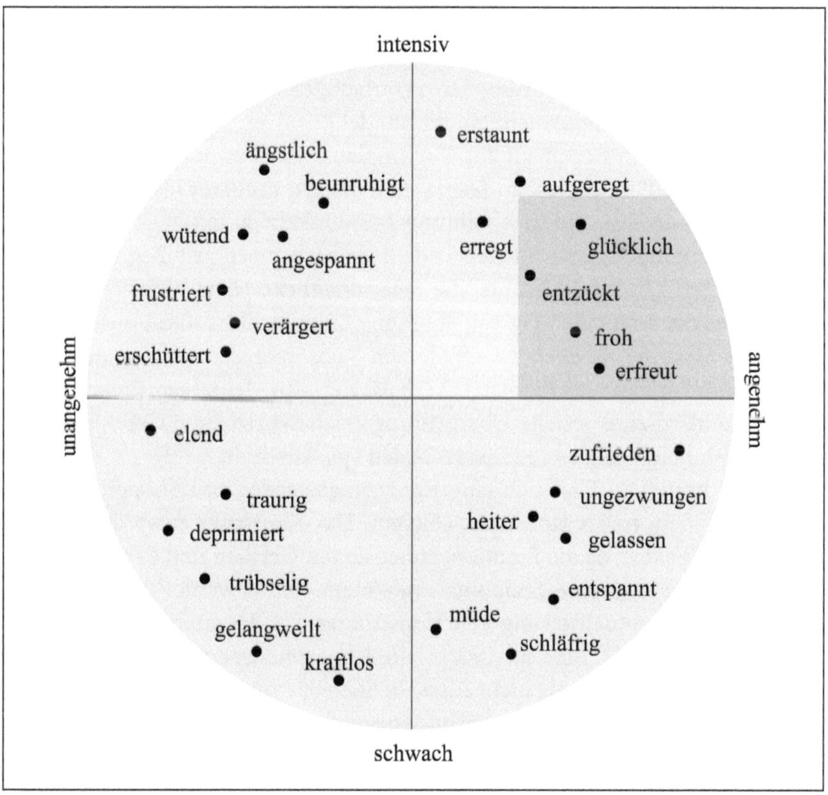

Das Circumplex-Modell (vgl. Russell 1980, S. 1164; Barrett/Russell 1998, S. 970) ordnet Emotionen kreisförmig um die beiden orthogonalen Achsen beziehungsweise Dimensionen Gefallen und Erregung an. Hinter dieser Anordnung steht die Kernannahme, dass unterschiedliche Emotionen auf unterschiedliche Kombinationen dieser beiden Dimensionen zurückzuführen sind. Während Angst beispielsweise einen negativen emotionalen Zustand mit hohem Erregungsniveau „oben links" darstellt, kann Freude als positive Emotion mit mittlerem bis hohem Erregungsniveau etwa in der „Mitte rechts" lokalisiert werden. In der Literatur herrscht eine Kontroverse darüber, ob die Dimension Gefallen als bivariat zu erachten ist, d. h. ob prinzipiell unabhängige Emotionen gleichzeitig auftreten können (vgl. Watson et al. 1999). Einigkeit besteht dennoch hinsichtlich der Tragfähigkeit des kreisförmigen Circumplex-Modells zur Beschreibung von Emotionen.

2.3.2 Konzeptualisierung von Shopping Enjoyment

Die Konzeptualisierung von Shopping Enjoyment erfolgt auf der Grundlage der Erkenntnisse des vorangehenden Abschnitts, in dem bestehende Konzeptualisierungsansätze und das emotionstheoretische Circumplex-Modell nach Russell (1980) vorgestellt wurden. Dem erarbeiteten Begriffsverständnis zufolge entspricht Shopping Enjoyment einem Bündel positiver Gefühle mit erhöhtem Erregungsniveau. In Bezug auf das Circumplex-Modell stellt dieses Konglomerat den Teil des Bereichs „oben rechts" dar, der ein mittleres bis hohes Niveau an Erregung aufweist und in Abbildung 2–3 dunkelgrau unterlegt ist. Folglich umfasst Shopping Enjoyment neben dem deutschsprachigen Begriffspendant Freude weitere ähnliche Gefühle, die eine inhaltliche Nähe hierzu aufweisen. Gegenstand der Untersuchung von Shopping Enjoyment ist somit nicht die ungerichtete Messung möglicher Gefühle von Konsumenten während des Shoppingprozesses anhand der bipolaren Verbalskalen von Mehrabian/Russell (1974, S. 216), sondern eine gezielte Überprüfung des beschriebenen Gefühlsbündels mithilfe von Likert-Skalen (zu Likert-Skalen vgl. Abschnitt 4.1.2).

Hierauf basierend lässt sich eine Konzeptualisierung von Shopping Enjoyment als einfaktorielles Konstrukt ableiten. Das Konstrukt entspricht hierbei genau einem Faktor, da die Emotionsdimensionen Gefallen und Erregung nicht als separate Faktoren von Shopping Enjoyment erfasst werden (zu Grundbegriffen der Konzeptualisierung von Konstrukten vgl. Homburg/Giering 1996, S. 6; Abschnitt 4.1.3). Eine zweifaktorielle Konzeptualisierung des Konstrukts Shopping Enjoyment würde nicht ausschließlich das zuvor beschriebene Bündel intensiver positiver Gefühle der zugrunde liegenden Definition abbilden, sondern eine unabhängige Messung der beiden Faktoren Gefallen und Erregung bei den Probanden implizieren. Dies entspräche einer ungerichteten Messung der situativen Gefühlslage der zu befragenden Personen und somit einem anderen Konstrukt als Shopping Enjoyment, das ausschließlich das zuvor beschriebene Bündel intensiver positiver Emotionen abbildet. Shopping Enjoyment wird folglich direkt auf Konstruktebene durch beobachtbare Indikatoren gemessen, die jeweils eine Kombination beider Gefühlskomponenten abbilden (zur Operationalisierung von Shopping Enjoyment vgl. Abschnitt 0). Somit wird gewährleistet, dass durch das Erhebungsintrument ausschließlich das Ausmaß des gefühlten Shopping Enjoyments erhoben wird, nicht jedoch das jeweilige emotionale Empfinden der Probanden, das weitere Emotionen umfassen kann.

2.4 Theoretische Grundlagen von Shopping Enjoyment

In der vorliegenden Arbeit werden unterschiedliche Fragestellungen im Zusammenhang mit Konsumentenemotionen während des Einkaufsprozesses untersucht. Hierbei handelt es sich einerseits um den Einfluss handelsbezogener Stimuli auf Emotionen, die Verhaltenswirksamkeit dieser Emotionen und darüber hinaus den Einfluss moderierender Variablen auf die bestehenden Wirkungszusammenhänge. Einen theoretisch-konzeptionellen Bezugspunkt zur Abbildung dieser Zusammenhänge im Rahmen eines Gesamtmodells bietet das umweltpsychologische Verhaltensmodell von Mehrabian/Russell (1974), das diese unterschiedlichen Variablen und ihre Korrelationen untereinander abbildet. Aufgrund seiner vielfachen Anwendung in zahlreichen wissenschaftlichen Disziplinen, vor allem im Bereich der Konsumentenverhaltensforschung, wird dessen herausragende Bedeutung auch in Publikationen der jüngeren Zeit gewürdigt (vgl. Kaltcheva/Weitz 2006, S. 107).

2.4.1 Umweltpsychologisches Verhaltensmodell von Mehrabian/Russell (1974) als theoretischer Bezugspunkt

Das Ziel des emotionalen Ansatzes der Umweltpsychologie (zur Diskussion weiterer Ansätze der Umweltpsychologie vgl. Gröppel 1991, S. 112 ff.) ist es, einen deskriptiven Rahmen „zur Beurteilung von Umwelten und der Reaktionen von Menschen auf sie“ zu entwickeln (vgl. Mehrabian 1978, S. 15). „Eine bestimmte Umgebung verursacht bei einem Menschen gewisse emotionale Reaktionen. Diese Reaktionen wiederum bewirken, dass der Mensch sich dieser Umgebung mehr oder weniger nähert oder sie mehr oder weniger meidet“ (Mehrabian 1987, S. 15 f.). Aus dieser Sichtweise folgt, dass Menschen die Wahrnehmung und Wirkung ihrer physischen Umwelt (S) kognitiv nur in geringem Ausmaß kontrollieren können. Vielmehr findet die Beeinflussung des menschlichen Verhaltens (R) über intervenierende emotionale Empfindungen (I) statt. Objektiv gleiche Reize der Umwelt können von unterschiedlichen Menschen dennoch unterschiedlich wahrgenommen werden und zu unterschiedlichen Reaktionen führen, was auf ihre jeweilige Persönlichkeitsprädisposition (P) zurückzuführen ist (vgl. Mehrabian 1987, S. 28 ff.). Diese theoretisch-konzeptionellen Überlegungen umweltpsychologischer Untersuchungen fassen Mehrabian/Russell (1974) als ursprüngliche Vertreter dieser Richtung in folgendem Modell zusammen (vgl. Abbildung 2–4):

Abbildung 2–4: Umweltpsychologisches Verhaltensmodell von Mehrabian/Russell (in Anlehnung an: Mehrabian/Russell 1974, S. 8).

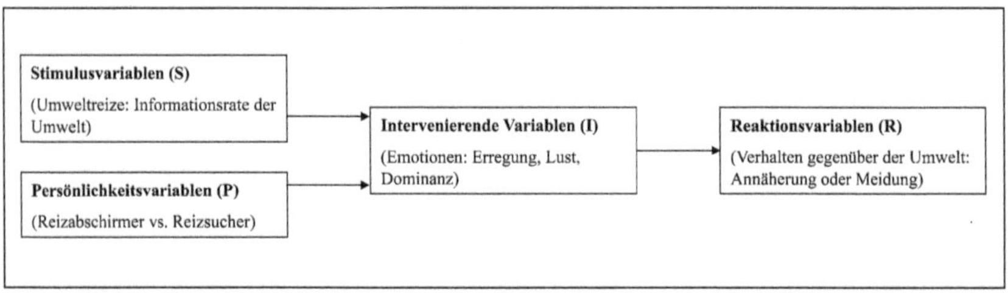

Stimulusvariablen (S)

Als Stimulusvariablen werden verschiedenartige Umweltreize zusammengefasst, die durch sensorische (z.B. visuelle oder akustische) Wahrnehmung aufgenommen werden und durch ihr Zusammenwirken eine „einheitliche Reizkonstellation" (vgl. Kroeber-Riel/Weinberg 2003, S. 429) bilden. Donovan/Rossiter (1982, S. 36 f.; S. 40) kritisieren am Modell von Mehrabian/Russell (1974) die fehlende Systematik in Form einer Taxonomie dieser Stimulusvariablen. Diese zu erstellen stellt ihrer Ansicht nach zwar eine komplexe Aufgabe vor dem Hintergrund der Vielzahl heterogener Stimuli der Umwelt dar, jedoch ist sie zur Anwendung des Modells auf konkrete Forschungsfragen dienlich. Ihre Publikation stellt folglich den ersten Ansatz zur Übertragung des umweltpsychologischen Verhaltensmodells von Mehrabian/Russell (1974) auf den Handel dar. Eine entsprechende Transferarbeit des deutschsprachigen Raums ist die Dissertationsschrift von Gröppel (1991), in der sie die Erkenntnisse dieses Modells auf die spezifische Umwelt einer Einkaufsstätte überträgt (vgl. Gröppel 1991, S. 127 ff.).

Mehrabian/Russell (1974) unterscheiden Umwelten in Form von Reizkonstellationen durch die sogenannte Informationsrate. Mehrabian (1987, S. 17) versteht unter diesem Begriff die „Menge von Informationen, die pro Zeiteinheit in der Umwelt enthalten sind oder wahrgenommen werden. Je mehr Informationen in Form von Reizen vom Beobachter verarbeitet werden müssen, desto größer ist die Informationsrate." Gröppel (1991, S. 126) stellt eine darin enthaltene objektive („tatsächlich vorhandenes Reizvolumen") sowie subjektive („wahrgenommenes Reizvolumen") Komponente fest. Hierbei kommt dem Maß an Neuartigkeit und Komplexität der Reize eine wichtige Bedeutung zu (vgl. Mehrabian/Russell 1974, S. 77 ff.). Je höher beide Aspekte bezüglich der Stimuli ausgeprägt sind, desto reizstärker wirkt die Umwelt.

Intervenierenden Variablen (I)

Zur Beschreibung intervenierender Variablen in Form von Emotionen verwenden Mehrabian/Russell (1974) den von ihnen entwickelten dimensionalen PAD-Ansatz, der in den Abschnitten 2.1.2 und 2.3.1 bereits erläutert wurde. Diesem Ansatz zufolge können Gefühle entsprechend ihrer jeweiligen Ausprägung entlang der Dimensionen Gefallen beziehungsweise Lust (pleasure – displeasure), Erregung (arousal – non-arousal) und Dominanz (dominance – submissiveness) beschrieben werden.

Persönlichkeitsvariablen (P)

Analog zu den Gefühlen als intervenierende Variablen kann die Persönlichkeitsprädisposition, also „die typischen emotionalen Wesenszüge oder Temperamente von verschiedenen Personen" (vgl. Mehrabian 1978, S. 29), anhand der drei beschriebenen Dimensionen unterschieden werden. Dementsprechend gibt es Personen, „die mehr als andere (1) lustbetont oder unlustbetont sind, (2) gegenüber erregenden Reizen aufgeschlossen sind oder sich gegen Erregung abschirmen und (3) mehr Dominanz oder Unterwerfung empfinden" (vgl. Kroeber-Riel/Weinberg 2003, S. 430). Die persönlichkeitsindividuelle Kombination dieser drei Dimensionen führt zu einer unterschiedlichen Erregbarkeit unterschiedlicher Personen, aber auch zu unterschiedlicher Valenz (auch Gefühlsrichtung) ihrer emotionalen Reaktionen auf spezifische Reize (für eine nähere Ausführung hierzu im Handelskontext vgl. Gröppel 1991, S. 129 ff.).

Die Reaktionsvariablen (R)

Während die Umweltreize zunächst primäre emotionale Reaktionen verursachen, lösen diese wiederum bestimmte Verhaltensreaktionen aus, die entweder zu einer Annäherung an die Umwelt oder deren Meidung führen. Annäherung stellt eine positive Reaktion auf die Umwelt dar, die Meidung dieser entsprechend eine negative. Neben dem physischen beziehungsweise motorischen Verhalten sind auch kognitive Reaktionen betroffen, die „Handlungsabsichten, Zielsetzungen, Einstellungen, usw." umfassen (vgl. Kroeber-Riel/Weinberg 2003, S. 430). Gröppel (1991, S. 127) führt als Beispiel einer Annäherung an die Umwelt die Bereitschaft von Personen zur Erkundung und dem Kennenlernen der Umwelt an. Rückzug und abweisendes Verhalten in Form von Unfreundlichkeit oder „abfälligen Äußerungen" sind hingegen Beispiele für meidende Reaktionen.

2.4.2 Anwendung des umweltpsychologischen Verhaltensmodells auf den Shoppingprozess von Konsumenten

Das umweltpsychologische Verhaltensmodell von Mehrabian/Russell (1974) wurde, wie im vorangehenden Abschnitt beschrieben, bereits vielfach im Bereich der handelsbezogenen Konsumentenverhaltensforschung angewandt. Die Transferversuche in den Handel haben sich hierbei auf die Beziehungen zwischen einzelnen Variablen beschränkt. Insgesamt bestätigt die hohe Anzahl der Publikationen auch weiterer wissenschaftlicher Forschungsbereiche des Marketing, die auf diesen Ansatz zurückgreifen, die Eignung des Modells zur Untersuchung von Fragestellungen zu den Beziehungen zwischen Umwelt, emotionalen sowie Verhaltensreaktionen von Personen. Um die spezifischen Fragestellungen der vorliegenden Untersuchung im Kontext des Shoppingprozesses von Konsumenten in einem Gesamtmodell abzubilden, sind jedoch Modifikationen des ursprünglichen Modells von Mehrabian/Russell (1974) erforderlich. Diese betreffen neben den theoretischen Zusammenhängen zwischen den Variablen auch eine Ergänzung des Modells um weitere Variablen sowie die Konzeptualisierung der Umwelt- und intervenierenden Variablen.

Hinsichtlich der **theoretischen Zusammenhänge zwischen den Variablen** gilt es die hypothetisierten moderierenden Effekte der vorliegenden Untersuchung (vgl. Abschnitt 3.3) abzubilden, die Einfluss auf bestehende direkte Wirkungszusammenhänge nehmen. Das ursprüngliche Modell von Mehrabian/Russell (1974) (vgl. Abbildung 2–4) bildet lediglich direkte Beziehungen zwischen den Variablen ab. So wirken sowohl die Umwelt- als auch Persönlichkeitsvariablen direkt auf die Emotionen beziehungsweise Gefühle von Personen (intervenierende Variablen), die wiederum einen direkten Einfluss auf das Annäherungs- beziehungsweise Meidungsverhalten gegenüber der Umwelt (Reaktionsvariablen) haben. Im Rahmen der vorliegenden Untersuchung wird dagegen die Annahme getroffen, dass der direkte Zusammenhang zwischen den Umweltreizen und der emotionalen Reaktion von Personen durch ihre Persönlichkeit beeinflusst wird. Dieser theoretisch-konzeptionelle Zusammenhang liegt den Überlegungen der Autoren zwar zugrunde, dennoch modellieren sie diese nicht entsprechend. Um dieser grundlegenden Kritik am ursprünglichen Modell zu begegnen, wird der direkte Wirkungspfad zwischen den Persönlichkeitsvariablen und den intervenierenden Variablen im Modell durch die Modellierung moderierender Persönlichkeitsvariablen und dem zugehörigen indirekten Pfad substituiert (vgl. Abbildung 2–5; vgl. Abschnitt 4.2.6 zur Modellierung moderierender Effekte).

Abbildung 2–5: Modifiziertes Umweltpsychologisches Verhaltensmodell (1).

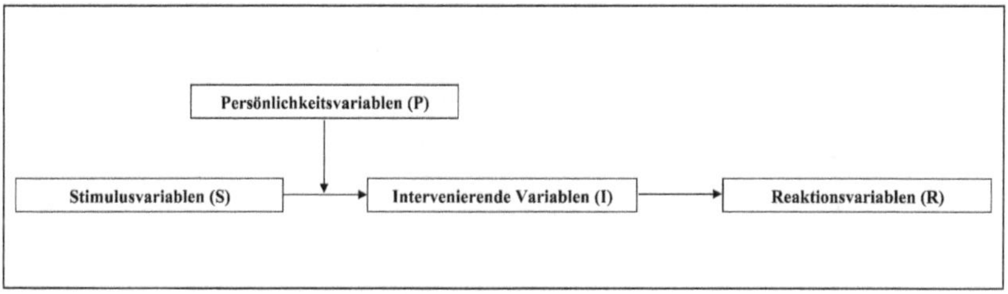

Zusätzlich zu den Persönlichkeitsvariablen werden im Rahmen der vorliegenden Untersuchung **weitere Variablen** identifiziert, für die entsprechend eine moderierende Wirkung auf den direkten Zusammenhang zwischen den Umweltreizen und der emotionalen Reaktion von Personen hypothetisiert wird (vgl. Abschnitt 3.3). Hierbei handelt es sich um Faktoren, die unabhängig von der Persönlichkeit Einfluss auf die Stärke dieser direkten Beziehungen nehmen (M). Um diese in das Untersuchungsmodell zu integrieren, werden sie analog zu den Persönlichkeitsvariablen als Moderatoren definiert und entsprechende Pfade im Modell abgebildet (vgl. Abbildung 2–6).

Abbildung 2–6: Modifiziertes Umweltpsychologisches Verhaltensmodell (2).

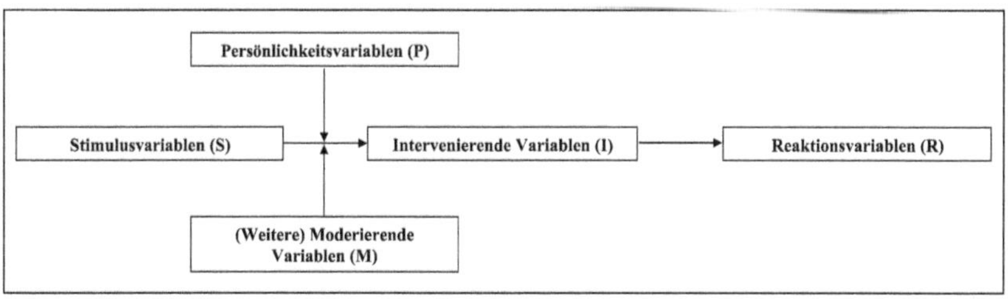

Auch hinsichtlich der **Konzeptualisierung der Umwelt- und intervenierenden Variablen** sind Anpassungen im umweltpsychologischen Verhaltensmodell für die vorliegende Untersuchung vorzunehmen. Während im vorangehenden Abschnitt zur Konzeptualisierung von Shopping Enjoyment (vgl. Abschnitt 2.3.2) der Verzicht auf die Berücksichtigung der Gefühlsdimension Dominanz bereits dargelegt wurde, gilt es bezüglich der Umweltvariablen untersuchungsrelevante Modifikationen zu erläutern. Mehrabian/Russell (1974) kennzeichnen unterschiedliche Umwelten lediglich durch die Informationsrate der Reizkonstellationen der jeweiligen Umwelt (vgl. Abschnitt 2.4.1). Das Fehlen einer grundlegenden Systematik möglicher Umweltreize zur Unterscheidung unterschiedlicher Umwelten wird in der wissenschaftlichen Literatur kritisch beweret (vgl. Donovan/Rossiter 1982, S. 36 f.). Vielmehr wird sie zum Zweck der Übertragbarkeit des allgemeinen Modells auf konkrete Fragestellungen mit unterschiedlichen Bezugsobjekten empfohlen, wenngleich die Ermittlung einer solchen Taxonomie sehr aufwendig ist (vgl. Donovan/Rossiter 1982, S. 40). Im Kontext der jeweiligen Fragestellung gilt es mögliche Einflussfaktoren emotionaler Reaktionen von Personen in Form von Umweltreizen zu ermitteln und theoretisch-konzeptionell zu systematisieren. Auf diese Weise gelingt es gleichzeitig, die Neuartigkeit und Komplexität unterschiedlicher Umwelten darzustellen, da im Zuge der Systematisierung ein umfassendes Abbild ihrer stimulierenden Reize erfasst wird. Dementsprechend wird im Rahmen der vorliegenden Untersuchung eine Systematik der Stimulusvariablen im zugrundeliegenden Handelskontext erarbeitet und angewandt (vgl. Abschnitt 3.1). Diese ermöglicht schließlich die Erfolgsmessung freudestiftender Maßnahmen des Handels.

3. Untersuchungsmodell

Auf den im vorherigen Kapitel vorgestellten konzeptionellen und theoretischen Grundlagen und einer Bestandsaufnahme der relevanten Literatur baut die Erarbeitung des Untersuchungsmodells von Shopping Enjoyment zur Beantwortung der für diese Arbeit relevanten Forschungsfragen auf. Auch die Operationalisierung der Konstrukte in Kapitel fünf basiert auf den Grundlagen des im Folgenden beschriebenen Untersuchungsmodells.

In Abschnitt 3.1 wird zunächst das Untersuchungsmodell dargestellt, woran sich die Entwicklung der Hypothesen zu den direkten Effekten in Abschnitt 3.2 und der Hypothesen zu den moderierenden Effekten des Untersuchungsmodells in Abschnitt 3.3 anschließt.

3.1 Das Untersuchungsmodell im Überblick

Das Untersuchungsmodell der vorliegenden Arbeit umfasst die direkten Wirkungsbeziehungen zwischen Shopping Enjoyment und seinen Determinanten (Forschungsfrage eins) sowie seinen Auswirkungen (Forschungsfrage zwei). Darüber hinaus integriert es moderierende Effekte auf die direkten Wirkungsbeziehungen zwischen Shopping Enjoyment und den Determinanten (Forschungsfrage drei). Der Integration moderierender Effekte liegt die Annahme zugrunde, dass die direkten Wirkungszusammenhänge in ihrer Stärke und/oder Richtung von der Ausprägung weiterer Faktoren abhängen. Abbildung 3–1 stellt die direkten und moderierenden Effekte in einem Gesamtmodell überblicksartig dar.

Abbildung 3–1: Untersuchungsmodell zu Shopping Enjoyment.

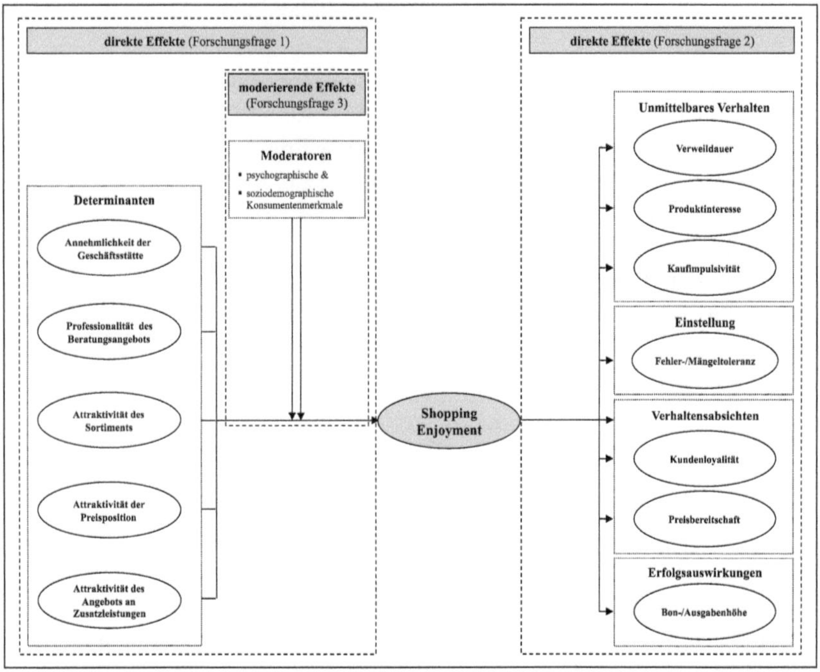

Bei der Entwicklung eines **Ordnungsrahmens möglicher Determinanten von Shopping Enjoyment** für die vorliegende Untersuchung gilt es zunächst die Vielzahl in Betracht kommender Variablen zu strukturieren und einen geeigneten Fokus zu begründen. „There is little doubt that many people do obtain great pleasure from shopping – or at least some kinds of shopping – (…). However, it is not entirely clear what exactly constitutes the source of the pleasure", so Hewer/Campbell (1997, S. 189) in ihrem Überblick der Shopping-Literatur. Im Rahmen unterschiedlicher Fragestellungen war Einkaufsfreude bereits Gegenstand wissenschaftlichen Untersuchungen (vgl. u. a. Tauber 1972, Westbrook/Black 1985, Jones 1999, Babin/Darden/Griffin 1994, Dawson/Bloch/Ridgway 1990). Bisherige Arbeiten bauen überwiegend auf den persönlichen Einkaufsmotiven von Konsumenten auf, deren Erfüllung Freude verursachen kann (vgl. u. a. Cox/Cox/Anderson 2005). Die Erfassung eines Totalmodells aller möglichen Einflussfaktoren beziehungsweise Determinanten der Einkaufsfreude stellt sich aufgrund der unüberschaubaren Anzahl möglicher Faktoren als nicht realisierbar dar. So können konsumenten- sowie handelsseitige Faktoren vor, während oder nach dem Einkaufserlebnis, aber auch beliebige situative Variablen Einfluss auf die Entstehung von Emotionen nehmen.

Ziel der Untersuchung ist es, Determinanten zu identifizieren, die maßgeblichen Einfluss auf die Emotionsentstehung bei Konsumenten haben und die Ansatzpunkte zur planvollen Einflussnahme liefern. Konsumentenseitige Faktoren wie beispielsweise Zeitdruck oder das verfügbare Budget bieten aufgrund ihres personenbezogenen und situationsspezifischen Charakters nicht das gewünschte Potenzial zur Einflussnahme, wenngleich sie stark auf Emotionen einwirken können. Auch die Ausprägung situativer Variablen wie beispielsweise das Wetter unterliegt nicht der Willkür von Personen oder Organisationen. Anders hingegen verhält es sich mit den Stimuli einer Einkaufsstätte, die während der Konsumsituation die Emotionsentstehung beeinflussen können. Diese stellen sich überwiegend als vom Handel plan-, steuer- und kontrollierbar dar, so dass sich die Anlehnung an eine handelsbezogene Taxonomie möglicher Determinanten als Ordnungsrahmen für diese Arbeit anbietet, ist es doch ein Ziel managementrelevante Erkenntnisse hinsichtlich Shopping Enjoyment zu generieren. Hierdurch wird zudem gewährleistet, dass die unmittelbaren Determinanten von Shopping Enjoyment in der eigentlichen Konsumsituation fokussiert werden, was dem zugrunde liegenden Verständnis des Konstrukts entspricht (vgl. Abschnitt 2.2.3).

Um den Bezug zur konsumentenseitigen Wahrnehmung von Konsumsituationen im stationären Einzelhandel sicherzustellen, wurde im Rahmen der theoretisch-konzeptionellen Vorarbeit der vorliegenden Untersuchung eine Fokusgruppendiskussion mit Probanden unterschiedlichen soziodemographischen Hintergrunds geführt. An der Diskussion nahmen insgesamt 8 Personen teil, die sich hinsichtlich ihres Geschlechts, Alters, Schulabschlusses, monatlichen Nettoeinkommens und ihrer Haushaltsgröße unterscheiden. Ziel hierbei war es, einen möglichst breiten Schnitt durch die Bevölkerungsstruktur vor dem Hintergrund der angestrebten Nationalrepräsentativität der Stichprobe zu ziehen (vgl. Abschnitt 0). Die Fokusgruppendiskussion unter wissenschaftlicher Leitung dauerte 120 Minuten. Um die Probanden nicht suggestiv zu beeinflussen, wurde die Diskussion fast ausschließlich durch unstrukturierte Fragen geleitet. Hierbei wurden folgende Aspekte in Zusammenhang mit der Aktivität des Shopping eruiert:

- Bevorzugte Geschäfte und Branchen für die Aktivität des Shopping,
- Wünsche beziehungsweise Erwartungen an die Einkaufsumgebung,
- Ursachen für Freude während des Shopping,
- Ursachen für negative Emotionen während des Shopping,

- Persönliche Bedeutung von positiven Emotionen während des Shopping,
- Weitere Aspekte, die das Einkaufserlebnis beeinflussen,
- Auswirkungen eines positiven Einkaufserlebnisses,
- Persönliches Fazit zum Thema Shopping.

Die ergänzende qualitative Vorstudie wurde von den Teilnehmern der Fokusgruppendiskussion durchweg positiv beurteilt und stellt in der wissenschaftlichen Praxis ein etabliertes Instrumentarium dar (vgl. DeKinder/Kohli 2008, S. 85). Die Ergebnisse der Diskussion fundieren die Erkenntnisse der durchgeführten Literaturrecherche zur Bedeutung handelsbezogener Stellhebel im Rahmen des gesamten Einkaufserlebnisses. Die Aussage eines Teilnehmers zur Problemstellung, „der Eindruck man wird als Kunde zum Objekt führt zu immer weniger Spaß beim Einkauf", stützt schließlich diesen Fokus der vorliegenden Forschungsarbeit.

Grewal/Levy/Kumar (2009, S. 2) bezeichnen handelsseitig steuerbare Faktoren in ihrer Untersuchung zum Customer Experience Management als „firm controlled factors". In Bezug auf das Untersuchungsobjekt Customer Experience, also die universale kognitive und affektive Wahrnehmung aller vor, während und nach dem Einkauf gesammelten Eindrücke von Kunden (vgl. Verhoef et al. 2009, S. 33), vermutet Jones (1999, S. 138), dass die verschiedenen Einflussfaktoren unterschiedlich stark auf das Kundenerleben wirken. Hieraus kann deduziert werden, dass gleichermaßen das emotionale Empfinden von Kunden unterschiedlich stark von diesen Faktoren beeinflusst wird.

Um zu einer zielgerechten Systematik der handelsseitigen Determinanten von Shopping Enjoyment zu gelangen, kann an den Erkenntnissen bestehender wissenschaftlicher Arbeiten der Marketing-, Handels- und Servicemanagementforschung mit umweltpsychologischem Bezug angesetzt werden. Während die Mehrheit dieser Arbeiten sich mit Aspekten des „store image", den Erfolgsfaktoren von Shopping Centren und dem globaleren Konstrukt Customer Experience beschäftigen, liefern sie weitgehend übereinstimmende Ergebnisse zu grundsätzlichen Aktionsbereichen von Handelsunternehmen (zum Begriff der Aktionsbereiche vgl. Fassnacht 2003, S. 22 ff.), die für Kunden während ihres Einkaufs wahrnehmbar und relevant sind. So erarbeiten etwa Verhoef et al. (2009, S. 33) ein konzeptionelles Modell der Determinanten von Customer Experience, das das soziale Umfeld, den Service, die Atmosphäre und preisbezogene Aspekte umfasst. Weitere Forschungsbeiträge zu Emotionen im Handelskontext, insbesondere „entertaining shopping experiences" (vgl. Ibrahim/Ng 2002, S. 348; Jones 1999, S. 132; Lee/Ibrahim/HsuehShan 2005, S. 328), nennen Verkaufspreise, das Sortiment, die Ladenumwelt und das Verkaufspersonal als handelsseitige

Einflussfaktoren. In der Mehrzahl wissenschaftlicher Arbeiten genießen das Design der Geschäftsstätte und das Sortiment besondere Beachtung (vgl. u. a. Baker et al. 2002; Berry 1969; Bell 1999; Bitner 1992; Lee/Ibrahim/HsuehShan 2005).

Werden diese in der wissenschaftlichen Literatur anerkannten Einflussbereiche inhaltlich strukturiert und thematisch zusammengeführt, kristallisieren sich zunächst vier Ansatzpunkte heraus, die Handelsunternehmen zur emtionalen Aktivierung von Konsumenten zur Verfügung stehen. Während die Atmosphäre und Ladenumwelt übergeordnet der **Geschäftsstätte** zuzuordnen sind, gehören das soziale Umfeld und das Verkaufspersonal einschließlich des erbrachten Service dem **Beratungsangebot** von Handelsunternehmen an. Mit den vielfältigen Aspekten des **Sortiments** und preisbezogener Facetten der Verkaufspreise und -angebote als Ausdruck der **Preisposition** werden zwei weitere Stellhebel von Handelsunternehmen benannt. Diese Ergebnisse der zugrunde liegenden Literaturrecherche werden zudem von den Aussagen der Teilnehmer der durchgeführten Fokusgruppendiskussion gestützt. Darüber hinaus ergänzen die Ergebnisse der Fokusgruppendiskussion die Forschungserkenntnisse von Ibrahim/Ng (2002, S. 348), die unterschiedliche Aspekte von Serviceleistungen von stationären Handelsunternehmen als Quelle positiver Einkaufserlebnisse beinhalten. Besonders betont wurden hierbei Leistungen von Unternehmen, die die physische Mühe während des Einkaufs für Konsumenten reduzieren, etwa durch Garderoben- und Gepäckaufbewahrung sowie Betreuung von Kindern. Insgesamt ist daher die Integration eines bislang wenig beachteten Leistungsaspekts von Handelsunternehmen, den **Zusatzleistungen** neben originären Leistungen wie dem Warenangebot und der Beratungsleistung (vgl. Berry 1969; Lee/Ibrahim/HsuehShan 2005; Leischnig/Schwertfeger/Geigenmüller 2011; Sit/Merrilees/Birch 2003), in das Untersuchungsmodell zu Shopping Enjoyment gerechtfertigt. Insgesamt weden somit fünf Stellhebel von Handelsunternehmen identifiziert, die potenzielle Determinanten von Shopping Enjoyment darstellen.

Die genannten Stellhebel des Handels stellen in Bezug auf die vorliegende Untersuchung zu Shopping Enjoyment jedoch keine Konstrukte dar, die im Rahmen einer Konsumentenbefragung beurteilt beziehungsweise bewertet werden können. Es müssen folglich Konstrukte definiert werden, deren „wahrer Zustand" als latente Variablen über geeignete Indikatoren gemessen werden kann (vgl. zu Grundlagen der Konstruktmessung Abschnitt 0). Damit die zu formulierenden Konstrukte als potenzielle Determinanten von Shopping Enjoyment geprüft werden können, müssen sie eine kausale Voraussetzung dessen sein. Insofern müssen ihre Benennung und damit verbundene inhaltliche Definition und

Abgrenzung dahingehende Validität besitzen. Aus den durchgeführten Kunden- und Experteninterviews sowie der Fokusgruppendiskussion konnten diesbezüglich übereinstimmende Anhaltspunkte gewonnen werden. So trägt ein grundsätzlich angenehmes beziehungsweise attraktives Einkaufsumfeld zu positiven Gefühlen während des Einkaufs bei. Hinsichtlich der genannten Stellhebel gilt es somit, eine entsprechende konzeptionelle Bestimmung und Benennung geeigneter Konstrukte zu wählen. Die Geschäftsstätte und Beratung, das Sortiment, die Preisposition sowie angebotene Zusatzleistungen werden daher mit geeigneten Attributen verknüpft, so dass hieraus die relevanten Konstrukte der Determinanten von Shopping Enjoyment resultieren. Geeignete Attribute stellen in diesem Zusammenhang substantivierte Adjektive dar, die mit den Determinanten von Shopping Enjoyment verknüpft werden und den zuvor beschriebenen inhaltlich kausalen Zusammenhang herstellen. Folglich werden die Annehmlichkeit der Geschäftsstätte, die Professionalität des Beratungsangebots, die Attraktivität des Sortiments, die Attraktivität der Preisposition sowie die Attraktivität des Angebots an Zusatzleistungen als potenzielle handelsseitige Determinanten von Shopping Enjoyment identifiziert.

Die in Kapitel zwei diskutierten empirischen Arbeiten fundieren zudem die Bedeutung der genannten Determinanten in Bezug auf das Empfinden von Freude während des Shoppingerlebnisses (vgl. Lee/Ibrahim/HsuehShan 2005, S. 328). Das umweltpsychologische Verhaltensmodell nach Mehrabian/Russell (1974; vgl. Abschnitt 2.4) eignet sich schließlich zur theoretischen Fundierung der genannten Konstrukte als Determinanten von Shopping Enjoyment. Zum einen berücksichtigt das Modell die Verschiedenartigkeit möglicher Umweltreize, die besonders im stationären Einzelhandel anzutreffen ist. Darüber hinaus integriert es den PAD-Ansatz (vgl. Abschnitte 2.1.2 und 2.4.1), der sich zur spezifischen Messung von Shopping Enjoyment im Rahmen der empirischen Untersuchung empfiehlt, und bietet folglich einen ganzheitlichen theoretisch-konzeptionellen Rahmen für die in Abschnitt 3.2 beschriebenen Wirkungszusammenhänge. Nach Wissen der Verfasserin existiert bislang keine Studie, die die handelsseitigen Einflussfaktoren von Einkaufsfreude in einem ganzheitlichen Ordnungsrahmen konzeptionell erfasst beziehungsweise strukturiert und schließlich empirisch überprüft. Der Kritik von Donovan/Rossiter (1982, S. 36 ff.; vgl. Abschnitt 2.4.1) an einer fehlenden Systematik mögicher Umweltreize zur Unterscheidung unterschiedlicher Umwelten wird bezüglich eines handelsseitigen Kontexts durch die vorliegende Arbeit begegnet, so dass ein Forschungsbeitrag durch die vorliegende Untersuchung begründet werden kann.

Hinsichtlich der Erarbeitung eines Modells **handelsrelevanter Auswirkungen von Shopping Enjoyment** im Rahmen von Forschungsfrage zwei sind insbesondere Veränderungen des Konsumentenverhaltens von Interesse. Grundsätzlich kann das Konsumentenverhalten in beobachtbare Handlungen und interne, also nicht-beobachtbare Prozesse unterteilt werden (vgl. Müller-Hagedorn/Schuckel 2003, S. 83). Weiterhin kann es entsprechend seines zeitlichen Bezugs zur eigentlichen Konsumsituation eingeordnet werden. Die Handlungen beziehungsweise internen Prozesse von Konsumenten können demnach vor, während oder nach dem Einkauf erfolgen (vgl. Müller-Hagedorn 1998, S. 285; Müller-Hagedorn/ Schuckel 2003, S. 83). Da sich Forschungsfrage zwei der vorliegenden Arbeit auf die Auswirkungen von Shopping Enjoyment bezieht, das während des Einkaufs durch Umweltreize ausgelöst wird, kann das Konsumentenverhalten vor dem Einkauf demzufolge als Auswirkungsvariable ausgeschlossen werden. Auswirkungen auf das Konsumentenverhalten können schließlich einen unterschiedlichen Nachhaltigkeitsgrad, auch in Bezug auf ihre handelsrelevante Erfolgswirksamkeit, besitzen und daher entsprechenden Verhaltenskategorien zugeordnet werden.

Im Bereich der Handels- und Konsumentenverhaltensforschung existiert eine umfangreiche Anzahl an Arbeiten, die sich mit konsumentenseitigem Verhalten während Einkaufssituationen beschäftigt (vgl. u.a. Müller-Hagedorn 1998; Müller-Hagedorn/ Schuckel 2003). Besonders die angloamerikanische Literatur bietet Forschungsergebnisse zu Fragestellungen, die Gefühle von Konsumenten während des Einkaufs und Auswirkungen auf deren Verhalten untersuchen (vgl. u.a. Dawson 1990; Donovan/Rossiter 1982; Kaltcheva/Weitz 2006; Westbrook 1987). Hierbei lassen sich weitgehend Übereinstimmungen hinsichtlich der Untersuchungsergebnisse feststellen. Es mangelt jedoch an einer gezielten Untersuchung der Auswirkungen zuvor definierter Freude während des Einkaufs. Zudem würde eine Systematik der Auswirkungen entsprechend der obigen Ausführungen einen Erkenntnisbeitrag liefern.

Auf Basis eingehender Literaturrecherche und eigener konzeptioneller Überlegungen werden vier Kategorien an Auswirkungsvariablen identifiziert: die unmittelbaren Auswirkungen auf das Konsumentenverhalten während des Einkaufs, Auswirkungen auf die Einstellung und Verhaltensabsichten von Konsumenten sowie die unmittelbaren finanziellen Erfolgsauswirkungen für Handelsunternehmen. Dieses Modell der Auswirkungen bildet somit eine umfassende Systematik beobachtbarer Verhaltensreaktionen und nicht-beobachtbarer interner Wirkungsbereiche während des Einkaufs, aber auch mit Bezug zur Nachkaufphase, ab. Darüber hinaus integriert es die unmittelbare Erfolgsrelevanz von Shopping Enjoyment für Handelsunternehmen. Die Einteilung der Auswirkungsvariablen von Shopping Enjoyment in unterschiedliche Kategorien wurde nach Wissen der Verfasserin bislang in keiner anderen Arbeit vorgenommen. Lediglich in der Arbeit von Pieper (2009, S. 171 f.) wird eine ähnliche Kategorisierung vorgenommen, bei der unmittelbare Verhaltensauswirkungen, finanzielle Wirkungen und nachhaltige Auswirkungen der Erlebnisqualität im Einzelhandel unterschieden werden. Diese Systematik wird auch hinreichend durch die durchgeführten Ergebnisse der Fokusgruppendiskussion gestützt.

Während die Untersuchung der Auswirkungen auf das unmittelbar beobachtbare Konsumentenverhalten sowie Verhaltensabsichten Gegenstand zahlreicher wissenschaftlicher Arbeiten zu Konsumentenemotionen sind (vgl. Donovan/Rossiter 1982, S. 56; Donovan et al. 1994, S. 283; Forsythe 1996, S. 185; Hart et al. 2007, S. 600; Kaltcheva/Weitz 2006, S. 108), werden Auswirkungen auf die Einstellung von Konsumenten meist einseitig hinsichtlich Kundenzufriedenheit betrachtet (vgl. Babin/Darden 1996, S. 204; van Dolen/de Ruyter/Lemmink 2004, S. 442). Die Sichtung der relevanten Literatur im Bereich der Emotionsforschung hebt jedoch den unmittelbaren Zusammenhang zwischen Emotionen und Einstellung hervor (vgl. Agarwal/Malhotra 2005, S. 491; Viehöver 2006, S. 60), so dass eine Übertragung auf relevante Konstrukte im Kontext des Shopping angestrebt werden kann. Auch die Erkenntnisse hinsichtlich der Erfolgsauswirkungen für Handelsunternehmen basieren auf einer nur geringen Anzahl an wissenschaftlichen Untersuchungen (vgl. Babin/Darden 1996, S. 203; Sherman/Mathur/Smith 1997, S. 366), so dass ein weiterer Forschungsbedarf begründet ist.

Die Auswahl der untersuchten Konstrukte innerhalb der jeweiligen Kategorien beruht auf deren Relevanz für Handelsunternehmen, die durch Experteninterviews im Vorfeld der empirischen Untersuchung validiert wurde. In etwa einstündigen Gesprächen mit Wissenschaftlern im Bereich der Konsumentenverhaltensforschung sowie Experten der Unternehmenspraxis, etwa dem Bundesverband des Deutschen Textileinzelhandels sowie Vertretern, Eigentümern und Geschäftsführern führender deutscher Modehäuser, konnte die getroffene Auswahl relevanter Auswirkungen von Einkaufsfreude auf das Konsumentenverhalten gestützt werden. Schließlich wurden sieben Auswirkungsvariablen der genannten vier Kategorien in das Untersuchungsmodell integriert. Als unmittelbare Verhaltensauswirkungen von Konsumenten wurden die Verweildauer, das Produktinteresse und die Kaufimpulsivität untersucht. Die Fehler-/Mängeltoleranz wurde als relevantes Einstellungskonstrukt, auch als Ergebnis der Fokusgruppendiskussion, identifiziert. Kundenloyalität und Preisbereitschaft stellen die untersuchten Konstrukte im Bereich der Verhaltensabsichten. Die

Bon-/Ausgabenhöhe wurde schließlich als zentrales Konstrukt der finanziellen Erfolgsauswirkungen für Handelsunternehmen in das Modell integriert. Analog zu den Determinanten eignet sich das umweltpsychologische Verhaltensmodell nach Mehrabian/Russell (1974; vgl. Abschnitt 2.4) zur theoretischen Fundierung der Hypothesen zu den vermuteten Wirkungszusammenhängen zwischen Shopping Enjoyment und den genannten Auswirkungskonstrukten (vgl. Abschnitt 3.2.2), da es ein mögliches Annäherungs- oder Meidungsverhalten von Konsumenten hinsichtlich der jeweiligen Umwelt erklärt.

Wirkungsbeziehungen zwischen den Auswirkungskonstrukten werden in der vorliegenden Untersuchung nicht betrachtet, da sie nicht den direkten Effekten in Zusammenhang mit Shopping Enjoyment zuzuordnen sind. Der wissenschaftliche Fokus dieser Forschungsarbeit ist auf das zentrale Konstrukt Shopping Enjoyment einschließlich der direkten Effekte zwischen diesem und dessen Determinanten sowie Auswirkungen gerichtet. Die Integration indirekter Effekte von Shopping Enjoyment, die aus den Wirkungsbeziehungen zwischen den Auswirkungsvariablen abgeleitet werden können, geht jedoch über das wissenschaftliche Interesse der formulierten Forschungsfragen dieser Arbeit hinaus.

Die dritte Forschungsfrage bezieht sich schließlich auf die Entwicklung eines **Untersuchungsmodells der moderierenden Effekte**, da vom Einfluss weiterer Variablen auf die bestehenden direkten Wirkungszusammenhänge zwischen unabhängigen und abhängigen Variablen im Modell ausgegangen wird. Moderatorvariablen können sowohl die Richtung als auch die Stärke bestehender Wirkungsbeziehungen verändern (vgl. Baron/Kenny 1986, S. 1174).

Obwohl das Auftreten moderierender Effekte in der betriebswirtschaftlichen Forschung große Beachtung findet, liegen nach Wissen der Verfasserin bisher keine Studien vor, die mögliche Moderatoren der direkten Effekte zwischen Shopping Enjoyment und dessen Determinanten im Handelskontext untersuchen. Eine mögliche Erklärung dafür ist das fehlende Modell handelsseitiger Determinanten von Shopping Enjoyment in der bestehenden wissenschaftlichen Literatur. Zur Beantwortung der dritten Forschungsfrage werden daher auf Basis wissenschaftlicher Publikationen und der Ergebnisse der durchgeführten Fokusgruppendiskussion moderierende Variablen und deren Effekte auf die bestehenden direkten Wirkungszusammenhänge untersucht. Für die vorliegende Arbeit werden die hierdurch identifizierten Moderatorvariablen in psychographische und soziodemographische Konsumentenmerkmale eingeteilt.

Die Definition psychographischer Konsumentenmerkmale basiert auf einer adaptierten Anwendung des umweltpsychologischen Verhaltensmodells nach

Mehrabian/Russell (1974), das die Persönlichkeitsdisposition von verschiedenen Personen einbezieht (vgl. Abschnitt 2.4.2). Die Untersuchung moderierender Effekte im Kontext des Shopping wurde bereits von Sherman/Mathur/Smith (1997, S. 375) empfohlen, die davon ausgehen, dass unterschiedliche Shoppingtypen und -motive zu unterschiedlichen Konsumentenreaktionen etwa hinsichtlich der Ladenatmosphäre führen. Bei den hier betrachteten psychographischen Konsumentenmerkmalen handelt es sich neben der grundsätzlichen Shoppingorientierung von Konsumenten im Kontext des Bekleidungseinkaufs auch um deren globalen Gemütszustand vor Beginn des betrachteten Shoppingprozesses.

In der Kategorie der soziodemographischen Konsumentenmerkmale werden der ökonomischen Literatur entsprechend das Alter und Geschlecht sowie die Haushaltsgröße und monatlichen Haushaltsnettoeinkünfte betrachtet (vgl. u. a. Cox/Cox/Anderson 2003, S. 252). Arnold et al. (2005, S. 1143) weisen beispielsweise explizit auf mögliche Unterschiede unterschiedlicher soziodemographischer Gruppen hinsichtlich ihrer Empfindungen beim Einkauf hin und begründen damit einen weiteren Forschungsbedarf. Einen Überblick über die moderierenden Variablen der direkten Wirkungsbeziehungen zwischen den Determinanten von Shopping Enjoyment und dem zentralen Konstrukt der vorliegenden Untersuchung, Shopping Enjoyment, gibt Abbildung 3–2. Forschungshypothesen zur vermuteten Wirkungsrichtung und -stärke der moderierenden Effekte werden in Abschnitt 3.3 aufgestellt.

Abbildung 3–2: Moderatoren im Untersuchungsmodell zu Shopping Enjoyment.

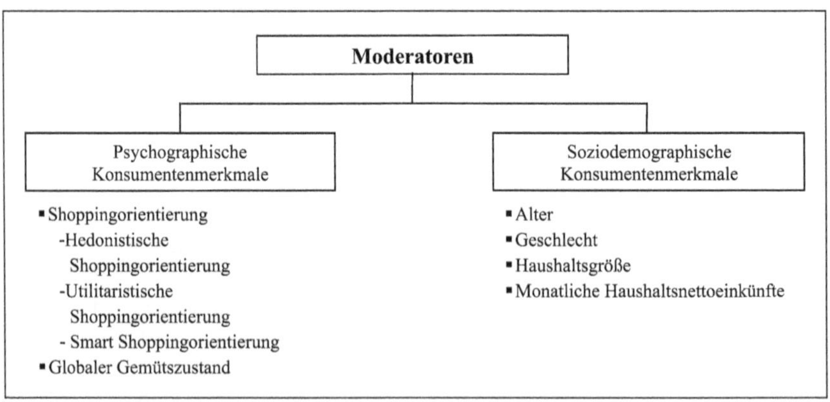

3.2 Hypothesen zu den direkten Effekten

3.2.1 Wirkungszusammenhänge zwischen den Determinanten und Shopping Enjoyment

Das Ziel der ersten Forschungsfrage der vorliegenden Arbeit besteht in der Erarbeitung handelsseitiger Determinanten von Shopping Enjoyment. Während eine umfassende Taxonomie der Determinanten in Abschnitt 3.1 ausgearbeitet wurde, gilt es, Hypothesen zu den direkten Wirkungszusammenhängen zwischen Shopping Enjoyment und diesen Determinanten abzuleiten und zu überprüfen. Im Folgenden werden zunächst die relevanten Konstrukte definiert und schließlich Hypothesen zu den entsprechenden vermuteten direkten Effekten formuliert. Die empirische Überprüfung der aufgestellten Hypothesen erfolgt schließlich in Kapitel fünf der vorliegenden Arbeit.

3.2.1.1 Annehmlichkeit der Geschäftsstätte

Die Geschäftsstätte entspricht im Sinne der umweltpsychologischen Verhaltensforschung einem Umweltstimulus während des Einkaufs, der von Kunden unmittelbar wahrgenommen wird (vgl. Müller-Hagedorn 2005, S. 307; O'Neill/Jasper 1992, S. 411). Sie gilt daher als zusätzliches Marketinginstrument, das dem Handel im Gegensatz zu industriellen Unternehmen zu Verfügung steht (vgl. Berekoven 1995, S. 276). Dem Verständnis von Gruber (2004, S. 3) folgend wird die Einkaufsstättengestaltung als das „zielgerichtete Zusammenspiel aller gegenständlichen und nicht-gegenständlichen Ausdrucksmittel in einem architektonischen, graphischen, technischen oder atmosphärischen Kontext" definiert. Die **Annehmlichkeit der Geschäftsstätte entspricht somit dem Grad, zu dem die gegenständliche und nicht-gegen-ständliche Gestaltung der Geschäftsstätte als ansprechend wahrgenommen wird.**

Die Einkaufsstättengestaltung wurde erst in den 1970er und 1980er Jahren als wissenschaftliches Forschungsobjekt in Zusammenhang mit dem Einkaufsverhalten von Konsumenten aufgegriffen (vgl. Kroeber-Riel/Weinberg 2003, S. 434. Die umweltpsychologische Verhaltensforschung hat diesen Aspekt schließlich als Variable der räumlichen Umwelt aufgegriffen und untersucht deren Einfluss auf das menschliche Verhalten (vgl. O'Neill/Jasper 1992, S. 411). Mehrabian/Russell (1974) stellen fest, dass Gestaltungselemente der Umwelt emotionale Reaktionen bei Konsumenten hervorrufen und schließlich eine Annäherung oder Meidung der jeweiligen Umwelt bewirken (vgl. Abschnitt 2.4.1).

Das Spektrum der räumlichen Gestaltungsmöglichkeiten bezüglich einer Geschäftsstätte stellt einen zentralen Ansatzpunkt für Handelsunternehmen dar, um die eigene Positionierungsstrategie zu unterstützen und sich entsprechend der eigenen „Unique Selling Proposition (USP)" von anderen Anbietern im Markt durch ein individuelles Erscheinungsbild abzugrenzen (vgl. Ackermann 1997, S. 127 ff.; Baker/Levy/Grewal 1992, S. 446, Kotler/Armstrong 1999, S. 403; Martineau 1958, S. 47; Weinberg/Purper 2006, S. 663). Ziel ist es, gewünschte Konsumentenwahrnehmungen und schließlich Verhaltensweisen herbeizuführen (vgl. Gruber 2004, S. 89 ff.; Weinberg 1986a, S. 97), indem die Geschäftsstätte einerseits aus Konsumentensicht verschönert wird und andererseits die physische und psychische Mühe zur Beschaffung von Produkten und Dienstleistungen verringert werden (vgl. Copeland 1967, S. 252; Hansen 1990, S. 296). Die hohe Anzahl an wissenschaftlichen Veröffentlichungen der Handelsforschung, Umweltpsychologie und Konsumentenverhaltensforschung (vgl. Bitner 1992, S. 57; Weinberg/Purper 2006, S. 660) wie auch die hohe Praxisrelevanz (vgl. o.V. 2002, S. 66) der Gestaltung der Geschäftsstätte belegen die Bedeutung dieses Aspekts unternehmerischen Handelns.

Für die Einkaufsstättengestaltung finden sich in der Literatur zahlreiche Konzeptualisierungsansätze. Müller (2007, S. 57) kategorisiert diese nach Ansätzen, die eine funktionale Perspektive einnehmen, im umweltpsychologischen Sinne an aktivierenden beziehungsweise deaktivierenden Elementen orientiert sind oder eine ganzheitlich Einteilung verschiedenartiger Elemente der Umwelt vornehmen. Während die überwiegend im deutschsprachigen Raum eingenommene funktionale Perspektive die Raumaufteilung und -anordnung beschreibt (vgl. Baumgartner 1981, S. 24 ff.; Berekoven 1995, S. 285, Müller-Hagedorn 1993, S. 308, Liebmann/Zentes 2001, S. 547, Scheuch 2001, S. 67ff.), werden bei aktivierenden und deaktivierenden Elementen im Sinne der Umweltpsychologie Reizkonstellationen der Einkaufsumwelt analysiert (vgl. Bost 1987, S. 98). Eine Einteilung in beispielsweise materielle, immaterielle und soziale Elemente (Baker 1987, S. 79) wird häufig in der angloamerikanischen Literatur vorgenommen und stellt damit einen umfassenderen Konzeptualisierungsansatz der Einkaufsstättengestaltung dar, der von einer Vielzahl an Wissenschaftlern adaptiert und weiterentwickelt wurde (vgl. Berman/Evans 2010, S. 20; Bitner 1992, S. 65; für einen ausführlicheren Überblick vgl. Müller 2007, S. 57 f.).

Da für die vorliegende Arbeit die Annehmlichkeit der Geschäftsstätte aus Kundenperspektive im Vordergrund steht, wird ein Konzeptualisierungsansatz gewählt, der eine umfassende Perspektive der Einkaufsstätte beinhaltet, die von den Kunden während ihres Einkaufs wahrgenommen und beurteilt werden kann. Eine rein funktionale Sichtweise bietet sich demzufolge nicht an, da sie aus subjektiver Kundensicht nicht umfänglich beurteilbar ist, was gleichermaßen für aktivierende und deaktivierende Elemente der Einkaufsumwelt zutrifft. Mit ihrer Klassifikation wird Bitner (1992, S. 65f.) diesem Anspruch am ehesten gerecht. Sie unterscheidet die drei inhaltlichen Facetten Ambiente, räumliche Aufteilung und Funktionalität sowie Zeichen, Symbole und Artefakte. Zur Anwendung auf die vorliegende Arbeit wird hierbei eine Modifikation vorgenommen und die zuletzt genannte Facette mit der räumlichen Aufteilung und Funktionalität zusammengefasst, da diese aus Kundensicht nicht getrennt voneinander beurteilt werden können. Demnach können Handelsunternehmen an den beiden Aspekten Ambiente beziehungsweise Atmosphäre sowie Funktionalität der Verkaufsräume ansetzen (vgl. Bost 1987; Weinberg 1986a, S. 97). Die Annehmlichkeit der Geschäftsstätte wird im Rahmen der vorliegenden Arbeit als einfaktorielles Konstrukt konzeptualisiert, das die beiden inhaltlichen Facetten Atmosphäre und Funktionalität der Verkaufsräume einschließt. Auf eine Unterscheidung unterschiedlicher Geschäftsstättentypen wird verzichtet, so dass das Konstrukt als Ganzes und unmittelbar durch Indikatoren auf Konstruktebene erfasst wird (vgl. Abschnitt 0).

Unter dem **atmosphärischen Gestaltungsbereich** werden sowohl das tangible Ladenumfeld als auch sensorisch wahrnehmbare Komponenten des Ladenambientes subsumiert, aus deren Zusammenwirken der ästhetische Gesamteindruck einer Geschäftsstätte entsteht (Baker et al. 2002, S. 120; Bitner 1992, S. 60; Grewal/Baker 1994, S. 108 ff.). Obwohl Konsumenten unterschiedliche Stimuli der Einkaufsumgebung differenzieren können, bestimmt die Gesamtheit dieser Elemente deren Wahrnehmung und Reaktion auf diese Umwelt (vgl. Bell et al. 2001; Holohan 1982; Berman/Evans 2010, S. 508), was Bitner (1992, S. 65) als „holistic pattern of interdependent stimuli“ beschreibt. Baker (1987, S. 79) stellt hierzu fest, dass die atmosphärische Gestaltung häufig auf die unbewusste menschliche Wahrnehmung wirkt und erst im Fall eines Nichtvorhandenseins oder einer unangenehmen Wirkung bewusst bemerkt wird.

Elemente des tangiblen Ladenumfelds sind das direkt wahrnehmbare architektonische Design der Einkaufsstätte und die Raumgroßzügigkeit, verwendete Einrichtungselemente und Materialien sowie Ordnung und Sauberkeit der Verkaufsräume (vgl. Berman/Evans 2010, S. 508 f.; Weinberg/Purper 2006, S. 663). Fokus der tangiblen Elemente der Einkaufsstättengestaltung ist die Schaffung einer spezifischen „ästhetisch-emotionalen Komponente (…) und (…) so genannter Faszinationspunkte“ (vgl. Weinberg/Purper 2006, S. 664).

Sensorisch wahrnehmbare Wirkung wird überwiegend durch die Kombination visueller, akustischer, olfaktorischer und taktiler Gestaltungselemente erzielt (vgl. Kotler 1973, S. 51; Liebmann/Zentes/Swoboda 2008, S. 606 ff.). Dies sind beispielsweise eingesetzte Farben, Beleuchtung, Klänge, Luftqualität, Duft und Temperatur in den Verkaufsräumen (vgl. Berman/Evans 2010, S. 513). Die visuelle Kommunikation durch den Einsatz von Licht und Farben trägt zur emotionalen Erlebnisvermittlung von Konsumenten am stärksten bei, da sie in nur geringem Ausmaß kognitiven Informationsverarbeitungsprozessen unterliegt (vgl. Kroeber-Riel/Weinberg 2003, S. 119; Liebmann/Zentes/Swoboda 2008, S. 606). So haben bestimmte Farben und Beleuchtungssysteme einen direkten Einfluss auf die Empfindungen von Konsumenten. Die Wirkung akustischer Kommunikationsmittel wie Musik hängt insbesondere von der subjektiven Hörempfindung von Personen ab, so dass eine bestimmte „Melodie, Modulation, Tempo, Lautstärke usw." (vgl. Kroeber-Riel/Weinberg 2003, S. 120) zielgruppenspezifisch abzustimmen sind. Eine olfaktorische und taktile Erlebnisvermittlung erfolgt über den Einsatz bestimmter Duftstoffe oder beispielsweise die Raumtemperatur, die aktivierend und emotional anregend wirken. Neben der qualitativen Ausprägung der Gestaltungselemente ist für die Wahrnehmung der Annehmlichkeit einer Geschäftsstätte auch der quantitative Aspekt von Bedeutung, was zuvor als Informationsrate der Umwelt definiert wurde (vgl. Abschnitt 2.4.1). Mit zunehmender Anzahl der Stimuli, beispielsweise häufig wechselnde Farben und Musikrichtungen oder ein hoher Geräuschpegel, kann die Intensität der Reaktion von Konsumenten auf eine Umgebung variieren. Im Sinne eines multisensualen Konsumerlebnisses finden diese Elemente im Handel mittlerweile verstärkten Einsatz (vgl. Liebmann/Zentes/Swoboda 2008, S. 608).

Neben den atmosphärischen Gestaltungselementen trägt eine hohe **Funktionalität** des Store Layouts zur Annehmlichkeit einer Geschäftsstätte bei (vgl. Berman/Evans 2010, S. 514 f.). Hierunter wird eine übersichtliche und an den Kundenbedürfnissen ausgerichtete Strukturierung der Verkaufsräume zur mühelosen Orientierung der Kunden verstanden. Eine klare Raumaufteilung und -anordnung der Einkaufsstätte sowie funktionale Raumelemente wie etwa Schilder, Rolltreppen und Fahrstühle (vgl. Baumgartner 1981, S. 25; Liebmann/Zentes/Swoboda 2008, S. 598 ff.; Bitner 1992, S. 65; Renggli 1973, S. 112) sollen die für den Einkauf zu erbringende emotionale, kognitive und physische Mühe (vgl. Mohr/Bitner 1995, S. 251; Reith 2007, S. 32; Youngdahl/Kellogg 1997, S. 21) minimieren und somit eine einfache Navigation der Kunden zur Verwirklichung ihrer (Einkaufs-) Ziele ermöglichen (vgl. Canter 1983).

Wissenschaftliche Studien belegen, dass eine mangelhaft konzipierte Einkaufsumgebung zu einem Rückgang der Freude am Einkauf und einer Verschlechterung der Stimmung von Konsumenten führen kann (vgl. Spies/Hesse/

Loesch 1997, S. 9). Ein direkter kausaler Zusammenhang zwischen der Atmosphäre von Einkaufsstätten und Konsumentenemotionen während des Einkaufs kann durch die empirischen Untersuchungsergebnisse zahlreicher Studien belegt werden (für einen Studienüberblick vgl. Turley/Milliman 2000, S. 198 ff.; Ackermann 1997, S. 143; Baker/Levy/Grewal 1992; Bellizzi/Crowley/Hasty 1983; Bloch/Ridgway/Dawson 1994; Cox/Cox/Anderson 2005; Darden/Babin 1994; Davies/Kooijman/Ward 2003; Donovan/Rossiter 1982; Gardner 1985; Gulas/Schewe 1994; Hui/Bateson 1991; Ibrahim/Ng 2002; Kaltcheva/Weitz 2006; Mehrabian 1976; Russell/Pratt 1980; Sit/Merrilees/Birch 2003; Wakefield/Baker 1998; Yalch/Spangenberg 1990). Babin/Darden (1996, S. 201) stellen in Anlehnung an Kotler (1973) resümierend fest: „Atmospherics itself represents the attempt to manipulate the physical retail environment to create specific emotional reactions among store patrons". Neben der emotioneninduzierenden Wirkung der Atmosphäre wurde empirisch auch ein kausaler Zusammenhang zwischen einer angenehm gestalteten tangiblen Ladengestaltung und positiven Gefühlen von Konsumenten belegt (vgl. Hart et al. 2007, S. 588; Oppewal/Timmermans 1999, S. 61; Turley/Milliman 2000, S. 195 ff.).

Der positive Zusammenhang zwischen der Annehmlichkeit der Geschäftsstätte und Shopping Enjoyment der genannten empirischen Befunde kann auf Basis des in Abschnitt 2.4 dargestellten umweltpsychologischen Verhaltensmodells erklärt werden. Reaktionen von Konsumenten auf die sie umgebende Umwelt (Stimulus) können Mehrabian/Russell (1974, S. 8) zufolge in eine Annäherung oder Ablehnung dieser Umwelt klassifiziert werden. Abschnitt 2.4.1 zufolge sind hierunter einerseits physische Reaktionen der Konsumenten, also deren leibliches Verweilen in oder Rückzug aus der Umgebung, und andererseits emotionale und kognitive Bewertungstendenzen bezüglich der Umwelt zu verstehen (vgl. Gröppel 1991, S. 127). Die durch die Gestaltungsweise einer Geschäftsstätte ausgelösten Emotionen können entsprechend der Ausprägungen der Dimensionen „pleasure" (Gefühlsrichtung) und „arousal" (Gefühlsstärke) in starke oder schwache positive beziehungsweise negative Gefühle eingeordnet werden. Positive Gefühle mit mittlerem bis hohem Erregungsniveau während des Einkaufs entsprechen der empfundenen Freude (Abschnitt 2.3.2). Die Annehmlichkeit der Geschäftsstätte kann somit als Auslöser beziehungsweise Determinante von Shopping Enjoyment angesehen werden (vgl. Kim/Fiore/Lee 2007, S. 98). Demnach erscheint die Annahme plausibel, dass die Höhe des wahrgenommenen Shopping Enjoyment mit der Höhe der empfundenen Annehmlichkeit der Geschäftsstätte zunimmt, was die folgende Hypothese nahelegt:

H1: *Je angenehmer die Geschäftsstätte von Konsumenten beurteilt wird, desto höher ist deren empfundenes Shopping Enjoyment.*

3.2.1.2 Professionalität des Beratungsangebots

Beratungsleistungen eines Handelsunternehmens stellen eine Facette intangibler handelsbezogener Dienstleistungen dar, „die ein Handelsunternehmen seinen Kunden zur Förderung des Absatzes seiner Waren (Sachgüter) anbietet" (vgl. Fassnacht 2003, S. 1). Da es sich bei Dienstleistungen eines Handelsunternehmens nicht um die eigentliche Kernleistung handelt, gelten sie als Zusatzleistung (vgl. Berekoven 1995, S. 165), die Unternehmen als Differenzierungsinstrument zur Generierung eines dauerhaften Wettbewerbsvorteils zur Verfügung stehen (vgl. Fassnacht 2003, S. 3; Hummel/Savitt 1988, S. 5; vgl. hierzu auch Abschnitt 3.2.1.5). Beratungsleistungen durch die Mitarbeiter eines Unternehmens gelten nach Fassnacht (2000, S. 90; 2003, S. 2) als Informationsdienstleistungen, da sie das Wissen der Kunden bezüglich der angebotenen Waren erweitern. Liebmann/Zentes/Swoboda (2008, S. 574) betonen zudem die kommunikative Wirkung des Personals, das positiv auf den Anteil der im Laden getroffenen Kaufentscheidungen wirkt. Das Beratungsangebot eines Handelsunternehmens umfasst hierbei alle Aspekte der persönlichen Kundenberatung durch die Kundenkontaktmitarbeiter, die von den Kunden während des Einkaufsprozesses im Sinne eines Umweltstimulus unmittelbar wahrgenommen werden. Hierzu zählt neben der Qualität der Beratungsleistung und des Erscheinungsbilds der Mitarbeiter auch deren Verfügbarkeit infolge einer mengenmäßig kundenorientierten Personalplanung durch das Handelsunternehmen. Die **Professionalität des Beratungsangebots entspricht daher dem Grad, zu dem das Angebot an Beratungsleistungen als qualifiziert wahrgenommen wird.**

Hinsichtlich der Konzeptualisierung der Professionalität des Beratungsangebots kommt den Aspekten der Beratungsleistung besondere Bedeutung zu, die von den Kunden während des Mitarbeiterkontakts wahrgenommen und beurteilt werden können. Zur deren Bestimmung bietet sich die Sichtung allgemeiner theoretisch-konzeptioneller Dienstleistungsliteratur sowie relevanter empirischer Arbeiten in diesem Forschungsfeld an. In einer Vielzahl von Arbeiten des deutschsprachigen Raums zu Dienstleistungen werden vornehmlich die Aspekte Dienstleistungspotenzial, Dienstleistungsprozess und Dienstleistungsergebnis unterschieden (vgl. Corsten 1990, S. 17; Meffert 1994, S. 521; Meyer/Blümelhuber 1994, S. 7). In Bezug auf das Personal beschreibt das Dienstleistungspotenzial die Fähigkeiten der Mitarbeiter sowie deren Bereitschaft zur Beratung der Kunden während ihres Einkaufsprozesses. Die Besonderheit des

Dienstleistungsprozesses stellt im Sinne der Dienstleistungsliteratur das dienstleistungsspezifische Charakteristikum der Kundenintegration während der Kundenberatung dar (vgl. Meffert 1994, S. 521; Meffert/Bruhn 2009, S. 42). Die sogenannte Integration des externen Faktors beinhaltet die Simultanität der Erstellung und des Konsums der Leistung durch den Kunden im Prozess der Dienstleistungserbringung. Der Dienstleistungsprozess kann nur dann erfolgen, wenn entsprechendes Dienstleistungspotenzial bereitgestellt wird. Das Dienstleistungsergebnis, das aus den beiden zuvor genannten Aspekten resultiert, stellt den Nutzen der externen Faktoren, also der Konsumenten, dar (vgl. Bruhn 1999, S. 541; Kleinaltenkamp 2001, S. 40).

Andere Arbeiten, die eine dimensionale Sichtweise handelsbezogener Dienstleistungen einnehmen, greifen auf eine weitere dimensionale Unterteilung der zuvor genannten Aspekte zurück. Hinsichtlich des Dienstleistungspersonals, das die Beratungsleistungen von Handelsunternehmen für Kunden erbringt, ist der prozessorientierte Ansatz von Lehtinen/Lehtinen (1991) von Interesse. Die Autoren unterscheiden hierbei die Qualität der physischen Umgebung einer Einkaufsstätte, die Interaktionsqualität zwischen einem Unternehmen und seinen Kunden sowie die Qualität des Unternehmens, die sich maßgeblich auf das Unternehmensimage bezieht. Weitere dimensionale Einteilungen, die beispielsweise nach Art und Umfang angebotener Serviceleistungen oder dem Dienstleistungsergebnis unterscheiden (vgl. Grönroos 1984, S. 39; 1990, S. 37), sind für das Konstrukt der Professionalität des Beratungsangebots nicht relevant. Sie reichen über die Betrachtung persönlicher Beratungsleistungen hinaus und beziehen sich auf das Gesamtangebot möglicher Dienstleistungen eines Unternehmens beziehungsweise das Ergebnis eines Prozesses, das in die vorliegende Untersuchung des eigentlichen Shoppingprozesses nicht einbezogen wird.

Im Bereich der empirischen Dienstleistungsforschung fand ab Mitte der 1980er Jahre der von Parasuraman/Zeithaml/Berry (1988) entwickelte SERVQUAL-Ansatz große Beachtung, der auf den Erkenntnissen anderer Arbeiten im Bereich der Dienstleistungsforschung aufbaut (vgl. Grönroos 1982; Lehtinen/Lehtinen 1982; Sasser/Olsen/ Wyckoff 1978). Hierbei werden die fünf Dimensionen tangibles Umfeld, Zuverlässigkeit, Reaktionsbereitschaft, Leistungskompetenz und Einfühlungsvermögen unterschieden (Parasuraman/Zeithaml/Berry 1988, S. 23). Während diese auf Basis empirischer Untersuchungen im Dienstleistungssektor identifiziert wurden, können sie auf den Handel übertragen werden. Bezug nehmend auf die zuvor beschriebenen Ansätze der theoretisch-konzeptionellen Arbeiten integriert dieser Ansatz

Facetten der beiden Dimensionen Dienstleistungspotenzial und Dienstleistungsprozess.

Da für die vorliegende Arbeit die Professionalität des Beratungsangebots aus Kundenperspektive beurteilt werden soll, wird ein Konzeptualisierungsansatz gewählt, der den wahrnehm- und beurteilbaren Gesamteindruck des Beratungsangebots eines Handelsunternehmens widerspiegelt. Zu diesem Zweck wird ein eigener Ansatz zur Abbildung relevanter Facetten in Zusammenhang mit dem Beratungsangebot angestrebt, da die beschriebenen Konzeptualisierungsansätze hiervon abweichende Sichtweisen einnehmen. Eine ausschließliche Betrachtung des Dienstleistungspotenzials ist in diesem Zusammenhang unzweckmäßig, da sie zum einen über das Angebot an persönlichen Beratungsleistungen hinaus reicht, zudem lässt sie Aspekte der Interaktion mit den Kunden eines Unternehmens unbeachtet. Die reine Betrachtung des Dienstleistungsprozesses hingegen fokussiert ausschließlich die Interaktionsqualität zwischen Anbieter und Kunden. Insgesamt formen letztgenannte ihr Gesamturteil auf Basis heterogener Eindrücke der fachlichen und sozialen Kompetenz der Mitarbeiter sowie deren Verfügbarkeit auf der Verkaufsfläche und ihres optischen Eindrucks. Um eine Beurteilung der Wahrnehmung des Konstrukts Professionalität des Beratungsangebots einschließlich der genannten inhaltlichen Facetten zu gewährleisten, werden geeignete Indikatoren direkt auf Konstruktebene gemessen (vgl. Abschnitt 5.1.1.2.2). Das Konstrukt wird damit als einfaktorielles Konstrukt konzeptualisiert und auf eine Unterscheidung unterschiedlicher Beratungsangebotstypen wird 8verzichtet.

Grundsätzlich erfordern persönliche Beratungsleistungen ein hohes Maß an Kundenorientierung der Mitarbeiter, da die Qualität der Interaktion mit Kunden einen kritischen Moment während des Einkaufserlebnisses darstellt, der schließlich den Unternehmenserfolg mitbestimmt (Baker/Levy/Grewal 1992, S. 127; Meffert/Bruhn 2009, S. 3; Hennig-Thurau 2004, S. 461). Die Zeitspanne, in der Kunden in direkter Interaktion mit Mitarbeitern stehen, wird als Service Encounter bezeichnet (vgl. Bitner/Booms/ Tetreault 1990, S. 72; Czepeil/Solomon/Surprenant 1985). Die Interaktionsqualität während des Service Encounters wird durch die fachliche Qualifikation sowie das Set emotionaler und sozialer Fähigkeiten der Mitarbeiter determiniert (vgl. Brady/Cronin 2001, S. 38; Hennig-Thurau 2004, S. 463; Meffert/Bruhn 2009, S. 359).

Eine hohe **fachliche Qualifikation** beinhaltet umfassende Sach- und Fachkompetenz der Mitarbeiter in Form von Expertise bezüglich der angebotenen Leistungen des Unternehmens sowie Trends der von ihnen betreuten Produktbereiche (vgl. Meffert/Bruhn 2009, S. 371). In der direkten Interaktion mit

Kunden erzeugen insbesondere die **emotionalen und sozialen Fähigkeiten** der Mitarbeiter ein hohes Maß an wahrnehmbarer Kundenorientierung. Hierunter sind Freundlichkeit, Hilfsbereitschaft und Engagement, Aufmerksamkeit, Schnelligkeit, Ehrlichkeit und ein hohes Maß an Problemlösungsorientierung im Kundenkontakt zu verstehen (vgl. Arnold 2004, S. 1136; Hennig-Thurau 2004, S. 263; Meffert 1987, S. 94). So kann individuellen Kundenwünschen oder etwa Beschwerden adäquat begegnet werden (vgl. Bitner/Booms/ Tetreault 1990, S. 74; Meffert/Bruhn 2009, S. 371). Strauss et al. (1980) und Nerdinger (2001) benennen die emotionalen Herausforderungen an Kundenkontaktmitarbeiter als Gefühlsarbeit beziehungsweise Emotional Work.

Neben der Interaktionsqualität können Unternehmen am äußeren Erscheinungsbild und der Erreichbarkeit der Mitarbeiter ansetzen (vgl. Parasuraman/ Zeithaml/Berry 1988). Das **äußere Erscheinungsbild** der Mitarbeiter als tangibles Element kann dazu beitragen, das angestrebte Image hinsichtlich der Glaubwürdigkeit und des eigenen ästhetischen Anspruchs des Unternehmens bei Kunden zu festigen (vgl. Baker 1987; Solomon 1985). Wicker (1973) zufolge ist die **Verfügbarkeit** der Mitarbeiter, definiert als Relation zwischen der Anzahl an Kundenkontaktmitarbeitern und der Kundenanzahl, ein wesentliches Element für die Wahrnehmung des Beratungsangebots von Unternehmen.

Wissenschaftliche Arbeiten identifizieren einen Zusammenhang zwischen dem Kundenkontaktpersonal und der Wahrnehmung, Stimmung und Zufriedenheit von Kunden (Bitner/Booms/Tetreault 1990; Grewal/Sharma 1991; Hart et al. 2007; Lee/Ibrahim/ Hsueh-Shan 2005; Parasuraman et al. 1988; Turley/ Milliman 2000; Wagner 2007; Wicker 1973). Wagner (2007, S. 574 f.) beweist in seiner Studie zur Shoppingmotivation von Konsumenten einen starken Zusammenhang zwischen der Freundlichkeit des Personals und der Freude von Konsumenten am Einkauf und stellt fest „consumers view a shopping experience which is fun largely as a consequence of friendly personnel." Wissenschaftler bezeichnen den direkten Einfluss des Ausdrucks, der Stimmgebung, Körpersprache und Bewegungen vom Sender auf den Empfänger und dessen Emotionen in einer Interaktion als „emotional contagion" (vgl. Hatfield/Cacioppo/ Rapson 1993, S. 96; Hennig-Thurau et al. 2006, S. 58; Schoenewolf 1990, S. 50). Demnach stellt die Beratung der Kunden durch das Kundenkontaktpersonal gemäß dem umweltpsychologischen Verhaltensmodell von Mehrabian/Russell (1974) einen sozialen Stimulus der Umwelt während des Einkaufsprozesses dar (vgl. Diehl 2004, S. 213), der die Emotionen von Konsumenten beeinflusst (vgl. Abschnitt 2.4.1). Beurteilen Konsumenten die Professionalität des Beratungsangebots der hier dargelegten Konzeptualisierung entsprechend als hoch, kann diese Auslöser von Shopping Enjoyment sein beziehungsweise das empfundene Shopping Enjoyment verstärken. Eine hohe Professionalität des Beratungsangebots führt demnach zu einer Annäherung an die Umwelt in Form einer positiven emotionalen Reaktion auf diese, da die Gefühlsdimensionen „pleasure" und „arousal" unmittelbar durch die Interaktion mit dem Kundenkontaktpersonal stimuliert werden. Folgende Hypothese kann aus diesem begründeten Zusammenhang abgeleitet werden:

H2: *Je professioneller das Beratungsangebot von Konsumenten beurteilt wird, desto höher ist deren empfundenes Shopping Enjoyment.*

3.2.1.3 Attraktivität des Sortiments

Handelsunternehmen bieten Konsumenten Waren zum Kauf an, die es zunächst auszuwählen und zu einem Sortiment zusammenzustellen gilt (vgl. Berekoven 1995, S. 73). Gümbel (1963, S. 54) definiert den Sortimentsbegriff als „gedankliche Zusammenfassung von verschiedenartigen Waren im Angebot von Einzelhandelsunternehmen". Neben dem eigentlichen Warenangebot, dem zentralen Handlungsbereich von Handelsunternehmen (vgl. Berekoven 1995, S. 73; Buddeberg 1959, S. 28; Hansen 1990, S. 212; Liebmann/Zentes/Swoboda 2008, S. 457), stehen Dienstleistungen und Rechte als Differenzierungsinstrument zur Verfügung (vgl. Müller-Hagedorn 2005, S. 156; Hansen 1990, S. 202), die entweder als eigenständige Leistungen Bestandteil des Sortiments sind (vgl. Hansen 1990, S. 202) oder als Zusatzleistungen zur Vermarktung des Warensortiments angeboten werden (vgl. Berekoven 1995, S. 165; Fassnacht 2003, S. 1). Für die vorliegende Arbeit werden Dienstleistungen als Zusatzleistungen zum Sortiment verstanden und in den Abschnitten 3.2.1.2 und 3.2.1.5 gesondert betrachtet.

Bei der Beurteilung von Sortimenten werden Konsumenten durch ihr eigenes Ermessen geleitet (vgl. Hansen 1990, S. 222). Hierbei sind alle Aspekte von Bedeutung, die sie während ihres Einkaufs wahrnehmen und beurteilen können, so dass unter der **Attraktivität des Sortiments der Grad zu verstehen ist, zu dem das Warenangebot als ansprechend wahrgenommen wird**. Hierbei setzten Konsumenten häufig an Umfang und Qualität des Sortiments an, was der quantitativen und qualitativen Dimension des Sortiments entspricht (vgl. Tietz 1974, S. 223). Da für die vorliegende Arbeit die Beurteilung des Sortiments aus Perspektive der Konsumenten interessiert, wird für die zugrunde liegende Konzeptualisierung eine Ergänzung dieses Ansatzes um die Attraktivität der Warendarbietung vorgenommen, da sie als zusätzlicher Referenzpunkt zur Beurteilung der Gesamtattraktivität eines Sortiments wahrgenommen wird. Um eine grundlegende Beurteilbarkeit des Konstrukts und der genannten inhaltlichen Facetten zu gewährleisten, wird eine einfaktorielle Konzeptualisierung gewählt, bei der auf eine Unterscheidung unterschiedlicher Sortimentstypen verzichtet wird. Das Konstrukt Attraktivität des Sortiments wird folglich unmittelbar durch Indikatoren auf Konstruktebene erfasst (vgl. Abschnitt 0 und Abschnitt 5.1.1.2.3).

Der **Sortimentsumfang** wird durch die Sortimentsbreite, -tiefe und -höhe bestimmt und determiniert somit die Vielfalt der angebotenen Waren und Wahlmöglichkeiten der Konsumenten (vgl. Fassnacht 2003, S. 123). Die Sortimentsbreite beschreibt das Angebot unterschiedlicher Warengruppen, die Kunden zur Deckung ihrer Bedürfnisse als additive Kaufmöglichkeiten zur Verfügung stehen (vgl. Ahlert/Kenning 2007, S. 197; Berekoven 1995, S. 75). Die Anzahl der Artikel und Sorten innerhalb einer Warengruppe kennzeichnet die Sortimentstiefe (vgl. Ahlert/Kenning 2007, S. 197). Mit zunehmender Tiefe des Sortiments steigt die Anzahl alternativer Kaufmöglichkeiten (vgl. Möhlenbruch 1995, S. 2317; Schröder/Rödl 2006, S. 575), was durch unterschiedliche Marken und Preiskategorien sowie Formen, Materialien, Farben und Größen erreicht werden kann (vgl. Rusche 1990, S. 19, Fassnacht 2003, S. 123). Die Sortimentshöhe (auch Sortimentsmächtigkeit) legt die vorrätige Stückzahl je Sorte fest und entspricht damit der maximalen Vorratsmenge in der Einkaufsstätte (vgl. Ahlert/Kenning 2007, S. 197; Schröder 2002, S. 63 f.). Aus Kundensicht, so die Ergebnisse der durchgeführten Fokusgruppendiskussion, ist die Verfügbarkeit der angebotenen Produkte ein kritischer Faktor, da sie zum einen die Beurteilung des Sortiments beeinflusst, darüber hinaus jedoch Auswirkungen auf Emotionen im Fall von Nichtverfügbarkeit von Produkten haben kann.

Die Beurteilung der **Qualität des Sortiments** erfolgt anhand der im Sortiment enthaltenen Produkte, da die Qualitätsmerkmale für unterschiedliche Produkte variieren (vgl. Bonner/Nelson 1985, S. 67). Eine branchen- und produktübergreifende Konzeptualisierung der qualitätsrelevanten Eigenschaften eines Sortiments ist daher nicht möglich, so dass die Erarbeitung produktspezifischer Qualitätskriterien für die dieser Arbeit zugrunde liegenden Branchenbetrachtung im Rahmen der Operationalisierung des Konstrukts erfolgt. Dessen ungeachtet kann die Aktualität des Sortimentsinhalts als branchenübergreifendes und kundenrelevantes Qualitätskriterium betrachtet werden. Bloch/Richins (1983, S. 389) umschreiben den Wunsch nach Aktualität der Ware als das Bedürfnis von Konsumenten „to see new developments in a product class".

Schließlich ist für die Beurteilung der Attraktivität eines Sortiments aus Kundenperspektive auch die **Attraktivität der Warendarbietung** relevant (vgl. Bloch/Richins 1983, S. 389 f.). Analog zur Wirkung des äußeren Erscheinungsbilds der Mitarbeiter haben Aspekte der Ordentlichkeit und Übersichtlichkeit der

Warendarbietung Einfluss auf das von Kunden wahrgenommene Image hinsichtlich der Glaubwürdigkeit und des eigenen ästhetischen Anspruchs des Unternehmens.

Während ihres Aufenthalts in einer Einkaufsstätte nehmen Konsumenten die angebotene Ware entweder durch Herumstöbern oder den gezielten Kauf wahr. Sowohl qualitative als auch quantitative Aspekte des Warenangebots können im Sinne eines Umweltstimulus (vgl. Abschnitt 2.4.1) die Wahrnehmung und das Urteil hinsichtlich der Höhe der empfundenen Attraktivität des Sortiments während des Shoppingprozesses beeinflussen. Werden genau die gewünschten Produkte in der erforderlichen Qualität auf attraktive Weise angeboten, so wird die Attraktivität des Sortiments als hoch beurteilt. Ein als besonders attraktiv wahrgenommenes Warenangebot kann im Sinne des umweltpsychologischen Verhaltensmodells (vgl. Mehrabian/Russell 1974) zu einer Annäherung an die jeweilige Umwelt führen. Die Annäherung schließt neben einer physischen Verhaltensänderung auch eine positive emotionale Reaktion von Personen ein. Dieser positive kausale Zusammenhang zwischen der Attraktivität des Sortiments und der Stimmung, den Gefühlen und Verhaltensauswirkungen von Konsumenten wird in einer Vielzahl wissenschaftlicher Arbeiten aufgezeigt (vgl. u. a. Jones 1999; Verhoef et al. 2009). So stellt etwa Jones (1999, S. 134) in seiner Studie fest: „Respondents enjoyed shopping at stores that carried a good selection of merchandise and/or unique products not typically seen in every store“. Abhängig vom individuellen Shoppingmotiv von Konsumenten (vgl. Abschnitt 2.2.2) stellt der Einkauf von (bestimmten) Waren eines der wesentlichen Ziele dar. Insbesondere die zunehmende Homogenisierung vieler Handelsunternehmen hinsichtlich des Marktauftritts einschließlich der angebotenen Sortimente (vgl. Abschnitt 1.1) führt zu einer besonderen Wertschätzung von Differenzierungsbestrebungen des Handels durch die Konsumenten (vgl. Fassnacht 2003, S. 3; Müller 2007, S. 3). Insofern kann aufgrund der beschriebenen Zusammenhänge ein (besonders) attraktives Sortiment als Auslöser von (hohem) Shopping Enjoyment erachtet werden, was in der dritten Hypothese zum Ausdruck kommt:

H3: *Je attraktiver das Sortiment von Konsumenten beurteilt wird, desto höher ist deren empfundenes Shopping Enjoyment.*

3.2.1.4 Attraktivität der Preisposition

Beim Kauf von Leistungen eines Anbieters werden Güter oder Dienstleistungen gegen die Zahlung eines festgelegten Preises von Konsumenten erworben. Simon/Fassnacht (2009, S. 6) definieren den Preis als „die Zahl der Geldeinheiten, die ein Käufer für eine Mengeneinheit des Produktes oder der Dienstleistung entrichten muss". Unternehmen stehen grundsätzlich unterschiedliche Optionen bezüglich der Preisposition, also der grundsätzlichen Preishöhe ihrer angebotenen Leistungen zu Verfügung. Unter der Preispositionierung wird „das Bestreben des Unternehmens, sein Angebot so zu gestalten, dass es im Bewusstsein des Kunden einen besonderen, geschätzten und von Wettbewerbern abgesetzten Platz einnimmt" verstanden (vgl. Kotler/Keller/Bliemel 2007, S. 423). Die jeweilige Preispositionierung soll Unternehmen dazu verhelfen, das von ihnen angestrebte Image hinsichtlich der Dimensionen Preis und Leistung bei Kunden zu erreichen beziehungsweise zu festigen (vgl. Simon/Fassnacht 2009, S. 30). In der Regel wird zwischen Niedrig-, Mittel- und Premiumpreispositionen als Ergebnis des Preispositionierungsprozesses unterschieden, jedoch existieren auch detailliertere Differenzierungsansätze, die eine Luxuspreisposition einschließen. Neben der grundlegenden Preispositionierung werden für das Konstrukt Attraktivität der Preisposition weitere preisbezogene Facetten berücksichtigt, die aus Kundenperspektive in dessen Beurteilung einbezogen werden. So werden zusätzlich die Aspekte Preiswürdigkeit als Ausruck des Preis-Leistungs-Verhältnisses der Waren sowie die Attraktivität angebotener Preispromotions integriert, da sie aus Kundensicht die effektive Attraktivität der Preisposition eines Anbieters mitbestimmen. **Die Attraktivität der Preisposition entspricht daher dem Grad, zu dem die Preise der angebotenen Leistungen und preisbezogenene Aktivitäten eines Anbieters als ansprechend wahrgenommen werden.**

Die Attraktivität der Preisposition wird als einfaktorielles Kontrukt konzeptualisiert, das durch Indikatoren direkt auf Konstruktebene erfasst wird. Da die Beurteilung aus Konsumentensicht relevant ist und das Konstrukt der Erfassung des konkreten und zeitlich bestimmten Erlebens einer bestimmten Ausprägung der genannten Facetten dient, ist eine mehrdimensionale **Konzeptualisierung** des Konstrukts nicht erforderlich.

Den Ausführungen von Simon/Fassnacht (2009, S. 37 ff.) zufolge unterscheiden sich bei den unterschiedlichen Preispositionen von Unternehmen aus Kundensicht jeweils das Niveau der angebotenen Leistungen und das der dafür erhobenen Preise im Vergleich zum Durchschnitt des Marktes. Niedrige Leistungen zu dauerhaft niedrigen Preisen werden im Rahmen der **Niedrigpreispositionierung** angeboten. Der Preis stellt hierbei „den USP (Unique Selling Proposition) und den Wettbewerbsvorteil" (Simon/Fassnacht 2009, S. 39) dar. Entsprechend werden bei der **Mittelpreispositionierung** aus Kundensicht mittlere Leistungen zu im Marktdurchschnitt dauerhaft mittleren Preisen angeboten. Mittelpreisanbieter streben Qualitätskonstanz und ein konstantes Preisniveau an, das gezielte und regulierte Preispromotions einschließt. Bei der

Premiumpreispositionierung bieten Unternehmen aus Kundensicht höhere Leistungen zu entsprechend dauerhaft höheren Preisen an, die konstituierendes Merkmal des Markenkerns sind. Daher wird grundsätzlich von Preispromotions abgesehen, um eine Beschädigung des Markenkerns zu vermeiden. Von dieser absoluten Betrachtung der Preishöhe eines Anbieters abgesehen ist aus Kundenperspektive zusätzlich die relative Preisposition im Vergleich zu Wettbewerbern im Markt relevant, da Kunden häufig Angebote und Preise vergleichen, um den größtmöglichen Nutzen beim Einkauf schöpfen zu können (vgl. Tauber 1972, S. 48).

Eng mit dem an der Preisposition orientierten Preisgünstigkeitsurteil der Konsumenten verknüpft ist die subjektiv wahrgenommene **Preiswürdigkeit** der Angebote eines Anbieters. In die Urteilsbildung wird hierbei die Abwägung zwischen Preis und Qualität der angebotenen Leistung einbezogen, „es erfolgt eine kompensatorische Preisbeurteilung", so Simon/Fassnacht (2009, S. 170). Ein gutes Preis-Leistungsverhältnis aus Konsumentenperspektive trägt zur Attraktivität der Preisposition des Anbieters bei, da es den Nutzen aus Kundenperspektive optimiert.

Ebenso schätzen Konsumenten eine attraktive Gestaltung von **Preispromotions** (vgl. Schindler 1989, S. 448). Diese werden als „temporäre, in der Regel kurzfristige Preisreduktionen bei ausgewählten Artikeln verstanden, die verschiedene Formen annehmen können" (vgl. Simon/Fassnacht 2009, S. 495). Beispielhaft können hierfür etwa Sonderangebote und -packungen sowie Treuerabatte, Couponing und Rückerstattungen genannt werden (vgl. Gedenk 2002, S. 21 ff.), bei denen entweder die Preise, das Produkt oder die Verpackungsgrößen geändert werden können, um Kunden einen Vorteil beim Einkauf zu gewähren.

Preise beziehungsweise die Attraktivität der Preisposition eines Anbieters haben Auswirkungen auf die Emotionen von Konsumenten. Preisinduzierte Emotionen werden als Preiserlebnisse bezeichnet, die Diller (2008, S. 96) als „angenehme oder unangenehme, mehr oder weniger bewusste und nicht regelmäßig wiederkehrende Empfindungen über Preise" definiert. Insbesondere in der angloamerikanischen Literatur wird Preisen und insbesondere Schnäppchen eine maßgebende Rolle bei der Beeinflussung von Emotionen beigemessen (vgl. Bell 1999; Cox/Cox/Anderson 2005, S. 257; Darden/Babin 1994, S. 102; Jin/Sternquist 2004, S. 2; Jones 1999, S. 134; Kim/Kim 2008, S. 410; Lee/Ibrahim/Hsueh-Shan 2005, S. 328; Mano/Elliott 1997, S. 504 f.; Schindler 1989, S. 447; Tauber 1972, S. 48; Tauber 1995, S. 60; Verhoef et al. 2009, S. 32). Die genannten Arbeiten heben durchweg eine dominante Bedeutung von Preis-promotions und

Schnäppchen in Zusammenhang mit Freude und positiver Aufregung während des Einkaufs hervor. Auch im Rahmen der durchgeführten Fokusgruppendiskussion wurden häufig Preisschnäppchen als Auslöser von Freude genannt. Hierbei wurde jedoch auch betont, dass insbesondere im Hochpreissegment das „Verschleudern" von Restposten zu Verärgerung der Kunden führen kann, die zuvor einen signifikant höheren Preis für die gleiche Ware gezahlt haben. Rufen preisbezogene Aspekte Emotionen hervor, so kann im Sinne des umweltpsychologischen Verhaltensmodells von Mehrabian/Russell (1974) von einem Umweltstimulus ausgegangen werden. Eine hohe Attraktivität der Preisposition wirkt folglich positiv auf die Emotionsdimensionen „pleasure" und „arousal", was schließlich zu empfundener Freude während des Einkaufs führt. Sie stellt ein Annäherungsverhalten an die jeweilige Einkaufsumwelt dar. Aufgrund des beschriebenen Wirkungszusammenhangs kann die Attraktivität der Preisposition als eine kausale Ursache von Shopping Enjoyment erachtet werden. Somit führt die Vermutung, dass eine Preisposition, die von Kunden als besonders attraktiv wahrgenommen wird, ein hohes Maß an Freude während des Einkaufs verursacht, zu folgender Hypothese:

H4: *Je attraktiver die Preisposition von Konsumenten beurteilt wird, desto höher ist deren empfundenes Shopping Enjoyment.*

3.2.1.5 Attraktivität des Angebots an Zusatzleistungen

In den Abschnitten 3.2.1.2 und 3.2.1.3 wurde bereits eine kurze Einführung zu Dienstleistungen als Bestandteil des Leistungsumfangs von Handelsunternehmen gegeben. Diese sind nicht als Kernleistung von Handelsunternehmen zu verstehen, sondern als additive Zusatzleistungen (vgl. Beutin 2008, S. 350), die zur Förderung des Absatzes an Waren dienen (vgl. Berekoven 1995; Fassnacht 2003, S. 1). Sie dienen Handelsunternehmen daher als Instrument, um sich in der Wahrnehmung der Kunden von den Leistungen anderer Unternehmen im Markt abzugrenzen (vgl. Fassnacht 2003, S. 3; Hansen 1990, S. 202; Hummel/Savitt 1988, S. 5; Meyer/Blümelhuber 2000, S. 278; Müller-Hagedorn 2005, S. 156). Das Spektrum der dem Handel zur Verfügung stehenden Zusatzleistungen ist vielfältig und kann unterschiedlichen Kategorien zugeordnet werden (für einen Überblick möglicher Arten von Zusatzleistungen vgl. Beutin 2008, S. 354 ff.; Fassnacht 2003, S. 2 ff.). Die Beurteilung des Angebots an Zusatzleistungen aus Konsumentensicht orientiert sich am Umfang und der Art angebotener Leistungen. **Die Attraktivität des Angebots an Zusatzleistungen entspricht somit dem Grad, zu dem die Zusatzleistungen eines Anbieters als ansprechend wahrgenommen werden.**

Hinsichtlich der Konzeptualisierung der Attraktivität des Angebots an Zusatzleistungen wird an der Wahrnehmung der Kunden angesetzt, die gewöhnlich keine detaillierten Kenntnisse bezüglich dieses Leistungsspektrums von Handelsunternehmen besitzen. Aus diesem Grund wird eine einfaktorielle Konzeptualisierung gewählt, bei der die Indikatoren direkt auf Konstruktebene ansetzen. Ziel der einfaktoriellen Konzeptualisierung ist die Erfassung des konkreten und zeitlich bestimmten Erlebens einer bestimmten Ausprägung der Facetten des Konstrukts.

Um zu einer aus Konsumentensicht relevanten Kategorisierung an Zusatzleistungen von Handelsunternehmen und damit den inhaltichen Facetten des Konstrukts Attraktivität des Angebots an Zusatzleistungen zu gelangen, wurden die Befragungsergebnisse der unstrukturierten Kundeninterviews sowie der Fokusgruppendiskussion im Rahmen der theoretisch-konzeptionellen Vorarbeit der vorliegenden Studie herangezogen. Hierbei konnten, von dem persönlichen Beratungsangebot durch die Kundenkontaktmitarbeiter (vgl. Abschnitt 3.2.1.2) abgesehen, **sechs unterschiedliche Zusatzleistungsarten** („Services") entlang des Einkaufsprozesses ermittelt werden, die von Kunden besondere Wertschätzung erfahren und überwiegend Bequemlichkeitsdienstleistungen darstellen (vgl. Beutin 2008, S. 357):

- Persönliche Services (während der Produktauswahl- und Anprobe: beispielsweise individuelle Einkaufsberatung, Gepäck-/Garderobenservice, Getränkeservice, „Abnehmen" ausgewählter Ware während des Einkaufs),
- Produktbezogene Services (beispielsweise Möglichkeiten zur Warenreservierung, Umtauschrechte, Bestellung von Sonderfabrikaten, Änderungsservice, Warenlieferung nach Hause),
- Entspannungsservices (beispielsweise gastronomischer Bereich, Sitzmöglichkeiten, Kinderbetreuungsangebot, sanitäre Anlagen).
- Unterhaltungsservices (beispielsweise Medienangebot in Form von Zeitschriften/Internetzugang, Modenschauen, Musikevents),
- Bezahlungsservices (beispielsweise gewöhnliche Kassen, Self-Checkout-Terminals, Akzeptanz unterschiedlicher Kreditkarten) und
- Finanzierungsservices (beispielsweise Finanzierungskauf auf Raten).

Bereits Berry (1969, S. 19 f.) und später Sit/Merrilees/Birch (2003, S. 83 ff.) ermittelten die Bedeutung einkaufsbegleitender Zusatzleistungen von Handelsunternehmen, die zur Imagebildung der Konsumenten bezüglich eines Anbieters beitragen. Solomon (1987) und Forsythe/Butler/Schaefer (1990) etwa untersucht in einer empirischen Studie die Nutzung des Angebots einer individuellen Einkaufsberatung im Bekleidungskontext, um die Komplexität des

Einkaufsprozesses zu reduzieren. Lee/Ibrahim/ Hsueh-Shan (2005, S. 333) stellen fest, dass sogenannte „value-added facilities" und „special events" einen Einfluss, wenn auch nachgelagert verglichen mit den übrigen Determinanten, auf das Level an Shopping Enjoyment haben. Leischnig/Schwertfeger/Geigenmüller (2011) untersuchen insbesondere den Einfluss von Events auf das Shopping Enjoyment von Konsumenten, da Handelsunternehmen verstärkt diese Form von Zusatzleistungen wählen, um sich von anderen Anbietern im Markt zu profilieren. Aufgrund der Homogenität der Warensortimente unterschiedlicher Marktteilnehmer, wird es für Handelsunternehmen zunehmend wichtig, „ihren Kunden Gründe dafür zu liefern, ihr Unternehmen gegenüber Konkurrenten kontinuierlich zu bevorzugen" (vgl. Fassnacht 2003, S. 3).

Dem Angebot an Zusatzleistungen wird den genannten Arbeiten zufolge Potenzial hinsichtlich der Beeinflussung von Konsumentenemotionen während des Einkaufsprozesses beigemessen. Aufgrund der anhaltenden Gleichartigkeit von Handelsunternehmen ist es möglich, Konsumenten durch ein individuelles Leistungsprofil, das einen Zusatznutzen stiftet, positiv zu beeinflussen. Während einige der genannten Leistungsarten einen eher abwicklungsbezogenen Charakter aufweisen (beispielsweise Bezahlungs- und Finanzierungsservices), bieten andere einen unmittelbaren Zusatznutzen während des Shopppingprozesses, die den Aufenthalt in der Einkaufsstätte angenehmer und bequemer gestalten. Ein müheloser und unterhaltsamer Einkauf trägt zu einer entspannten Stimmung der Konsumenten bei und kann hierdurch die subjektive Gefühlslage während des Shoppingprozesses positiv beeinflussen. Die Attraktivität des Angebots an Zusatzleistungen gilt somit als Umweltstimulus, der den theoretisch-konzeptionellen Wirkungszusammenhängen des umweltpsychologischen Verhaltensmodells von Mehrabian/Russell (1974) zufolge auf die Gefühlsdimensionen von Konsumenten wirkt (vgl. Abschnitt 2.1.2). Eine positive Wahrnehmung der Einkaufsumgebung trägt analog zu den zuvor beschriebenen Determinanten von Shopping Enjoyment zu Freude während des Einkaufs bei. Der vermutete kausale Wirkungszusammenhang zwischen der Höhe der wahrgenommenen Attraktivität des Angebots an Zusatzleistungen und der Höhe des Shopping Enjoyment von Kunden führt zu folgender Hypothese:

H5: *Je attraktiver das Angebot an Zusatzleistungen von Konsumenten beurteilt wird, desto höher ist deren empfundenes Shopping Enjoyment.*

3.2.2 Wirkungszusammenhänge zwischen Shopping Enjoyment und den Auswirkungsvariablen

Forschungsfrage zwei der vorliegenden Arbeit hat die Erarbeitung der Auswirkungen von Shopping Enjoyment zum Ziel. Im Rahmen des Untersuchungsmodells wurden diese bereits strukturiert erarbeitet (vgl. Abschnitt 3.1). Im Folgenden werden zunächst die genannten Konstrukte definiert und schließlich Hypothesen zu den entsprechenden vermuteten direkten Effekten formuliert. Die empirische Überprüfung der aufgestellten Hypothesen erfolgt in Kapitel fünf der vorliegenden Arbeit.

3.2.2.1 Unmittelbare Verhaltensauswirkungen

Unter den unmittelbaren Verhaltensauswirkungen werden das direkte impulsive Konsumentenverhalten betreffende Auswirkungen während des Einkaufsstättenaufenthalts subsumiert, deren jeweilige Ausprägung in einem vermuteten direkten Zusammenhang mit der Ausprägung des empfundenen Shopping Enjoyments steht. Das theoriebasierte Konzept des Flow-Effekts (vgl. Abschnitt 0) stellt sich als geeignet dar, um Variablen des impulsiven Konsumentenverhaltens theoretisch aufzugreifen und ihre Qualität als Verhaltensauswirkungen in Folge des empfundenen Shopping Enjoyments zu begründen. „Flow“, so Csikszentmihalyi (2006, S. 159), „beschreibt einen Glückszustand, den Menschen erleben, wenn sie gänzlich in einer Aufgabe aufgehen. „Flow“ ist ein gezieltes Ausrichten der Aufmerksamkeit auf eine begrenzte Aufgabe, ein Vergessen der eigenen Person und der persönlichen Angelegenheiten, ein Gefühl der Begeisterung, ein Nicht-Wahrnehmen der Zeit. Es beschreibt ein Tun, das nicht zweckorientiert, sondern um seiner selbst willen verfolgt wird.“ Kunden, die durch unterschiedliche Stimuli hervorgerufene Freude am Einkauf empfinden, neigen der Flow-Theorie entsprechend dazu, sich in die Tätigkeit des Einkaufens zu vertiefen und impulsive Verhaltensweisen zu entwickeln. Aus diesen Überlegungen abgeleitet können die Konstrukte Verweildauer, Produktinteresse und Kaufimpulsivität als mögliche unmittelbare Verhaltensauswirkungen von Shopping Enjoyment betrachtet werden.

Verweildauer

Eine für den stationären Einzelhandel wichtige erfolgsrelevante Größe ist die Verweildauer von Kunden. **Für die vorliegende Arbeit wird die Verweildauer als zeitliche Länge des Aufenthalts in einer Einkaufsstätte definiert.** Die Relevanz dieser Größe wird anhand der Häufigkeit ihrer Berücksichtigung in wissenschaftlichen Arbeiten deutlich. Eine lange (ungeplante) Verweildauer spricht für ein angenehmes Empfinden bezüglich der Einkaufsumgebung durch die Kunden während ihres Einkaufsprozesses. Mit ihr geht zusätzliches Umsatzpotenzial für Unternehmen einher, da Kunden während der Verlängerung ihres Einkaufsstättenaufenthalts weitere Produkte und Leistungen im Angebot eines Anbieters wahrnehmen (Yalch/Spangenberg 2000, S. 141).

Dass die Länge der Verweildauer von Kunden durch Shopping Enjoyment beziehungsweise positive Gefühle während des Einkaufs beeinflusst wird, belegen unterschiedliche empirische Arbeiten der angloamerikanischen Literatur (vgl. Dawson/Bloch/Ridgway 1990; Donovan et al. 1994; Forsythe/Bailey 1996, S. 189; Hart et al. 2007; Sherman/Mathur/Smith 1997; Wakefield/Baker 1998). Donovan/Rossiter (1982, S. 42) fassen in ihrer Untersuchung allgemeingültig zusammen: „In general retailing terms, (...) persons will enjoy spending more time and perhaps more money in those retail stores where they feel pleasure and a moderate to high degree of arousal." Aufgrund der bestehenden wissenschaftlichen Erkenntnisse wird angenommen, dass mit zunehmendem Shopping Enjoyment die absolute Verweildauer der Konsumenten zunimmt. Die Erkenntnisse der Flow-Theorie zur verringerten Wahrnehmung der zeitlichen Dimension während einer erfreulichen Aktivität führen darüber hinaus zu der Annahme, dass auch die Ausdehung der ursprünglich geplanten Verweildauer eine relevante Facette des Konstrukts darstellt (vgl. Donovan/Rossiter 1982; Donovan et al. 1994; Sherman/Mathur/Smith 1997). Diese wird daher in die Konstruktkonzeptualisierung für die vorliegende Arbeit integriert und als eine subjektive Einschätzung durch die Probanden erfasst.

Der beschriebene kausale Zusammenhang zwischen Shopping Enjoyment und der Verweildauer kann auch mithilfe der theoretisch-konzeptionellen Wirkungszusammenhänge des umweltpsychologischen Verhaltensmodells von Mehrabian/Russell (1974) begründet werden. Positive Emotionen führen zu physischen und kognitiven Verhaltensreaktionen von Personen in Form einer Annäherung an die sie umgebende Umwelt. Die Verlängerung der Verweildauer entspricht einer solchen physischen Annäherung als Ausdruck des Genusses am Einkaufsprozess und der Einkaufsumgebung, die bei ihnen freudestiftend wirken. Der vermutete kausale Zusammenhang zwischen Shopping Enjoyment und der Verweildauer wird in folgender Hypothese beschrieben:

H6a: *Je höher das empfundene Shopping Enjoyment, desto länger verweilen Kunden in der Einkaufsstätte.*

Produktinteresse

Das Produktinteresse der Kunden stellt eine erfolgsrelevante Größe für den stationären Einzelhandel dar. **Hierunter ist die Aufnahmebereitschaft von Konsumenten bezüglich der Einkaufsumwelt im weiteren sowie produktbezogener Informationen im engeren Sinn zu verstehen.** Kunden, die sich mit den angebotenen Produkten intensiver auseinander setzen und sich über das Sortiment, Produkttrends usw. informieren, neigen auch ohne ursprüngliche Kaufabsicht zu (Mehr-) Käufen. Donovan/Rossiter (1982, S. 47) umschreiben das Produktinteresse im Sinne einer Verhaltensreaktion auf eine freudestiftende Einkaufssituation in Anlehnung an die Erkenntnisse der Umweltpsychologie (Mehrabian 1980; Mehrabian/Russell 1974; Russell/Pratt 1980) als „a desire or willingness to look around and to explore the environment". Die inhaltliche engere Bedeutung des Produktinteresses besitzt die von Areni/Kim (1994, S. 121) untersuchte Variable „examination/inspection of merchandise", die sich explizit auf die in Augenschein genommenen Produkte bezieht.

Definitorisch weist das Konstrukt damit eine Ähnlichkeit zu dem von Bloch/Richins (1983, S. 389) beschriebenen Browsingverhalten von Kunden auf, das sie als „the examination of a store's merchandise for recreational or informational purposes without a current intent to buy" definieren. Während das hier zugrunde gelegte Verständnis von Produktinteresse inhaltlich einen stärker funktionalen Charakter besitzt (Aufnahmebereitschaft bezüglich Produktinformationen), überwiegt beim Browsing die Facette eines ungerichteten Zeitvertreibs („recreational purposes" beziehungsweise Herumstöbern). Beide Konstruktinterpretationen können als Ausdrucksform des Flow-Effekts (vgl. Csikszentmihalyi 2006, S. 159) erachtet werden, bei dem Menschen als Folge eines Glückszustands in ihrer Aufgabe aufgehen. Shopping Enjoyment als Glücksgefühl während eines Einkaufsprozesses führt dazu, dass Kunden sich während ihres Geschäftsstättenaufenthalts stärker von den Stimuli der Einkaufsumgebung im Sinne eines Annäherungsverhaltens an die Umwelt „treiben lassen".

Analog hierzu gilt auf Grundlage der Ausführungen zum umweltpsychologischen Verhaltensmodell nach Mehrabian/Russell (1974) in Abschnitt 2.4 als theoretischem Bezugspunkt auch das Produktinteresse als konsumentenseitiges Annäherungsverhalten gegenüber der Einkaufsumwelt. Eine erhöhte Aufnahmebereitschaft bezüglich verschiedener Impulse und Informationen der Einkaufsumgebung stellt eine kognitive Annäherung an die Geschäftsstätte dar. Die Annahme, dass mit zunehmendem Shopping Enjoyment das Produktinteresse steigt, liegt folgender Hypothese zugrunde:

H6b: *Je höher das empfundene Shopping Enjoyment, desto stärker interessieren sich Kunden für die angebotenen Produkte eines Anbieters.*

Kaufimpulsivität

Die dritte Auswirkungsvariable, die im Rahmen der unmittelbaren Verhaltensauswirkungen von Shopping Enjoyment untersucht wird, ist die (situative) Kaufimpulsivität von Konsumenten, die auf dem Konzept der Impulskäufe aufbaut. **Unter der Kaufimpulsivität wird ein situatives Konsumentenverhalten**

verstanden, das den reizbedingten ungeplanten Kauf von Waren umfasst, der auf einem spontanen unreflektierten Kaufdrang ohne Abwägung der Konsequenzen dieses Kaufs beruht. Frühe Arbeiten der überwiegend angloamerikanischen Marketingliteratur beschreiben Impulskäufe lediglich als ungeplante Käufe (vgl. Applebaum 1951; Bellenger/Robertson/Hirschman 1978, S: 16; Cobb/Hoyer 1986; Kollat/Willett 1967; Stern 1962), was von einer Vielzahl an Wissenschaftlern jedoch kritisiert wurde, da hierbei andere konstituierende Merkmale des Konstrukts nicht berücksichtigt werden und somit „any purchase not written on someone's shopping list" (vgl. Rook/Hoch 1985, S. 23) als Impulskauf anzusehen ist. Rook/Hoch (1985, S. 23 f.) identifizieren fünf kritische Wesensmerkmale von Impulskäufen, die in nachfolgenden Arbeiten Akzeptanz finden: spontanes Handlungsbedürfnis, psychisches Ungleichgewicht (Gefühl der Kontrolllosigkeit), motivationaler Konflikt (zwischen Selbstkontrolle und Nachgiebigkeit/Hingabe), verringerte kognitive Beteiligung (keine Abwägung von Produkteigenschaften), geringe Antizipation der Handlungskonsequenzen (vgl. Rook 1987; Rook/Hoch 1985, S. 23 f.). Rook (1987, S. 191) gelangt schließlich zu folgender Definition: „Impulse buying occurs when a consumer experiences a sudden, often powerful and persistent urge to buy something immediately. The impulse to buy is hedonically complex and may stimulate emotional conflict. Also, impulse buying is prone to occur with diminished regard for its consequences." Beatty/Ferrell (1998, S. 170) haben die Definition von Rook (1987) um den Aspekt der fehlenden Planung des Kaufs ergänzt. Sie unterscheiden zudem explizit zwischen dem eigentlichen Einkaufsakt und dem plötzlichen Kaufwunsch als Vorstufe des Kaufes: „Impulse buying is a sudden and immediate purchase with no pre-shopping intentions either to buy the specific product category or to fulfill a specific buying task. The behavior occurs after experiencing an urge to buy and it tends to be spontaneous and without a lot of reflection (i.e., it is "impulsive"). It does not include the purchase of a simple reminder item, which is an item that is simply out-of-stock at home." Das dieser Definition zugrunde gelegte Verständnis von Impulsivität lehnt sich an die Auffassung von Gerbing/Ahadi/Patton (1987, S. 357) an, die insbesondere den Aspekt der fehlenden Berücksichtigung von Konsequenzen des Kaufes hervorheben. Eine eigene Definition von Kaufimpulsivität haben Rook/Fisher (1995, S. 306) entwickelt, die sie „as a consumers tendency to buy spontaneously, unreflectively, immediately, and kinetically" beschreiben. Bei diesem Verständnis von Kaufimpulsivität handelt es sich jedoch um eine Charaktereigenschaft von Konsumemten, die nicht durch die jeweilige Situation bedingt ist, sondern einer grundsätzlichen Neigung entspricht. Für das vorliegende Untersuchungsmodell soll jedoch ein situationsbedingtes

Verständnis von Kaufimpulsivität entwickelt werden, da es sich um eine Auswirkungsvariable handelt, die somit fallweise eine hohe oder niedrige Ausprägung aufweisen kann und sich in der oben genannten Definition widerspiegelt.

Unterschiedliche wissenschaftliche Ansätze führen Impulskäufe von Konsumenten auf psychologische Variablen (beispielsweise Persönlichkeitsmerkmale, Produktinvolvement), hedonistische Erfahrungen (beispielsweise Einkaufsfreude, Gemütszustand und Stimmung) und situative Variablen (beispielsweise Zeitdruck und verfügbares Budget) zurück (vgl. Park/Kim/Forney 2006, S. 434). So ermitteln Han et al. (1991) analog zu den grundsätzlichen Untersuchungen bezüglich der Bedeutung des Produktinvolvements von Jones et al. (2003) etwa, dass Probanden mit einem hohen Involvement in Bezug auf Bekleidung eine höhere Kaufimpulsivität bei dieser Produktkategorie aufweisen. Für die vorliegende Untersuchung sind vor allem die Bedeutung von Emotionen im Allgemeinen und Shopping Enjoyment im Besonderen als Auslöser von Kaufimpulsivität von Interesse. Dieser kausale Zusammenhang wurde in früheren Arbeiten untersucht (vgl. Beatty/Ferrell 1998; Hausman 2000; Rook/Gardner 1993). Positive Emotionen, die sich etwa in ungezwungenerem Handeln der Konsumenten sowie der Neigung zu Selbstgratifikation und einem hohen gefühlten Energieniveau ausdrücken, führen zu einer höheren Kaufimpulsivität (vgl. Rook/Gardner 1993; Verplanken/Sato 2011, S. 202). Insgesamt kann das Wesen der Kaufimpulsivität von Konsumenten als eine Facette des Flow-Effekts erachtet werden, der zu weniger kognitiv kontrolliertem, sondern stärker affektiv geleitetem Handeln führt (vgl. Csikszentmihalyi 2006, S. 159; Engelhardt et al. 2004, S. 323; Weinberg 1981, S. 161). Weinberg/Gottward (1982, S. 54) bestätigen, dass Impulskäufer überwiegend positive Emotionen empfinden.

Eine positive Wahrnehmung der Stimuli der Einkaufsumwelt und die damit einhergehende Freude während des Shoppingprozesses führen demnach zu diesem für Handelsunternehmen wünschenswerten Annäherungsverhalten der Konsumenten, da eine hohe Kaufimpulsivität unmittelbar das wirtschaftliche Ergebnis verbessert (vgl. Fassnacht/Wriedt 2011). Kroeber-Riel/Weinberg (2003, S. 415) zufolge handelt es sich bei Impulskäufen keineswegs um Randerscheinungen, da sie schätzungsweise einen Anteil von 10 bis 20% am Gesamtkaufvolumen ausmachen. Engelhardt et al. (2004, S. 319) gehen von einem Anstieg dieses Anteils aus. Als Gründe dafür nennen sie konsumentenseitig „Trends wie zunehmende Mobilität, steigende Anzahl von Zwei-Erwerbstätigen-Haushalten, gestiegener Zeitdruck durch längere Arbeitszeiten und Freizeitaktivitäten sowie nicht zuletzt eine insgesamt höhere Kaufkraft". Auf Seite der Anbieter führen „der Selbstbedienungshandel, der größere Werbedruck, die verstärkte

Zweitplatzierung und weitere Promotionsinstrumente" dazu, dass Konsumenten verstärkt Kaufentscheidungen erst in der Einkaufsstätte treffen.

Die theoretisch-konzeptionellen Grundlagen der Umweltpsychologie (vgl. Abschnitt 2.4.1) unterstützen die bestehenden Erkenntnisse zu den kausalen Wirkungsbeziehungen zwischen positiven Emotionen und Impulskäufen. Sie legen den beschriebenen Kausalitäten entsprechend die Vermutung nahe, dass hohe Ausprägungen der Emotionsdimensionen „pleasure" und „arousal" in Form von Einkaufsfreude zu einem impulsiveren Kaufverhalten der Konsumenten beitragen. Dieser Zusammenhang wird in folgender Hypothese abgebildet:

H6c: *Je höher das empfundene Shopping Enjoyment, desto impulsiver treffen Konsumenten Kaufentscheidungen während ihres Geschäftsstättenaufenthalts.*

3.2.2.2 Auswirkungen auf die Einstellung

Der Einstellungsbegriff nahm in der Konsumentenforschung lange eine dominante Stellung ein und besitzt insbesondere in der Marktforschung weiterhin eine hohe Bedeutung. Er wird hierbei jedoch häufig undifferenziert mit dem Image gleichgestellt (vgl. Kroeber-Riel/Weinberg 2003, S. 168), was einer inkorrekten Verwendung des Begriffs entspricht. Eine Einstellung wird als „Zustand einer gelernten und relativ dauerhaften Bereitschaft, in einer entsprechenden Situation gegenüber dem betreffenden Objekt regelmäßig mehr oder weniger stark positiv beziehungsweise negativ zu reagieren" definiert (vgl. Trommsdorff/Teichert 2009, S. 146). Nach Kroeber-Riel/Weinberg (2003, S. 169 f.) fällen Konsumenten ein „subjektives, emotional und kognitiv fundiertes Urteil" über Objekte beziehungsweise Gegenstände ihrer Umwelt. Zusätzlich zu der emotionalen und kognitiven Komponente umfasst die Einstellung eine Verhaltenskomponente (sogenannte Drei-Komponenten-Theorie), die der positiven beziehungsweise negativen Einschätzung eines Gegenstands entsprechend zu bestimmten Handlungsweisen der Konsumenten führt.

Im Rahmen der vorliegenden Arbeit soll jedoch nicht die allgemeine Einstellung der Konsumenten gemessen werden; vielmehr wird ein spezifisches Konstrukt gewählt, das eine Einstellungsfacette der Konsumenten bezüglich der Einkaufsumgebung abbildet. Auf Basis der Ergebnisse der durchgeführten Fokusgruppendiskussion im Vorfeld der empirischen Datenerhebung wurde die **Fehler-/Mängeltoleranz** als eine relevante Variable identifiziert, die als Indikator der Konsumenteneinstellung erachtet werden kann. Für die vorliegende Arbeit wird die Fehler-/Mängeltoleranz ausschließlich in Bezug auf kleinere Mängel untersucht. **Sie wird als duldsame Einstellung von Konsumenten in Bezug auf**

geringe Fehler und Mängel bei der Leistungserstellung eines Unternehmens definiert.

Fehler oder Mängel, die während des Einkaufsprozesses auftreten und zu einem Meidungsverhalten der Kunden gegenüber der Einkaufsstätte führen können, können ihrer Schwere entsprechend auf einem **Kontinuum** eingeordnet werden. Kleinere Mängel umfassen beispielsweise unordentliche Kleidungsstücke in einem Bekleidungsgeschäft oder die kurze Angebundenheit eines Kundenkontaktmitarbeiters im Stress, die gewöhnlich zu keiner nachhaltigen Verärgerung der Kunden führen. Schwerwiegende Fehler hingegen betreffen kapitale Fehler bezüglich der Kernleistungen eines Unternehmens, beispielsweise Unehrlichkeit der Mitarbeiter in Form des Anpreisens eigentlich unpassender Kleidung in einem Bekleidungsgeschäft oder die Beschädigung von Kundeneigentum. Einen Überblick über mögliche Ursachen der Verärgerung von Kunden gibt Keaveney (1995, S. 76). Insbesondere die persönliche Interaktion zwischen Mitarbeiter und Kunde stellt eine häufige Ursache für nachhaltige Verärgerung und schlimmstenfalls einen Anbieterwechsel dar (vgl. Keaveney 1995, S. 76). Dem beschriebenen Meidungsverhalten als Reaktion auf Fehler oder Mängel steht eine tolerante Haltung von Konsumenten diesbezüglich gegenüber. Diese ist umso wahrscheinlicher, desto eher sie einer grundlegenden und dauerhaften Bereitschaft zu entsprechendem Verhalten entspricht. Auf Grundlage der oben genannten Einstellungsdefinition von Trommsdorff/Teichert (2009) kann der Toleranz gegenüber Fehlern und Mängeln folglich die Qualität eines Einstellungskonstrukts zuerkannt werden.

Der Einfluss von Emotionen auf die Einstellung im Allgemeinen wurde bereits in einer Vielzahl wissenschaftlicher Studien untersucht (für einen Überblick relevanter Arbeiten vgl. Viehöver 2006, S. 63). Hinsichtlich des hier zugrunde gelegten spezifischen Konstrukts Fehler-/Mängeltoleranz und dem Einfluss von Emotionen hierauf lassen sich einige Hinweise in der bestehenden Literatur finden. Wissenschaftliche Arbeiten vor allem im umweltpsychologischen Bereich haben gezeigt, dass positive Emotionen zu einer weniger negativen Wahrnehmung von Einschränkungen oder nachteiligen Bedingungen während eines Einkaufs führen. Hornik (1984, S. 617) stellt in seiner Untersuchung der Kundenwahrnehmung von Wartezeit etwa fest, dass das individuelle Ausmaß empfundener Freude die subjektive Einschätzung der zeitlichen Dauer am stärksten beeinflusst. Spezifische Stimuli der Umwelt, etwa Musik, nehmen hierauf lediglich geringeren Einfluss. Westbrook (1987, S. 66) ermittelt in seiner Untersuchung zu emotionalen Reaktionen im Rahmen von Konsumerlebnissen und deren Auswirkungen, dass ein direkter kausaler Zusammenhang mit dem

Beschwerdeverhalten von Konsumenten besteht. Da das Beschwerdeverhalten von Konsumenten Ausdruck der beschriebenen Toleranz ist, kann diese als Auswirkungskonstrukt von Shopping Enjoyment erachtet werden.

Aufgrund dieser Erkenntnisse kann angenommen werden, dass die während eines Einkaufs empfundene Freude nicht nur zu einer weniger negativen Einschätzung, sondern auch einer insgesamt toleranteren Einstellung gegenüber dem jeweiligen Anbieter führt. Eine höhere Fehler-/Mängeltoleranz als Auswirkungsvariable von Shopping Enjoyment entspricht einem nicht-physischen Annäherungsverhalten im Sinne des umweltpsychologischen Verhaltensmodells nach Mehrabian/Russell (1974) in Form einer positiven emotionalen beziehungsweise kognitiven Bewertungstendenz (vgl. Gröppel 1991, S. 127). Der beschriebene vermutete kausale Zusammenhang führt zu folgender Hypothese:

H7: *Je höher das empfundene Shopping Enjoyment, desto toleranter sind Konsumenten bezüglich geringer Fehler und Mängel bei der Leistungserstellung eines Anbieters.*

3.2.2.3 Auswirkungen auf Verhaltensabsichten

Neben der Untersuchung unmittelbarer Verhaltensauswirkungen sind auch Auswirkungen auf das künftige Kundenverhalten zur Beurteilung der Bedeutung von Shopping Enjoyment während des Einkaufs von Interesse. Das künftige Kundenverhalten lässt sich durch Abfrage der Verhaltensabsichten ermitteln, die Kunden aufgrund ihrer Erfahrungen bei einem Anbieter entwickeln. Aus Handelssicht sind Verhaltensabsichten von Kunden insbesondere vor dem Hintergrund häufig anzutreffender Käufermarkt-Situationen relevant, da sie Erkenntnisse über die Bindung von Kunden an einen Anbieter (beispielsweise Kundenloyalität) und Gewinnsteigerungspotenziale (beispielsweise Preisbereitschaft von Kunden) ermöglichen.

Kundenloyalität

Kundenbindung kann als Vorstufe des ökonomischen Erfolgs von Unternehmen angesehen werden und gilt somit als eine bestimmende Steuergröße des Marketing (vgl. u. a. Homburg/Bruhn 2008, S. 3 ff.; Krafft 2002, S. 31 f.; Peter 1997). Eine wesentliche Voraussetzung der Kundenbindung stellt die Kundenloyalität als ein etabliertes Konstrukt in der bestehenden Marketingliteratur dar (vgl. u. a. Braunstein 2001; Diller 1996, S. 83; Gerpott 2000, S. 23; Peter 1997). In der Literatur sind Beiträge zu finden, die beide Konstrukte gleichsetzen, für die im Rahmen der vorliegenden Arbeit jedoch eine klare Unterscheidung gemäß Krafft

(2002, S. 22 f.) getroffen wird: Die Kundenloyalität kommt einer Zustandsgröße gleich, die den Aspekt der Kundentreue beschreibt. Die Kundenbindung hingegen stellt einen prozessualen Ansatz dar, der anbieterseitige Maßnahmen zur Stärkung von Geschäftsbeziehungen umfasst (vgl. Homburg/Bruhn 2008, S. 3 ff.). Da die Kundenloyalität somit einer kundenbezogenen Auswirkungsvariable entspricht, wird sie als relevantes Konstrukt in das Untersuchungsmodell aufgenommen. **Sie wird als Absicht, die besuchte Geschäftsstätte beständig zu nutzen und weiterzuempfehlen, definiert** (vgl. Köse 2007, S. 66).

Zur Konzeptualisierung des Konstrukts existiert eine Vielzahl von Möglichkeiten (vgl. Odin/Odin/Valette-Florence 2001, S. 75). So kann grundsätzlich zwischen einem verhaltens- und einstellungsbezogenen Begriffsverständnis unterschieden werden (vgl. Dick/Basu 1994, S. 99 f.; East et al. 2000, S. 308; Giering 2000, S. 16). Die Wahl des Ansatzes orientiert sich an der zu beantwortenden Fragestellung, die sich in der vorliegenden Untersuchung der Auswirkungen von Shopping Enjoyment auf das Kundenverhalten bezieht. Somit wird den folgenden Ausführungen das verhaltensbezogene Begriffsverständnis von Kundenloyalität zugrunde gelegt. Hierbei kann zwischen dem tatsächlichen Verhalten (Kaufverhalten, Weiterempfehlungsverhalten) und den Verhaltensabsichten von Kunden (Wiederkauf-, Weiterempfehlung-, Zusatzkaufabsicht) unterschieden werden. Beim tatsächlichen Verhalten wird von einigen Autoren zusätzlich eine konzeptionelle Unterscheidung in Bezug auf die zeitliche Perspektive getroffen. So wählen Homburg/Fassnacht (2001, S. 451) eine Konzeptualisierung, die das Verhalten in der Vergangenheit berücksichtigt. Braunstein (2001, S. 18) dagegen betrachtet das tatsächliche Verhalten in der Zukunft. Angesichts der vorliegenden Forschungsfrage erweist sich keiner der beiden Ansätze als geeignet, da unter konzeptionellen Gesichtspunkten das aktuell empfundene Shopping Enjoyment keinen Einfluss auf das vergangene Kundenverhalten haben kann und aus erhebungstechnischer Sicht eine separate Erhebung des aktuellen und des tatsächlichen zukünftigen Kundenverhaltens zu aufwändig wäre. Zudem kann nicht ausgeschlossen werden, dass zum Zeitpunkt der Erhebung der Verhaltensabsichten mögliche Einflussfaktoren auf das künftige Kundenverhalten noch unbekannt sind (vgl. Köse 2007, S. 64). Folglich wird im Rahmen der vorliegenden Untersuchung auf die Verhaltensabsichten von Kunden abgestellt, die auch in der Mehrzahl empirischer Arbeiten fokussiert werden (vgl. u. a. Gerpott 2000, S. 29; Narayandas 1998, S. 108). Die hier zugrunde gelegte Konzeptualisierung des Konstrukts Kundenloyalität umfasst daher die Verhaltensabsichten von Konsumenten mit Bezug zum Wiederkauf und der Weiterempfehlung.

Den Zusammenhang zwischen Shopping Enjoyment und der Wiederbesuchsabsicht von Kunden haben Hart et al. (2007) empirisch untersucht. Die Autoren stellen fest, dass ein signifikanter positiver Zusammenhang zwischen beiden Konstrukten besteht (vgl. Hart et al. 2007, S. 597). Auch andere Arbeiten bestätigen einen Zusammenhang zwischen der grundsätzlichen Qualität des Einkaufserlebnisses und den Verhaltensabsichten von Konsumenten in Form von „repatronage intentions" (vgl. u. a. Donovan/Rossiter 1982, S. 56; Torres/ Kline 2006; Wakefield/Baker 1998, S. 533). Keine explizite Untersuchung liegt nach Wissen der Verfasserin hingegen in Bezug auf die Weiterempfehlungsabsichten von Kunden vor, die nach Hart et al. (2007, S. 600) vermutlich durch Shopping Enjoyment beeinflusst werden. In Bezug auf das vorliegende Verständnis des Konstrukts Kundenloyalität als Auswirkung von Shopping Enjoyment besteht somit ein empirischer Forschungsbedarf.

Die bestehenden Erkenntnisse zum kausalen Zusammenhang zwischen Shopping Enjoyment und einzelnen Facetten der Kundenloyalität können durch die in Abschnitt 2.4.1 beschriebenen theoretisch-konzeptionellen Wirkungsbeziehungen des umweltpsychologischen Verhaltensmodells nach Mehrabian/ Russell (1974) untermauert werden. Handelsunternehmen, die sich vom Wettbewerb durch die Verursachung von Freude bei ihren Kunden positiv abheben, bieten einen sogenannten USP (Unique Selling Proposition), der von Konsumenten wertgeschätzt wird. Aufgrund der Homogenität der Anbieter am Markt und der von ihnen gebotenen Einkaufserlebnisse wünschen sich Konsumenten zunehmend emotionale Aktivierung während ihrer Freizeitaktivitäten. Da viele Konsumenten dem Einkauf von Kleidung als hedonistischer Tätigkeit nachgehen, können positive Einkaufserlebnisse und die damit verbundenen Emotionen als Referenzpunkt für die künftige Einkaufsstättenwahl wie auch individuelle Weiterempfehlungsabsichten erachtet werden. Insofern liegt die Vermutung nahe, dass Shopping Enjoyment einen positiven Einfluss auf die Kundenloyalität hat, was sich in folgender Hypothese widerspiegelt:

H8a: *Je höher das empfundene Shopping Enjoyment, desto loyaler verhalten sich Konsumenten künftig gegenüber einer Geschäftsstätte.*

Preisbereitschaft

Ein weiteres verhaltensabsichtsbezogenes Auswirkungskonstrukt ist die Preisbereitschaft. Sie entspricht den preisbezogenen Verhaltensabsichten von Konsumenten, denen in der Marketingforschung bisher nur ein überschaubares Maß an Aufmerksamkeit zuteil wurde (vgl. Koschate 2002, S. 21). Überwiegend in Zusammenhang mit der Kundenzufriedenheitsforschung sind vereinzelte Arbeiten zu finden (vgl. Koschate 2002, S. 19 ff.). Obwohl die große Hebelwirkung des Preises verglichen mit der von Absatzsteigerungen auf den Gewinn von

Unternehmen unumstritten ist (vgl. Marn/Rosiello 1992, S. 84; Simon/Fassnacht 2009, S. 10 ff.), mangelt es an empirischen Arbeiten zu den Wirkungszusammenhängen zwischen der Preisbereitschaft von Konsumenten und weiteren Konstrukten. Interessant wären in diesem Zusammenhang Untersuchungen hinsichtlich möglicher Determinanten der Preisbereitschaft wie beispielsweise Shopping Enjoyment. Die wissenschaftliche Auseinandersetzung mit dieser Forschungslücke würde einen wertvollen Erkenntnisgewinn einerseits hinsichtlich der Auswirkungen von Shopping Enjoyment und darüber hinaus zu den Gewinnsteigerungspotenzialen des Handels generieren.

Synonym für die Preisbereitschaft werden in der Literatur auch die Begriffe Preistoleranz, Zahlungsbereitschaft, Reservationspreis, Maximalpreis oder Prohibitivpreis verwendet (vgl. u. a. Diller 2008, S. 155; Skiera/Revenstorff 1999, S. 224). Diller (2008, S. 155) definiert die Preisbereitschaft als „grundsätzliche Absicht, in einer künftigen Kaufsituation höchstens einen bestimmten Preis für eine bestimmte Leistung zu akzeptieren" (zu einer weiteren Definition der Preisbereitschaft vgl. Simon/Fassnacht 2009, S. 174). Bei der Konzeptualisierung von Preisbereitschaft werden zwei grundsätzliche Ansätze unterschieden, die das Konstrukt entweder monetär oder nicht-monetär erfassen (vgl. Köse 2007, S. 74). Die monetäre Vorgehensweise beinhaltet die Analyse tatsächlicher Preise (vgl. Anderson 1996; Herrmann et al. 2004, S. 542; Homburg/ Koschate/ Hoyer 2005, S. 88; Koschate 2002; Wricke 2000), wohingegen die nicht-monetäre Vorgehensweise die Zahlungsbereitschaft in Form von Verhaltensabsichten erfasst (vgl. Garcia-Acebron/ Vazquez-Casielles/Iglesias 2010, S. 326; Srinivasan/ Anderson/Ponnavolu 2002; Zeithaml/Berry/Parasuraman 1996). Hierbei wird die kundenseitige Akzeptanz eines künftigen Preisanstiegs für die gegenwärtig konsumierten Produkte und Leistungen eines Anbieters gemessen. Für die vorliegende Untersuchung wird das Begriffsverständnis um einen weiteren Aspekt ergänzt, der sich auf die Bereitschaft bezieht, oberhalb der gewohnten Preisklasse einzukaufen. Dieses Verständnis der **Preisbereitschaft** führt zu der hier zugrunde gelegten Definition als **Absicht, weiterhin Kunde einer Einkaufsstätte bei Erhöhung der Preise zu bleiben beziehungsweise Waren einer höheren Preisposition zu kaufen** (vgl. Ettinger 2009, S. 64; Köse 2007, S. 76).

In der bestehenden wissenschaftlichen Literatur liegen nach Wissen der Verfasserin bisher keine Studien vor, die einen möglichen Zusammenhang zwischen der Einkaufsfreude und der Preisbereitschaft als Auswirkungskonstrukt untersuchen. Den Einfluss der Emotionsdimensionen auf die Preisbereitschaft hat Terlutter (2000, S. 178 ff.) in seiner Studie zu lebensstilorientiertem Kulturmarketing untersucht. Grewal/Baker (1994) ermitteln in ihrer empirischen Studie einen Einfluss eines angenehm empfundenen Einkaufsumfelds auf die Preisakzeptanz von Kunden. Die Operationalisierung der Preisakzeptanz beinhaltet hierbei jedoch nicht den Aspekt der preisbezogenen Verhaltensabsichten, sondern bezieht sich auf die gegenwärtige Beurteilung und Akzeptanz der Preise eines Anbieters. Dennoch liefern die Ergebnisse einen Anhaltspunkt für die angenommene Wirkung von Shopping Enjoyment auf die Preisbereitschaft von Kunden, die auch Hart et al. (2007, S. 600) vermuten.

Unter Berücksichtigung der vorangehenden Ausführungen liegt die Vermutung nahe, dass die durch die Stimuli der Einkaufsumwelt ausgelöste Einkaufsfreude positive Effekte auf die beschriebenen Verhaltensabsichten in Form von Preisbereitschaft der Konsumenten hat. Ein positives Einkaufserlebnis stellt einen zusätzlichen Nutzen für Konsumenten dar (vgl. Babin/Darden/Griffin 1994, S. 645), die diesen mit einer erhöhten Bereitschaft zu „künftiger Vergütung" honorieren. Im Sinne des umweltpsychologischen Verhaltensmodells nach Mehrabian/Russell (1974) stellt diese Bereitschaft eine kognitive Annäherung an die Einkaufsumwelt an. Da es an einer empirischen Überprüfung der konsumentenseitigen Verhaltensabsichten in Form von Preisbereitschaft als Auswirkung des vorgelagerten Konstrukts Shopping Enjoyment mangelt, wird diese in das Wirkungsgefüge des vorliegenden Untersuchungsmodells integriert. Auf Basis der vorangegangenen Ausführungen wird die Annahme getroffen, dass die Verhaltensabsichten der Konsumenten sich zu Gunsten eines Anbieters verändern, je höher das von ihnen empfundene Shopping Enjoyment ist, was zur folgenden Hypothese führt:

***H8b**: Je höher das empfundene Shopping Enjoyment, desto größer ist die Preisbereitschaft der Konsumenten.*

3.2.2.4 Erfolgsauswirkungen

Um die Auswirkungen auf den Erfolg von Unternehmen zu messen, wird in einer Vielzahl empirischer Arbeiten der Budgetanteil erhoben, den Kunden gemessen an ihren Gesamtausgaben für eine Warengruppe innerhalb eines bestimmten Zeitraums bei einer Geschäftsstätte ausgeben. Der Budgetanteil ist für Handelsunternehmen eine bedeutende Größe, da Kunden ihre Einkäufe gewöhnlich zwar auf mehrere Anbieter verteilen, die Mehrheit ihrer Einkäufe jedoch bei einem Unternehmen tätigen (vgl. Cunningham 1961, S. 129; East et al. 2000, S. 315).

Für die vorliegende Forschungsfrage nach den Auswirkungen von Shopping Enjoyment eignet sich eine Erhebung des Budgetanteils jedoch nicht, da Kunden befragt werden, die nicht notwendigerweise Bestands- beziehungsweise

Stammkunden eines Unternehmens sind und folglich keine Aussage über ihren Budgetanteil bei dem jeweiligen Unternehmen treffen können. Zudem sind die Auswirkungen während eines spezifischen Einkaufserlebnisses im Fokus der Befragung (vgl. Abschnitt 0), so dass ein alternatives Konstrukt zur Messung der zeitpunktbezogenen Erfolgsauswirkungen von Shopping Enjoyment gewählt wird. Zu diesem Zweck eignet sich eine Befragung der Kunden hinsichtlich ihrer individuellen **Bon- beziehungsweise Ausgabenhöhe** beim jeweiligen Einkauf, die weder monetär noch mengenmäßig wie beim Budgetanteil in Form von objektiven prozentualen Angaben erfasst wird, sondern eine subjektive Beurteilung quasi-qualitativer Facetten beinhaltet. So sind Erkenntnisse über eine absolute Einschätzung der Ausgabenhöhe, aber auch relative Angaben von Interesse, die die Ausgabenhöhe in Relation zu üblichen Ausgabensummen der Konsumenten sowie dem verfügbaren Budget für diese Warengruppe setzen. **Für die vorliegende Arbeit wird die Bon-/Ausgabenhöhe als die subjektive Bewertung der relativen Höhe der Ausgaben bei einem spezifischen Einkauf definiert.**

Der Zusammenhang zwischen Ausgabenhöhe und Emotionen im weiteren sowie Einkaufsfreude im engeren Sinn wurde bisher in einigen wissenschaftlichen Arbeiten untersucht (vgl. Babin/Darden 1996; Donovan et al. 1994; Golden/Zimmer 1986; Sherman/Mathur/Smith 1997; Sherman/Smith 1987; Spies/Hesse/Loesch 1997). So fassen Donovan/Rossiter (1982, S. 54) auf Basis ihrer empirischen Untersuchungsergebnisse zusammen: „affect, or store-induced pleasure, is a very powerful determinant of approach-avoidance behaviors within the store, including spending behavior". Sie bedienen sich hierbei der Terminologie des umweltpsychologischen Verhaltensmodells nach Mehrabian/Russell (1974), was die theoretisch-konzeptionelle Relevanz dieses theoretischen Modells in diesem Zusammenhang belegt. Einen Erklärungsansatz für die kausale Wirkung zwischen den Konstrukten liefern die Untersuchungen von Isen (1987; 1989), in denen teilnehmende Probanden zum einen entscheidungsfreudiger waren und zudem schnellere Entscheidungen trafen, was schließlich zu einer höheren Anzahl an Käufen führte (vgl. Isen 1987; Isen 1989). Babin/Darden (1996, S. 203) finden zudem empirische Bestätigung für die Annahme, dass Kunden sich durch Käufe gegenüber Anbietern erkenntlich zeigen, bei denen sie während des Geschäftsstättenaufenthalts Shopping Enjoyment erfahren haben. Aufgrund der bestehenden Erkenntnisse zum Zusammenhang zwischen Shopping Enjoyment und der Bon- beziehungsweise Ausgabenhöhe resultiert für das vorliegende Untersuchungsmodell die folgende Hypothese:

H9: *Mit zunehmendem Shopping Enjoyment steigt die Bon- beziehungsweise Ausgabenhöhe der Konsumenten.*

3.3 Hypothesen zu den moderierenden Effekten

Forschungsfrage drei dieser Arbeit hat zum Ziel, Variablen zu identifizieren, die die direkten Wirkungszusammenhänge zwischen Shopping Enjoyment und seinen Determinanten moderieren. Im Rahmen des Untersuchungsmodells wurden diese theoretisch bereits hergeleitet (Abschnitt 3.1). Im Folgenden gilt es, Hypothesen zu den moderierenden Effekten abzuleiten und zu überprüfen. Während die relevanten Konstrukte in diesem Abschnitt definiert und schließlich Hypothesen zu den entsprechenden vermuteten moderierenden Effekten formuliert werden, erfolgt die empirische Überprüfung der aufgestellten Hypothesen in Kapitel fünf der vorliegenden Arbeit.

3.3.1 Moderierende Effekte psychographischer Konsumentenmerkmale

Psychographische Konsumentenmerkmale umfassen die Messung beziehungsweise Analyse spezifischer Aspekte des Insystems oder der Persönlichkeitsmerkmale von Kunden. Außerdem können darunter auch „äußerliche Charakteristika" wie beispielsweise der Lifestyle von Konsumenten subsumiert werden (vgl. Boedeker 1995, S. 18), die im Rahmen der vorliegenden Arbeit jedoch vernachlässigt werden.

3.3.1.1 Shoppingorientierung

Seit den 1950er Jahren wurden in der Literatur unterschiedliche Shoppertypologien entwickelt, die auf den grundlegenden in der Persönlichkeit verankerten Shoppingmotiven von Konsumenten und deren sachlogischer Clusterung basieren (für einen Literaturüberblick zu motivationsbasierten Shoppertypologien vgl. u. a. Kaltcheva/Weitz 2006, S. 110; insbesondere hierbei Westbrook/Black 1985; zu Shoppingmotiven vgl. Abschnitt 2.2.1). Infolge dieser Clusterung kann eine charakteristische Shoppingorientierung der einzelnen Shoppertypen als psychographisches Merkmal identifiziert werden. Der Interpretation eines Persönlichkeitsmerkmals entsprechend neigen Konsumenten in Bezug auf die Aktivität des Shopping grundsätzlich zu einem bestimmten in ihrer Persönlichkeit verankerten Motivationsmuster. Situativ oder auch in Abhängigkeit von der jeweiligen Warengruppe können Konsumenten von ihrer grundsätzlichen Neigung abweichen (vgl. Baker/Wakefield 2011, S. 3). So können Personen den Aufenthalt in einem Bekleidungsgeschäft genießen, während sie jedoch für den Einkauf von Lebensmitteln nicht gerne viel Zeit und Mühe aufwenden und gezielt die benötigten Produkte aufsuchen. Bezugnehmend auf das grundsätzliche nicht-situative Motivationsmuster wird **Shoppingorientierung als Zugehörigkeitsgrad zu einem bestimmten Shoppertypus definiert**.

Konzeptionell werden in Bezug auf Shoppertypen und damit verbunden die Shoppingorientierung in bestehenden Arbeiten überwiegend **zwei dichotome Ausprägungen** unterschieden. Deren Unterscheidung basiert vornehmlich auf dem Aspekt der Priorisierung bezüglich der Verwendung des Faktors Zeit für die Aktivität des Shopping: „Do they enjoy spending time shopping, or do other alternative uses of their time have higher priority?" (vgl. Bellenger/Korgaonkar 1980, S. 78). Bei den beiden Ausprägungen handelt es sich einerseits um Konsumenten, die den Besuch einer Einkaufsstätte grundsätzlich als zweckgetriebene Handlung zur zeiteffizienten Erfüllung vordefinierter Ziele in Form von Käufen oder der Gewinnung von Informationen erachten und andererseits um solche, die den Aufenthalt in einer Einkaufsstätte als eine Freizeitbeschäftigung schätzen und daraus einen Nutzen auch ohne den abschließenden Kauf von Waren erlangen (vgl. Kaltcheva/Weitz 2006, S. 109 f.).

Demgegenüber werden für die vorliegende Arbeit unterschiedliche Shoppingorientierungen von Konsumenten nicht auf Basis der beschriebenen Priorisierung hinsichtlich der Zeitverwendung differenziert, sondern auf Grundlage der **prinzipiellen Kaufmotivation in Form des grundlegenden Nutzenziels**, das Konsumenten durch den Besuch einer Einkaufsstätte verfolgen. Insofern kann neben den zuvor beschriebenen Shoppingorientierungen, die einerseits auf ein konkretes Kaufziel und andererseits auf den Genuss am Aufenthalt in der Geschäftsstätte gerichtet sind, eine dritte Shoppingorientierung identifiziert werden. Konsumenten dieses Typus sind vorwiegend am Erlangen von Smart Shopper Gefühlen interessiert, also dem gefühlten Triumph besonders günstig gekauft zu haben (vgl. Schindler 1989, S. 447).

Als Persönlichkeitsmerkmal besitzt die Shoppingorientierung dem umweltpsychologischen Verhaltensmodell von Mehrabian/Russell (1974) zufolge Einfluss auf die emotionalen Reaktionen von Konsumenten. Entsprechend der in Abschnitt 2.4.2 vorgenommenen Anpassungen des Modells besitzt die Shoppingorientierung im vorliegenden Modell jedoch keinen direkten Einfluss auf Shopping Enjoyment, sondern moderiert die bestehenden Wirkungszusammenhänge zwischen den Umweltstimuli (Determinanten) und Shopping Enjoyment. Aufgrund persönlichkeitsindividueller Unterschiede kann davon ausgegangen werden, dass der Einfluss einzelner Determinanten auf Shopping Enjoyment bei unterschiedlichen Personen variiert, so dass eine Moderatorspezifikation dieses Konstrukts begründet ist.

Hedonistische Shoppingorientierung

Das Erleben von Freude während der Konsumsituation stellt das eigentliche Nutzenziel für hedonistisch orientierte Konsumenten dar. **Eine hedonistische Shoppingorientierung wird als eine auf den subjektiven Erlebnisnutzen ausgerichtete Einkaufsmotivation definiert.** In der bestehenden Literatur existieren einige inhaltlich verwandte Synonyme für den etablierten Begriff der hedonistischen Shoppingorientierung (vgl. Lee/Ibrahim/Hsueh-Shan 2005, S. 327). „Hedonic", „recreational" oder auch „experiential" Shopping liegt gleichermaßen eine von der eigentlichen Produktakquisition losgelöste Motivation zugrunde. Deren Inhalt ist das Shopping um der eigentlichen Tätigkeit willen, das Bestreben, Freude und Spaß durch Stimulation während des Shoppingprozesses zu erfahren und Nutzen unabhängig von einem tatsächlichen Kauf zu erlangen (vgl. u. a. Babin/Darden/Griffin 1994, S. 646; Baker/Wakefield 2011, S. 3; Holbrook/Hirschman 1982, S. 135; Westbrook/Black 1985, S. 87). Langrehr (1991, S. 428) bekräftigt: „the purchase of goods may be incidental to the experience of shopping. (…) consumers shop not only for goods and services or specific information but for experiential and emotional reasons".

Unter Berücksichtigung umweltpsychologischer Erkenntnisse kann die Annahme getroffen werden, dass hedonistisch orientierte Konsumenten in einem Einkaufsumfeld, das positive stimulierende Reize auf Konsumenten ausübt, ein höheres Ausmaß an Shopping Enjoyment empfinden, da sie nach genau diesen verlangen (vgl. Kaltcheva/Weitz 2006, S. 110). Für die zuvor erarbeiteten handelsbezogenen Determinanten von Shopping Enjoyment (vgl. Abschnitt 3.2) gilt es, eine differenzierte Ausarbeitung der vermuteten Wirkungszusammenhänge unter Berücksichtigung des moderierenden Einflusses einer hedonistischen Shoppingorientierung vorzunehmen.

Hedonisten suchen emotionale Stimulation während des Einkaufs und sind somit für sensorische Reize besonders empfänglich (vgl. Batra/Ahtola 1991, S. 159), da diese eine starke Wirkung auf Emotionen ausüben können (vgl. Abschnitt 0 Annehmlichkeit der Geschäftsstätte). Die **Geschäftsstätte** bietet eine Vielzahl emotioneninduzierender Reize. Insbesondere atmosphärische Aspekte der Einkaufsstättengestaltung bedienen das Bedürfnis nach Unterhaltung und Erlebnis hedonistischer Konsumenten. Dies führt zu der Annahme, dass bei ihnen ein stärkerer Wirkungszusammenhang zwischen einer angenehmen Wahrnehmung der Geschäftsstätte und Shopping Enjoyment besteht.

Das **Beratungsangebot** bedient den Wunsch hedonistisch orientierter Kunden, in Kontakt mit anderen Personen zu treten, was auch als „social shopping" bezeichnet wird (vgl. Arnold/Reynolds 2003, S. 80; Stone 1954, S. 38). Das professionelle Auftreten von Kundenkontaktmitarbeitern beispielsweise in Form eines freundlichen und kompetenten Umgangs trägt zu einem unterhaltsamen Erlebnis während der Konsumsituation bei (vgl. Baker/Wakefield 2011, S. 6). Bei hedonistischen Konsumenten führt dies schließlich zur Annahme einer Verstärkung des Wirkungszusammenhangs zwischen dem Beratungsangebot und Shopping Enjoyment, weil sie den gewünschten emotionalen Nutzen aus dem Besuch einer Einkaufsstätte erlangen.

Ein attraktives **Sortiment** ermöglicht Kunden das Herumstöbern beziehungsweise Browsing in der Geschäftsstätte. Hedonistische Kunden, die dem Shopping als Freizeitaktivität nachgehen, lassen sich gerne von dem Erlebnis der Vielfalt angebotener Produkte in einer Einkaufsstätte treiben (vgl. Hirschman/Holbrook 1982, S. 94), ohne hierbei einer gezielten Kaufabsicht nachzugehen. Zwischen einem attraktiven Sortiment und Shopping Enjoyment besteht bei ihnen mutmaßlich ein stärkerer Wirkungszusammenhang, da sie ein erhöhtes Maß an Erlebnisnutzen durch den Geschäftsstättenbesuch erhalten.

Da bei hedonistisch orientierten Kunden nicht der Kaufabschluss, sondern der vorgelagerte Prozess des Shoppens von Bedeutung ist, kann keine moderierende Wirkung dieser Shoppingorientierung auf den Wirkungszusammenhang zwischen der **Preisposition** eines Anbieters und der Höhe empfundenen Shopping Enjoyments abgeleitet werden. Preise stellen keinen Stimulus für unterhaltungs- und erlebnisorientierte Konsumenten dar.

Anders hingegen erfüllt ein attraktives **Angebot an Zusatzleistungen** beispielsweise in Form eines gastronomischen Angebots zur Entspannung während des Geschäftsstättenaufenthalts den Anspruch an eine ansprechende Freizeitgestaltung. Hedonistisch orientierte Kunden ziehen hierdurch einen höheren Nutzen, so dass eine Verstärkung des Zusammenhangs zwischen dieser Determinante und Shopping Enjoyment angenommen werden kann. Insgesamt ergeben sich somit folgende Hypothesen für die moderierende Wirkung einer hedonistischen Shoppingorientierung:

H10: *Die Wirkungsbeziehung zwischen*

a: Annehmlichkeit der Geschäftsstätte,
b: Professionalität des Beratungsangebots,
c: Attraktivität des Sortiments und
d: Attraktivität des Angebots an Zusatzleistungen

und Shopping Enjoyment wird verstärkt, je höher die hedonistische Shoppingorientierung ist.

Utilitaristische Shoppingorientierung

Das inhaltliche Gegenkonzept zur hedonistischen Shoppingorientierung stellt die utilitaristische Shoppingorientierung dar, bei der Konsumenten ihre Einkäufe möglichst effizient in Bezug auf den Einsatz von Zeit und Mühe erledigen wollen (vgl. Babin/Darden/Griffin 1994, S. 646; Kaltcheva/Weitz 2006, S. 109). Sie erhalten durch den Prozess des Shoppens gewöhnlich keinen oder einen nur geringen Nutzen in Form von Freude (vgl. Babin/Darden/Griffin 1994, S. 646; Baker/Wakefield 2011, S. 4). Ihr Nutzenziel stellt vielmehr der Erwerb der benötigten Produkte oder Informationen dar (vgl. Dawson/Bloch/Ridgway 1990, S. 409; Dhar/Wertenbroch 2000, S. 61; Kaltcheva/Weitz 2006, S. 109), wobei sie rational und nicht emotional geleitet vorgehen (vgl. Ahtola 1985, S. 8; Batra/Ahtola 1991, S. 159). Utilitaritische Konsumenten erachten den Einkauf als Notwendigkeit (vgl. Guiry/Lutz 2000, S. 5) und vornehmlich das Kaufresultat ist für sie freudestiftend. **Eine utilitaristische Shoppingorientierung wird folglich als eine auf den funktionalen Nutzen des Kaufresultats ausgerichtete Einkaufsmotivation definiert**. Eine gesteigerte Form utilitaristischer Shoppingorientierung, bei der die Erfüllung gezielter Kaufvorhaben als mühsame Belastung empfunden wird, bezeichnen Babin/Darden/Griffin (1994, S. 646) als „dark side of shopping".

Den bestehenden Erkenntnissen zu einer utilitaristischen Shoppingorientierung zum Trotz besteht Grund zur Annahme, dass auch rationale resultatorientierte Konsumenten Freude während des Einkaufs empfinden können. So kann eine den Interessen solcher Kunden entsprechende handelsseitige Umweltgestaltung dazu beitragen, dass die Effizienz des Einkaufs erhöht wird, was bereits während des Einkaufs freudestiftend sein kann, d. h. bevor der eigentliche Kauf der gewünschten Waren abgeschlossen ist. Einer utilitaristischen Shoppingorientierung wird damit ein moderierender Einfluss auf den direkten Wirkungszusammenhang zwischen spezifischen Umweltstimuli (Determinanten) und Shopping Enjoyment zugesprochen, den es empirisch zu überprüfen gilt.

Der zugrunde gelegten Konzeptualisierung der **Annehmlichkeit der Geschäftsstätte** entsprechend trägt eine hohe Funktionalität der Verkaufsräume zu der Höhe des empfundenen Shopping Enjoyments bei. Sie ermöglicht Konsumenten eine mühelose Orientierung in der Geschäftsstätte und das leichtere Auffinden der gewünschten Produkte, was die Effizienz des Einkaufs insgesamt steigert, da Kunden weniger Zeit und Mühe für den Einkauf aufwenden müssen (vgl. Abschnitt 0). Kunden, deren Ziel ein möglichst effizienter Einkauf der benötigten Produkte ist, besitzen eine hohe Priorisierung hinsichtlich der Verwendung ihrer frei verfügbaren Zeit zu Gunsten anderer Aktivitäten als dem Besuch einer Einkaufsstätte. Folglich wertschätzen sie eine orientierungsfreundliche Gestaltung der Verkaufsräume in besonderem Maß, was deren Empfinden von Shopping Enjoyment während des Einkaufsprozesses begünstigt. Die Annahme eines positiven moderierenden Einflusses einer utilitaristischen Shoppingorientierung auf die Stärke des beschriebenen Wirkungszusammenhangs wird somit begründet.

Hinsichtlich der **Professionalität des Beratungsangebots** wird keine moderierende Wirkung einer utilitaristischen Shoppingorientierung unterstellt. Effizienzorientierte Kunden haben gewöhnlich bereits vor ihrem Einkauf eine genaue Vorstellung dessen, was sie benötigen und daher keinen oder nur geringen Bedarf hinsichtlich einer Beratungsleistung durch das Kundenkontaktpersonal. Zudem verursacht die Interaktion mit Personen während des Einkaufs zusätzlichen Zeitaufwand, was tendenziell zu einer Verringerung des ohnehin niedrigen Shopping Enjoyments während des Einkaufsprozesses führen würde. Für utilitaristisch orientierte Konsumenten ist eine Beratung durch das Verkaufspersonal nur dann nutzenstiftend, wenn sie den Aufwand in Form von Zeit und Mühe für die Suche nach Produkten oder Informationen verringert.

Für Kunden mit einem vordefinierten Kaufziel ist insbesondere die Sortimentsauswahl eines Anbieters hinsichtlich Breite und Tiefe der angebotenen Waren von Bedeutung, um die gewünschten Produkte zu finden und dadurch einen effektiven Einkauf zu tätigen. Die angebotene Ware wird schließlich bezüglich ihrer Zweckmäßigkeit beurteilt (vgl. Batra/Ahtola 1991, S. 161). Ein **attraktives Sortiment** ist daher auch aus Sicht utilitaristischer Konsumenten wünschenswert, da sie das Aufsuchen unterschiedlicher Einkaufsstätten aus Zeitgründen vermeiden wollen. One-Stop-Shopping, also der Kauf des gesamten Bedarfs bei einem einzigen Anbieter, ermöglicht ihnen einen effektiven und effizienten Einkauf. Dieser Zusammenhang führt zu der Annahme, dass bei utilitaristischen Konsumenten der bestehende Wirkungspfad zwischen einem attraktiven Sortiment und Shopping Enjoyment verstärkt wird.

Die **Attraktivität der Preisposition** eines Anbieters ist für Konsumenten mit einer utilitaristischen Shoppingorientierung von nachrangiger Bedeutung. Um Zeitaufwand durch den Vergleich von Preisen bei unterschiedlichen Anbietern zu vermeiden, sind effizienzorientierte Kunden bereit, einen höheren Preis für die gleiche Leistung zu zahlen (für einen Überblick zu Forschungsarbeiten zur Zeit- versus Kostenproblematik vgl. Jacoby/Szybillo/Berning 1976). Hieraus lässt sich keine Annahme bezüglich einer moderierenden Wirkung auf den Zusammenhang zwischen Preisposition und Shopping Enjoyment ableiten.

Auch hinsichtlich des kausalen Zusammenhangs zwischen der **Attraktivität des Angebots an Zusatzleistungen** eines Anbieters und Shopping Enjoyment kann kein moderierender Einfluss einer utilitaristischen Shoppingorientierung angenommen werden. Da ausschließlich der Kauf der benötigten Produkte verfolgt wird, ist die Verfügbarkeit beispielsweise zeitkonsumierender Angebote in Form eines gastronomischen Bereichs nicht im Interesse effizienzorientierter Konsumenten. Insgesamt können für die moderierende Wirkung einer utilitaristischen Shoppingorientierung die folgenden beiden Hypothesen abgeleitet werden:

H11: *Die Wirkungsbeziehung zwischen*

a: Annehmlichkeit der Geschäftsstätte und
b: Attraktivität des Sortiments

und Shopping Enjoyment wird verstärkt, je höher die utilitaristische Shoppingorientierung ist.

Smart Shoppingorientierung

Während Smart Shopping in bestehenden Arbeiten teils den Motiven hedonistisch orientierter Konsumenten zugeordnet wird (vgl. u. a. Jin/Sternquist 2004, S. 2), wird es für die vorliegende Arbeit als eigenständige Shoppingorientierung definiert, was dem vorangegangenen nutzenorientierten Verständnis von Shoppingorientierung entspricht. Ob Kunden durch Smart Shopping, also den gezielten Kauf von Produkten zu günstigen Preisen, während des Einkaufs Freude empfinden, hängt von ihrer persönlichen Einstellung ab. Ein hoher Preis kann für unterschiedliche Kunden entweder ein positives oder ein negatives Merkmal darstellen (vgl. Lichtenstein/Ridgway/Netemeyer 1993, S. 234). Für manche Kunden fungiert ein hoher Preis als Indikator einer überlegenen Produktqualität (vgl. Monroe/Krishnan 1985), so dass dieser positiv auf die Kaufwahrscheinlichkeit wirkt (vgl. Erickson/Johansson 1985, S. 198). Mehrheitlich empfinden Konsumenten den Preis jedoch als das Opfer, das sie für die erhaltenen Produkte und Leistungen erbringen, womit eine negative Wahrnehmung des Preises einhergeht (vgl. Lichtenstein/Ridgway/Metemeyer 1993, S. 234). Ziel jener Kunden ist es, das Opfer zu minimieren und ihren Nutzen in Form der erhaltenen Leistung beziehungsweise eines optimalen Preis-Leistungsverhältnisses zu maximieren (vgl. Jin/Sternquist 2004, S. 3), so dass Sonderangebote, Rabatte usw. für Smart Shopper nutzenstiftend wirken und positive emotionale Reaktionen hervorrufen können. **Smart Shoppingorientierung wird für die vorliegende**

Arbeit somit als eine auf die monetäre Nutzenmaximierung ausgerichtete Einkaufsmotivation definiert.

Der Zusammenhang zwischen Käufen zu reduzierten Preisen und Emotionen während des Einkaufs wurde bereits in einigen Studien untersucht (vgl. hierzu Abschnitt 3.2.1.4). Schnäppchen verursachen neben Freude (vgl. Cox/Cox/Anderson 2005, S. 254) auch positive Gefühle wie etwa Stolz, positive Aufregung und Genugtuung (vgl. Jones 1999, S. 134; Mano/Elliott 1997, S. 508). Schindler (1989, S. 448) bezeichnet diese Form von Smart Shopping-Gefühlen als „ego-expressive", wenn die erhaltenen Preisreduktionen dem Selbstverständnis der Konsumenten hinsichtlich einer hohen Shopping Expertise entsprechend als Folge des eigenen Handelns verstanden werden (vgl. Tauber 1972, S. 48). Außerdem, so Morris (1987, S. 13), genießen Konsumenten das Gefühl von Überlegenheit gegenüber „dem System" wie beispielsweise einem Unternehmen, wenn sie einen Preisvorteil durch Verhandlungen etwa selbst herbeigeführt haben (vgl. hierzu auch Tauber 1972, S. 48).

Basierend auf den Erkenntnissen zu Smart Shopper Gefühlen und den Motiven, die Smart Shopper beim Einkauf verfolgen, kann ein moderierender Einfluss auf die bestehenden Wirkungszusammenhänge zwischen den handelsseitigen Determinanten und Shopping Enjoyment angenommen werden. Diese können bei Smart Shoppern durch unterschiedliche sowohl preisbezogene als auch preisunabhängige Umweltreize während des Einkaufs verändert werden. Hierbei ist zu berücksichtigen, dass nicht nur ein minimales Opfer, sondern auch eine maximale Leistung, die Konsumenten erwerben, deren wahrgenommenen Nutzen optimieren kann.

Eine **attraktive Preisposition** eines Anbieters führt bei Smart Shoppern den vorangegangenen Ausführungen entsprechend zu mehr Shopping Enjoyment, da ihr vorrangiges Interesse eines preisgünstigen Einkaufs bedient wird. Hierbei ist insbesondere die Verfügbarkeit von Sonderangeboten, Rabatten und anderen preisbezogenen Aktivitäten in einer Geschäftsstätte bedeutend. Dennoch ist auch die dauerhafte Preisposition eines Anbieters, auch im Vergleich mit anderen Wettbewerbsangeboten, Ursprung von zusätzlicher Freude, wenn sie von Smart Shoppern als attraktiv wahrgenommen wird und sie einen preisgünstigen Einkauf ermöglicht.

Überdies wird angenommen, dass auch preisunabhängige Reize des Einkaufsumfelds Shopping Enjoyment bei Smart Shoppern erhöhen. Smart Shopper streben eine Optimierung ihres Nutzens an, indem sie primär nach günstigen Preisen suchen. Jedoch auch eine Verbesserung des Leistungsumfangs eines Anbieters kann Smart Shopper Gefühle auslösen, da Konsumenten für einen gegebenen Preis eine bessere Leistung erhalten. Zu der Leistung eines Anbieters gehören grundsätzlich alle beschriebenen Aspekte und Umweltstimuli, die zu den einzelnen Determinanten von Shopping Enjoyment zusammengefasst werden (vgl. Abschnitt 3.2). Demnach erhöhen eine **angenehme Geschäftsstätte, ein professionelles Beratungsangebot sowie ein attraktives Sortiment und attraktive Zusatzleistungen** eines Anbieters den Nutzen von Konsumenten bezogen auf die erhaltene Leistung während ihres Aufenthalts in der Geschäftsstätte. Folgende Hypothesen können somit für die moderierende Wirkung einer Smart Shoppingorientierung auf die direkten Wirkungszusammenhänge zwischen Shopping Enjoyment und dessen Determinanten formuliert werden:

H12: *Die Wirkungsbeziehung zwischen*

a: Annehmlichkeit der Geschäftsstätte,
b: Professionalität des Beratungsangebots,
c: Attraktivität des Sortiments,
d: Attraktivität der Preisposition und
e: Attraktivität des Angebots an Zusatzleistungen

und Shopping Enjoyment wird verstärkt, je höher die Smart Shoppingorientierung ist.

3.3.1.2 Globaler Gemütszustand

Hinsichtlich der Forschungsfrage nach möglichen moderierenden Einflussvariablen der direkten Wirkungsbeziehungen des Untersuchungsmodells ist für die vorliegende Arbeit von Interesse, in welcher Grundstimmung beziehungsweise in welchem Gemütszustand sich Konsumenten vor dem Besuch einer Einkaufsstätte befinden. Den Ausführungen in Abschnitt 2.1.1.3 zufolge können Stimmungen und Emotionen in fließenden Übergängen ineinander übergehen, so dass für das Empfinden von Shopping Enjoyment während des Shoppingprozesses der grundlegende Gemütszustand von Konsumenten im Vorfeld des Einkaufs von Bedeutung sein kann. Da bei Stimmungen nach Auffassung mancher Autoren ein Objektbezug nicht grundsätzlich ausgeschlossen ist, kann die geplante Tätigkeit des Einkaufens hierauf Einfluss nehmen. Aus diesem Grund wird im Rahmen der Erarbeitung des Konstruktverständnisses ein Bezug hierzu hergestellt. Folglich wird der Begriffsbestimmung des globalen Gemütszustands für die vorliegende Arbeit das von Silberer/Jaekel (1996, S. 20; vgl. hierzu Abschnitt 2.1.1.3) entwickelte Verständnis der Stimmung zugrunde gelegt, das neben dem möglichen Objektbezug keine Eingrenzungen hinsichtlich der Intensität und zeitlichen Dauer vornimmt. **Der globale Gemütszustand wird somit**

als das allgemeine subjektive Befinden vor dem Aufenthalt in einer Einkaufsstätte definiert.

Gemäß Silberer/Jaekel (1996, S. 17) moderiert die Stimmung die direkten Effekte spezifischer Objekte beziehungsweise Stimuli auf die Reaktionen von Individuen. Bei diesen kann es sich beispielsweise auch um affektive Reaktionen handeln (vgl. zum Begriff der affektiven Reaktion Abschnitt 2.1.1.3). Gilligan/Bower (1984) erklären in diesem Zusammenhang, dass Dinge, die mit der vorherrschenden Stimmung in Einklang stehen, wahrscheinlicher aufgenommen und intensiver verarbeitet werden. Demnach sind gut gelaunte Menschen leichter empfänglich für positive Reize der Umwelt. Darüber hinaus wirken positive Reize bei ihnen stärker als bei Menschen mit negativer Stimmung.

Im Rahmen des vorliegenden Untersuchungsmodells wird daher eine moderierende Wirkung des Gemütszustands auf die Wirkungsbeziehung zwischen den Determinanten und Shopping Enjoyment angenommen. Die hier zugrunde liegenden Konzeptualisierungen der handelsseitigen Determinanten beruhen durchweg auf einer positiven Spezifikation, so dass eine positive Stimmung der Konsumenten sich vorteilhaft auf die Wahrnehmung dieser Determinanten beziehungsweise die jeweils subsumierten Umweltreize der Einkaufsstätte und damit auch verstärkend auf die Verursachung von Shopping Enjoyment durch diese Determinanten auswirkt. So gilt für die **Annehmlichkeit der Geschäftsstätte**, dass insbesondere atmosphärische Elemente verstärkt aktivierend auf Shopping Enjoyment wirken, wenn Konsumenten in positiver Stimmung eine entsprechende Aufnahmebereitschaft für derartige Reize mit sich bringen. Auch ein **professionelles Beratungsangebot** hat eine umso stärkere Wirkung auf das empfundene Shopping Enjoyment, je eher Konsumenten mit einer positiven Grundhaltung in der Interaktion mit dem Verkaufspersonal agieren. Neben der Offenheit gegenüber dem Verkaufspersonal kann ein positiver Gemütszustand von Konsumenten auch zu mehr Aufnahmebereitschaft gegenüber den Umweltreizen eines **attraktiven Sortiments und attraktiver Zusatzleistungen** eines Unternehmens führen. Der kausale Wirkungspfad zwischen diesen Determinanten und Shopping Enjoyment wird durch die positive Grundstimmung verstärkt, da sich die erhöhte Reizaufnahme unmittelbar auf das emotionale Empfinden auswirkt. Auch im Fall **attraktiver Preise** ist bei vorab gut gelaunten Konsumenten ein fließender Übergang von der ungerichteten positiven Grundstimmung hin zur objektgerichteten Emotion Shopping Enjoyment plausibel. Ein Einkauf zu günstigen Preisen kann einen positiven Gemütszustand in intensive Emotionen überführen, da der opferminimierende und damit wünschenswerte Umweltreiz von Konsumenten analog zu den weiteren Umweltreizen einer Einkaufsstätte verstärkt wahrgenommen wird und sich direkt auf das emotionale Empfinden auswirkt. Die moderierende Wirkung des globalen Gemütszustands auf die Wirkungszusammenhänge zwischen den Determinanten und Shopping Enjoyment wird in den folgenden Hypothesen formuliert:

H13: *Die Wirkungsbeziehung zwischen*

a: Annehmlichkeit der Geschäftsstätte,
b: Professionalität des Beratungsangebots,
c: Attraktivität des Sortiments,
d: Attraktivität der Preisposition und
e: Attraktivität des Angebots an Zusatzleistungen

und Shopping Enjoyment wird verstärkt, je positiver der globale Gemütszustand von Konsumenten ist.

3.3.2 Moderierende Effekte soziodemographischer Konsumentenmerkmale

3.3.2.1 Alter

Shopping Enjoyment wird in wissenschaftlichen Arbeiten nicht in Zusammenhang mit dem Alter von Konsumenten untersucht. Dennoch sind Überlegungen dahingehend gerechtfertigt, ob ein moderierender Einfluss des Alters auf die bestehenden Wirkungszusammenhänge zwischen den Determinanten und Shopping Enjoyments besteht, da im Zuge von Alterungsprozessen psychische, physische und soziologische Veränderungen eintreten, die mit einem veränderten Kauf- und Konsumverhalten einhergehen.

Psychische Veränderungen betreffen die kognitiven Fähigkeiten von Menschen. Während jüngere Menschen mehr Informationen in kürzerer Zeit verarbeiten und ihrer Relevanz entsprechend hierarchisch einordnen können, werden für ältere Personen Orientierungshilfen, auch zur Unterstützung von Entscheidungsprozessen, zunehmend wichtiger (vgl. Berger 2007, S. 47; Meyer-Hentschel/Meyer-Hentschel 2005, S. 39). Zudem nimmt die Gedächtnisleistung mit zunehmendem Alter ab (vgl. Lambert-Pandraud/Laurent/Lapersonne 2005, S. 108). Insgesamt entwickeln Menschen aber auch Stärken im Alter, die sich in „Erfahrung, Selbstbewusstsein, Urteilsvermögen, Sozialkompetenz und Geduld“ (vgl. Meyer-Hentschel/Meyer-Hentschel 2005, S. 39) manifestieren.

Physische Veränderungsprozesse betreffen die nachlassende Muskelkraft, Beweglichkeit und Sinnesleistungen wie beispielsweise die Sehschärfe und den

Hörsinn (vgl. Berger 2007, S. 47, Meyer-Hentschel/Meyer-Hentschel 2005, S. 39, Lambert-Pandraud/Laurent/Lapersonne 2005, S. 107).

Auch **soziologische Veränderungen** treten mit zunehmendem Alter ein. Aufgrund der abnehmenden verbleibenden Lebenszeit orientieren sich Menschen stärker an Gefühlen, die sie mit vertrauten Dingen und Personen assoziieren, statt an sachlichen beziehungsweise funktionalen Aspekten (vgl. Carstensen/ Fung/Charles 2003; Carstensen/ Isaacowitz/Charles 1999, S. 169; Cole et al. 2008; Isaacowitz/Charles/Carstensen 2000). Gleichzeitig sinkt das Interesse an Neuem, was mit einer risikoaversen Einstellung in Bezug auf einen möglichen Wechsel zwischen zwei unterschiedlichen Optionen einhergeht. Ältere Menschen behalten daher häufig gewohnheitsmäßige Verhaltensweisen bei, um Komplexität zu vermeiden (vgl. Lambert-Pandraud/Laurent/ Lapersonne 2005, S. 108).

Die moderne Medizin ermöglicht einen deutlichen zeitlichen Aufschub altersbedingter Einschränkungen sowie eine insgesamt gestiegene Lebenserwartung, was zu demographischem Wachstum des älteren Alterssegments führt. Die pauschale Einteilung von Menschen in bestimmte Altersgruppen und damit vermeintlich einhergehende Degenerationserscheinungen ist nicht mehr adäquat, da ältere Menschen inzwischen deutlich aktiver, vitaler und mobiler bleiben und sich durch eine höhere Kaufkraft sowie einen gestiegenen Anspruch an die Lebensqualität auszeichnen. Die sogenannte Best Ager (auch Generation 50+, Silver Ager oder Golden Ager je nach Altersgruppe) stellen insgesamt eine inhomogene Gesamtzielgruppe aus unternehmerischer Perspektive dar, da sie sich hinsichtlich Freizeitverhalten, Lebensstil, Wertehaltung und Produktpräferenzen unterscheiden (vgl. Petras 2006, S. 67). TNS Infratest (2005) identifizierte entsprechend eigener Untersuchungen innerhalb eines bevölkerungsrepräsentativen Semiometrie-Panels die drei Best Ager-Typen „Passive Ältere“ (37% der über 50-Jährigen), „Kulturelle Aktive“ (33%) und „Erlebnisorientierte Aktive“ (30%) (für eine ausführlichere Darstellung vgl. u. a. Petras 2006, S. 67 ff.; Petras o. J., S. 2 ff.; TNS Infratest 2005, S. 1 ff.).

Die beschriebenen Veränderungen mit zunehmendem Alter deuten darauf hin, dass ältere Menschen spezifischen Aspekten beim Einkauf eine andere Bedeutung beimessen als jüngere. Abhängig von ihren Präferenzen können Auswirkungen auf die Höhe der empfundenen Freude während des Einkaufs resultieren. Aufgrund der Heterogenität der Konsumenten innerhalb der einzelnen Altersgruppen können teilweise jedoch nur widersprüchliche Aussagen hinsichtlich möglicher moderierender Effekte des Alters getroffen werden.

Alte Menschen können aufgrund der reduzierten Funktionstüchtigkeit ihrer Sinnesleistungen bestimmte sensorische Eindrücke der Einkaufsumgebung, die zur Atmosphäre beitragen, häufig nicht mehr wahrnehmen oder fühlen sich schlimmstenfalls von ihnen bedrängt. Dies ist beispielsweise bei lauter oder schneller Musik der Fall. Gleichzeitig besteht ein erhöhter Bedarf an Übersichtlichkeit, Orientierungsfreundlichkeit und körperlicher Entlastung innerhalb einer Geschäftsstätte, beispielsweise durch gut lesbare Schilder und Fördertechnik, die es älteren Menschen ermöglichen, die gewünschten Produkte mit geringer Anstrengung zu finden (vgl. Meyer-Hentschel/Meyer-Hentschel 2005, S. 43). Andererseits wird aufgrund größerer Freizeitbudgets von älteren Menschen (vgl. East et al. 2000, S. 311) weniger Zeitdruck empfunden als von jüngeren Berufstätigen. Mehr Zeit beim Einkauf kann daher zu einem geringeren Effizienzbedürfnis führen. Umgekehrt erfüllt eine hohe Funktionalität des Ladenlayouts bei zeitarmen jüngeren Menschen das Bedürfnis eines schnellen Einkaufs. Insgesamt kann folglich ein ungerichteter Effekt des Alters auf den Wirkungszusammenhang zwischen der **Annehmlichkeit der Geschäftsstätte** und dem empfundenen Shopping Enjoyment angenommen werden.

Eine hohe Fachkompetenz des Verkaufspersonals unterstützt Konsumenten bei der Bewältigung ihrer Aufgaben indem sie die Komplexität während der Kauf- beziehungsweise Konsumsituation reduziert und die finale Auswahl erleichtert. Aufgrund der beschriebenen psychischen Veränderungen gewinnt mit zunehmendem Alter die Komplexitätsreduktion an Bedeutung. Auch auf Freundlichkeit legen Konsumenten mit zunehmendem Alter mehr Wert (vgl. Cox/Cox/Anderson 2003, S. 255), da sie von dieser Käufergruppe häufig als Anhaltspunkt zur Beurteilung der gesamten Handels- oder Dienstleistung herangezogen wird (vgl. Meyer-Hentschel/Meyer-Hentschel 2005, S. 43). Da im Alter soziale Kontakte infolge von alters- beziehungsweise gesundheitsbedingten Verlusten von Freunden abnehmen, suchen Menschen Kontakt zu anderen Personen auch in Konsumsituationen (vgl. Kuß/Tomczak 2007, S. 101). Mit zunehmendem Alter gewinnt daher die **Professionalität des Beratungsangebots** an Bedeutung. Hiervon ausgenommen sind jüngere Menschen jedoch nicht. Einige angloamerikanische Studien stellen fest, dass auch jüngere Konsumenten den Austausch mit anderen Menschen außerhalb der Familie suchen und bestimmte Motive wie beispielsweise „being pampered", also hofiert zu werden, verfolgen (vgl. Cox/Cox/Anderson 2003, S. 251). Andererseits stehen Berufstätige häufig unter Zeitdruck, so dass eine zeitkonsumierende Interaktion mit dem Verkaufspersonal durch jüngere Konsumenten gemieden wird. Insgesamt lässt sich ein ungerichteter Effekt des Alters auf die Stärke des Zusammenhangs zwischen der Professionalität des Beratungsangebots und Shopping Enjoyment begründen.

Bezüglich des **Sortiments** verändern sich die Präferenzen der Kunden mit zunehmendem Alter. Insgesamt steigt die Anspruchshaltung an die Qualität angebotener Produkte (vgl. Kuß/Tomczak 2007, S. 100; Meyer-Hentschel/Meyer-Hentschel 2005, S. 39). Darüber hinaus wünschen sich ältere Kunden Produkte mit überschaubarem Komplexitätsniveau, da die Flexibilität und die Fähigkeiten im Lernvermögen abnehmen (vgl. Meyer-Hentschel/Meyer-Hentschel 2005, S. 42). Das Angebot ansprechender Produkte schätzen ältere Kunden vor dem Hintergrund einer deutlichen Verdrängung des Fachhandels zu Gunsten von Anbietern preisorientierter Massenware. Gleiches gilt jedoch auch für einige jüngere Konsumenten. Gutverdiener etwa sind stärker qualitäts- als preisorientiert, so dass hinsichtlich der zu vermutenden moderierenden Wirkung des Alters keine gerichtete Aussage getroffen werden kann.

Die **Attraktivität der Preisposition** eines Anbieters ist für Menschen aller Altersgruppen relevant, da sie versuchen, das monetäre Opfer für den Einkauf von Waren zu minimieren. Ältere Menschen leben heute seltener in Altersarmut als früher, so das Bundesministerium für Familie, Senioren, Frauen und Jugend (2005, S. 198). Obwohl sie heute eine kaufkräftige Zielgruppe darstellen, ist ihr Konsumverhalten durch Abwägung und Sparsamkeit geprägt (vgl. Kirchmair 2005, S. 53). „Investitionen werden wohl überlegt und müssen bleibenden Wert haben. Dagegen werden die eigenen Familienmitglieder, vor allem Enkel, großzügig verwöhnt“ (vgl. Kuß/Tomczak 2007, S. 100). Insgesamt überzeugt sie ein gutes Preis-Leistungsverhältnis (vgl. Kuß/Tomczak 2007, S. 100). Gleichzeitig ist dieses nicht minder wichtig für jüngere Konsumenten, die Familie, insbesondere Kinder, mitzuversorgen haben. Daher wird die Annahme getroffen, dass die Stärke des Zusammenhangs zwischen der Attraktivität der Preisposition und Shopping Enjoyment je nach Altersgruppe unterschiedlich ist.

Das **Angebot an Zusatzleistungen** im Handel ist für Kunden unterschiedlicher Altersgruppen relevant. Das hier zugrunde gelegte Begriffsverständnis dieser Sekundärleistungen (vgl. Abschnitt 3.2.1.5) umfasst überwiegend Bequemlichkeitsdienstleistungen, die den Einkaufsprozess insgesamt angenehmer machen, beispielweise durch die Verringerung der körperlichen Belastung. Insofern kommen sie insbesondere den Anforderungen älterer Menschen entgegen, die aufgrund physischer Veränderungsprozesse Einschränkungen beim Einkauf erleiden. Jedoch auch jüngere Menschen, die beispielsweise Kinder zum Einkauf mitnehmen, schätzen das Angebot einkaufserleichternder Zusatzleistungen, wie beispielsweise Kinderbetreuung, Gepäckaufbewahrung und Lieferservice nach Hause. Insgesamt kann eine moderierende Wirkung des Alters auf den Zusammenhang zwischen der Attraktivität des Angebots an Zusatzleistungen und Shopping Enjoyment angenommen werden. Die folgenden Hypothesen fassen die angenommenen Wirkungszusammenhänge zusammen:

H14: *Die Stärke der Wirkungsbeziehung zwischen*

a: Annehmlichkeit der Geschäftsstätte,
b: Professionalität des Beratungsangebots,
c: Attraktivität des Sortiments,
d: Attraktivität der Preisposition und
e: Attraktivität des Angebots an Zusatzleistungen

und Shopping Enjoyment wird durch die Höhe des Alters verändert.

3.3.2.2 Geschlecht

Während Einkaufen früher als überwiegend weibliche Tätigkeit erachtet wurde (vgl. Nava 1997; Witkowski 1999), stellt es in der postmodernen Gesellschaft eine geschlechterübergreifend akzeptierte Aktivität dar (vgl. Otnes/McGrath 2001, S. 113). Dass Frauen und Männer unterschiedliche Einstellungen gegenüber dem Einkaufen und Verhaltensweisen hierbei besitzen, wurde bisher hinreichend untersucht (vgl. Otnes/McGrath 2001; Palan 2001; Slama/Tashchian 1985; Stern 1988). Fischer/Arnold (1994) führen diese Unterschiede auf die Identität und das eigene Rollenverständnis beider Geschlechtergruppen zurück. In wissenschaftlichen Arbeiten wurden geschlechterspezifische Käufer-Typologien entwickelt (für einen Überblick vgl. Hart et al. 2007, S. 592), die Frauen tendenziell eine hedonistische, Männern hingegen eine utilitaristische Shoppingorientierung zuordnen (vgl. Abschnitt 3.3.1.1). Obwohl auch in Bezug auf Männer bereits heterogene Shoppertypen empirisch bestätigt werden konnten (vgl. Otnes/McGrath 2001), wird im Folgenden von der genannten stereotypen Charakterisierung ausgegangen.

Geschlechterspezifische Unterschiede in Zusammenhang mit Shopping Enjoyment wurden bisher in Bezug auf die unterschiedlichen Motive von Frauen und Männern beim Einkauf sowie die unterschiedlichen Auswirkungen empfundener Einkaufsfreude der beiden Geschlechtergruppen untersucht (vgl. Brengman/Ketelslegers 2007; Hart et al. 2007). Der Verfasserin dieser Arbeit sind hingegen keine Arbeiten bekannt, die Unterschiede zwischen Frauen und Männern hinsichtlich des Einflusses handelsseitiger Determinanten auf Shopping Enjoyment untersuchen. Basierend auf den Erkenntnissen geschlechterspezifischer Käufertypologien kann ein moderierender Einfluss des Geschlechts auf die bestehenden Wirkungszusammenhänge angenommen werden.

Frauen genießen stärker als Männer das sensorische Erlebnis während des Einkaufs (vgl. Brengman/Ketelslegers 2007, S. 7; Dholakia 1999, S. 163; Haytko/Baker 2004, S. 75), woraus eine höhere Bedeutung der Atmosphäre innerhalb der Geschäftsstätte für sie resultiert. Männer hingegen wollen beim Einkauf primär die gewünschten Produkte mit möglichst geringem Zeitaufwand finden (vgl. Bakewell/Mitchell 2004, S. 226; Brengman/Ketelslegers 2007, S. 3; Otnes/McGrath 2001, S. 116). Eine hohe Funktionalität des Ladenlayouts trägt hierzu bei. Insgesamt kann ein moderierender Effekt des Geschlechts auf den Wirkungszusammenhang zwischen der **Annehmlichkeit der Geschäftsstätte** und Shopping Enjoyment angenommen werden. Aufgrund der beschriebenen Interessenunterschiede, die jeweils durch eine hohe Annehmlichkeit der Geschäftsstätte bedient werden, kann jedoch keine Aussage über die Richtung des hypothetisierten moderierenden Effekts für die jeweiligen Geschlechtergruppen getroffen werden.

Die Beratung durch die Kundenkontaktmitarbeiter ist für Frauen und Männer aus unterschiedlichen Gründen von Bedeutung. Frauen genießen insbesondere den sozialen Aspekt der Interaktion mit anderen Menschen als Bestandteil des Shoppingerlebnisses (vgl. Otnes/McGrath 2001, S. 113). Männer, so Brengman/Ketelslegers (2007, S. 7), wollen beim Einkauf durch das Personal vor allem hofiert werden. Eine fachkundige Beratung ermöglicht zudem eine höhere Zeiteffizienz beim Einkauf. Ein moderierender Einfluss des Geschlechts auf die Wirkungsbeziehung zwischen der **Professionalität des Beratungsangebots** und Shopping Enjoyment kann angenommen werden. Analog zur Annehmlichkeit der Geschäftsstätte kann jedoch auch hier keine gruppenspezifische Aussage über die Richtung des hypothetisierten moderierenden Effekts getroffen werden.

Frauen stöbern während des Einkaufs gerne durch das Sortiment, wodurch sie Freude erlangen (vgl. Brengman/Ketelslegers 2007, S. 7; Campbell 1997, S. 167). Männern ist es hingegen wichtiger, die benötigten Produkte in einer einzigen Geschäftsstätte vorzufinden (Campbell 1997, S. 169). Beide Geschlechtergruppen erlangen daher Einkaufsfreude durch unterschiedliche Facetten eines **attraktiven Sortiments**. Eine Bestimmung der Richtung des vermuteten moderierenden Effekts des Geschlechts ist jedoch nicht möglich.

Wissenschaftliche Arbeiten belegen, dass sowohl Frauen als auch Männer günstige Preise suchen. Unterschiede zwischen den Geschlechtern zeigen sich insbesondere in der Art und bei den Motiven der Suche nach günstigen Preisen. Männer neigen hierbei zu einer sportlich-kompetitiven Haltung gegenüber einer Einkaufsstätte, bei der sie durch Preisverhandlungen gewinnen wollen (vgl. Otnes/McGrath 2001, S. 128; Herrmann et al. 2004, S. 75). Frauen hingegen wollen die Kaufkraft für die Familie maximieren und gehen gezielter auf die

Suche nach günstigen Preisen und Schnäppchen (vgl. Brengman/Ketelslegers 2007, S. 4). Da der (Vorab-) Vergleich von Preisen grundsätzlich Zeit beansprucht, kann angenommen werden, dass Männer aufgrund ihrer utilitaristischen Shoppingorientierung ein geringeres Ausmaß an Shopping Enjoyment hierdurch erlangen, was sich mit den Untersuchungsergebnissen von Brengman/Ketelslegers (2007, S. 7) deckt. Unterschiede zwischen beiden Gruppen beim emotionalen Empfinden bezüglich weiterer Facetten der Preisposition eines Anbieters, etwa des Preis-Leistungsverhältnisses, sind nicht bekannt. Die hypothetisierte moderierende Wirkung des Geschlechts baut daher überwiegend auf den Erkenntnissen zur Schnäppchenjagd auf, so dass bei Frauen ein größerer Einfluss der **Attraktivität der Preisposition** auf die Höhe von Shopping Enjoyment angenommen wird.

Hinsichtlich des Wirkungszusammenhangs zwischen dem **Angebot an Zusatzleistungen** und Shopping Enjoyment sind der Verfasserin keine wissenschaftlichen Arbeiten zu einem moderierenden Einfluss des Geschlechts bekannt. Da diese der zugrunde liegenden Konzeptualisierung entsprechend überwiegend Bequemlichkeitsdienstleistungen des Handels umfassen, machen sie den Einkauf grundsätzlich für beide Geschlechtergruppen angenehmer. Es wird jedoch angenommen, dass Frauen etwa persönliche Services und Unterhaltungsservices stärker in Anspruch nehmen als Männer, da sie weniger zeiteffizient einkaufen und tendenziell eine stärker hedonistisch ausgeprägte Shoppingorientierung besitzen. Insgesamt können somit folgende Hypothesen abgeleitet werden:

H15: *Die Stärke der Wirkungsbeziehung zwischen*

a: Annehmlichkeit der Geschäftsstätte,
b: Professionalität des Beratungsangebots und
c: Attraktivität des Sortiments

und Shopping Enjoyment wird durch die Geschlechtszugehörigkeit verändert.

H15: *Die Wirkungsbeziehung zwischen*

d: Attraktivität der Preisposition und
e: Attraktivität des Angebots an Zusatzleistungen

und Shopping Enjoyment ist bei Frauen stärker.

3.3.2.3 Haushaltsgröße

Obwohl der Verfasserin keine empirischen Studien bekannt sind, in denen ein moderierender Effekt der Haushaltsgröße auf die Wirkungsbeziehungen zwischen handelsseitigen Determinanten und Shopping Enjoyment untersucht wurde, können der bestehenden Literatur Anhaltspunkte einer solchen Moderatorwirkung entnommen werden. Das Budget frei verfügbarer Zeit variiert stark zwischen Ein- und Mehrpersonen-Haushalten, was insbesondere mit der Berufstätigkeit der Personen und deren Familienstand zusammenhängt. So führt die Doppelbelastung aus Berufstätigkeit und Haushaltsführung bei Singles vielfach zu einer starken Beanspruchung der verfügbaren Zeit (vgl. Gross 1987, S. 2; Herrington/Capella 1995, S. 13; Müller 1995, S. 72). Bei Haushalten mit Kindern hingegen ist ein Elternteil häufig zwar nicht berufstätig, um die erzieherischen Aufgaben übernehmen zu können, dennoch resultiert aus familiären Verpflichtungen eine Verknappung des Freizeit-Budgets. „Oft sind es die Taktgeber im sozialen Nahraum, die im Alltag von Familie Zeitknappheit verursachen. Wenn die einzelnen Familienmitglieder in unterschiedliche Zeitsysteme (Kindertageseinrichtungen, Schule, Erwerbsarbeit, Sportverein etc.) integriert sind, entstehen Konflikte an den Schnittstellen der verschiedenen Lebensbereiche“ (vgl. Bundesministerium für Familie, Senioren, Frauen und Jugend 2005, S. 19). Zudem führt die Tatsache, dass mehr Frauen berufstätig werden, zur beschriebenen Doppelbelastung durch Beruf und Haushaltsführung (vgl. Bellante/Foster 1984; Herrington/Capella 1995, S. 13; Nickols/Fox 1983; Reilly 1982). Die wahrgenommene Zeitknappheit kann dazu führen, dass die Stimuli der Einkaufsumwelt unterschiedlich stark auf das empfundene Shopping Enjoyment wirken. Auf Basis der Ausführungen zu den handelsseitigen Determinanten von Shopping Enjoyment (vgl. Abschnitt 3.2) kann davon ausgegangen werden, dass die Haushaltsgröße die Stärke des Einflusses der Determinanten auf Shopping Enjoyment moderiert. Eine Festlegung der Richtung des moderierenden Einflusses erfolgt infolge der teilweise widersprüchlichen Erkenntnisse jedoch nicht.

Konsumenten, die über ein knappes Freizeit-Budget verfügen, sind an einem funktionalen Ladenlayout interessiert, das ihnen das unkomplizierte und mühelose Auffinden der gewünschten Produkte ermöglicht. Da den vorangehenden Ausführungen zufolge sowohl Ein- als auch Mehrpersonen-Haushalte unter Zeitknappheit leiden können, wird ein moderierender ungerichteter Effekt der Haushaltsgröße auf den Wirkungszusammenhang zwischen der **Annehmlichkeit der Geschäftsstätte** und Shopping Enjoyment angenommen.

Auch auf den Zusammenhang zwischen der **Professionalität des Beratungsangebots** und Shopping Enjoyment wird ein moderierender Effekt der Haushaltsgröße angenommen. Sofern die Beratung durch die Mitarbeiter nicht zeitkonsumierend, sondern effizienzsteigernd wirkt, kann die Stärke des Wirkungspfads zwischen beiden Konstrukten mit der Haushaltsgröße variieren. Die Richtung des moderierenden Effekts kann entsprechend den Ausführungen zur Zeitknappheit unterschiedlicher Haushaltsgrößen jedoch nicht bestimmt werden.

Ein **attraktives Sortiment** mit breiter und tiefer Produktvielfalt sowie einer hohen Verfügbarkeit der Produkte ermöglicht einen Einkauf in kurzer Zeit, da ein Anbieterwechsel zum Auffinden des gewünschten Warenkorbs nicht erfolgen muss. Ohnehin ist die Einkaufsdauer Angehöriger größerer Haushalte tendenziell länger (vgl. McDonald 1994, S. 357), da mit zunehmender Haushaltsgröße der Bedarf auch an spezifischen Produkten, etwa Baby- und Kinderartikeln, wächst und Einkäufe für (Ehe-) Partner zusätzlich übernommen werden. Die Haushaltsgröße kann den Effekt auf Shopping Enjoyment daher moderieren.

Mit zunehmender Haushaltsgröße steigen die finanziellen Belastungen, da gewöhnlich nicht alle Personen im Haushalt über Einkommen verfügen, jedoch Kosten verursachen. Gleichzeitig unterliegen häufig auch Einpersonenhaushalte einem hohen Kostendruck, da die mehrheitliche Standortwahl in Großstädten (vgl. Rötzer 2008) erhöhte Lebenshaltungskosten mit sich bringt. Insofern ist eine **attraktive Preisposition** von hoher Bedeutung, was je nach Haushaltsgröße zu einem unterschiedlich hohen Maß an Shopping Enjoyment führen kann.

Zum Wirkungszusammenhang zwischen einem **attraktiven Angebot an Zusatzleistungen** und Shopping Enjoyment können in Zusammenhang mit der Haushaltsgröße nur heterogene Aussagen getroffen werden. Mit zunehmender Haushaltsgröße steigt einerseits die Wertschätzung etwa von Betreuungsangeboten für Kinder und Gepäckaufbewahrung während des Einkaufs. Gleichzeitig jedoch können bestimmte Angebote nicht genutzt werden infolge des geringen verfügbaren Freizeitbudgets, beispielsweise die Nutzung von Entspannungsmöglichkeiten oder Unterhaltungsdienstleistungen. Für Singles hingegen, die häufig in Begleitung einkaufen, um soziale Kontakte zu erhalten, stellt beispielsweise das Angebot von gastronomischen Bereichen eine geeignete Möglichkeit zum „mingling with other shoppers" dar (vgl. Cox/Cox/Anderson 2005, S. 251; vgl. hierzu auch Tauber 1972, S. 47). Grundsätzlich sind die Nutzbarkeit und damit die Bedeutung des Angebots an Zusatzleistungen eines Anbieters jedoch in hohem Maß von der Verfügbarkeit freier Zeit abhängig. Ein moderierender Einfluss der Haushaltsgröße kann daher auf den Wirkungszusammenhang zwischen dieser Determinante und Shopping Enjoyment angenommen werden, so dass sich insgesamt folgende Hypothesen ableiten lassen:

H16: *Die Stärke der Wirkungsbeziehung zwischen*

a: Annehmlichkeit der Geschäftsstätte,
b: Professionalität des Beratungsangebots,
c: Attraktivität des Sortiments,
d: Attraktivität der Preisposition und
e: Attraktivität des Angebots an Zusatzleistungen

und Shopping Enjoyment wird durch die Haushaltsgröße verändert.

3.3.2.4 Monatliche Haushaltsnettoeinkünfte

Die monatlichen Haushaltsnettoeinkünfte (auch Einkommen) haben als Ausdruck der Kaufkraft von Konsumenten Einfluss auf deren Konsumverhalten. Mit der Höhe des Einkommens können neben dem Konsumverhalten auch die Emotionen von Konsumenten während eines Einkaufs variieren. So untersuchen Cox/Cox/Anderson (2005, S. 251), ob reiche und arme Konsumenten die gleichen Aspekte während des Shopping Erlebnisses genießen. Auf Basis dieser Untersuchungserkenntnisse lässt sich im Folgenden eine moderierende Wirkung des Einkommens auch in Zusammenhang mit den hier identifizierten handelsseitigen Determinanten von Shopping Enjoyment (vgl. Abschnitt 2.2.1) annehmen. Dementsprechend variiert die Stärke des Wirkungszusammenhangs zwischen den Determinanten und Shopping Enjoyment mit der Höhe des Einkommens.

Zusätzlich zum generischen Aspekt der Kaufkraft wird bei der Herleitung möglicher moderierender Effekte des Einkommens auch das ökonomische Konzept der Opportunitätskosten während des Einkaufs berücksichtigt. In diesem Zusammenang ist hierunter die Höhe des Einkommens zu verstehen, das Konsumenten während der Dauer des Einkaufs bei alternativer Zeitverwendung hätten verdienen können (vgl. Becker 1965, S. 500 ff.; Leclerc/Schmitt/Dubé 1995, S. 110; Okada/Hoch 2004, S. 313). Mit steigendem Einkommen nimmt folglich auch die Höhe der Opportunitätskosten zu. Gleichzeitig steigt die Bedeutung der zeitlichen Dimension beim Einkauf, was durch die Ergebnisse von McDonald (1994, S. 357) zur Untersuchung der Einkaufsdauer von Konsumenten unterschiedlichen soziodemographischen Hintergrunds bestätigt wird. Die Einkaufsdauer von Konsumenten mit höherem

Einkommen ist demnach kürzer als die von Konsumenten mit geringerem Einkommen.

Der bestehenden Literatur zufolge kann davon ausgegangen werden, dass Konsumenten mit geringem Einkommen Freude überwiegend durch Herumstöbern beziehungsweise „browsing“ empfinden (vgl. Cox/Cox/Anderson 2005, S. 255; Lehoten/Maenpaa 1997, S. 143). Der tatsächliche Kauf spezifischer Produkte ist aufgrund finanzieller Restriktionen häufig nicht möglich, so dass der Aufenthalt in einer Einkaufsstätte ohne Kaufabsicht an Bedeutung gewinnt. Eine angenehme atmosphärische Gestaltung der Einkaufsumwelt trägt folglich zu einem (dennoch) erfreulichen Shoppingerlebnis bei, während die Funktionalität der Ladengestaltung keine übergeordnete Rolle spielt. Für Konsumenten mit hohem Einkommen ist demgegenüber ein möglichst geringer Aufwand beim Einkauf in Form von Zeit und Mühe vor dem Hintergrund der entstehenden Opportunitätskosten wichtig, so dass eine funktionale Ladengestaltung für sie einen zeiteffizienten Einkauf ermöglicht. Ein moderierender Effekt des Einkommens auf den Wirkungszusammenhang zwischen der **Annehmlichkeit der Geschäftsstätte** und Shopping Enjoyment kann somit unterstellt werden.

Für Konsumenten mit geringem Einkommen, so Cox/Cox/Anderson (2005, S. 251), ist der soziale Aspekt, insbesondere das „mingling“, beim Shopping von größerer Bedeutung als für Konsumenten mittleren und hohen Einkommens. Eine hohe Freundlichkeit des Personals trägt zu einer positiven sozialen Interaktion während des Einkaufserlebnisses bei. Über alle Einkommensklassen hinweg existiert der Wunsch hofiert zu werden, was Cox/Cox/Anderson (2005, S. 251) als „being pampered“ bezeichnen. Effizienzorientierte Konsumenten mit hohem Einkommen schätzen zudem die Beratung durch das Kundenkontaktpersonal, sofern der Zeitgewinn durch kompetente Beratung den Zeitverlust durch die Interaktion als solche übersteigt. Für den Wirkungszusammenhang zwischen der **Professionalität des Beratungsangebots** und Shopping Enjoyment wird folglich eine moderierende Wirkung der Einkommenshöhe angenommen.

Analog zur Annehmlichkeit der Geschäftsstätte lässt sich auch in Bezug auf ein attraktives **Sortiment** vermuten, dass Konsumenten mit geringem Einkommen Freude am Herumstöbern beziehungsweise „browsing“ empfinden und nicht notwendigerweise die finanzielle Möglichkeit eines Kaufs bestehen muss. Für Konsumenten mit hohem Einkommen gilt der Opportunitätskostentheorie entsprechend ein Sortiment dann als attraktiv, wenn es die benötigten Produkte in der gewünschten Qualität vorrätig hält und einen zeiteffizienten Einkauf ermöglicht. Eine moderierende Wirkung des Einkommens kann daher auf den Wirkungszusammenhang zwischen der Attraktivität des Sortiments und Shopping Enjoyment angenommen werden.

Während in der bestehenden Literatur häufig ein stärker ausgeprägtes Sparverhalten Angehöriger mittlerer Einkommensklassen unterstellt wird (vgl. Alwitt/Donley 1996; Levy 1966), können Cox/Cox/Anderson (2005, S. 254 f.) dies nicht bestätigen. Ihrer Studie zufolge ist die Suche nach und Freude durch günstige **Preise** und Schnäppchen bei Konsumenten mit geringem Einkommen gleichermaßen ausgeprägt. Konsumenten mit hohem Einkommen hingegen vermeiden den Vergleich und die Suche nach günstigen Preisen, da die hierfür aufzuwendende Zeit hohe Opportunitätskosten verursachen würde. Dies entspricht dem Ansatz der Informationsökonomie, die besagt, dass die Suche nach günstigeren Preisen nur so lange erfolgt, bis die anfallenden Suchkosten in Form von Zeit und Mühe die Preisersparnis übertreffen (vgl. Goldman/Johansson 1978, S. 176; Marmorstein/Grewal 1992, S. 54; Weitzman 1979, S. 641). Für die Höhe des Einkommens wird schließlich eine moderierende Wirkung auf die Beziehung zwischen der Attraktivität der Preisposition und Shopping Enjoyment unterstellt.

Das **Angebot an Zusatzleistungen** unterstützt den sozialen Aspekt beim Einkauf und führt gewöhnlich zu einer längeren Einkaufsdauer. So erlaubt Kunden beispielsweise eine Finanzierungsmöglichkeit den Erwerb spezifischer Produkte, die über dem verfügbaren Budget liegen, und die Tilgung der entstehenden Kosten über einen längeren Zeitraum. Insofern liegt die Vermutung nahe, dass Zusatzleistungen insgesamt stärker von Konsumenten mit geringen Einkommen in Anspruch genommen werden. Konsumenten mit höheren Einkommen wägen vermutlich zwischen der Nutzung zeitkonsumierender Leistungen und solcher Leistungen ab, die den Einkauf effizienter gestalten können. Ein moderierender Effekt des Einkommens kann daher auch auf den Wirkungszusammenhang zwischen der Attraktivität des Angebots an Zusatzleistungen und Shopping Enjoyment angenommen werden. Folglich ergeben sich die folgenden Hypothesen für die vermutete Moderatorwirkung der monatlichen Haushaltsnettoeinkünfte:

H17: *Die Stärke der Wirkungsbeziehung zwischen*

a: Annehmlichkeit der Geschäftsstätte,
b: Professionalität des Beratungsangebots,
c: Attraktivität des Sortiments,
d: Attraktivität der Preisposition und
e: Attraktivität des Angebots an Zusatzleistungen

und Shopping Enjoyment wird durch die monatlichen Haushaltsnettoeinkünfte verändert.

Die auf Basis der Erkenntnisse der bestehenden Literatur abgeleiteten Hypothesen zu den direkten Effekten sowie moderierenden Effekten psychographischer und soziodemographischer Konsumentenmerkmale auf die Wirkungsbeziehungen zwischen den Determinanten und Shopping Enjoyment werden in Abbildung 3–3: überblicksartig zusammengefasst.

Abbildung 3–3: Hypothesen des Untersuchungsmodells im Überblick.

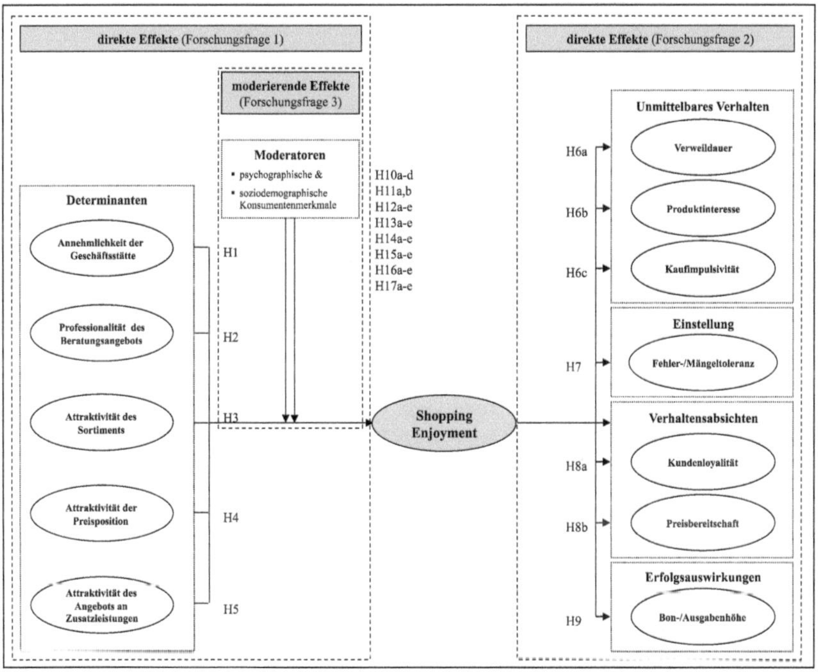

4. Grundlagen der empirischen Untersuchung

Das im vorangehenden Kapitel erarbeitete Untersuchungsmodell zu Shopping Enjoyment wird im Rahmen der vorliegenden Arbeit auf Basis einer empirischen Untersuchung geprüft, deren Grundlagen in diesem Kapitel gelegt werden. An die Konzeptionierung der empirischen Untersuchung in Abschnitt 4.1 schließt sich die Vorstellung der methodischen Grundlagen der Datenanalyse in Abschnitt 4.2 an.

4.1 Konzeption der empirischen Untersuchung

4.1.1 Erhebungsdesign

Im Rahmen der Planung der empirischen Untersuchung muss zunächst das an den Forschungszielen orientierte Erhebungsdesign festgelegt werden (vgl. Herrmann/Homburg/Klarmann 2008, S. 8). Durch das Erhebungsdesign ist sicherzustellen, dass die anschließende Datenerhebung die tatsächlich gewünschte Datengrundlage erfasst. Im Folgenden werden hierfür die Grundgesamtheit, die Stichprobe, das Untersuchungsobjekt und die Datenerhebungsmethode bestimmt.

Zunächst gilt es die **Grundgesamtheit** zu definieren, die alle Elemente umfasst, über die im Rahmen der empirischen Untersuchung Aussagen ermöglicht werden sollen (vgl. Herrmann/Homburg 2000, S. 20; Scheffler 2000, S. 61; Schnell/Hill/Esser 2008, S. 265). Die vorliegende Arbeit fokussiert sich auf emotionale Erlebnisse von Konsumenten während einer Einkaufssituation im bundesdeutschen stationären Textileinzelhandel. Somit umfasst die Grundgesamtheit alle Individuen, die potenzielle Kunden entsprechender Handelsunternehmen darstellen. Da aus diesem Grund grundsätzlich alle Bundesbürger im geschäftsfähigen Alter die Grundgesamtheit repräsentieren, wäre eine Vollerhebung bei einem derart großen Umfang unausführbar. Somit bedarf es einer Stichprobe, also einer Auswahl von Elementen (vgl. Schnell/Hill/Esser 2008, S. 267), die nationale Repräsentativität gewährleistet, um schließlich eine Generalisierbarkeit der Erkenntnisse zu ermöglichen.

Die Voraussetzung einer solchen **Stichprobe** stellt eine präzise Ermittlung nationalrepräsentativer Quoten dar, die die bundesdeutsche Bevölkerung nach unterschiedlichen soziodemographischen Merkmalen abbilden und strukturieren. Etabliert zur Erfassung nationaler Repräsentativität sind gekreuzte Alters-/Geschlechtsquoten. Darüber hinaus wurden im Rahmen dieser Untersuchung Quoten zu Bildungsabschluss, Beruf, Haushaltsgröße, monatlichen Haushaltsnettoeinkünften und Ortsgröße des Wohnorts herangezogen, um eine möglichst dezidierte Abbildung der Grundgesamtheit zu gewährleisten und bevölkerungsgruppenbezogene Aussagen über diese zu ermöglichen. Zur Ermittlung entsprechender Quoten wurden aktuelle Daten der Arbeitsgemeinschaft Online Forschung (AGOF) herangezogen, die in der Spalte „Zielquote" in Tabelle 4–1 abgebildet sind. Eine Kreuzung aller genannten sieben Quoten jedoch ist nicht praktikabel, da ein ausnehmend großes Panel an Probanden zur exakten Realisierung aller möglichen Kombinationen (d.h. sieben miteinander gekreuzte soziodemographische Variablen mit jeweils bis zu acht Ausprägungen) im entsprechenden Quotenverhältnis erforderlich wäre. Ziel der Erhebung war es daher, die etablierten gekreuzten Alters-/ Geschlechtsquoten optimal zu realisieren, bei den übrigen fünf Quoten schließlich ein bestmögliches Ergebnis zu erzielen. Um für jede Teilquote, also den bevölkerungsrepräsentativ-prozentualen Anteil einer Ausprägung einer soziodemographischen Variable, einen relevanten Umfang (d.h. die absolute zu erhebende Gruppengröße) von mindestens fünf Probanden im Rahmen der empirischen Datenerhebung sicherzustellen, war demzufolge die Definition eines ausreichend großen Stichprobenumfangs erforderlich. Zur Erfüllung dieser Zielstellung wurde dieser für die geplante Erhebung auf N=250 fixiert, so dass die kleinste Teilgruppe „Ortsgröße < 2000" mit einer Quote von 2% den gewünschten Umfang aufweist. Als Kooperationspartner zur Auswahl und Ansprache möglicher Probanden fungierte ein Marktforschungsunternehmen, das aus einer Vielzahl möglicher Unternehmen zunächst auf seine Eignung geprüft wurde. Ein Pool von 50.000 bis 100.000 möglichen Probanden überzeugte schließlich, um diese (näherungsweise) quotenanteilig entsprechend ihrer soziodemographischen Eckdaten auswählen zu können und schließlich den geplanten Stichprobenumfang für entsprechende Gruppengrößen erzielen zu können.

Als **Untersuchungsobjekt** wurde der zuletzt getätigte Bekleidungseinkauf von Kunden im stationären Textileinzelhandel definiert, der maximal vier Wochen zurück liegt. Die Auswahl der Textilbranche ist für die vorliegende Studie aus unterschiedlichen Gründen vorteilhaft. Zunächst wurde im Vorfeld der Planung der empirischen Untersuchung eine Vielzahl an Ad-Hoc-Interviews mit zufällig ausgewählten Probanden zum Thema Einkaufsfreude geführt, im Rahmen derer sich die Mehrheit der Probanden intuitiv auf den Einkauf von Bekleidung bezog. Somit liegt die Vermutung nahe, dass Konsumenten primär mit dem Einkauf von Bekleidung Emotionen verbinden, da sie zum einen ihre Erlebnisse während bestimmter Einkaufssituationen beschreiben, darüber hinaus jedoch auch grundsätzliche Gefühle und Erwartungen im Vorfeld zum Kleidungseinkauf benennen konnten. Dass Kleidung insgesamt einen hohen Stellenwert bei der Bevölkerung einnimmt, bestätigt zudem die SPIEGEL-Studie

Outfit (vgl. SPIEGEL-Gruppe 2007), bei der 92% der Frauen zwischen 14 und 64 Jahren angaben, das Mode ihnen wichtig oder sehr wichtig sei. Bei den Männern bestätigten dies 76% der Befragten. Wagner (2007, S. 571) stellt für die Branchenauswahl seiner Untersuchung zum Thema Shoppingmotivation fest: "As consumers' shopping for apparel can be driven by a broad variety of different underlying shopping motivations – including hedonic as well as purpose-driven aspects -, it was selected as an exemplary retail context for the current study." Der hedonistische Aspekt hierbei beinhaltet u. a. das emotionengetriebene Erleben einer Einkaufssituation im Bekleidungskontext, was die Erkenntnisse der genannten Interviews bestätigt. Dasselbe Ergebnis wurde schließlich auch bei der Mehrzahl der Teilnehmer einer Fokusgruppendiskussion im Rahmen dieser Untersuchung erzielt. Zudem stehen bei wissenschaftlichen Arbeiten des Themenbereichs Einkaufsfreude überwiegend Befragungsszenarien im Zusammenhang mit Textilhandel im Fokus der Untersuchungen (vgl. u. a. Arnold et al. 2005; Bloch/Richins 1983; Kim/Kim 2008; Wakefield/Baker 1998). Das Bewusstsein für die Notwendigkeit einer Emotionalisierung des Einkaufserlebnisses in dieser Branche ist auch gemäß der durchgeführten Expertengespräche, z.B. mit dem Bundesverband des Deutschen Textileinzelhandels, inzwischen besonders ausgeprägt. Nicht zuletzt wachsende Umsätze des Versand- und Onlinehandels insbesondere im Bereich Mode in Höhe von 11,7% im Jahr 2009 (vgl. bvh 2010) zwingen stationäre Händler zu strategischen Überlegungen, um Kunden künftig an diesen Vertriebskanal zu binden.

Für die vorliegende Untersuchung wurde eine internetbasierte Befragung als **Datenerhebungsmethode** gewählt. Aufgrund der besonderen Anforderungen umfangreicher Quotenvorgaben einer nationalrepräsentativen Stichprobe (s.o.) war es nicht möglich, mündliche Interviews am Point of Sale zu führen, da ein entsprechend großes und heterogenes Panel an Probanden nicht verfügbar und zudem der zeitliche Aufwand unzumutbar gewesen wäre. Eine Lösung beider Restriktionen bieten daher Online-Erhebungen in Verbindung mit Online-Panels. Bei internetbasierten Befragungen wird von den Probanden online auf zur Verfügung gestelltes Material zugegriffen, das auf einem Server hinterlegt ist. Hierbei kann es sich um experimentelles Stimulusmaterial oder Fragebögen handeln, die zu bearbeiten sind (vgl. Gnambs/Strassnig 2007, S. 234). Einige wichtige Vorteile von internetbasierten Befragungen werden im Folgenden dargestellt (vgl. Berry 2005; Boyer et al. 2002; Evans/Mathur 2005; Gnambs/Strassnig 2007; Manfreda et al. 2008; Peytchev et al. 2006; Shannon/Bradshaw 2002; zu möglichen Nachteilen internetbasierter Befragungen und dazugehöriger Lösungsmöglichkeiten vgl. Mahadevan 2009, S. 116):

- Die Mehrheit der Probanden nimmt in der Regel innerhalb der ersten drei Tage der Befragung teil,
- die Daten der Befragung werden ohne zeitliche Verzögerung dem Server übermittelt, so dass jederzeit eine Einsichtnahme in den aktuellen Status Quo sowie Zwischenstatistiken möglich ist,
- Probanden können durch die Verwendung von Online-Panels einfacher rekrutiert und angesprochen werden. Vorteilhaft hierbei ist die Möglichkeit diese vorab entsprechend spezifischer Charakteristika auszuwählen und somit die Repräsentativität der Stichprobe zu erhöhen. Insgesamt ist somit eine ökonomische Durchführung der Datenerhebung möglich und
- aufgrund der fehlenden direkten Interaktion zwischen Interviewer und Proband entfällt die Möglichkeit eines Interviewer-Bias, da alle Probanden an einer standardisierten Befragung teilnehmen.

Internetbasierte Befragung haben sich mittlerweile auch in hochrangigen Journals etabliert, da sie – verglichen mit schriftlichen Befragungen – gleichwertige Ergebnisse bezüglich Datenqualität sowie Validität als auch Reliabilität liefern (Batinic 2001; Dillman 2000; Dillman 2009; Fischer/Völckner/Sattler 2010; Gnambs/Strassnig 2007; Godes/Mayzlin 2009; Goldstein/Johnson/Sharpe 2008; Kidwell/Hardesty/Childers 2008; Kukar-Kinney/Close 2010; Liu 2008; Moreau/Bonney/Herd 2011; Ridgway/ Kukar-Kinney/Monroe 2008; Riis/Simmons/Goodwin 2008; Talukdar 2008). Aus wissenschaftlicher Sicht ist somit der Einsatz einer internetbasierten Befragung zum Ziel der Erreichung einer nationalrepräsentativen Stichprobe für die vorliegende Arbeit zulässig.

Kritisch in Zusammenhang mit internetbasierten Befragungen ist die Erhebung emotionsbezogener Fragestellungen. Die Eingrenzung des Zeitraumes für den letzten Bekleidungseinkauf auf vier Wochen im Rahmen der Datenerhebung beruht auf der Annahme, dass Kunden sich über einen längeren Zeitraum nur schwer oder gar nicht an das Erlebnis und damit verbundene Gefühle erinnern können (vgl. Donovan/Rossiter 1982, S. 36). Hinsichtlich einer unverzerrten Erinnerbarkeit von Emotionen herrschen unterschiedliche Meinungen in der Literatur vor, wobei in einer Vielzahl etablierter Arbeiten die Erhebung emotionsbezogener Fragestellungen nach dem eigentlichen Emotionserlebnis durchgeführt wurde (vgl. Dawson/Bloch/Ridgway 1990; Sherman and Smith 1987; Yalch/Spangenberg 1990). Um einem etwaigen Erinnerungsbias in größtmöglichem Umfang entgegenzuwirken, wurde der Zeitraum des zuletzt getätigten Bekleidungseinkaufs im Rahmen der vorliegenden Studie verhältnismäßig stark eingegrenzt. Wichtig hierbei ist auch, dass es sich um sogenannte Selbstkäufer von Kleidung handelt, die ihre Einkäufe demzufolge nicht von anderen Personen erledigen lassen. Damit diese beiden Anforderungen an potenzielle Probanden sichergestellt werden konnten, wurden jeder Befragung entsprechende Filterfragen vorgeschaltet.

4.1.2 Entwicklung des Erhebungsinstruments

Nach Festlegung des Untersuchungsgegenstands ist die Entwicklung eines geeigneten Erhebungsinstruments Grundlage der Datenerhebung, das die Erarbeitung von Indikatoren zur Messung der Konstrukte sowie die Ausarbeitung eines geeigneten Fragebogens umfasst. Die Erstellung des Fragebogenentwurfs für die vorliegende Arbeit erfolgte nach Diskussion des Forschungsvorhabens mit Vertretern aus Wissenschaft und unternehmerischer Praxis entsprechend den gängigen Literaturempfehlungen (vgl. Dillman 2000, S. 32; Schnell/Hill/Esser 2008, S. 334 ff.). Einen Überblick über den Aufbau der empirischen Untersuchung gibt Abbildung 4–1.

Abbildung 4–1: Aufbau der empirischen Untersuchung.

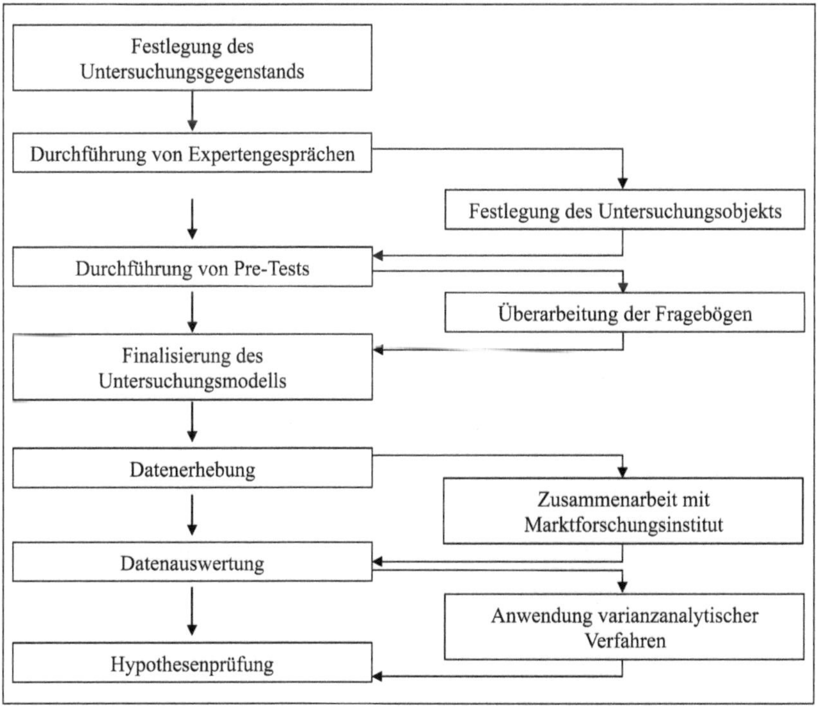

Der Aufbau des Fragebogens folgt grundsätzlich der Struktur des der Arbeit zugrunde liegenden Untersuchungsmodells von Shopping Enjoyment. Zunächst wurden soziodemographische Variablen erhoben, um Probanden den jeweiligen Quoten zuzuweisen beziehungsweise diese im Fall von bereits erfolgter Quotenerfüllung von der Befragung auszuschließen (Teil A). Anschließend erfolgten Filterfragen zur inhaltlichen Validierung (Teil B), um Probanden, die ihre Kleidung nicht selbst kaufen oder deren letzter Einkauf länger als vier Wochen zurück lag, auszuscreenen (vgl. Abschnitt 2.1.1). In Teil C des Fragebogens wurden Angaben der Probanden zu dem von ihnen zuletzt besuchten Bekleidungsgeschäft erhoben. Teil D diente zum einen der Beurteilung der handelsseitigen Determinanten von Shopping Enjoyment, bei deren Abfrage die Probanden stets Bezug zu ihrem letzten Einkauf nehmen sollten. Zum zweiten wurde das zentrale Konstrukt der Untersuchung Shopping Enjoyment erhoben und im Anschluss wurden schließlich die Auswirkungen des empfundenen Shopping Enjoyments ermittelt. Moderierende Variablen im Rahmen des Untersuchungsmodells wurden sowohl in den Teilen D als auch E des Fragebogens erhoben. Im abschließenden Teil E wurden zudem einige generelle Fragen zum Thema Bekleidungseinkauf formuliert.

Die Messung der Konstrukte erfolgte grundsätzlich anhand einer siebenstufigen Likert-Skala, da diese sich hierfür nach gängiger Meinung in besonderem Maße eignen (vgl. Netemeyer/Bearden/Sharma 2003, S. 101). Die Endpunkte der Skala wurden zusätzlich verbal mit „trifft überhaupt nicht zu" (entspricht Wert „1") sowie mit „trifft voll und ganz zu" (entspricht Wert „7") bezeichnet. Bei den Indikatoren der Konstrukte, die die handelsseitigen Determinanten von Shopping Enjoyment beschreiben, wurde eine zusätzliche Antwortoption „keine Angabe möglich" (entspricht Wert „8") eingefügt, um dem Umstand gerecht zu werden, dass Probanden einzelne Aspekte der Geschäftsstätte bei ihrem letzten Einkauf möglicherweise nicht wahrgenommen haben, beziehungsweise diese bei manchen Anbietern nicht angeboten werden (beispielsweise die Möglichkeit zu einem Finanzierungskauf) und daher nicht beurteilt werden können. Eine systematische Verzerrung der Daten durch fehlende inhaltliche Validität im Falle „erzwungener" Antworten wurde somit verhindert.

Um den Fragebogenentwurf im Vorfeld der eigentlichen Datenerhebung hinsichtlich der Plausibilität der Struktur, der Länge sowie der Verständlichkeit aller enthaltenen Fragen zu überprüfen, wurde er mit akademischen Kollegen ausführlich diskutiert und zusätzlich einem Pre-Test mit 15 Personen unterzogen (vgl. Homburg/Giering 1996, S. 11; Kinnear/Taylor 1996, S. 373; Schnell/Hill/Esser 2008, S. 347). Hierfür wurden Testpersonen unterschiedlichen soziodemographischen Hintergrunds gewählt, um eine strukturelle Annäherung an die geplante Stichprobe der Hauptuntersuchung zu erlangen. Bei einigen der Pre-Test-Teilnehmer wurde die sogenannte „Technik des lauten Denkens" angewandt (vgl. Dillman 2000, S. 141 f.), um während des Lesens des Fragebogens unmittelbare Einsichtnahme in deren Auffassung der Fragestellungen sowie begriffliche Un- beziehungsweise Missverständlichkeiten zu erlangen. Der Pre-Test führte zu geringfügigen sprachlichen Modifikationen, um die Verständlichkeit und Neutralität der Fragestellungen zu erhöhen. Zudem diente er aufgrund der hohen Komplexität des Fragebogens zur Fixierung der geplanten Mindestbearbeitungsdauer aller Probanden auf acht Minuten. Somit konnte die Datenqualität der Erhebung gesichert werden, da davon auszugehen war, dass Probanden mit einer geringeren Bearbeitungsdauer die Fragen nicht aufmerksam gelesen und gewissenhaft beantwortet haben, sondern sich vielmehr durch die Befragung „geklickt" haben.

4.1.3 Datenerhebung und Datengrundlage

Die Datenerhebung wurde in Zusammenarbeit mit einem Marktforschungsinstitut durchgeführt, um das Ziel einer nationalrepräsentativen Stichprobe zu realisieren (vgl. Abschnitt 0). Unter Vorgabe der jeweiligen soziodemographischen Quotenziele (vgl. Tabelle 4–1) und der resultierenden Teilgruppengrößen wurden Probanden quotenanteilig aus einem Online-Panel ausgewählt, die in unregelmäßigen Abständen an Studien zum Zweck der Marktforschung oder mit wissenschaftlichem Hintergrund teilnehmen (vgl. Göritz/Reinhold/Batinic 2000, S. 62). Obwohl Online-Panels bezüglich der Selbstselektion der Probanden (d. h. deren interessengeleitete Teilnahme an Befragungen) teils hinterfragt werden, kann von einer höheren Repräsentativität der Befragungsmethode ausgegangen werden als im Fall von Convenience-Samples. Um einen möglichen Bias durch Selbstselektion der Probanden im Rahmen der vorliegenden Untersuchung zu minimieren, erfolgte die Einladung zur Teilnahme an der Befragung ohne Hinweis auf das vorliegende Untersuchungsobjekt, d. h. es wurde für potenzielle Probanden vor Bearbeitung des Fragebogens kein erkennbarer Bezug auf den Einkauf von Kleidung und die Textilbranche genommen.

Um Probanden des Online-Panels zur Befragung einzuladen, wurden ein Link sowie personalisierte Teilnehmernummern durch das Marktforschungsinstitut zugemailt, so dass die Probanden schließlich Zugriff auf den Online-Fragebogen erhielten und zugleich sichergestellt wurde, dass ein mehrmaliges Ausfüllen des Fragebogens nicht erfolgen konnte. Für die erfolgreiche Bearbeitung eines Fragebogens erhielten die Probanden eine finanzielle Vergütung als Incentive. Die Daten der Hauptuntersuchung wurden innerhalb von drei Tagen im September 2010 erhoben, was einer üblichen Feldphase von internetbasierten Befragungen entspricht (vgl. Shannon/Bradshaw 2002). Sie wurden zentral auf dem Server des Anbieters der Befragungssoftware gespeichert und waren zu jedem Zeitpunkt während und nach der Befragung abrufbar.

Der unmittelbare Zugang zu den erhobenen Daten und die Möglichkeit, diese während der Feldphase zu exportieren, ermöglichten es schließlich, Probanden, deren Bearbeitungszeit unterhalb der gewünschten acht Minuten lag, aus dem Datensatz herauszufiltern. In Folge dieses über den gesamten Erhebungszeitraum kontinuierlich erfolgten Filtervorgangs jedoch musste der Gruppenumfang aller Teilquoten für die geplante Stichprobe permanent neu berechnet werden, da die Probanden mit zu geringer Bearbeitungsdauer bereits in die Quoten „gelaufen“ sind und diese somit unzweckmäßig gefüllt haben (vgl. Abbildung 4–2).

Abbildung 4–2: Ablauf des Quotenanpassungsprozesses.

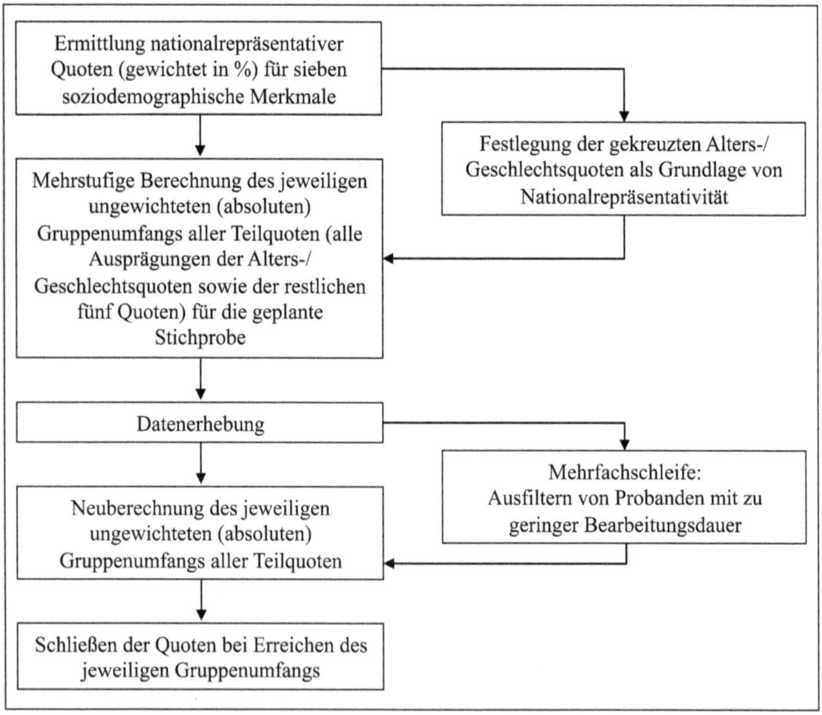

Insgesamt ist dieser Prozess zwar als sehr komplex und zeitaufwändig zu beurteilen, jedoch gelang es so, die für nationale Repräsentativität etablierten gekreuzten Alters-/ Geschlechtsquoten optimal zu realisieren, bei den übrigen fünf Quoten schließlich ein bestmögliches Ergebnis zu erzielen. Der finale Erfüllungsgrad aller Zielquoten wird in Tabelle 4–1 abgebildet.

Tabelle 4–1: Quoten zur Erfassung nationaler Repräsentativität

1) Weiblich x Alter	**Zielquote**	**Istquote (Erfüllungsgrad der Zielquote)**
< 20 Jahre	4,0%	96,6%
20–29 Jahre	7,2%	102,3%
30–39 Jahre	7,2%	96,9%
40–49 Jahre	9,6%	96,9%
50–59 Jahre	7,6%	96,9%
60 + Jahre	6,4%	96,9%
2) Männlich x Alter		
< 20 Jahre	4,0%	96,9%
20–29 Jahre	7,6%	112,2%
30–39 Jahre	7,6%	96,9%
40–49 Jahre	10,0%	112,4%
50–59 Jahre	8,0%	96,9%
60 + Jahre	6,4%	96,9%
3) Bildungsabschluss		
(Noch) kein Schulabschluss	3,6%	64,6%
Haupt-/Volksschule	40,8%	43,7%
Realschule	28,4%	132,4%
Abitur, Fachabitur	12,0%	164,7%
Studium	15,2%	147,9%
4) Beruf		
Lehrling/Auszubildender	4,0%	96,6%
Schüler	4,0%	106,6%
Student	3,6%	183,0%
Vollzeit berufstätig	39,2%	114,7%
Teilzeit berufstätig	11,6%	116,9%
Arbeitslos	4,4%	61,7%

4) Beruf		
Rentner/Pensionär	25,2%	70,8%
Nicht berufstätig	8,0%	77,5%
5) Haushaltsgröße		
1 Personen	21,2%	124,3%
2 Personen	36,4%	105,4%
3 Personen	18,8%	96,9%
4 Personen	16,4%	87,4%
5 oder mehr Personen	7,2%	37,7%
6) Ortsgröße		
< 2000 Einwohner	2,0%	232,6%
2.000–5.000 Einwohner	2,8%	221,5%
5.000–20.000 Einwohner	8,4%	161,5%
20.000–100.000 Einwohner	22,4%	121,5%
100.000–500.000 Einwohner	30,0%	68,5%
500.000+ Einwohner	34,4%	81,1%
7) Monatl. Haushaltsnettoeinkünfte		
<500 €	5,2%	59,6%
500–999 €	11,6%	73,5%
1000–1499 €	16,0%	94,5%
1500–1999 €	16,8%	117,7%
2000–2499 €	13,6%	102,6%
2500–2999 €	11,6%	110,3%
3000–3999 €	13,6%	116,8%
4000 +	11,6%	93,6%

Infolge gleichzeitiger Bearbeitung des Online-Fragebogens durch einige Probanden kam es zu einer geringfügigen Abweichung des geforderten 100%-Erfüllungsgrads bei den maßgebenden gekreuzten Alters-/Geschlechtsquoten. Dies ist der Befragungssoftware geschuldet, die die Quoten erst nach Beendigung jedes einzelnen Fragebogens füllt, bereits begonnene Befragungen jedoch zu Ende führen lässt, selbst wenn die entsprechenden Quoten während der Bearbeitungszeit bereits geschlossen wurden. Da es gegen Ende des Erhebungszeitraums trotz des sehr umfangreichen Online-Panels kaum mehr möglich war, Probanden mit den entsprechenden fehlenden Kombinationen an soziodemographischen Eckdaten zu erreichen, wurden teilweise deutlichere Abweichungen von einem optimalen Erfüllungsgrad der restlichen Quoten zugelassen, was jedoch auf die nationale Repräsentativität der Stichprobe keinen negativen Einfluss hatte. Nachdem die Quoten zur Erreichung nationaler Repräsentativität erfüllt und der geplante Stichprobenumfang von N=250 über den Teilnehmerzähler erreicht war, wurde die Umfrage durch Inaktivierung des Teilnehmerlinks beendet. Insgesamt wurden 258 vollständige Cases mit einer Bearbeitungsdauer von mindestens acht Minuten erhoben.

4.2 Methodische Grundlagen der Datenanalyse

4.2.1 Grundlagen der Konstruktmessung

Um die vorliegenden Forschungsfragen zu untersuchen, werden die in dem Untersuchungsmodell enthaltenen theoretischen Konstrukte hinsichtlich bestehender Zusammenhänge untersucht. Hervorzuheben ist hierbei die fehlende direkte Messbarkeit theoretischer Konstrukte. Bagozzi/Phillips (1982, S. 465) definieren Konstrukte als „[…] an abstract entity which represents the ‚true' nonobservable state or nature of a phenomenon", die über messbare Indikatorvariablen (auch Indikatoren oder Items) operationalisiert, d. h. empirisch erfassbar gemacht werden (vgl. Homburg/Giering 1996, S. 6). Unterschieden wird hierbei zwischen ein- und mehrfaktoriellen Konstrukten. Für die vorliegende Untersuchung sind ausschließlich einfaktorielle Konstrukte relevant, bei denen das jeweilige Konstrukt nur aus einem Faktor besteht und die Indikatoren direkt auf Konstruktebene verdichtet werden.

Um ein geeignetes Messmodell für Konstrukte zu erlangen, müssen diese zunächst konzeptualisiert, d. h. ihre inhaltlichen Facetten und (mögliche) Dimensionen erarbeitet werden (vgl. Pflesser 1999, S. 97; Schnell/Hill/Esser 2008, S. 128). Erst im Anschluss hieran können die relevanten Indikatoren definiert werden, die das Messmodell jedes Konstrukts bilden (vgl. Churchill 1979, S. 66; Homburg/Giering 1996, S. 5). Grundsätzlich kann es sich hierbei um Single-Item- oder Multi-Item-Ansätze handeln (vgl. Bruner/Hensel 1993; Jacoby 1978). Bei Single-Item-Ansätzen werden Konstrukte über lediglich einen Indikator gemessen während Multi-Item-Ansätze mehrere Indikatoren verwenden, wodurch das Risiko von Messfehlern verringert und die Reliabilität der Messung erhöht wird. Der Empfehlung von Churchill (1979, S. 66) zur Verwendung von Multi-Item-Messungen folgend werden im vorliegenden Untersuchungsmodell alle Konstrukte über multiple Indikatoren gemessen.

Indikatoren lassen sich auf zwei Arten spezifizieren. Abhängig von der Richtung der kausalen Beziehung zwischen Konstrukten und den ihnen zugehörigen

Indikatoren sind sie formativ oder reflektiv (vgl. Abbildung 4–3; Bagozzi 1979; Bollen/Lennox 1991; Diamantopoulos 1999; Diamantopoulos/Riefler/ Roth 2008; Diamantopoulos/Winklhofer 2001; Edwards/Bagozzi 2000, S. 157 ff.; Götz/Liehr-Gobbers 2004, S. 77; Homburg/Giering 1996, S. 6; Jarvis et al. 2003; Jensen 2004). Verursachen die Indikatoren kausal die Ausprägung des Konstrukts, sind sie formativ (vgl. Bollen/Lennox 1991, S. 306; Fassott/Eggert 2005, S. 32). Verursacht hingegen das Konstrukt die Ausprägungen der Indikatoren, handelt es sich um reflektive Indikatoren (vgl. Bollen 1984, S. 378).

Abbildung 4–3: Reflektive und formative Indikatoren
(Eigene Darstellung in Anl. an: Götz/Liehr-Gobbers 2004, S. 717).

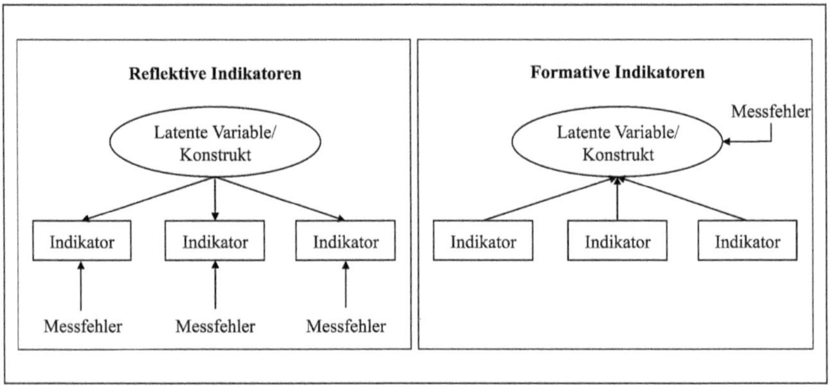

In der vorliegenden Untersuchung werden ausschließlich reflektiv operationalisierte Konstrukte verwendet, was bei verhaltenswissenschaftlichen Konstrukten üblich ist. Im reflektiven Fall sind die Messungen des Konstrukts in der Regel fehlerbehaftet (vgl. Hunt 1991, S. 386; Jarvis et al. 2003, S. 199). Ziel der Konstruktmessungen sind daher stets die Überprüfung der Qualität der Messungen sowie die Minimierung möglicher Messfehler (vgl. Himme 2009, S. 485). Die Güte des Messmodells, also der empirischen Erfassung eines Konstrukts über die jeweiligen Indikatoren, wird im Wesentlichen anhand der drei Kriterien Objektivität, Reliabilität (Zuverlässigkeit) und Validität (Gültigkeit) beurteilt (vgl. Berekoven/Eckert/Ellenrieder 2006, S. 80 ff.).

Objektivität ist gegeben, wenn lediglich das zu messende Merkmal, nicht jedoch der Interviewer oder Situationsvariablen, das Messergebnis bestimmt. In der vorliegenden Arbeit konnte dies durch das Untersuchungsdesign einer internetbasierten standardisierten Befragung sichergestellt werden.

Reliabilität bezeichnet die Zuverlässigkeit eines Messinstruments. Sie gibt den Grad der Genauigkeit an, mit dem das Konstrukt gemessen wird (vgl. Peter/Churchill Jr. 1986, S. 4; Schnell/Hill/Esser 2005, S. 151). Eine Messung gilt als reliabel, wenn beliebige Wiederholungen der Messung unter gleichen Rahmenbedingungen zu gleichen Ergebnissen führen (vgl. Peter 1979, S. 6).

Die **Validität** eines Messinstruments betrifft die konzeptionelle Genauigkeit, d.h. sie gibt an, ob das Messinstrument tatsächlich misst, was es messen soll (vgl. Churchill 1979, S. 65; Herrmann/Homburg 2000, S. 24; Homburg/Giering 1996, S. 7). Als valide gilt eine Messung, wenn sie frei von sowohl systematischen als auch zufälligen Messfehlern ist (vgl. Churchill 1979, S. 65 f.). Reliabilität stellt somit eine notwendige Bedingung für Validität dar, sie ist jedoch nicht hinreichend.

Zur Beurteilung der Reliabilität und Validität eines Messinstruments werden unterschiedliche Gütekriterien herangezogen. Die Wahl der jeweiligen Kriterien hängt von der Operationalisierung der Indikatoren ab. Da in der vorliegenden Untersuchung ausschließlich reflektive Messmodelle verwendet werden, wird nur auf die hierfür relevanten Gütekriterien in Abschnitt 4.2.4 näher eingegangen.

4.2.2 Strukturgleichungsmodelle

Die Forschungsfragen der vorliegenden Arbeit beinhalten die Untersuchung vermuteter Wirkungszusammenhänge zwischen latenten Konstrukten, etwa Shopping Enjoyment und dessen Determinanten sowie den Auswirkungen und Moderatoren im Modell. Hieraus resultieren bestimmte Anforderungen an das zu verwendende Datenanalyseverfahren:

- Abbildung komplexer Zusammenhänge zwischen latenten Variablen und
- Berücksichtigung von Messfehlern.

Um diesen Anforderungen gerecht zu werden, gelten Strukturgleichungsmodelle als ein multivariates Verfahren der zweiten Generation als sehr leistungsfähig, da sie explizit Messfehler einbeziehen (Fassott 2005, S. 20; Homburg/Dobratz 1998, S. 450) und Zusammenhänge zwischen hypothetischen Konstrukten abbilden können (vgl. Backhaus et al. 2003, S. 334; Götz/Liehr-Gobbers 2004, S. 716). Hierbei kann es sich um manifeste (beobachtbare) und latente (nicht-beobachtbare) Konstrukte handeln, deren Ursache-Wirkungsbeziehungen analysiert werden sollen (Chin 1998, S. 296). Strukturgleichungsmodelle können neben der Qualität eines Messmodells auch die Stärke der unterschiedlichen Beziehungen zwischen Konstrukten schätzen (vgl. Gefen/Straub/Boudreau 2000, S. 3 f.; Henseler 2005, S. 70; Homburg/Klarmann 2006, S. 727).

Strukturgleichungsmodelle bestehen aus zwei multivariaten Modellen, dem Strukturmodell (inneres Modell) und den endogenen und exogenen Messmodellen (äußeres Modell) (vgl. Götz/Liehr-Gobbers 2004, S. 716; Lohmöller 1988, S. 125). Abbildung 4–4 zeigt die einzelnen Bestandteile eines einfachen Strukturgleichungsmodells auf, die den etablierten Notationen von Chin (1998) und Backhaus et al. (2003) folgen.

Das **Strukturmodell** bildet die theoretisch vermuteten Beziehungen zwischen den latenten Variablen ab (vgl. Bagozzi 1994, S. 319). Exogene (unabhängige) Variablen im Modell erklären auf Basis der spezifizierten kausalen Zusammenhänge im Modell die endogenen (abhängigen) Variablen η. Formal lassen sich Strukturmodell wie folgt darstellen (vgl. Backhaus et al. 2003, S. 350):

Formel (1): $$\eta = \mathrm{B}\eta + \Gamma\xi + \zeta$$

mit η : Vektoren der Konstruktwerte der exogenen/endogenen Variablen,
ξ : Vektor der Konstruktwerte der exogenen Variable,
B : Koeffizientenmatrix der exogenen/endogenen Variablen,
Γ : Koeffizientenmatrix der exogenen Variable,
ζ : Vektor der Fehlervariablen der endogenen Variablen.

Abbildung 4–4: Einfaches Strukturgleichungsmodell (vgl. Götz/Liehr-Gobbers 2004, S. 716).

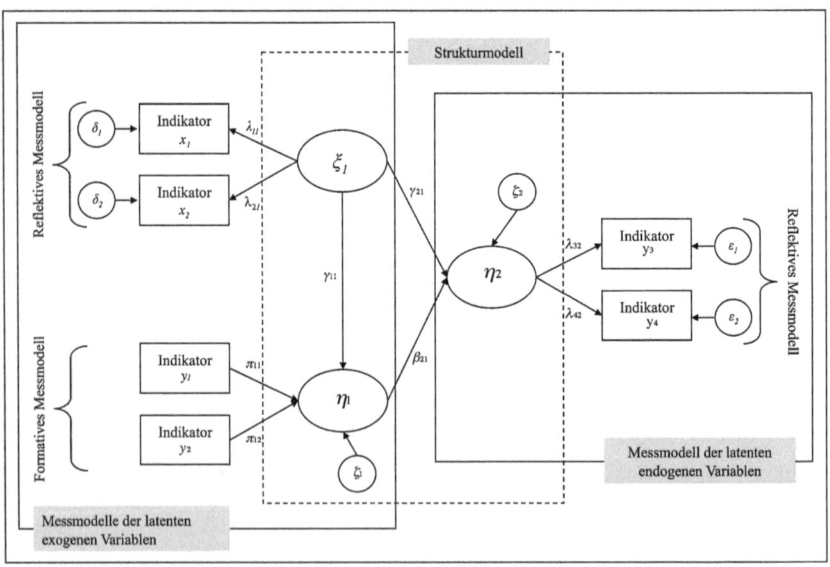

Die Vektoren der Konstruktwerte der exogenen beziehungsweise endogenen Variablen werden durch η und ξ repräsentiert. Die Strukturkoeffizientenmatrizen B und Γ bilden die Pfadkoeffizienten zwischen den latenten Variablen im Strukturmodell ab. Der Vektor ζ beinhaltet die Fehlergrößen zwischen den latenten endogenen Variablen innerhalb des Strukturmodells.

Die Beziehungen zwischen den latenten Variablen und den ihnen zugehörigen Indikatoren werden durch das **Messmodell** bestimmt (vgl. Götz/Liehr-Gobbers 2004, S. 717). Die Indikatoren der unabhängigen Variablen werden vom exogenen Messmodell umfasst, während die Indikatoren der abhängigen Variablen das endogene Messmodell darstellen. Je nach Kausalitätsrichtung zwischen den latenten Konstrukten und den Indikatoren wird zwischen einer reflektiven und formativen Operationalisierung der Konstrukte unterschieden (vgl. Abschnitt 0). Da in der vorliegenden Untersuchung ausschließlich reflektiv operationalisierte Konstrukte verwendet werden, wird hier nicht näher auf die Besonderheiten einer formativen Operationalisierung eingegangen.

Verursacht das Konstrukt die Ausprägungen der Indikatoren, sind diese reflektiv (vgl. Fassott/Eggert 2005, S. 32). Ändert sich die Ausprägung eines Konstrukts, ändern sich in der Folge die Ausprägungen aller zugehörigen Indikatoren in die gleiche Richtung (vgl. Backhaus et al. 2003, S. 350 ff.; Bollen/Lennox 1991, S. 305; Diamantopoulos/Riefler/Roth 2008, S. 8). Die Indikatoren stellen im reflektiven Fall austauschbare Messungen des jeweiligen Konstrukts dar, weshalb sie untereinander hoch korreliert sein sollten (Bollen/Lennox 1991, S. 308; Bollen/Ting 2000, S. 6 f.). Die Korrelation der Indikatoren kann daher als Gütemaß reflektiver Messmodelle verwendet werden (vgl. Fassott/Eggert 2005, S. 39; Homburg/Giering 1996, S. 8). Meist stellen reflektive Indikatoren nur eine Teilmenge der Indikatoren da, die ein Konstrukt abbilden können, so dass sie als grundsätzlich austauschbar gelten (vgl. Bollen/Lennox 1991, S. 308; Fassott/Eggert 2005, S. 37). Im Fall einer reflektiven Operationalisierung gelten die Indikatoren zudem als fehlerbehaftete Messungen der latenten Variable (vgl. Götz/Liehr-Gobbers 2004, S. 727).

Die Wahl eines reflektiven oder formativen Messmodells sollte genau geprüft werden, um eine Fehlspezifikation von Indikatoren und damit negative Auswirkungen auf die Qualität der Datenanalyse durch erhebliche Verzerrungen der Parameterschätzungen im Strukturmodell zu vermeiden (vgl. Eberl 2006b, S. 654; Fassott/Eggert 2005, S. 44 ff.; Howell/Breivik/Wilcox 2007, S. 214). Um die Entscheidung für das jeweilige Messmodell zu fundieren, entwickelten Jarvis et al. (2003) einen Kriterienkatalog zur Bestimmung eines reflektiven oder formativen Charakters von Konstrukten. Eine zusammenfassende Übersicht dieser Kriterien ermöglicht Tabelle 4–2. Herrmann/ Huber/Kressmann (2006, S. 47) weisen entgegen dieser umfangreichen und teilweise redundanten Kriterien darauf hin, dass letztlich „[...] die Frage nach der kausalen Richtung zwischen Indikator und Konstrukt (genügt) [...], weil daraus die übrigen Eigenschaften folgen."

Tabelle 4–2: Entscheidungsregeln zur Identifikation formativer und reflektiver Messmodelle (in Anlehnung an Jarvis et al. 2003, S. 203).

Entscheidungskriterium	Formatives Messmodell	Reflektives Messmodell
Richtung der Kausalität zwischen Indikatoren und Konstrukt	Die Indikatoren verursachen das Konstrukt	Das zugrunde liegende Konstrukt verursacht die Indikatoren
Austauschbarkeit der Indikatorvariablen	Die Indikatoren müssen nicht austauschbar sein	Die Indikatoren sollten austauschbar sein
Korrelation zwischen Indikatoren	Die Indikatoren müssen nicht unbedingt miteinander korrelieren	Eine hohe Korrelation zwischen den Indikatoren ist zwingend
Nomologisches Netz der Indikatoren	Indikatoren formativer Messmodelle müssen nicht unbedingt die gleichen Aspekte des Konstrukts erfassen und können daher unterschiedliche Determinanten und Konsequenzen haben	Indikatoren reflektiver Messmodelle erfassen die gleichen Aspekte eines Konstrukts und müssen daher auch die gleichen Determinanten und Konsequenzen haben

Die Entscheidung zur Verwendung ausschließlich reflektiv operationalisierter Konstrukte in der vorliegenden Untersuchung beruht insbesondere auf dem von Jarvis et al. (2003) zuletzt genannten Entscheidungskriterium des nomologischen Netzes der Indikatoren. Die Messmodelle der latenten Konstrukte im Untersuchungsmodell umfassen ausschließlich solche Indikatoren, die die gleichen Aspekte des jeweiligen Konstrukts erfassen. Die Indikatoren haben folglich die gleichen Ursachen und Konsequenzen, so dass eine formative Operationalisierung ausgeschlossen ist.

4.2.3 Partial Least Squares-Ansatz als Verfahren zur Analyse von Strukturgleichungsmodellen

Grundsätzlich können Strukturgleichungsmodelle anhand von varianz- und kovarianzbasierten Analyseverfahren geschätzt werden (vgl. Ringle 2004b, S. 11). Formal stimmen beide Verfahren hinsichtlich ihrer Überlegungen zum Modell überein. Sie unterscheiden sich jedoch in der Schätzmethode grundlegend (vgl. Ringle 2004a, S. 5).

Die **Kovarianzstrukturanalyse** ist im deutschsprachigen Raum insbesondere unter dem Namen LISREL beziehungsweise Kausalanalyse bekannt und geht auf Jöreskog (1967; 1969; 1970; 1971) zurück. Gemäß Chin (1998, S. 297) zielt der kovarianzbasierte Ansatz darauf ab „to minimize the difference between the sample covariances and those predicted by the theoretical model. (…) Therefore, the parameters that are estimated by this procedure attempt to reproduce the covariance matrix of the observed measures". Ziel der kovarianzbasierten Verfahren ist demnach die Minimierung der Differenz zwischen der empirisch erhobenen und der theoretischen Kovarianzmatrix des zu schätzenden Modells (vgl. Backhaus et al. 2003, S. 368; Ringle 2004a, S. 5). Bei kovarianzbasierten Verfahren werden alle linearen Zusammenhänge innerhalb des Untersuchungsmodells simultan geschätzt. Zur Schätzung der Modellparameter existieren unterschiedliche Algorithmen, wobei das Maximum-Likelihood (ML)-Verfahren weit verbreitet ist. Die Konstruktwerte der latenten Variablen im Modell werden hierbei nicht berücksichtigt (vgl. Betzin/Henseler 2005, S. 50).

Das Verfahren der Kleinste-Quadrate-Methode **Partial Least Squares (PLS)** als bekanntestes **der varianzbasierten Analyseverfahren** wurde im Wesentlichen von Wold (1966; 1982a 1982b) entwickelt. Es zielt darauf ab, die Parameter des Modells mit einer bestmöglichen Reproduktion der tatsächlichen Datenstruktur zu schätzen und die „Erklärungskraft des Strukturmodells zu maximieren" (Götz/Liehr-Gobbers 2004, S. 721). Dies gelingt, indem die Residualvarianzen der endogenen Variablen minimiert beziehungsweise deren erklärte Varianz und damit Vorhersagegenauigkeit maximiert werden (vgl. Chin 1998, S. 301; Hair/Ringle/Sarstedt 2011, S. 143; Hulland 1999, S. 202). Das PLS-Verfahren schätzt nicht nur die Stärke des Zusammenhangs zwischen den Variablen, sondern auch alle Konstruktwerte (vgl. Bliemel et al. 2005, S .11), die von kovarianzbasierten Verfahren nicht bestimmt werden. Den Messmodellen gilt hierbei ein eigenständiges Interesse (vgl. Fassott 2005, S. 24; Götz 2007, S. 3).

Die Unterschiede hinsichtlich der Schätzmethoden erfordern eine begründete Wahl eines der beiden Analyseverfahren. Diese erfolgt auf Grundlage des dem spezifizierten Untersuchungsmodell zugrundeliegenden Forschungsziels und der Abwägung der jeweiligen Vorzüge beider Analyseverfahren. Dabei wird deutlich, dass varianzbasierte Ansätze nicht als Alternative zu kovarianzbasierten Verfahren, sondern als eigenständiges Analyseverfahren anzusehen sind (vgl. Fornell/Cha 1994, S. 52), deren Vorteile für die vorliegende Untersuchung im Folgenden skizziert werden.

Bei Untersuchungsmodellen mit einer Vielzahl endogener Variablen ist das Erkenntnisinteresse bezüglich der **Zielvariablen** besonders groß. Im Rahmen der vorliegenden Untersuchung ist das fokale Konstrukt Shopping Enjoyment in ein komplexes Strukturmodell bestehend aus einer Vielzahl an latenten Konstrukten integriert und stellt die zentrale Zielvariable dar. Darüber hinaus sind die Auswirkungskontrukte, die von Shopping Enjoyment beeinflusst werden, weitere endogene Variablen mit Erkenntnisinteresse im spezifizierten Strukturgleichungsmodell. Mögliche Einflussfaktoren der endogenen Variablen, die mithilfe des Untersuchungsmodells identifiziert werden sollen, stellen die modellierten handelsseitigen Determinanten von Shopping Enjoyment dar, aber auch moderierende Variablen im Untersuchungsmodell dar. Zudem kann Shopping Enjoyment selbst als Einflussfaktor der definierten Auswikungskonstrukte erachtet werden. Hair/Ringle/Sarstedt (2011, S. 144) empfehlen die Verwendung von PLS insbesondere „if the goal is predicting key target constructs or identifying key "driver" constructs". Da PLS als varianzbasiertes Analyseverfahren die bestmögliche Vorhersage von endogenen Zielvariablen anstrebt (vgl. Chin 1998, S. 301; Götz/Liehr-Gobbers 2004, S. 721; Huber et al. 2005, S. 10f.), eignet es sich für das beschriebene Erkenntnisinteresse in besondererm Maße. In der wissenschaftlichen Literatur (vgl. Herrmann/Huber/Kressmann 2006, S. 44; Götz/Liehr-Gobbers 2004, S. 721) wird dem Verfahren zudem eine besondere Eignung zur Ableitung von managementrelevanten Implikationen bescheinigt, die schließlich auf Basis der Ergebnisse der empirischen Untersuchung erfolgen soll.

Mit zunehmender Anzahl an Konstrukten und Interdependenzen zwischen den Konstrukten steigt die **Komplexität** eines Untersuchungsmodells. Die zusätzliche Integration moderierender Variablen kann bei kovarianzbasierten Analyseverfahren zu Identifikationsproblemen führen (vgl. Bliemel et al. 2005, S. 11). Das vorliegende Untersuchungsmodell zu Shopping Enjoyment umfasst insgesamt 16 latente Konstrukte und vier soziodemographische Variablen, die sowohl direkte als auch moderierende Wirkungsbeziehungen abbilden. Mithilfe von PLS lassen sich Modelle mit bis zu 100 latenten Variablen und 1000 Indikatoren schätzen (vgl. Bliemel et al. 2005, S. 11). Moderierende Effekte können zudem mittels Interaktionstermen im Gegensatz zu kovarianzbasierten Verfahren sinnvoll geschätzt werden, weil nicht von der Annahme unkorrelierter Fehlerterme der Indikatorvariablen ausgegangen wird. Bei der Berücksichtigung von Interaktionseffekten stellt sich PLS deshalb als besonders vorteilhaft heraus, weil es auf harte Annahmen über die Korrelation von Fehlertermen verzichtet (Eberl 2006a, S. 133). Der konservative Charakter von PLS, bei dem die Strukturkoeffizienten leicht unterschätzt werden, kann in diesem Zusammenhang als Vorteil gegenüber kovarianzbasierten Analyseverfahren erachtet werden, da hierdurch leicht abgemilderte Messfehlereffekte beobachtbar sind (vgl. Chin/Marcolin/Newsted 2003, S. 198). PLS stellt somit das überlegene Analyseverfahren für komplexe Modellstrukturen dar (vgl. Chin/Marcolin/Newsted 2003, S. 193; Chin/Peterson/Brown 2008; Eggert/Fas-sott/Helm 2005, S. 8).

Grundsätzlich kann PLS im Vergleich zu kovarianzbasierten Analyseverfahren ein **konservativer Charakter** zugesprochen werden, da es Ladungen relativ überschätzt und Pfadkoeffizienten relativ unterschätzt (vgl. Albers/Hildebrandt 2006, S. 17; Fornell/Cha 1994, S. 66; Eberl 2006a, S. 95f.). Ursächlich hierfür ist die Zerlegung des Gesamtmodells in Teilmodelle. Anschließend werden die Parameter für jedes Teilmodell geschätzt, während die Parameter der übrigen Teilmodelle konstant gehalten werden (vgl. Nitzl 2010, S. 16). Da PLS die Beziehungen zwischen den Konstrukten im Modell unterschätzt, kann davon ausgegangen werden, dass einmal ermittelte Effekte auch tatsächlich existieren. PLS kommt damit konservativen Anwendern entgegen, was auch für die Ableitung von robusten managementrelevanten Implikationen von Bedeutung ist, die insbesondere auf den Untersuchungsergebnissen des jeweiligen Strukturmodells beruhen.

Die **„consistency at large“** Eigenschaft von PLS wirkt im Rahmen der vorliegenden Untersuchung der zuvor genannten relativen Überschätzung von Ladungen entgegen, da sich mit steigender Anzahl der Indikatoren pro Konstrukt und zunehmendem **Stichprobenumfang** die PLS Schätzung an die „wahren“ Werte der Population annähert (vgl. Chin/Marcolin/Newstedt 1996, S. 31). Obwohl der Stichprobenumfang (N) beim PLS-Verfahren nicht den strengen Anforderungen der Kovarianzstrukturanalyse unterliegt, die ein hohes dreistelliges N erfordert (vgl. Bliemel et al. 2005, S. 11; Marsh et al. 1998, S. 182), wurde für die vorliegende Untersuchung von den weichen Vorgaben des PLS-Verfahrens abgewichen und ein relativ hohes N als Stichprobenumfang gewählt. Der geforderte Stichprobenumfang bei PLS richtet sich nach der Anzahl der Indikatoren des komplexesten Konstrukts, andernfalls nach dem Maximum der Anzahl exogener Konstrukte, die auf ein endogenes wirken (vgl. Chin 1998, S. 311; S. 332 f.). Die Entscheidung für ein geplantes N von 250 (realisiertes N = 258) ist primär durch die Definition einer nationalrepräsentativen Strichprobe begründet. Um Nationalrepräsentativität zu gewährleisten, wurden umfangreiche Quoten und Teilquoten zu demographischen Merkmalen ermittelt (vgl. Abschnitt 0). Diese wurden anschließend auf den geplanten Stichprobenumfang angewendet, so dass genaue Zielvorgaben bezüglich der zu erhebenden (Teil-) Gruppen ermöglicht wurden. Um für alle zuvor ermittelten (Teil-) Quoten angemessene (Teil-)

Gruppenumfänge zu erhalten, war die Wahl eines relativ hohen N unabdingbar (vgl. Abschnitt 4.1.1). Weiterhin ist für die Analyse moderierender Effekte bei kategorialen Variablen ein Teilgruppenvergleich durchzuführen, so dass ein ausreichender Stichprobenumfang für jede Teilgruppe durch ein hohes geplantes N sichergestellt werden konnte. Im Rahmen der vorliegenden Untersuchung wurde die soziodemographische Variable Geschlecht als moderierende Variable definiert, so dass die Teilgruppen „Mann" und „Frau" jeweils einen Umfang von 50% des realisierten N von 258 hatten.

Die Verwendung weniger etablierter **Skalen** zur Konstruktmessung ist beim varianzbasierten Analyseverfahren PLS unproblemtisch, da das Verfahren gegenüber „schwachen" Items robust ist (vgl. Chin/Peterson/Brown 2008; Fornell/Bookstein 1982; Wold 1985). Das etablierte Anspruchsniveau von 0,707 für Indikatorreliabilität wird bei PLS im Fall neu entwickelter Messmodelle nicht gefordert. Das Verfahren toleriert insbesondere im Fall neu entwickelter Skalen bei empirischen Forschungsarbeiten geringere Ladungen (vgl. Götz/Liehr-Gobbers 2004, S. 727). Für das vorliegende Untersuchungsmodell wurden Skalen teilweise selbst entwickelt, da in der Literatur für manche Konstrukte keine geeigneten Messmodelle existieren. So wurden für die vorliegende Untersuchung neue Indikatoren, beispielweise für die Messung des Konstrukts „Hedonistische Shoppingorientierung", auf Basis der bestehenden Literatur entwickelt und nach entsprechenden Pre-Tests im Rahmen der Datenerhebung angewendet. Die Anwendung von PLS stützt diese Vorgehensweise, die hinsichtlich der geforderten Indikatorreliabilität die damit verbundene Unsicherheit zulässt.

Grundsätzlich gelten für varianzbasierte Ansätze als nicht-parametrische Analyseverfahren deutlich weniger Restriktionen bezüglich der Verteilungsannahmen. Variablen, die wie im vorliegenden Fall im Bereich der Wirtschaftswissenschaften erhoben werden, weisen häufig keine multivariate **Normalverteilung** auf und besitzen zudem unterschiedliche Skalenniveaus (vgl. Chin/Peterson/Brown 2008; Fornell/Bookstein 1982, S. 443; Jöreskog 1973, S. 94; Scholderer/Balderjahn 2005, S. 91). Während die Kovarianzstrukturanalyse diese fordert, setzt PLS hingegen keine Verteilungsannahmen voraus und fordert keine Intervallskalierung der Daten (vgl. Chin 1998, S. 316; Jöreskog 1973, S. 94). PLS wird in diesem Zusammenhang auch als „soft modelling technique" bezeichnet, was sich jedoch ausschließlich auf die Verteilungsannahmen des Analyseverfahrens bezieht (Lohmöller 1989, S. 64). Hieraus ergibt sich, dass für varianzbasierte Analyseverfahren nur wenige Gütemaße zur Beurteilung der zu schätzenden Modelle herangezogen werden (vgl. Ringle 2004b, S. 13). Resamplingverfahren jedoch ermöglichen die Berechnung von Standardfehlern für die geschätzten Modellparameter (vgl. Scholderer/Balderjahn 2005, S. 91).

Insgesamt stellte Wold (1980, S. 52) bereits zu den Anfängen von PLS fest, dass die Unterschiede der Schätzungen zwischen kovarianz- und varianzbasierten Analyseverfahren nur gering sind, was Reinartz/Haenlein/Henseler (2009) bestätigen. Unter Berücksichtigung der genannten Vorteile von PLS ist es als das geeignete Analyseverfahren für die Ziele der vorliegenden Untersuchung zu bewerten. Als gegenwärtig gebräuchlichstes Verfahren zur PLS-Pfadmodellierung wird für die empirische Untersuchung das Softwareprogramm SmartPLS verwendet (vgl. Henseler/Ringle/Sinkovics 2009; Temme/Kreis 2005; Ringle/Wende/Will 2005).

Während bei kovarianzbasierten Ansätzen die linearen Zusammenhänge der Variablen simultan geschätzt werden (vgl. Chin 1995; Scholderer/Balderjahn 2005, S. 92), zeichnet sich das PLS-Verfahren durch eine iterative und sukzessive Vorgehensweise bei der Schätzung aller Teile des Modells aus, um Konvergenz und eine bestmögliche Vorhersagegenauigkeit der endogenen Variablen zu erreichen (vgl. Chin 1995; Scholderer/Balderjahn 2005, S. 92). Götz/Liehr-Gobbers (2004) beschreiben dies wie folgt: „Der PLS-Algorithmus ist partial, das Resultat gibt aber eine modellweite und hinsichtlich der Erklärungskraft des Gesamtmodells optimale Lösung an." Vereinfacht lässt sich der PLS-Algorithmus wie in Abbildung 4–5 dargestellt in drei Phasen unterteilen (vgl. Fornell/Cha 1994, S. 62 ff.; Götz/Liehr-Gobbers 2004, S. 722 ff.; Lohmöller 1989, S. 30 f.; Ringle 2004b, S. 8 ff.; Tenenhaus et al. 2005, S. 166).

Auf Basis der sogenannten Rohdatenmatrix werden in der ersten Phase die Werte für alle Konstrukte des Modells geschätzt. Die Konstrukte können als standardisierte Linearkombination ihrer zugehörigen Indikatoren dargestellt werden (vgl. Götz/Liehr-Gobbers 2004, S. 722). In der zweiten Phase werden die Werte der ersten Schätzung durch einen iterativen Prozess der wechselweisen inneren und äußeren Approximation verbessert (vgl. Götz/Liehr-Gobbers 2004, S. 722). Die äußere Approximation bezieht sich auf die Untersuchung der Messmodelle, während die innere Approximation das Strukturmodell, also die Beziehungen zwischen den Konstrukten, untersucht. Die Optimierung der Schätzungen wird durch die Minimierung der Residualvarianzen im Mess- und Strukturmodell erreicht. Erst nach Erreichen bestmöglicher Konvergenz wird dieser iterative Prozess der Parameterschätzungen beendet (vgl. Lohmöller 1989, S. 29 f.). In der dritten Phase des PLS-Algorithmus werden die Modellparameter ermittelt, indem mittels einer multiplen Regressionsanalyse die Pfadkoeffizienten im Strukturmodell berechnet werden (vgl. Chin 1998, S. 302; Götz/Liehr-Gobbers 2004, S. 724).

Abbildung 4–5: Der PLS-Algorithmus (in Anlehnung an Götz/Liehr-Gobbers 2004, S. 723)

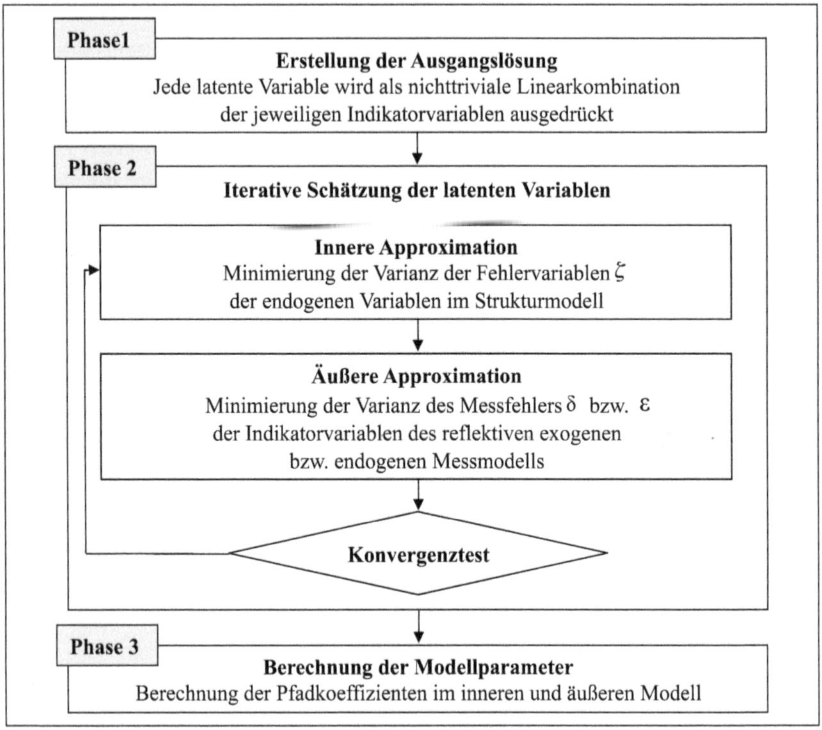

4.2.4 Gütekriterien zur Beurteilung der Messmodelle

Bei der Überprüfung der Güte eines PLS-Pfadmodells geht es um die Frage seiner Eignung, die Beziehungen zwischen den Variablen zu beschreiben. Hierfür wird eine in der Literatur etablierte zweistufige Vorgehensweise empfohlen, bei der zunächst die Güte der Messmodelle und anschließend die Prognosefähigkeit des PLS-Modells evaluiert werden (vgl. Krafft/Götz/Liehr-Gobbers 2005, S. 72).

Zu Überprüfung der Güte eines Untersuchungsmodells kommen unterschiedliche Gütekriterien zum Einsatz, bei denen spezifische Anspruchsniveaus erreicht werden müssen. Die Unterschreitung einzelner Gütemaße jedoch sollte nicht zu einer pauschalen Ablehnung eines Modells führen, sondern immer vor dem Hintergrund des Gesamtbilds der Güteprüfung interpretiert werden (vgl. u. a. Fassnacht 2000, S. 86; Homburg/ Baumgartner 1995, S. 172).

Die Güte eines Messmodells wird anhand der drei Kriterien Objektivität, Reliabilität und Validität beurteilt (vgl. Berekoven/Eckert/Ellenrieder 2006, S. 80 ff.). Ein einleitender Überblick über die drei Kriterien erfolgte bereits in Abschnitt 0. Im Folgenden wird näher auf die Gütemaße der beiden Kriterien Reliabilität und Validität eingegangen. Sie werden in Inhaltsvalidität, Indikatorreliabilität, Konvergenzvalidität sowie Diskriminanzvalidität parzelliert (vgl. Chin 1998, S. 316 ff.; Götz/Liehr-Gobbers 2004, S. 727 f.; Hulland 1999, S. 198 ff.; Krafft/Götz/Liehr-Gobbers 2005, S. 73 ff.).

Inhaltsvalidität

Inhaltsvalidität eines Messmodells ist dann gegeben, wenn die Indikatoren dem inhaltlich-semantischen Bereich des zugrunde liegenden Konstrukts angehören und dessen Bedeutungsinhalte und Facetten abbilden (vgl. Bohrnstedt 1970; Churchill 1979, S. 67; Homburg/Giering 1996). Parasuraman/Zeithaml/Berry (1988, S. 28) empfehlen eine qualitative Vorgehensweise zur Sicherstellung von Inhaltsvalidität, indem ein Konstrukt zunächst umfassend definiert und inhaltlich präzise abgegrenzt wird. Um schließlich Indikatoren zu wählen, die den Inhalt des Konstrukts korrekt abbilden, bieten sich eine detaillierte Literaturrecherche sowie Expertengespräche an (vgl. Churchill 1979, S. 67).

Indikatorreliabilität

Indikatorreliabilität liegt vor, wenn ein Indikator durch das zugrunde liegende Konstrukt repräsentiert wird, d. h. ein hoher Anteil der Varianz des Indikators demnach durch das Konstrukt erklärt werden kann (vgl. Bagozzi 1982, S. 156; Homburg/ Baumgartner 1995, S. 170; Hulland 1999, S. 198). Die Indikatorreliabilität ($rel(x_i)$) wird durch die quadrierte Korrelation zwischen Indikator und Konstrukt berechnet und folgt folgender formaler Schreibweise (vgl. Homburg/Giering 1996, S. 10):

Formel (2): $$rel(x_i) = \frac{\lambda_{ij}^2 \phi_{jj}}{\lambda_{ij}^2 \phi_{jj} + \Theta_{ii}}$$

mit: λ_{ij}: geschätzte Faktorladung,
ϕ_{jj}: geschätzte Varianz des Faktors ξ_j,
θ_{ii}: geschätzte Varianz des Messfehlers δ_i.

Die Indikatorreliabilität kann Werte zwischen 0 und 1 annehmen, wobei höhere Werte für eine höhere Messgüte stehen. In der Literatur werden Werte von mindestens 0,5 gefordert, d. h. mehr als 50 Prozent der Varianz eines Indikators sollen auf das ihm zugrunde liegende Konstrukt zurückzuführen sein (vgl. Carmines/Zeller 1979, S. 27; Götz/Liehr-Gobbers 2004, S. 727). Impliziert wird dadurch, dass die Ladung λ des Indikators mindestens 0,707 betragen sollte (vgl. Sarkar et al. 2001, S. 365 f.). Bei neu entwickelten Skalen wird eine Unterschreitung des Mindestwerts bis zu 0,4 toleriert, sofern eine Beibehaltung des Indikators im Modell theoretisch sinnvoll ist und ausreichend viele der übrigen Indikatoren des Messmodells den geforderten Wert erreichen (vgl. Chin 1998; Hulland 1999, S. 198).

Nicht nur die Höhe, sondern auch die Signifikanz der Ladung ist im Rahmen der Konstruktmessung von Bedeutung. Zu deren Abschätzung dient der t-Wert, der bei PLS über die beiden Resampling-Verfahren „Bootstrapping" und „Jackknifing" ermittelt wird. Aufgrund des geringeren Standardfehlers wird das Bootstrapping-Verfahren für die vorliegende Arbeit verwendet (vgl. Bollen/Stine 1993; Efron/Gong 1983, S. 39 f.; Efron/Tibishirani 1993, S. 145; Ringle 2004b). Der t-Wert der Faktorladung eines Indikators sollte bei einem einseitigen Test auf 5%-Niveau signifikant sein, was einem Mindestwert von 1,645 entspricht (vgl. Homburg/Giering 1996, S. 11).

Konvergenzvalidität

Auf Ebene der latenten Variablen wird die **Konvergenzvalidität** geprüft. Sie liegt vor, wenn zwei oder mehrere Messungen desselben Konstrukts übereinstimmen (vgl. Bagozzi/Phillips 1982, S. 468) und die Indikatoren hoch miteinander korrelieren (vgl. Peter 1981, S. 136). Konvergenzvalidität wird bei PLS mittels den drei Gütekriterien Cronbachsches Alpha, Faktorreliabilität und durchschnittlich erfasste Varianz überprüft (vgl. Chin 1998, S. 320 f.; Hulland 1999, S. 199; Ringle 2004b, S. 19 f.).

Das **Cronbachsche Alpha** (ά) ist ein Maß für die Interne-Konsistenz-Reliabilität der Indikatoren eines Konstrukts (vgl. Carmines/Zeller 1979, S. 45; Homburg/Giering 1996, S. 8; Peter 1979). Es stellt den Mittelwert aller Korrelationen dar, der sich bei der Teilung der Indikatoren eines Konstrukts auf alle möglichen Arten und der anschließenden Korrelation der daraus resultierenden Variablenhälften ergibt (vgl. Carmines/Zeller 1979, S. 45; Homburg/Giering 1996, S. 8). Formal stellt sich die Berechnung wie folgt dar (vgl. Cronbach 1951, S. 299):

Formel (3): $$\alpha = \left(\frac{N}{N-1}\right) \cdot \left(1 - \frac{\sum_{i=1}^{N} \sigma_i^2}{\sigma_t^2}\right)$$

mit: N: Anzahl der Indikatoren eines Konstrukts
σ_i^2: Varianz des i-ten Indikators
σ_t^2: Varianz der Summe aller Indikatoren eines Konstrukts.

Das Cronbachsche Alpha kann Werte zwischen 0 und 1 annehmen. Je näher der Wert am Maximalwert 1 liegt, desto höher ist die Reliabilität der Indikatoren eines Konstrukts zu beurteilen (Cortina 1993, S. 99). Bezüglich eines Mindestwerts wird in der Regel der Empfehlung von 0,7 von Nunnally (1978, S. 245 f.) gefolgt. Bei der Messung neu entwickelter Konstrukte werden Werte bis 0,6 zugelassen (Malhotra 1983, S. 308). Fällt das Cronbachsche Alpha deutlich unter dem geforderten Schwellenwert aus, kann durch Eliminieren der Indikatoren mit der niedrigsten **Item-to-Total-Korrelation** die Reliabilität des Konstrukts erhöht werden (vgl. Churchill 1979, S. 68). Die Item-to-Total Korrelation misst die Korrelation eines Indikators mit der Summe aller übrigen Indikatoren desselben Konstrukts. Der Wertebereich liegt zwischen 0 und 1, es existiert jedoch kein Mindestkriterium (vgl. Nunnally 1978, S. 274).

Ein weiteres Gütemaß im Rahmen der Überprüfung der Konvergenzvalidität ist die **Faktorreliabilität (FR)**. Sie misst die Güte der Konstruktmessung durch die Gesamtheit der dem Konstrukt zugeordneten Indikatoren. Anders als beim Cronbachschen Alpha werden die individuellen Ladungen der Indikatoren berücksichtigt, weshalb die Faktorreliabilität als exakteres Maß angesehen wird (vgl. Chin 1998, S. 320; Boßow-Thies/Panten 2009, S. 321). Formal wird sie wie folgt dargestellt (vgl. Homburg/Baumgartner 1998, S. 361):

Formel (4):

$$FR(l_j) = \frac{\left(\sum_{i=1}^{K} \lambda_{ij}\right)^2 \phi_{jj}}{\left(\sum_{i=1}^{K} \lambda_{ij}\right)^2 \phi_{jj} + \sum_{i=1}^{K} \theta_{ii}}$$

mit: λ_{ij}: geschätzte Faktorladung des i-ten Indikators,
ϕ_{jj}: geschätzte Varianz von ξ_j,
θ_{ii}: geschätzte Varianz des Messfehlers δ_i.

Der Wertebereich der Faktorreliabilität liegt zwischen 0 und 1. In der Literatur wird ein Mindestwert von 0,6 gefordert (vgl. Bagozzi/Yi 1988, S. 82).

Als drittes Kriterium zur Überprüfung der Konvergenzvalidität dient die **durchschnittlich erfasste Varianz (DEV)**. Gemäß Chin (1998, S. 321) misst sie „… the amount of variance that an LV component captures from its indicators relative to the amount due to measurement error.“ Die formale Darstellung lautet wie folgt (vgl. Homburg/Baumgartner 1995, S. 172):

Formel (5):
$$DEV(\xi_j)=\frac{\sum_{i=1}^{K}\lambda_{ij}^2\phi_{jj}}{\sum_{i=1}^{K}\lambda_{ij}^2\phi_{jj}+\sum_{i=1}^{K}\Theta_{ii}}$$

mit: λ_{ij}: geschätzte Faktorladung des i-ten Indikators
ϕ_{jj}: geschätzte Varianz von ξ_j
θ_{ii}: geschätzte Varianz des Messfehlers δ_i

Für die DEV wird ein Mindestwert von 0,5 gefordert, so dass ein Großteil der Varianz durch das Konstrukt erklärt werden kann und nicht auf Messfehler zurückzuführen ist (vgl. vgl. Bagozzi/Yi 1988, S. 82; Homburg/Baumgartner 1995, S. 172).

Diskriminanzvalidität

Diskriminanzvalidität ist vorhanden, wenn sich die Messungen verschiedener Konstrukte mit einem Messinstrument voneinander unterscheiden (vgl. Bagozzi/Phillips 1982, S. 131). Diskriminanzvalidität muss auf Indikator- und Konstruktebene gegeben sein. Auf Indikatorebene bedeutet dies, dass jeder Indikator auf das Konstrukt am höchsten laden muss, das er messen soll (vgl. Chin 1998, S. 321 f.; Panten/Boßow-Thies 2007, S. 322; Ringle 2004b, S. 21). Auf Konstruktebene wird gefordert, dass sich die Konstrukte signifikan t voneinander unterscheiden. Dies ist der Fall, wenn die gemeinsame Varianz der Konstrukte und ihrer Indikatoren größer ist als die gemeinsame Varianz mit anderen Konstrukten (vgl. Hulland 1999, S. 199). Das Fornell-Larcker-Kriterium (vgl. Fornell/Larcker 1981, S. 46) besagt, dass die durchschnittlich erfasste Varianz eines Konstrukts größer sein sollte als jede quadrierte Korrelation dieses Konstrukts mit einem anderen Konstrukt im Untersuchungsmodell (vgl. auch Hulland 1999, S. 199; MacKenzie/Podsakoff/Jarvis 2005, S. 728).

Einen Überblick über die im Rahmen der vorliegenden Arbeit eingesetzten Gütekriterien und ihre jeweiligen Anspruchsniveaus für reflektive Messmodelle ermöglicht Tabelle 4–3:

Tabelle 4–3: Gütekriterien und Anspruchsniveaus zur Beurteilung reflektiver Messmodelle in PLS

Güteart	Methode/Kriterium	Anspruchsniveau	Wertebereich
Inhaltsvalidität	Expertengespräche, Literaturrecherche	-	-
Indikatorreliabilität	Standardisierte Ladung	> 0,707	[0;1]
	t-Wert der Ladung (einseitiger t-Test)	> 1,645 (5%-Niveau)	[0;∞]
	Item-to-Total Korrelation (falls Cronbachsches Alpha < 0,7)	Eliminierung des Indikators mit niedrigster Item-to-Total Korrelation	[0;1]
Konvergenzvalidität	Cronbachsches Alpha	> 0,7	[0;1]
	Faktorreliabilität	> 0,6	[0;1]
	Durchschnittlich erfasste Varianz	> 0,5	[0;1]
Diskriminanzvalidität	Durchschnittlich erfasste Varianz	$DEV>(cor_{\xi\xi})^2$ $DEV>(cor_{\xi\eta})^2$ $DEV>(cor_{\eta\eta})^2$	[0;1]
	Cross-Loadings $cor_{i\eta\ (zugewiesen)}$	$>cor_{i\eta\ (nicht\ zugewiesen)}$ $>cor_{i\xi\ (nicht\ zugewiesen)}$	[0;1]

4.2.5 Gütekriterien zur Beurteilung des Strukturmodells

An die Gütebeurteilung der Messmodelle schließt sich die Untersuchung des Strukturmodells an. Hierbei werden die Abhängigkeitsbeziehungen zwischen den im Modell beschriebenen Variablen überprüft.

Aufgrund der fehlenden Verteilungsannahmen des PLS-Verfahrens können keine inferenzstatistischen Tests zur Gütebeurteilung des Gesamtmodells durchgeführt werden (vgl. Krafft/Götz/Liehr-Gobbers 2005, S. 83). An ihrer Stelle werden nicht-parametrische Tests durchgeführt, im Rahmen derer die Pfadkoeffizienten zwischen den latenten Variablen, das Bestimmtheitsmaß R^2 und die entsprechenden Effektgrößen sowie das Stone-Geisser-Testkriterium Q^2 betrachtet werden.

Pfadkoeffizienten

Den Ausgangspunkt zur Gütebeurteilung des Strukturmodells bildet die Analyse der Vorzeichen und Signifikanzen der **Pfadkoeffizienten**, die als Beta-Koeffizienten einer gewöhnlichen multiplen Regression interpretiert werden können (vgl. Chin 1998, S. 316; Henseler 2006, S. 132; Henseler/Ringle/Sinkovics 2009, S. 304). Die Pfadkoeffizienten beschreiben damit die Richtung und Stärke des Zusammenhangs zwischen den latenten Variablen des Untersuchungsmodells.

Der a priori Hypothesenentwicklung entsprechend werden die vermuteten Vorzeichen der Pfadkoeffizienten definiert. Die Analyse des empirischen Datenmaterials schließlich führt zu einer Ermittlung der tatsächlichen Vorzeichen der Pfadkoeffizienten. Ein positives Vorzeichen bedeutet die Erhöhung der endogenen Variable, ein negatives Vorzeichen die Senkung der endogenen Variable im Falle einer Erhöhung der exogenen Variable (vgl. Götz/Liehr-Gobbers 2004, S. 730).

Der Betrag des Pfadkoeffizienten beschreibt die Stärke des Wirkungszusammenhangs zwischen exogenem und endogenem Konstrukt. Ein Schwellenwert existiert für Pfadkoeffizienten nicht, jedoch sollten sie nicht unter 0,1 liegen (vgl. Herrmann/ Huber/Kressmann 2006, S. 45; Seltin/Keeves 1994). Die Signifikanzprüfung der Pfadkoeffizienten erfolgt anhand der mittels Bootstrapping- beziehungsweise Jackknifing-Verfahren ermittelten t-Werte (vgl. Herrmann/Huber/Kressmann 2006, S. 59; Efron/ Tibishirani 1993; Tenenhaus et al. 2005). Für die vorliegende Untersuchung werden hierbei die t-Werte einseitigen Tests unterzogen, bei denen sie auf 5%-Niveau signifikant sein sollten. Beträgt der t-Wert des Pfadkoeffizienten mindestens 1,645, ist diese Bedingung erfüllt (vgl. Homburg/Giering 1996, S. 11). Pfade, für die keine signifikanten Werte beziehungsweise ein der a priori erfolgten Hypothesenentwicklung entgegengesetztes Vorzeichen ermittelt werden, widerlegen die entsprechenden zugrunde liegenden Hypothesen und umgekehrt (vgl. Götz/Liehr-Gobbers 2004, S. 731).

Bestimmtheitsmaß R^2

Für die endogenen Variablen im Untersuchungsmodell wird das **Bestimmtheitsmaß R^2** als weiteres Gütekriterium berechnet. Es gibt den Anteil der erklärten Varianz eines Konstrukts an und misst die Anpassungsgüte einer Regressionsfunktion an das empirische Datenmaterial, den sogenannten „goodness of fit“ (vgl. Backhaus et al. 2003, S. 63). Der Wertebereich des R^2 liegt zwischen 0 und 1, wobei höhere Werte auf einen höheren Anteil der erklärten Streuung an der Gesamtstreuung und damit eine bessere Anpassungsgüte des Strukturmodells hinweisen (vgl. Hair et al. 2010, S. 192). Obwohl in der Literatur keine Mindestanforderungen bestehen, wird für die Ergebnisse der vorliegenden Untersuchung der Ansicht von Chin (1998, S. 323) gefolgt, wonach ein R^2 von 0,67 als substanziell, eines von 0,33 als moderat und ein R^2 von 0,19 als schwach zu interpretieren ist.

Das Bestimmtheitsmaß R^2 wird auch zur Berechnung der **Effektgröße (f^2)** herangezogen. Die Effektgröße drückt die Veränderung des R^2 einer endogenen Variable aus, wenn eine exogene Variable aus dem Strukturmodell entfernt wird. Sie stellt somit ein Maß für den substanziellen Einfluss einer exogenen auf eine endogene Variable dar (vgl. Chin 1998, S. 316). Formal wird die Effektgröße wie folgt berechnet (vgl. Cohen 1988, S. 410 ff.):

Formel (6): $$f^2 = \frac{R^2_{incl} - R^2_{excl}}{1 - R^2_{incl}}$$

mit: R^2_{incl}: R^2 unter Einschluss der betrachteten exogenen Variable,
R^2_{excl}: R^2 unter Ausschluss der betrachteten exogenen Variable.

Für die Effektgröße f^2 gelten keine verbindlichen Anspruchsniveaus, jedoch deuten gemäß Chin (1998) Werte von 0,02, 0,15 und 0,35 auf einen geringen, moderaten beziehungsweise großen Einfluss der fokalen exogenen Variable auf die endogene Variable hin.

Stone-Geisser-Testkriterium Q^2

Das nichtparametrische Stone-Geisser-Testkriterium (Q^2) dient der Überprüfung der Prognoserelevanz des Untersuchungsmodells (vgl. Geisser 1974; Götz/Liehr-Gobbers 2004, S. 731; Stone 1974). Es misst den Grad der Rekonstruierbarkeit der empirisch gewonnenen Daten durch das Strukturmodell und die PLS-Parameter (vgl. Fornell/Cha 1994, S. 72). Zur Berechnung dieses Tests wird ein Teil der Rohdatenmatrix während der Parameterschätzung als fehlend betrachtet und im Anschluss neu geschätzt (vgl. Krafft/Götz/Liehr-Gobbers 2005, S. 84). In PLS erfolgt diese Vorgehensweise des Auslassens und Schätzens im Resampling-Verfahren „Blindfolding“, das die als fehlend angenommenen Elemente mittels der PLS-Parameter rekonstruiert. Diese Prozedur wird so häufig wiederholt, bis sie von jedem einzelnen Datenpunkt einmal durchlaufen wurde (vgl. Chin 1998, S. 317). Die Prognoserelevanz wird für die vorliegende Arbeit anhand des „Redundancy Measures“ berechnet (vgl. Chin 1998, S. 318). Die formale Darstellung des Stone-Geisser-Testkriteriums lautet (vgl. Fornell/Cha 1994, S. 71):

Formel (7): $Q_j^2 = 1 - \frac{\sum_{k-1}^{K} E_{jk}}{\sum_{k-1}^{K} O_{jk}}$

mit: E_{jk}: Quadratsumme der Prognosefehler,
O_{jk}: Quadratsumme aus der Differenz von geschätztem Wert und Mittelwert der verbleibenden Daten aus der Blindfolding-Prozedur.

Wenn das Stone-Geisser-Testkriterium Werte über 0 annimmt, verfügt das Strukturmodell über hinreichende Prognoserelevanz (vgl. Chin 1998, S. 318; Fornell/Book-stein 1982, S. 449). Die zugehörige Effektgröße q^2 wird jedoch im Rahmen der vorliegenden Arbeit aufgrund ihres geringen Erkenntnisbeitrags nicht zur Beurteilung des Strukturmodells verwendet. Tabelle 4–4 stellt die beschriebenen Gütekriterien und ihre Anspruchsniveaus zusammenfassend dar.

Tabelle 4–4: Gütekriterien und Anspruchsniveaus zur Beurteilung von Strukturmodellen in PLS

Güteart	Methode/Kriterium	Anspruchsniveau	Wertebereich
Stärke des Zusammenhangs	Pfadkoeffizient β	möglichst hoch; Vorzeichen gemäß Hypothese	[0;1]
	t-Wert des Pfad-koeffizienten (einseitiger t-Test)	> 1,645 (5%-Niveau)	[0;∞]
Anpassungsgüte	Bestimmtheitsmaß R^2	möglichst hoch	[0;1]
	Effektgröße f^2	f^2 = 0,02 (schwach) f^2 = 0,15 (moderat) f^2 = 0,35 (substanziell)	[-1;∞]
Prognoserelevanz	Stone-Geisser-Testkriterium Q^2	> 0	[-1;1]

4.2.6 Modellierung moderierender Effekte

Durch die Untersuchung der Hypothesen H1 bis H14 im vorliegenden Strukturgleichungsmodell wird eine Überprüfung der direkten Zusammenhänge zwischen den einzelnen latenten Variablen vorgenommen. Ein direkter Zusammenhang (sogenannter direkter Effekt) besteht dann, wenn eine Veränderung der abhängigen (endogenen) Variablen durch eine Veränderung der unabhängigen (exogenen) Variablen verursacht wird. Neben diesen grundlegenden Wirkungszusammenhängen spielen jedoch komplexe(re) Kausalstrukturen auch in der betriebswirtschaftlichen Forschung, insb. der Marketingforschung, eine wichtige Rolle (vgl. Chin, W. W./Marcolin, B. L./Newsted, P. R. 1996, S. 193; Homburg/Klarmann 2006, S. 730; Huber/Heitmann/Herrmann 2006, S. 696 f.). Erst die Berücksichtigung von Interaktionseffekten durch sogenannte Kontextvariablen macht eine Näherung an die Erklärung insbesondere menschlichen Verhaltens möglich (vgl. Klein/Moosbrugger 2000). Hierunter werden u. a. moderierende Effekte subsumiert, d. h. solche Effekte, die bekannte direkte Effekte in ihrer Stärke und Richtung mitbestimmen (vgl. Frazier/Tix/Barron 2004, S. 116; Huber/ Heitmann/Herrmann 2006, S. 697; Müller 2009, S. 237 f.). Baron/Kenny (1986, S. 1174) definieren einen Moderator als „qualitative (e.g. sex, race, class) or quantitative (e.g. level of reward) variable that affects the direction and/or strength of the relation between the independent or predictor variable and a dependent or criterion variable". Durch die Einbeziehung von Interaktionseffekten kann schließlich eine verbesserte Prognosegüte der bekannten Wirkungsbeziehungen erreicht werden (Müller 2009, S. 238 f.). Abbildung 4–6 stellt diesen Zusammenhang graphisch dar.

Abbildung 4–6: Einfluss moderierender Variablen auf die Wirkbeziehung zweier Variablen (in Anlehnung an Baron/Kenny 1986, S. 1174)

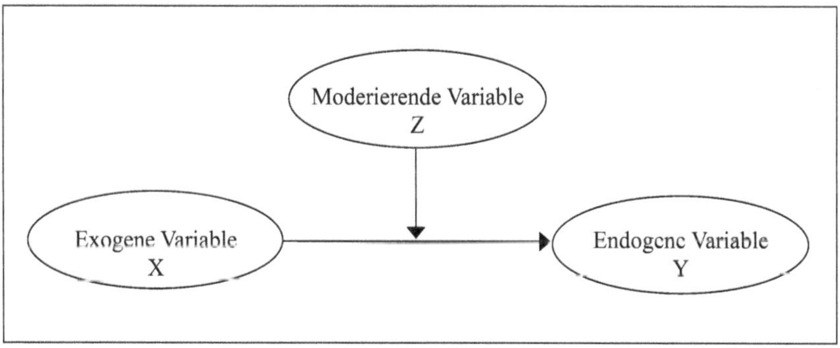

Moderierende Effekte sind positiv zu bewerten, wenn sie im Fall einer hohen Ausprägung der moderierenden Variable den direkten Effekt der exogenen Variable auf die endogene Variable verstärken. Negative moderierende Effekte hingegen schwächen diesen direkten Effekt ab (vgl. Giering 2000, S. 94; Stock-Homburg 2009, S. 137). Der Auffassung von Homburg/Giering (2001, S. 47) sowie Eggert/Fassot/Helm (2005, S. 104 f.) hinsichtlich einer zu geringen

Berücksichtigung moderierender Wirkbeziehungen in der betriebswirtschaftlichen Forschung steht mittlerweile eine hohe Beachtung des Grundlagenartikels von Baron/Kenny (1986) gegenüber, der in der Literaturdatenbank Google Scholar mit Stand August 2011 (vgl. o. V. 2011a) etwa 24400 mal zitiert wurde.

Die Analyse moderierender Effekte erfolgt im Anschluss an die Messung und Beurteilung des Strukturmodells ohne Interaktionseffekte. PLS lässt grundsätzlich die Modellierung ausschließlich direkter Wirkungsbeziehungen zu, so dass eine Erfassung moderierender Effekte auf indirektem Weg erfolgt. Hierzu stehen allgemein multiple Gruppenvergleiche oder die Bildung von Interaktionsvariablen als Methode zur Verfügung (Baron/Kenny 1986, S. 1174; Homburg 2007, S. 49; Huber et al. 2007, S. 48; Jöreskog 1971; Reinecke 1999, S. 95 ff.). Die Wahl der jeweiligen Methode zur Untersuchung moderierender Effekte hängt vom jeweiligen Skalenniveau der Moderatorvariablen ab.

Gruppenvergleiche

Kategoriale Variablen (z.B. Geschlecht) eignen sich für multiple Gruppenvergleiche nach Chin (2000). Hierfür wird die Stichprobe anhand der Ausprägungen der Moderatorvariablen in Teilstichproben zerlegt (vgl. Homburg/Klarmann 2006, S. 730) und anschließend für jede dieser Teilstichproben das Strukturmodell separat berechnet (vgl. Abbildung 4–7). Um die einzelnen Gruppen anschließend vergleichen zu können, müssen folgende Bedingungen erfüllt sein (vgl. Eberl 2006a, S. 132):

- Akzeptable Gütewerte aller für den Gruppenvergleich relevanten Modelle,
- weitestgehende Normalverteilung der Daten (vgl. Chin 2000) und
- geringe Varianz der Messmodellwerte.

Da der dritten Forderung entsprechend eine absolute Messmodellinvarianz in praxi kaum erreicht werden kann (vgl. Huber et al. 2007, S. 118), sollte dagegen die Operationalisierung aller Messmodelle übereinstimmen.

Abbildung 4–7: Überprüfung eines Moderatoreffekts am Beispiel Geschlecht (in Anlehnung an Henseler/Fassott 2010, S. 721)

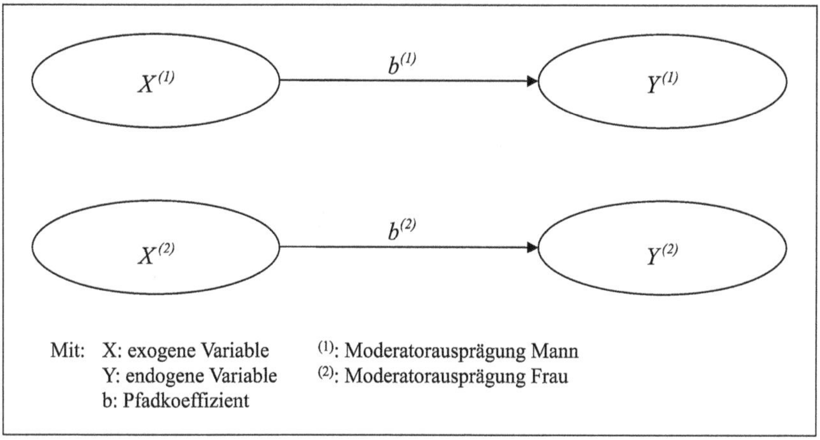

Zunächst wird die Güte der Teilmodelle anhand der Pfadkoeffizienten und Signifikanzen geschätzt. Anschließend erfolgt eine Überprüfung der Standardabweichungen der Pfadkoeffizienten beider Gruppen auf Gleichheit (vgl. Chin 2000; Schloderer/ Ringle/Sarstedt 2009, S. 604). Für den Vergleich werden die Standardabweichungen verwendet, die durch Anwendung der Bootstrapping-Methode errechnet wurden. Sind die Varianzen nicht signifikant unterschiedlich, wird die Differenz der Pfadkoeffizienten beider Gruppen mittels der folgenden Teststatistik überprüft (vgl. Chin 2000; Nitzl 2010, S. 45; Rigdon/Ringle/Sarstedt 2010; Sarstedt/Henseler/Ringle 2011, S. 200):

Formel (8):

$$t = \frac{b^{(1)} + b^{(2)}}{\sqrt{\frac{\left(n^{(1)}-1\right)^2}{n^{(1)}+n^{(2)}-2} s.e.^{(1)^2} + \frac{\left(n^{(2)}-1\right)^2}{n^{(1)}+n^{(2)}-2} s.e^{(2)^2}} \sqrt{\frac{1}{n^{(1)}} + \frac{1}{n^{(2)}}}}$$

mit:

	$b^{(1)}$:	Pfadkoeffizienten für Gruppe 1,
	$b^{(2)}$:	Pfadkoeffizienten für Gruppe 2,
	$n^{(1)}$:	Stichprobengröße der Gruppe 1,
	$n^{(1)}$:	Stichprobengröße der Gruppe 2,
	$s.e.$:	Standardfehler der jeweiligen Gruppe.

Unterscheiden sich die Varianzen der Standardabweichungen signifikant voneinander, ist für die Pfadkoeffizienten der zu prüfenden Teilgruppen die Teststatistik nach Chin (2000) anzuwenden, die durch Nitzl (2010, S. 45) um einen enthaltenen Fehler korrigiert wurde (vgl. auch Sarstedt et al. 2011, S. 200). Demnach lautet die zu verwendende Teststatistik wie folgt:

Formel (9):
$$t = \frac{b^{(1)} - b^{(2)}}{\sqrt{\frac{n^{(1)}-1}{n^{(1)}} s.e^{(1)^2} + \frac{n^{(2)}-1}{n^{(2)}} s.e.^{(2)^2}}}$$

Die Differenz der separat berechneten Pfadkoeffizienten entspricht schließlich dem Effekt des Moderators (vgl. Henseler/Fassott 2005, S. 374).

Bildung von Interaktionsvariablen

Sind die Moderatorvariablen im Modell metrisch skaliert, lässt sich die Methode des Gruppenvergleichs nur nach vorhergehender Transformation der Variablen in kategoriale Variablen anwenden. Diese Vorgehensweise ist jedoch sehr kritisch zu bewerten, da mit ihr ein nicht unerheblicher Informationsverlust einhergeht. Stattdessen wird die Einführung einer Interaktionsvariable als Produkt der unabhängigen und moderierenden Variablen aufgrund ihrer höheren Genauigkeit in das Modell empfohlen (vgl. Abbildung 4–8; Baron/Kenny 1986, S. 1174; Chin, W. W./Marcolin, B. L./Newsted, P. R. 1996, S. 28; Chin/Marcolin/Newsted 2003, S. 199; Huber et al. 2007, S. 51).

Ist der Einfluss der Interaktionsvariable (Pfad c) auf die endogene Variable signifikant und entspricht das Vorzeichen des Pfadkoeffizienten der jeweiligen Hypothese (vgl. hierzu auch Abschnitt 4.2), kann die a priori hypothetisierte moderierende Wirkung nachgewiesen werden (vgl. Schloderer et al. 2009, S. 605). Hierbei werden der Einfluss der unabhängigen Variable (Pfad a) und der direkte Einfluss der moderierenden Variable (Pfad b) auf die abhängige Variable nicht berücksichtigt (vgl. Baron/Kenny 1986, S. 1174; Carte/Russell 2003, S. 482 f.; Henseler/Chin 2010, S. 85 f.). Der Einfluss der unabhängigen auf die abhängige Variable ändert sich in diesem Fall um den Pfadkoeffizienten c, wenn sich die Moderatorvariable ändert (vgl. Aiken/West 1991, S. 36; Eggert/Fassott/Helm 2005, S. 109).

Abbildung 4–8: Bildung einer Interaktionsvariable zur Überprüfung eines moderierenden Effekts (in Anlehnung an Baron/Kenny 1986, S. 1174)

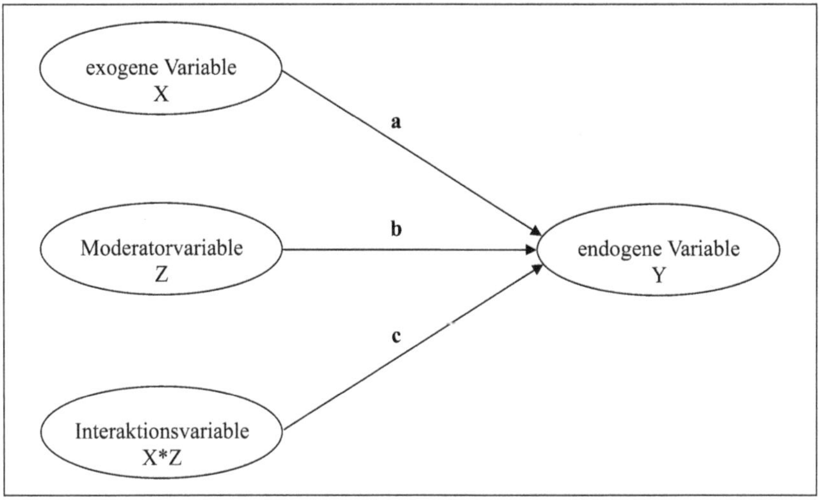

Die Bildung einer Interaktionsvariable ist abhängig von der Operationalisierung der unabhängigen und moderierenden Variablen (vgl. Chin/Marcolin/Newsted 2003, S. 199; Eggert/Fassott/Helm 2005, S. 108 f.; Götz/Liehr-Gobbers 2004, S. 9 f.; Henseler/Fassott 2005, S. 376). Da im vorliegenden Modell ausschließlich reflektiv operationalisierte Variablen enthalten sind, werden im Folgenden an ihrem Beispiel die Untersuchungsschritte dargestellt, an die sich die oben erwähnte Signifikanzprüfung der Pfadkoeffizienten anschließt.

Zunächst werden die Indikatoren der unabhängigen und moderierenden Variablen standardisiert (Mittelwert 0, Varianz 1) (vgl. Chin/Marcolin/Newsted 2003, S. 198 f.), um die zu schätzenden Pfade a, b und c vergleichbar zu machen. Dies ist besonders im Fall unterschiedlicher Skalierungen vorteilhaft und erleichtert die Interpretierbarkeit der Ergebnisse (vgl. Cohen et al. 2003, S. 261 ff.). Nach Eggert/Fassott/Helm (2005, S. 108) kann durch die Standardisierung schließlich einem möglichen Multikollinearitätsproblem begegnet werden. Anschließend wird die Interaktionsvariable durch paarweise Multiplikation der zuvor standardisierten Indikatoren der unabhängigen und moderierenden Variablen gebildet (vgl. Chin/Marcolin/Newsted 2003, S. 198; Henseler/Chin 2010, S. 85; Huber et al. 2007, S. 53). Ist die unabhängige Variable beispielsweise durch die Indikatoren x_1, x_2 und x_3 und die moderierende Variable durch z_1, z_2 sowie z_3 operationalisiert, ergeben sich für die Interaktionsvariable die Indikatorvariablen $x_1{*}z_1$; $x_1{*}z_2$; $x_1{*}z_3$; … $x_3{*}z_3$.

An die Berechnung des Pfadkoeffizienten der gebildeten Interaktionsvariable schließt sich dessen Signifikanzprüfung mittels des Bootstrapping-Verfahrens an, so dass die Moderator-Hypothese schließlich bestätigt oder abgelehnt werden kann (vgl. Baron/Kenny 1986, S. 1174; Henseler 2006, S. 118; Huber et al. 2007, S. 51; Nitzl/Schloderer 2011, S. 437).

Um die Relevanz eines Moderators zu bestimmen, kann neben der Signifikanzprüfung des Pfadkoeffizienten auch die Einflussstärke der Moderatorvariablen untersucht werden. Hierbei wird die Veränderung des Bestimmtheitsmaßes durch das Hinzufügen der Interaktionsvariable zum sogenannten Haupteffektmodell erfasst (vgl. Aiken/West 1991, S. 157; Carte/Russell 2003, S. 484; Chin/Marcolin/Newsted 2003, S. 195 f.; Gefen/Straub/Boudreau 2000, S. 64):

Formel (10): $$f^2 = \frac{R^2_{mit\ IV} - R^2_{ohne\ IV}}{1 - R^2_{ohne\ IV}}$$

mit: $R^2_{mit\ IV}$: Bestimmtheitsmaß des Modells mit Interaktionsvariable,

$R^2_{ohne\ IV}$: Bestimmtheitsmaß des Modells ohne Interaktionsvariable (Haupteffektmodell).

$R^2_{ohne\ IV}$ schließt die Pfade a und b (vgl. Abbildung 4–8) ein, während $R^2_{mit\ IV}$ zusätzlich Pfad c mit einbezieht. Die Beurteilung der Effektstärke erfolgt in Anlehnung an die bereits betrachtete Effektstärke f^2 in Abschnitt 4.2.5. Bei Werten ab 0,02 spricht man von einem schwachen Einfluss des Moderators, Werte ab 0,15 beziehungsweise 0,35 gelten als mittlere beziehungsweise starke Effektstärke. Auch niedrige Werte jedoch gelten nicht als vernachlässigbar: „It is important to understand that a small f^2 does not necessarily imply an unimportant effect. Even a small interaction effect can be meaningful under extreme moderating conditions, if the resulting beta changes are meaningful, then it is important to take these conditions into account“ (Chin/Marcolin/Newsted 2003, S. 211). Eggert/Fassott/Helm (2005, S. 109 f.) erklären hierzu, dass vor allem dann nur eine geringe Veränderung des Bestimmtheitsmaßes festzustellen ist, wenn der Einfluss des Haupteffektmodells, das die Pfade a und b einschließt, durch den Einfluss der hinzugefügten Interaktionsvariable substituiert wird.

5. Ergebnisse der empirischen Untersuchung

Die Überprüfung der in Kapitel 3 aufgestellten Hypothesen ist Gegenstand dieses Kapitels. Die empirische Untersuchung der vorhandenen Datengrundlage dient zur Beantwortung der in Abschnitt 1.2 dargestellten Forschungsfragen. Zu diesem Zweck werden die Konstrukte im Untersuchungsmodell zunächst operationalisiert und anschließend die jeweiligen Ergebnisse bezüglich der direkten (Abschnitt 5.1) und moderierenden Effekte (Abschnitt 5.2) vorgestellt.

Grundsätzlich beinhaltet die Operationalisierung der Konstrukte „eine Angabe von Messanweisungen, die sich direkt auf beobachtbare Sachverhalte beziehen und als Indikatoren bezeichnet werden“ (vgl. Kösc 2007, S. 90). Die Konstrukte im vorliegenden Untersuchungsmodell sind grundsätzlich einfaktoriell spezifiziert und werden daher direkt auf Konstruktebene über reflektiv operationalisierte Indikatoren gemessen (vgl. Abschnitt 4.2.1). Im Fall inhaltlicher Unschärfen bestehender Messansätze beziehungsweise fehlender oder nicht umfassend und kontextübergreifend validierter Messansätze werden Anpassungen vorgenommen beziehungsweise eigene Skalen entwickelt. Die Entwicklung eigener Messmodelle erfolgt in Anlehnung an die bestehende Literatur, sofern erprobte Indikatoren vorhanden sind.

Die folgende Untersuchung umfasst die Überprüfung der Gütekriterien Validität und Reliabilität der vorgenommenen Operationalisierungen. Auf das Kriterium Objektivität wird dahingegen nicht näher eingegangen, da es den Ausführungen zu den Grundlagen der Konstruktmessung (Abschnitt 0) entsprechend in Bezug auf das übergeordnete Studiendesign zu prüfen ist und für die vorliegende Untersuchung sichergestellt wurde.

5.1 Untersuchung der direkten Effekte

5.1.1 Messung der relevanten Konstrukte

5.1.1.1 Shopping Enjoyment

Für das zentrale Konstrukt Shopping Enjoyment liegen in der Literatur unterschiedliche Messansätze vor, die auf dem jeweils zugrunde gelegten Begriffsverständnis beruhen. Die Operationalisierungen basieren jedoch in keiner dieser Arbeiten auf einer vorangehend vorgenommenen Konzeptualisierung dieses latenten Konstrukts. Der Mangel an einer allgemeingültigen Definition und Konzeptualisierung der inhaltlichen Facetten von Shopping Enjoyment wurde in den Abschnitten 2.2.3 und 2.3.2 jeweils durch eine eigene Konzeption behoben. Aufbauend auf der für diese Arbeit zugrunde gelegten Konzeptualisierung von Shopping Enjoyment wird ein geeigneter Messansatz im Rahmen der Operationalisierung des Konstrukts entwickelt. Dieser orientiert sich an bereits vorhandenen Skalen in der Literatur, erfolgt jedoch nicht ohne erforderliche Anpassungen, so dass im Folgenden schließlich eine eigene Messskala Anwendung findet.

Das vorliegende einfaktorielle Konstrukt Shopping Enjoyment umfasst der zugrunde liegenden Definition und Konzeptualisierung zufolge intensive positive Emotionen. Der Messansatz des Konstrukts soll folglich eine gezielte Überprüfung entsprechender Emotionen von Konsumenten während des Shoppingprozesses durch eine subjektive verbale Erlebnisbeurteilung mithilfe von Likert-Skalen ermöglichen. Eine ungerichtete Emotionsmessung anhand der bipolaren Verbalskalen von Mehrabian/Russell (1974, S. 216) ist daher nicht zweckmäßig, da sie jegliche Art von Emotionen während des Shoppingprozesses messen würden (vgl. Abschnitt 2.3.2). In der Literatur existiert nach Wissen der Verfasserin lediglich ein Messmodell von Shopping Enjoyment, das eine explizite Überprüfung intensiver positiver Emotionen als Gefühlskonglomerat vornimmt (vgl. Kim/Fiore/Lee 2007, S. 101). Die Autoren untersuchen Shopping Enjoyment zwar im Kontext des Onlinehandels, allerdings werden die Allgemeingültigkeit der Emotionsmessung und damit ihre Übertragbarkeit auf den stationären Einzelhandel hiervon jedoch nicht beeinflusst. Shopping Enjoyment wird im Rahmen dieses Ansatzes als Teil der Shopping Experience anhand von sechs Indikatoren gemessen. Hierbei fällt auf, dass auch Indikatoren, die stark intensive positive Emotionen („exciting") ausdrücken, von den Autoren zur Messung von Shopping Enjoyment herangezogen werden. Das dieser Arbeit zugrunde liegende Begriffsverständnis schließt diese jedoch nicht mit ein, so dass dahingehend eine Anpassung des Messansatzes vorgenommen werden muss. Die Löschung des entsprechenden Indikators sowie eine geringfügige Modifikation des Bedeutungsinhalts der restlichen Indikatoren im Rahmen der Übersetzung aus dem Englischen führt schließlich zur Anwendung eines eigenen Messansatzes von Shopping Enjoyment, der fünf Indikatoren umfasst (vgl. Bezeichnungen: DEV = Durchschnittlich erfasste Varianz, MW = Mittelwert, S = Standardabweichung Tabelle 5–1).

Tabelle 5–1 zeigt eine sehr hohe Konvergenzvalidität des Konstrukts, da sowohl das Cronbachsche Alpha (0,959) als auch die Faktorreliabilität (0,969) und die durchschnittliche erfasste Varianz (0,861) die Mindestniveaus deutlich übertreffen. Auch beide Bedingungen für Diskriminanzvalidität sind erfüllt, was in

Tabelle 5–14 (Cross-Loadings) und Tabelle 5–15 (Fornell-Larcker-Kriterium) ersichtlich wird.

Auf Indikatorebene übersteigen die Ladungen aller Items den Mindestwert von 0,707. Die t-Werte sind auf dem 1%-Niveau signifikant. Insgesamt verfügt das Messmodell von Shopping Enjoyment somit über sehr gute Gütemaße die über den in Abschnitt 4.2.4 angeführten Mindestgrößen liegen (vgl. Tabelle 4–4) und wird den Voraussetzungen für Validität und Reliabilität gerecht.

Tabelle 5–1: Gütebeurteilung des Konstrukts Shopping Enjoyment

Shopping Enjoyment						
Konvergenzvalidität		Cronbachsches Alpha				0,959
		Faktorreliabilität				0,969
		DEV				0,861
Diskriminanzvalidität		Cross Loadings				☑
		Fornell-Larcker-Kriterium				☑
Indikatorreliabilität		MW	S	Item-to-Total Korrelation	Ladung	t-Wert
SE1	Während meines Besuchs fühlte ich mich angeregt	4,68	1,533	0,876	0,922	72,115***
SE2	Mein letzter Besuch bei diesem Bekleidungsgeschäft hat mich erfreut	5,18	1,403	0,848	0,900	60,971***
SE3	Während meines Besuchs bei diesem Bekleidungsgeschäft habe ich mich einfach gut gefühlt	5,07	1,390	0,910	0,942	105,741***
SE4	Während meines Besuchs habe ich mich munter gefühlt	4,96	1,511	0,873	0,919	59,830***
SE5	Ich hatte Spaß während meines letzten Besuchs bei diesem Bekleidungsgeschäft	4,90	1,578	0,923	0,953	138,102***
Signifikanzniveau *(α ≤ 0,1) **(α ≤ 0,05) ***(α ≤ 0,01) n.s. (nicht signifikant)						

Bezeichnungen: DEV = Durchschnittlich erfasste Varianz, MW = Mittelwert, S = Standardabweichung

5.1.1.2 Determinanten von Shopping Enjoyment

Die Operationalisierung der Determinanten von Shopping Enjoyment erfolgt in enger Anlehnung an das ihnen in Abschnitt 3.2 jeweils zugrunde gelegte Konstruktverständnis. Zur Messung dieser latenten Variablen stehen in der Literatur keine geeigneten etablierten Messinstrumente zur Verfügung. Folglich ist die Entwicklung eigener Skalen in Anlehnung an vorhandene Indikatoren in der dort genannten Literatur erforderlich.

5.1.1.2.1 Annehmlichkeit der Geschäftsstätte

Unter der Annehmlichkeit der Geschäftsstätte werden aus Kundensicht ansprechend gestaltete atmosphärische und funktionale Elemente einer Geschäftsstätte verstanden (vgl. Abschnitt 0). Insofern weist das Konstrukt zwei inhaltliche Facetten auf, die es durch entsprechende Indikatoren auf Konstruktebene zu erfassen gilt.

Hinsichtlich des Designs und Ambientes beziehungsweise der Atmosphäre von Geschäftsstätten existiert eine Vielzahl an Publikationen, die Messungen diesbezüglich durchgeführt haben (vgl. hierzu die in Abschnitt 0 genannte Literatur). Grundsätzlich gilt es hierzu anzumerken, dass die Untersuchung von „Stores" in der englischsprachigen Literatur häufig trennunscharf weitere Aspekte einschließt, etwa soziale Faktoren wie die Verkaufsmitarbeiter oder andere Kunden (vgl. Baker et al. 2002, S. 121). Aspekte, die über die atmosphärische und funktionale Verkaufsraumgestaltung hinausreichen, gehören der Systematik der vorliegenden Untersuchung zufolge nicht der hier untersuchten Variable an. Die Entwicklung eines geeigneten Messansatzes kann daher nur in Anlehnung an die Literatur erfolgen. Ziel dieses Messansatzes ist eine breite und nicht auf Detailebene stattfindende Beurteilung geschäftsstättenbezogener Aspekte. Diese Vorgehensweise beruht auf der Tatsache, dass alle Konstrukte des vorliegenden Untersuchungsmodells einfaktoriell konzeptualisiert werden und somit keine Erfassung inhaltlicher Konstruktdimensionen angestrebt wird.

Inhaltlich wird die atmosphärische Facette der Geschäftsstätte über drei Indikatoren mit Bezug zur sensorisch erfassbaren Atmosphäre, dem Geschäftsstättendesign sowie der Ordnung der Verkaufsräume gemessen. Für die funktionale Facette werden zwei Indikatoren, einerseits zur Leichtigkeit der Orientierung und andererseits zur Bequemlichkeit der Navigation innerhalb der Geschäftsstätte, gewählt. Somit wird das Konstrukt insgesamt durch fünf Indikatoren gemessen (vgl.Bezeichnungen: DEV = Durchschnittlich erfasste Varianz, MW = Mittelwert, S = Standardabweichung Tabelle 5–2).

Alle drei Kriterien für Konvergenzvalidität überschreiten das jeweilige Mindestniveau. Das Cronbachsche Alpha (0,858), die Faktorreliabilität (0,899) sowie die durchschnittlich erfasste Varianz (0,641) deuten auf ein valides Messmodell hin. Da die Kriterien für Diskriminanzvalidität mit der Cross-Loadings-Bedingung (vgl. Tabelle 5–14) und dem Fornell-Larcker-Kriterium (vgl. Tabelle 5–15) erfüllt sind, kann die Validität der Messung bestätigt werden.

Obwohl die Ladung von Item zwei mit einem Wert von 0,679 geringfügig unter dem Anspruchsniveau von 0,707 liegt und eine geringere Item-to-Total-Korrelation aufweist als die übrigen Indikatoren des Messmodells, wird es nicht aus dem Messinstrument entfernt. Die Entscheidung, Aspekte der Bequemlichkeit bezüglich der Geschäftsstätte im Messmodell beizubehalten, begründet sich zum einen mit einer ohnehin hohen Güte des Messmodells, die es nicht zu verbessern gilt. Zum anderen kommt dem Indikator eine wichtige inhaltliche Bedeutung zu, da er in den durchgeführten qualitativen Interviews wie auch in der Fokusgruppendiskussion häufig Erwähnung fand. Alle übrigen Indikatoren laden sehr gut auf das Konstrukt. Signifikanz auf dem 1%-Niveau liegt bei allen fünf Indikatoren vor. Das Messmodell der Annehmlichkeit der Geschäftsstätte ist demnach valide und reliabel.

Tabelle 5–2: Gütebeurteilung des Konstrukts Annehmlichkeit der Geschäftsstätte

Annehmlichkeit der Geschäftsstätte						
Konvergenzvalidität		Cronbachsches Alpha				0,858
		Faktorreliabilität				0,899
		DEV				0,641
Diskriminanzvalidität		Cross Loadings				☑
		Fornell-Larcker-Kriterium				☑
Indikatorreliabilität		MW	S	Item-to-Total Korrelation	Ladung	t-Wert
AGS1	Die Atmosphäre innerhalb der Verkaufsräume war angenehm	5,29	1,496	0,764	0,871	45,087***
AGS2	Alle Bereiche der Verkaufsräume waren bequem zu erreichen (bspw. breite Gänge, Rolltreppen, Aufzüge)	6,02	1,150	0,540	0,679	13,816***

Annehmlichkeit der Geschäftsstätte						
AGS3	Das Design der Verkaufsräume war ansprechend (d. h. architektonische Elemente, Raumgröße, Inneneinrichtung, Materialien)	5,14	1,503	0,728	0,843	39,821***
AGS4	Insgesamt machten die Verkaufsräume einen ordentlichen Eindruck	5,99	1,111	0,739	0,846	36,727***
AGS5	Die Orientierung in den Verkaufsräumen fiel leicht (bspw. Hinweisschilder)	5,57	1,394	0,614	0,749	19,116***
Signifikanzniveau *(α ≤ 0,1) **(α ≤ 0,05) ***(α ≤ 0,01) n.s. (nicht signifikant)						

Bezeichnungen: DEV = Durchschnittlich erfasste Varianz, MW = Mittelwert, S = Standardabweichung

5.1.1.2.2 Professionalität des Beratungsangebots

Die Professionalität des Beratungsangebots wird der Konzeptualisierung in Abschnitt 3.2.1.2 entsprechend als die Synthese unterschiedlicher Facetten hinsichtlich des zur Verfügung gestellten Beratungsangebots durch die Mitarbeiter einer Einkaufsstätte aufgefasst. Es umfasst neben der Mitarbeiterqualifikation und deren ausreichenden Verfügbarkeit auch den optischen Eindruck, den diese auf Konsumenten machen.

Insbesondere zur Mitarbeiterqualifikation lassen sich zahlreiche Arbeiten finden, die diesbezüglich Messungen enthalten. Auch der Aspekt des optischen Erscheinungsbilds von Mitarbeitern findet Erwähnung (vgl. zu beiden die in Abschnitt 3.2.1.2 genannte Literatur), jedoch keine Berücksichtigung im Rahmen eines umfassenden Messmodells. Die Durchführung von Kundeninterviews und einer Fokusgruppendiskussion ergab zudem, dass dem Aspekt der Mitarbeiterverfügbarkeit eine hohe Bedeutung zuteilwird, so dass er eigens in die Operationalisierung des breit definierten Konstrukts integriert wird.

Analog zur Annehmlichkeit der Geschäftsstätte soll eine breite Messung des Konstrukts mit geringem Detaillierungsgrad hinsichtlich der einzelnen inhaltlichen Facetten durchgeführt werden. So werden lediglich im Rahmen der Mitarbeiterqualifikation zwei Indikatoren zu deren Kompetenz und Freundlichkeit gewählt, so dass das vorliegende Konstrukt insgesamt durch vier Indikatoren gemessen wird.

Die Überprüfung der Validität des Messmodells zeigt, dass das Cronbachsche Alpha (0,905), die Faktorreliabilität (0,933) und die durchschnittlich erfasste Varianz (0,778) die geforderten Anspruchsniveaus erfüllen (vgl. Bezeichnungen: DEV = Durchschnittlich erfasste Varianz, MW = Mittelwert, S = Standardabweichung

Tabelle 5–3). Diskriminanzvalidität des Modells ist vorhanden, da alle Indikatoren auf das zugrunde liegende Konstrukt am stärksten laden und auch das Fornell-Larcker-Kriterium erfüllt ist (vgl. Tabellen 5–14 und 5–15). Alle vier Indikatoren laden sehr hoch und signifikant (1%-Niveau) auf das Konstrukt. Somit liegt eine valide und reliable Messung des Konstrukts vor.

Tabelle 5–3: Gütebeurteilung des Konstrukts Professionalität des Beratungsangebots

Professionalität des Beratungsangebots						
Konvergenzvalidität		Cronbachsches Alpha				0,905
		Faktorreliabilität				0,933
		DEV				0,778
Diskriminanzvalidität		Cross Loading				☑
		Fornell-Larcker-Kriterium				☑
Indikatorreliabilität		MW	S	Item-to-Total Korrelation	Ladung	t-Wert
PBA1	Die Mitarbeiter machten einen einwandfreien äußeren Eindruck (d. h. persönliche Pflege und Kleidung)	5,99	1,229	0,771	0,865	37,506***
PBA2	In den Verkaufsräumen standen genügend Mitarbeiter zur Beratung zur Verfügung	4,89	1,682	0,734	0,859	46,602***

Professionalität des Beratungsangebots						
PBA3	Die Mitarbeiter waren freundlich (d.h. Ausstrahlung und Ansprache ggü. Kunden)	5,68	1,392	0,800	0,888	38,263***
PBA4	Die Mitarbeiter waren kompetent (d.h. Fachkundigkeit bzgl. Produkten, angebotenem Sortiment und Trends)	5,20	1,529	0,836	0,917	100,819***
Signifikanzniveau *(α ≤ 0,1) **(α ≤ 0,05) ***(α ≤ 0,01) n.s. (nicht signifikant)						

Bezeichnungen: DEV = Durchschnittlich erfasste Varianz, MW = Mittelwert, S = Standardabweichung

5.1.1.2.3 Attraktivität des Sortiments

Die Messung des Konstrukts Attraktivität des Sortiments erfolgt entsprechend seiner Konzeptualisierung in Abschnitt 3.2.1.3. Es beinhaltet die Facetten Umfang, Qualität und Darbietung der angebotenen Waren.

Neben den in Abschnitt 3.2.1.3 genannten Beiträgen bietet Müller (2007, S. 105 ff.) einen Literaturüberblick zu Operationalisierungen hinsichtlich des Umfangs und der Qualität von Sortimenten. Entgegen der üblichen Betrachtungsweise wird die Verfügbarkeit der Waren als quantitativer Aspekt unter der Facette Sortimentsumfang subsumiert. Da im Rahmen der theoretisch-konzeptionellen Erarbeitung möglicher Determinanten von Shopping Enjoyment die Warendarbietung vieler Einkaufsstätten insbesondere im Rahmen der Fokusgruppendiskussion kritisiert wurde, findet sie bei der Entwicklung des Messinstruments zur Attraktivität des Sortiments Berücksichtigung.

Analog zur allgemeinen Vorgehensweise bei der Operationalisierung der Determinanten von Shopping Enjoyment wird eine Messung des Konstrukts mit geringem Detaillierungsgrad angestrebt, so dass die entsprechende Messskala fünf Indikatoren umfasst. Umfang und Qualität des Sortiments werden jeweils durch zwei Indikatoren, die Darbietung der Waren wird durch einen Indikator gemessen.

Konvergenz- und Diskriminanzvalidität des Messmodells sind gegeben, da sowohl das Cronbachsche Alpha (0,876), die Faktorreliabilität (0,910) als auch die durchschnittlich erfasste Varianz (0,671) die Anspruchsniveaus an das jeweilige Gütekriterium erfüllen (vgl.Bezeichnungen: DEV = Durchschnittlich erfasste Varianz, MW = Mittelwert, S = Standardabweichung Tabelle 5–4) und zusätzlich die Cross-Loadings-Bedingung (vgl. Tabelle 5–14) sowie das Fornell-Larcker-Kriterium (vgl. Tabelle 5–15) erfüllt sind.

Die Indikatoren des Konstrukts weisen durchgehend hohe Ladungen auf dem 1%-Niveau auf, die das Mindestniveau von 0,707 übertreffen. Das Konstrukt verfügt somit über eine gute Reliabilität, so dass insgesamt von einer hohen Güte des Messmodells gesprochen werden kann.

Tabelle 5–4: Gütebeurteilung des Konstrukts Attraktivität des Sortiments

Attraktivität des Sortiments						
Konvergenzvalidität		Cronbachsches Alpha				0,876
		Faktorreliabilität				0,910
		DEV				0,671
Diskriminanzvalidität		Cross Loadings				☑
		Fornell-Larcker-Kriterium				☑
Indikatorreliabilität		MW	S	Item-to-Total Korrelation	Ladung	t-Wert
ASO1	Die Produktauswahl dieser Geschäftsstätte war ansprechend (d. h. insbesondere die Auswahl an Kleidung und bspw. zusätzliche Accessoires)	5,66	1,287	0,677	0,802	27,768***
ASO2	Die Kleidung wurde in einem ordentlichen Zustand präsentiert (d. h. sauber, aufgeräumt)	6,16	1,023	0,686	0,805	26,427***
ASO3	Der Stil der Kleidung bei diesem Anbieter war ansprechend	5,84	1,256	0,781	0,880	55,817***
ASO4	Die Kleidung dieses Anbieters war gut verarbeitet (d. h. Materialien, Nähte und Schnitt)	5,66	1,303	0,753	0,863	37,109***

Attraktivität des Sortiments						
ASO5	Bei dieser Geschäftsstätte waren alle Kleidungsstücke, für die ich mich interessiert habe, verfügbar (d. h. vorrätig in allen benötigten Größen)	5,11	1,678	0,614	0,737	20,496***
Signifikanzniveau *(α ≤ 0,1) **(α ≤ 0,05) ***(α ≤ 0,01) n.s. (nicht signifikant)						

Bezeichnungen: DEV = Durchschnittlich erfasste Varianz, MW = Mittelwert, S = Standardabweichung

5.1.1.2.4 Attraktivität der Preisposition

Die Attraktivität der Preisposition wird in Anlehnung an das zugrunde gelegte Konstruktverständnis eines ansprechenden Einsatzes preislicher Gestaltungsparameter aus Kundensicht operationalisiert (vgl. Abschnitt 3.2.1.4). Das Konstrukt beinhaltet hierbei die Facetten Preispositionierung eines Anbieters, Preiswürdigkeit der Leistungen sowie Preispromotions.

Ein Messinstrument für das vorliegende Konstrukt existiert in der bestehenden Literatur nicht. Dort sind Messansätze zu den einzelnen genannten Facetten zu finden (vgl. hierzu die in Abschnitt 3.2.1.4 genannte Literatur), die in entsprechender Detaillierung hier jedoch nicht zur Anwendung gelangen, da die Operationalisierung des Konstrukts eine breite Beurteilung preisbezogener Aspekte ermöglichen soll. Das Messmodell beinhaltet vier Indikatoren, von denen sich zwei auf die absolute beziehungsweise relative Preispositionierung eines Anbieters beziehen.

Wie Bezeichnungen: DEV = Durchschnittlich erfasste Varianz, MW = Mittelwert, S = Standardabweichung Tabelle 5–5 zeigt, weisen fast alle Indikatoren des Konstrukts Attraktivität der Preisposition Ladungen auf, die das Mindestniveau von 0,707 übertreffen und deren t-Werte signifikant sind. Lediglich Item zwei, das die relative Preisposition des zuletzt besuchten Anbieters beschreibt, weist eine Unterschreitung des Mindestniveaus mit dem Wert von 0,632 auf. Auf eine Eliminierung des Indikators wurde jedoch verzichtet, da die Abweichung vom Schwellenwert sehr gering und zudem die Ladung des Indikators hoch signifikant ist. Inhaltlich ist die Beibehaltung des Indikators dadurch gerechtfertigt, dass das Preisurteil von Konsumenten gewöhnlich auch eine Bewertung der relativen Preise eines Anbieters im Vergleich zu Wettbewerbsangeboten beinhaltet. Diese Überlegung wurde von den Teilnehmern der durchgeführten Fokusgruppendiskussion überwiegend geteilt.

Das Konstrukt verfügt über eine gute Konvergenzvalidität, weil die geforderten Schwellenwerte für das Cronbachsche Alpha (0,806), die Faktorreliabilität (0,871) sowie die durchschnittlich erfasste Varianz (0,631) erfüllt werden. Auch Diskriminanzvalidität liegt vor, was Tabelle 5–14 (Cross-Loadings) und 5–15 (Fornell-Larcker-Kriterium) zu entnehmen ist. Demnach deutet die empirische Analyse dieser Variable auf Reliabilität und Validität der vorgenommenen Operationalisierung hin.

Tabelle 5–5: Gütebeurteilung des Konstrukts Attraktivität der Preisposition

Attraktivität der Preisposition						
Konvergenzvalidität		Cronbachsches Alpha				0,806
		Faktorreliabilität				0,871
		DEV				0,631
Diskriminanzvalidität		Cross Loadings				☑
		Fornell-Larcker-Kriterium				☑
Indikatorreliabilität		MW	S	Item-to-Total Korrelation	Ladung	t-Wert
APO1	Insgesamt waren die Preise dieses Anbieters nicht zu hoch	5,48	1,431	0,630	0,813	17,853***
APO2	Identische Artikel waren bei keinem anderen Anbieter günstiger	4,85	1,661	0,499	0,632	8,632***
APO3	Das Verhältnis zwischen Qualität und Preis der angebotenen Ware war gut	5,65	1,226	0,717	0,897	65,392***
APO4	Bei diesem Anbieter fand ich ansprechende Sonderangebote vor	5,23	1,556	0,619	0,811	21,548***
Signifikanzniveau *(α ≤ 0,1) **(α ≤ 0,05) ***(α ≤ 0,01) n.s. (nicht signifikant)						

Bezeichnungen: DEV = Durchschnittlich erfasste Varianz, MW = Mittelwert, S = Standardabweichung

5.1.1.2.5 Attraktivität des Angebots an Zusatzleistungen

Die Konzeptualisierung des Konstrukts Attraktivität des Angebots an Zusatzleistungen wurde in Abschnitt 3.2.1.5 dargelegt. Es beinhaltet sechs Kategorien an Zusatzleistungen, die inhaltliche Facetten darstellen, namentlich persönliche Services, produktbezogene Services, Entspannungs-, Unterhaltungs-, Bezahlungs- und Finanzierungsservices. In enger Anlehnung hieran erfolgt die Entwicklung eines geeigneten Messinstrumentariums im Rahmen der Operationalisierung des Konstrukts.

In der Literatur (vgl. hierzu die in Abschnitt 3.2.1.5 genannte Literatur) liegt kein geeignetes Messmodell für das vorliegende Konstrukt vor, was auf die bislang geringen Forschungsaktivitäten hinsichtlich einiger Facetten dieses Bereichs zurückzuführen ist. Insofern ist die Entwicklung einer eigenen Skala zur Konstruktmessung erforderlich. Diese umfasst für jede der genannten inhaltlichen Konstruktfacetten einen Indikator, so dass eine breite Messung vorgenommen wird, im Rahmen derer auf einen hohen Detaillierungsgrad der einzelnen Facetten verzichtet wird.

Das entwickelte Messmodell besitzt eine hohe Konvergenzvalidität, da sowohl das Cronbachsche Alpha (0,882), die Faktorreliabilität (0,910) als auch die durchschnittlich erfasste Varianz (0,631) die Anspruchsniveaus an das jeweilige Gütekriterium erfüllen (vgl. Bezeichnungen: DEV = Durchschnittlich erfasste Varianz, MW = Mittelwert, S = Standardabweichung Tabelle 5–6) und zusätzlich die Cross-Loadings-Bedingung (vgl. Tabelle 5–14) sowie das Fornell-Larcker-Kriterium (vgl. Tabelle 5–15) erfüllt sind.

Tabelle 5–6: Gütebeurteilung des Konstrukts Attraktivität des Angebots an Zusatzleistungen

Attraktivität des Angebots an Zusatzleistungen						
Konvergenzvalidität		Cronbachsches Alpha				0,882
		Faktorreliabilität				0,910
		DEV				0,631
Diskriminanzvalidität		Cross Loadings				☑
		Fornell-Larcker-Kriterium				☑
Indikatorreliabilität		MW	S	Item-to-Total Korrelation	Ladung	t-Wert
AZL1	Die Bezahlmöglichkeiten bei diesem Anbieter waren flexibel (bspw. „gewöhnliche Kassen“, Self-Checkout-Terminals, Akzeptanz unterschiedlicher Kreditkarten)	5,17	1,578	0,620	0,760	24,890***

Attraktivität des Angebots an Zusatzleistungen						
AZL2	Das Angebot an Entspannungs-Services war angenehm (bspw. Sitzmöglichkeiten, gastronomischer Bereich, Kinderbetreuungsangebot, sanitäre Anlagen)	3,81	2,030	0,804	0,878	49,462***
AZL3	Die Finanzierungsmöglichkeiten bei diesem Anbieter waren ansprechend (bspw. Finanzierungskauf auf Raten)	4,06	1,806	0,615	0,688	13,520***
AZL4	Das Angebot an Unterhaltungs-Services dieses Anbieters war ansprechend (bspw. Medienangebot in Form von Zeitschriften/ Internetzugang, Modenschauen, Musikevents)	3,36	1,998	0,775	0,849	42,393***
AZL5	Die persönlichen Services während der Produktauswahl und -anprobe waren angenehm (bspw. Gepäck-/ Garderobenaufbewahrung, Getränkeservice, persönlicher Einkaufsberater, „Abnehmen" der Ware während des Einkaufes)	4,18	1,914	0,760	0,839	30,423***
AZL6	Die produktbezogenen Services dieses Anbieters waren attraktiv (bspw. Möglichkeiten zur Warenreservierung, Umtauschrechte, Bestellung von Sonderfabrikaten, Änderungsservice, Warenlieferung nach Hause)	5,15	1,518	0,603	0,732	22,653***
Signifikanzniveau *(α ≤ 0,1) **(α ≤ 0,05) ***(α ≤ 0,01) n.s. (nicht signifikant)						

Bezeichnungen: DEV = Durchschnittlich erfasste Varianz, MW = Mittelwert, S = Standardabweichung

Die Indikatoren weisen mit einer Ausnahme signifikante Ladungen auf, die über den geforderten Anspruchsniveaus liegen. Lediglich Item drei, das sich auf die angebotenen Finanzierungsmöglichkeiten des zuletzt besuchten Anbieters bezieht, weicht mit 0,688 geringfügig von dem Mindestwert 0,707 ab. Da es sich bei dem vorliegenden Messmodell um eine neu entwickelte Skala handelt, wird der Auffassung von Chin (1998) und Hulland (1999, S. 198) gefolgt, wonach Werte bis zu 0,4 tolerierbar sind, falls eine Beibehaltung des betroffenen Indikators theoretisch sinnvoll ist. Aufgrund der zunehmenden Bedeutung von Finanzierungsmöglichkeiten über fast alle Produktkategorien hinweg wird an einer Beibehaltung des Indikators im Messmodell festgehalten. Zudem ist neben der lediglich sehr geringen Abweichung vom Anspruchsniveau die Ladung auf dem 1%-Niveau signifikant. Insgesamt liegt somit ein valides und reliables Messmodell vor.

5.1.1.3 Auswirkungen von Shopping Enjoyment

5.1.1.3.1 Verweildauer

Die Verweildauer als eines der drei Konstrukte der unmittelbaren Verhaltensauswirkungen während des Shoppingprozesses beinhaltet der Konzeptualisierung in Abschnitt 0 entsprechend eine subjektive Einschätzung der Verweildauer durch die Konsumenten. Darüber hinaus wird auch der Aspekt der Verlängerung der ursprünglich geplanten Verweildauer einbezogen.

Die Verweildauer wird in der bestehenden Literatur in der Regel durch eine objektive Erfassung in Zeiteinheiten gemessen (vgl. die in Abschnitt 0 genannte Literatur). Ausnahmen hiervon stellen beispielsweise die Arbeiten von Pieper (2009) und Wakefield/Baker (1998) dar. Zur Messung der beiden Auswirkungskonstrukte Verweildauer und Verlängerung der Verweildauer verwendet Pieper (2009, S. 267, 291) einen qualitativen verhaltensbasierten Messansatz, den auch Wakefield/Baker (1998, S. 524) zur Messung des Konstrukts „desire to stay" wählen. In Anlehnung hieran wird im Rahmen der vorliegenden Arbeit ein Messmodell entwickelt, das aus vier Indikatoren besteht, die subjektive Einschätzungen hinsichtlich der Verweildauer reflektieren.

Das Messmodell weist eine hohe Konvergenz- und Konstruktvalidität auf, da alle Gütekriterien die jeweiligen Anspruchsniveaus übertreffen (vgl. Bezeichnungen: DEV = Durchschnittlich erfasste Varianz, MW = Mittelwert, S = Standardabweichung Tabelle 5–7). Die Ladungen aller Indikatoren liegen über dem Schwellenwertvon0,707undsindaufdem1%-Niveausignifikant.Zusätzlichsinddie Cross-Loadings-Bedingung (vgl. Tabelle 5–14) und das Fornell-Larcker-Kriterium (vgl. Tabelle 5–15) erfüllt.

Das Konstrukt verfügt somit über eine gute Validität und Reliabilität, so dass insgesamt eine hohe Güte der vorgenommenen Operationalisierung vorliegt.

Tabelle 5-7: Gütebeurteilung des Konstrukts Verweildauer

Verweildauer						
Konvergenzvalidität		Cronbachsches Alpha				0,893
		Faktorreliabilität				0,925
		DEV				0,755
Diskriminanzvalidität		Cross Loadings				☑
		Fornell-Larcker-Kriterium				☑
Indikatorreliabilität		MW	S	Item-to-Total Korrelation	Ladung	t-Wert
VD1	Während meines Besuchs bei diesem Bekleidungsgeschäft verging die Zeit wie im Flug	4,64	1,744	0,685	0,846	39,687***
VD2	Bei diesem Besuch habe ich mehr Zeit verbracht als ursprünglich geplant	4,00	1,966	0,716	0,811	24,579***
VD3	Bei diesem Besuch habe ich mir so lange wie möglich Zeit genommen	4,02	1,892	0,820	0,912	73,016***
VD4	Ich habe viel Zeit während meines letzten Besuchs bei diesem Bekleidungsgeschäft verbracht	4,07	1,770	0,835	0,903	52,497***
Signifikanzniveau *(α ≤ 0,1) **(α ≤ 0,05) ***(α ≤ 0,01) n.s. (nicht signifikant)						

Bezeichnungen: DEV = Durchschnittlich erfasste Varianz, MW = Mittelwert, S = Standardabweichung

5.1.1.3.2 Produktinteresse

Das Produktinteresse ist das zweite Konstrukt der unmittelbaren Verhaltensauswirkungen von Konsumenten. In Anlehnung an das in Abschnitt 0 entwickelte Begriffsverständnis erfolgt die Operationalisierung des Konstrukts, das die

Facette eines eng- (eigentliches Produktinteresse) und die eines weitgefassten (Interesse an der Einkaufsumwelt) Interesses beinhaltet.

Die Entwicklung eines geeigneten Messinstruments baut auf bestehenden Ansätzen in der Literatur auf, die in der jeweils vorliegenden Form nicht übernommen werden. Donovan/Rossiter (1982, S. 44) verwenden einen Single-Item-Ansatz zur Messung des Konstrukts im weitgefassten Sinn des Interesses an der Einkaufsumwelt, der der hier zugrunde liegenden Konzeptualisierung jedoch nicht gerecht wird. Eine explizite Messung des Produktinteresses nach dem enggefassten Begriffsverständnis nehmen Areni/Kim (1994, S. 121) vor, die auf der Zählung der in Augenschein genommenen Produkte basiert. Eine analoge quantitative Vorgehensweise wählt Pieper (2009, S. 290 f.). Der Messansatz der vorliegenden Untersuchung beinhaltet demgegenüber drei Indikatoren, durch die eine qualitative Beurteilung des Produktinteresses vorgenommen und die Abbildung der beiden inhaltlichen Facetten des Begriffsverständnisses gewährleistet wird.

Die Indikatoren des Messmodells laden durchweg hoch signifikant über dem Anspruchsniveau von 0,707. Das Konstrukt verfügt über eine gute Konvergenzvalidität, weil die geforderten Schwellenwerte für das Cronbachsche Alpha (0,838), die Faktorreliabilität (0,900) sowie die durchschnittlich erfasste Varianz (0,750) erfüllt werden (vgl.Bezeichnungen: DEV = Durchschnittlich erfasste Varianz, MW = Mittelwert, S = Standardabweichung Tabelle 5–8). Auch Diskriminanzvalidität liegt vor, was aus Tabelle 5–14 (Cross-Loadings) und Tabelle 5–15 (Fornell-Larcker-Kriterium) hervorgeht. Insgesamt liegt damit eine valide und reliable Operationalisierung des Konstrukts vor.

Tabelle 5–8: Gütebeurteilung des Konstrukts Produktinteresse

Produktinteresse		
Konvergenzvalidität	Cronbachsches Alpha	0,838
	Faktorreliabilität	0,900
	DEV	0,750
Diskriminanzvalidität	Cross Loadings	☑
	Fornell-Larcker-Kriterium	☑

Produktinteresse						
Indikatorreliabilität		MW	S	Item-to-Total Korrelation	Ladung	t-Wert
PI1	Während meines Besuchs hat das Sortiment dieses Bekleidungsgeschäfts mein Interesse geweckt	5,09	1,428	0,647	0,882	68,702***
PI2	Bei diesem Besuch habe ich mich umgeschaut, um mich über das Sortiment bzw. die aktuelle Mode zu informieren	5,05	1,499	0,714	0,843	31,423***
PI3	Ich habe mir die angebotene Ware dieses Bekleidungsgeschäfts auch ohne Kaufabsicht gerne näher angesehen	5,05	1,652	0,748	0,873	39,958***
Signifikanzniveau *(α ≤ 0,1) **(α ≤ 0,05) ***(α ≤ 0,01) n.s. (nicht signifikant)						

Bezeichnungen: DEV = Durchschnittlich erfasste Varianz, MW = Mittelwert, S = Standardabweichung

5.1.1.3.3 Kaufimpulsivität

Kaufimpulsivität, das dritte Konstrukt der unmittelbaren Verhaltensauswirkungen, wird der zugrunde liegenden Konzeptualisierung in Abschnitt 0 entsprechend als situatives Konsumentenverhalten definiert. Aufbauend auf diesem Begriffsverständnis wird ein geeignetes Messmodell entwickelt, das die im Rahmen der Konzeptualisierung beschriebenen Facetten abbildet.

Die Zuordnung von Messanweisungen für dieses Konstrukt erfolgt in Anlehnung an bestehende und validierte Indikatoren in den Arbeiten von Jeon (1990) und Beatty/Ferrell (1998), wobei letztere Impulsivität als Charaktereigenschaft definieren, so dass hinsichtlich der von ihnen entwickelten Indikatoren grundlegende Anpassungen vorzunehmen sind. Für die vorliegende Arbeit werden insgesamt vier Indikatoren zur Messung von Kaufimpulsivität gewählt (vgl.Tabelle 5–9).

Tabelle 5-9: Gütebeurteilung des Konstrukts Kaufimpulsivität

Kaufimpulsivität						
Konvergenzvalidität		Cronbachsches Alpha				0,914
		Faktorreliabilität				0,939
		DEV				0,795
Diskriminanzvalidität		Cross Loadings				☑
		Fornell-Larcker-Kriterium				☑
Indikatorreliabilität		MW	S	Item to Total Korrelation	Ladung	t-Wert
KI1	Als ich bestimmte Artikel bei diesem Bekleidungsgeschäft spontan gekauft habe, dachte ich nicht über die Konsequenzen des Kaufs nach (bspw. zu viel Geld auszugeben)	3,72	1,931	0,683	0,776	16,647***
KI2	Bei dem ungeplanten Kauf bestimmter Artikel während meines letzten Besuchs habe ich nicht lange gezögert	4,17	1,937	0,855	0,922	65,465***
KI3	Während meines Besuchs bei diesem Bekleidungsgeschäft hatte ich spontan Lust Dinge zu kaufen, die ich ursprünglich nicht für diesen Einkauf vorgesehen hatte	4,23	1,879	0,799	0,909	64,082***
KI4	Während meines Besuchs habe ich Dinge entdeckt, bei denen ich spontan nicht widerstehen konnte	3,91	2,005	0,884	0,949	102,832***
Signifikanzniveau *(α ≤ 0,1) **(α ≤ 0,05) ***(α ≤ 0,01) n.s. (nicht signifikant)						

Bezeichnungen: DEV = Durchschnittlich erfasste Varianz, MW = Mittelwert, S = Standardabweichung

Das Messmodell weist eine hohe Konvergenzvalidität über alle Gütekriterien auf, da die Anspruchsniveaus für das Cronbachsche Alpha (0,914), die Faktorreliabilität (0,939) und die durchschnittlich erfasste Varianz (0,795) erfüllt sind. Die Cross-Loadings-Bedingung und das Fornell-Larcker-Kriterium bestätigen zudem Diskriminanzvalidität des Messmodells (vgl. Bezeichnungen:

DEV = Durchschnittlich erfasste Varianz, MW = Mittelwert, S = Standardabweichung Tabelle 5–9, Tabelle 5–14 und Tabelle 5–15). Auch die Ladungen aller Indikatoren liegen über dem Anspruchsniveau und sind hoch signifikant auf dem 1%-Niveau. Das Messinstrument verfügt somit über Validität und Reliabilität.

5.1.1.3.4 Fehler-/Mängeltoleranz

Das Messmodell des Einstellungskonstrukts Fehler-/Mängeltoleranz beruht auf dem erarbeiteten Konstruktverständnis in Abschnitt 3.2.2.2. Da das Konstrukt weitestgehend auf Basis eigener Überlegungen entwickelt wurde, gilt dies analog für die Entwicklung der Indikatoren. Diese bilden die Toleranz als Ausdruck einer gegenwärtigen sowie zukunftsgerichteten Haltung gegenüber einem Anbieter ab.

Das Messmodell der Fehler/-Mängeltoleranz umfasst somit zwei Indikatoren, die deutlich über dem Anspruchsniveau von 0,707 auf dem 1%-Niveau signifikant laden (vgl. Bezeichnungen: DEV = Durchschnittlich erfasste Varianz, MW = Mittelwert, S = Standardabweichung Tabelle 5–10). Das Cronbachsche Alpha (0,812), die Faktorreliabilität (0,914) und die durchschnittlich erfasste Varianz (0,842) belegen Konvergenzvalidität des Messmodells. Zudem werden sowohl die Cross-Loadings-Bedingung als auch das Fornell-Larcker-Kriterium erfüllt (vgl. Tabelle 5–14 und Tabelle 5–15), was für Diskriminanzvalidität des Modells spricht. Die Operationalisierung des Konstrukts ist daher valide und reliabel.

Tabelle 5–10: Gütebeurteilung des Konstrukts Fehler-/Mängeltoleranz

	Fehler-/Mängeltoleranz	
Konvergenzvalidität	Cronbachsches Alpha	0,812
	Faktorreliabilität	0,914
	DEV	0,842
Diskriminanzvalidität	Cross Loadings	☑
	Fornell-Larcker-Kriterium	☑

Fehler-/Mängeltoleranz						
Indikatorreliabilität		MW	S	Item-to-Total Korrelation	Ladung	t-Wert
MT1	Ich bleibe Kunde dieses Bekleidungsgeschäfts, selbst wenn kleinere Schwächen auftreten (bspw. einzelne/r Mitarbeiter/in kurz angebunden etc.)	4,90	1,514	0,684	0,914	65,686***
MT2	Bei dem, was mir dieses Bekleidungsgeschäft bietet, würden mich kleinere Schwächen nicht stören (bspw. einzelne unordentliche Kleidungsstücke etc.)	4,31	1,669	0,684	0,921	57,995***
Signifikanzniveau *(α ≤ 0,1) **(α ≤ 0,05) ***(α ≤ 0,01) n.s. (nicht signifikant)						

Bezeichnungen: DEV = Durchschnittlich erfasste Varianz, MW = Mittelwert, S = Standardabweichung

5.1.1.3.5 Kundenloyalität

Das Konstrukt Kundenloyalität, das im vorliegenden Modell als Verhaltensabsicht konzeptualisiert ist (vgl. Abschnitt 3.2.2.3), wird durch Adaption der von Köse (2007, S. 139) verwendeten Kundenloyalitätsskala gemessen. Dieser bezieht sich hierbei auf validierte Indikatoren zur Wiederkauf- und Weiterempfehlungsabsicht von Homburg/Fassnacht/Werner (2003, S. 562) und Zeithaml/Berry/Parasuraman (1996, S. 38).

Das Messmodell verfügt über fünf Indikatoren, die durchweg hochsignifikant über dem Anspruchsniveau laden, was für eine reliable Operationalisierung des Konstrukts spricht (vgl. Bezeichnungen: DEV = Durchschnittlich erfasste Varianz, MW = Mittelwert, S = Standardabweichung Tabelle 5–11). Auch Konvergenz- und Diskriminanzvalidität können für das Messmodell bestätigt werden, da die Gütekriterien Cronbachsches Alpha (0,929), Faktorreliabilität (0,946) und die durchschnittlich erfasste Varianz (0,780) über den Mindestanforderungen liegen und die Cross-Loadings-Bedingung und das Fornell-Larcker-Kriterium erfüllt sind (vgl. Tabelle 5–14 und Tabelle 5–15). Insgesamt liegt somit ein valides und reliables Messmodell für Kundenloyalität vor.

Tabelle 5–11: Gütebeurteilung des Konstrukts Kundenloyalität

<table>
<tr><th colspan="7">Kundenloyalität</th></tr>
<tr><td colspan="2" rowspan="3">Konvergenzvalidität</td><td colspan="4">Cronbachsches Alpha</td><td>0,929</td></tr>
<tr><td colspan="4">Faktorreliabilität</td><td>0,946</td></tr>
<tr><td colspan="4">DEV</td><td>0,780</td></tr>
<tr><td colspan="2" rowspan="2">Diskriminanzvalidität</td><td colspan="4">Cross Loadings</td><td>☑</td></tr>
<tr><td colspan="4">Fornell-Larcker-Kriterium</td><td>☑</td></tr>
<tr><td colspan="2">Indikatorreliabilität</td><td>MW</td><td>S</td><td>Item-to-Total Korrelation</td><td>Ladung</td><td>t-Wert</td></tr>
<tr><td>KL1</td><td>Ich werde in jedem Fall weiterhin Kunde/-in dieses Bekleidungsgeschäfts bleiben</td><td>5,29</td><td>1,368</td><td>0,777</td><td>0,861</td><td>38,891***</td></tr>
<tr><td>KL2</td><td>Ich werde dieses Bekleidungsgeschäft Freunden/ Bekannten/ Kollegen weiterempfehlen</td><td>4,95</td><td>1,711</td><td>0,859</td><td>0,915</td><td>58,664***</td></tr>
<tr><td>KL3</td><td>Ich werde Freunden/ Bekannten/ Kollegen raten dieses Bekleidungsgeschäft in jedem Fall einmal zu besuchen</td><td>4,53</td><td>1,876</td><td>0,849</td><td>0,903</td><td>66,386***</td></tr>
<tr><td>KL4</td><td>Ich werde diesem Bekleidungsgeschäft treu bleiben, selbst wenn mir Freunde/ Bekannte/ Kollegen andere Geschäfte empfehlen</td><td>4,97</td><td>1,554</td><td>0,842</td><td>0,909</td><td>64,214***</td></tr>
<tr><td>KL5</td><td>Ich beabsichtige dieses Bekleidungsgeschäft in Zukunft vermehrt zu besuchen</td><td>4,06</td><td>1,743</td><td>0,739</td><td>0,824</td><td>31,963***</td></tr>
<tr><td colspan="7">Signifikanzniveau *(α ≤ 0,1) **(α ≤ 0,05) ***(α ≤ 0,01) n.s. (nicht signifikant)</td></tr>
</table>

Bezeichnungen: DEV = Durchschnittlich erfasste Varianz, MW = Mittelwert, S = Standardabweichung

5.1.1.3.6 Preisbereitschaft

Ein weiteres Konstrukt, das im vorliegenden Untersuchungsmodell als Verhaltensabsicht konzeptualisiert ist (vgl. Abschnitt 3.2.2.3), stellt die Preisbereitschaft von Konsumenten dar. Für diese liegen in der Literatur bereits validierte Messansätze vor. Da für die vorliegende Untersuchung eine nicht-monetäre Vorgehensweise zur Konstruktmessung gewählt wird, kann auf die Messanweisungen von Köse (2007, S. 140) zurückgegriffen werden, der sich seinerseits an Srinivasan/Anderson/Ponnavolu (2002, S. 49) anlehnt. Diese werden um einen Indikator ergänzt, der die Bereitschaft oberhalb der gewohnten Preisklasse einzukaufen erfasst.

Das Messmodell umfasst drei Indikatoren, die über dem Schwellenwert von 0,707 auf dem 1%-Niveau signifikant auf das Konstrukt laden. Damit stellt das Messmodell eine reliable Messung des Konstrukts dar (vgl. Bezeichnungen: DEV = Durchschnittlich erfasste Varianz, MW = Mittelwert, S = Standardabweichung Tabelle 5–12).

Das Konstrukt verfügt über eine gute Konvergenzvalidität, weil die geforderten Schwellenwerte für das Cronbachsche Alpha (0,908), die Faktorreliabilität (0,942) sowie die durchschnittlich erfasste Varianz (0,844) erfüllt werden. Auch Diskriminanzvalidität liegt vor, was Tabelle 5–14 (Cross-Loadings) und Tabelle 5–15 (Fornell-Larcker-Kriterium) zu entnehmen ist. Validität des Messmodells ist somit gegeben.

Tabelle 5–12: Gütebeurteilung des Konstrukts Preisbereitschaft

Preisbereitschaft						
Konvergenzvalidität		Cronbachsches Alpha				0,908
		Faktorreliabilität				0,942
		DEV				0,844
Diskriminanzvalidität		Cross Loadings				☑
		Fornell-Larcker-Kriterium				☑
Indikatorreliabilität		MW	S	Item-to-Total Korrelation	Ladung	t-Wert
PBE1	Ich bleibe Kunde dieses Bekleidungsgeschäfts, selbst wenn sich der Preis ein wenig erhöht	3,86	1,652	0,796	0,913	68,483***
PBE2	Bei diesem Bekleidungsgeschäft würde ich auch Artikel kaufen, die oberhalb meiner gewohnten Preisklasse liegen	3,41	1,847	0,819	0,917	61,392***

Preisbereitschaft						
PBE3	Bei dem, was mir dieses Bekleidungsgeschäft bietet, wäre ich auch bereit einen etwas höheren Preis zu bezahlen	3,37	1,769	0,832	0,927	101,386***
Signifikanzniveau *(α ≤ 0,1) **(α ≤ 0,05) ***(α ≤ 0,01) n.s. (nicht signifikant)						

Bezeichnungen: DEV = Durchschnittlich erfasste Varianz, MW = Mittelwert, S = Standardabweichung

5.1.1.3.7 Bon-/Ausgabenhöhe

Bei dem Konstrukt Bon-/Ausgabenhöhe wird der Konzeptualisierung in Abschnitt 3.2.2.4 entsprechend auf eine Abfrage der monetären Ausgabensumme beim letzten Einkauf verzichtet. Um Angaben zur subjektiven Einschätzung der persönlichen Ausgabenhöhe zu erhalten, wird im Rahmen der vorliegenden Arbeit ein eigenes Messmodell entwickelt, dessen Indikatoren die in der Konzeptualisierung beschriebenen Facetten des Konstrukts abbilden.

Insgesamt umfasst das Messmodell drei Indikatoren, die durchweg hoch signifikant über dem Anspruchsniveau von 0,707 auf das Konstrukt laden. Die Messung verfügt damit über eine hohe Indikatorreliabilität.

Das Cronbachsche Alpha (0,908), die Faktorreliabilität (0,942) und die durchschnittlich erfasste Varianz (0,844) belegen Konvergenzvalidität des Messmodells. Zudem werden sowohl die Cross-Loadings-Bedingung als auch das Fornell-Larcker-Kriterium erfüllt (vgl. Tabelle 5–14 und Tabelle 5–15), was Diskriminanzvalidität des Modells belegt. Die Operationalisierung des Konstrukts ist daher valide und reliabel.

Tabelle 5–13: Gütebeurteilung des Konstrukts Bon-/Ausgabenhöhe

Bon-/Ausgabenhöhe						
Konvergenzvaliditä		Cronbachsches Alpha				0,908
		Faktorreliabilität				0,942
		DEV				0,844
Diskriminanzvalidität		Cross Loadings				☑
		Fornell-Larcker-Kriterium				☑
Indikatorreliabilität		MW	S	Item-to-Total Korrelation	Ladung	t-Wert
BH1	Ich habe beim letzten Besuch dieses Bekleidungsgeschäfts mein Budget für Kleidung ausgeschöpft	2,88	1,727	0,765	0,866	34,951***
BH2	Ich habe mehr Geld ausgegeben als gewöhnlich bei einem Kleidungseinkauf (d. h. verglichen mit einer üblichen durchschnittlichen Ausgabensumme)	3,25	1,882	0,861	0,946	112,404***
BH3	Beim letzten Besuch dieses Bekleidungsgeschäfts habe ich viel Geld ausgegeben	3,68	1,744	0,837	0,942	117,698***
Signifikanzniveau *(α ≤ 0,1) **(α ≤ 0,05) ***(α ≤ 0,01) n.s. (nicht signifikant)						

Bezeichnungen: DEV = Durchschnittlich erfasste Varianz, MW = Mittelwert, S = Standardabweichung

Einen zusammenfassenden Überblick über die untersuchte **Diskriminanzvalidität** zur Gütebeurteilung aller Messmodelle (einschließlich der nachfolgenden Moderatorvariablen in Abschnitt 0) **auf Indikatoren- sowie Konstruktebene** geben Tabelle 5–14 und Tabelle 5–15.

Zunächst bestätigt die Übersicht der Cross-Loadings (vgl. Tabelle 5–14), dass alle Indikatoren auf das ihnen jeweils zugewiesene Konstrukt am höchsten laden. Die Messmodelle verfügen auf **Indikatorenebene** somit über Diskriminanzvalidität. Tabelle 5–15 belegt auf **Konstruktebene**, dass die durchschnittlich erfasste Varianz jedes Konstrukts größer ist als jede quadrierte Korrelation dieses Konstrukts mit den anderen Konstrukten im Untersuchungsmodell. Somit wird das Fornell-Larcker-Kriterium für alle Messmodelle erfüllt und Diskriminanzvalidität auf Konstruktebene empirisch bestätigt.

Tabelle 5–14: Cross-Loadings zur Beurteilung der Diskriminanzvalidität auf Indikatorenebene

	PBA	BH	MT	AGS	KI	KL	PBE	APO	PI	SE	ASO	VD	AZL	GEM	HE	SS	UT
BH1	0,255	**0,866**	0,170	0,306	0,537	0,399	0,478	0,107	0,337	0,314	0,244	0,510	0,295	0,270	0,370	0,063	-0,120
BH2	0,358	**0,946**	0,282	0,367	0,626	0,511	0,588	0,179	0,413	0,430	0,378	0,579	0,351	0,360	0,409	0,098	-0,229
BH3	0,370	**0,942**	0,290	0,412	0,613	0,519	0,588	0,205	0,467	0,474	0,423	0,613	0,375	0,401	0,361	0,038	-0,197
KI1	0,150	0,533	0,260	0,190	**0,776**	0,367	0,414	0,201	0,358	0,331	0,255	0,465	0,221	0,363	0,416	0,082	-0,280
KI2	0,258	0,530	0,308	0,300	**0,922**	0,507	0,456	0,314	0,533	0,497	0,410	0,596	0,244	0,422	0,440	0,209	-0,314
KI3	0,267	0,649	0,379	0,350	**0,909**	0,604	0,527	0,337	0,597	0,557	0,426	0,684	0,270	0,442	0,539	0,214	-0,390
KI4	0,247	0,594	0,338	0,315	**0,949**	0,589	0,494	0,331	0,581	0,527	0,402	0,682	0,264	0,430	0,517	0,177	-0,362
KL1	0,505	0,414	0,620	0,509	0,421	**0,861**	0,509	0,443	0,515	0,656	0,592	0,558	0,326	0,419	0,386	0,196	-0,223
KL2	0,562	0,443	0,505	0,577	0,538	**0,915**	0,555	0,449	0,595	0,690	0,644	0,595	0,406	0,463	0,419	0,232	-0,267
KL3	0,467	0,473	0,501	0,519	0,585	**0,903**	0,564	0,402	0,635	0,687	0,600	0,631	0,419	0,471	0,509	0,239	-0,349
KL4	0,518	0,450	0,553	0,546	0,518	**0,909**	0,595	0,474	0,579	0,699	0,641	0,588	0,380	0,453	0,436	0,183	-0,313
KL5	0,436	0,547	0,489	0,455	0,556	**0,824**	0,622	0,368	0,558	0,620	0,521	0,611	0,371	0,462	0,440	0,210	-0,259
PBE1	0,474	0,521	0,440	0,441	0,445	0,624	**0,913**	0,401	0,453	0,526	0,453	0,492	0,380	0,368	0,351	0,083	-0,208
PBE2	0,418	0,572	0,395	0,423	0,506	0,558	**0,917**	0,297	0,443	0,487	0,462	0,489	0,464	0,337	0,316	-0,009	-0,203
PBE3	0,410	0,579	0,428	0,418	0,519	0,588	**0,927**	0,332	0,470	0,510	0,443	0,503	0,439	0,340	0,362	0,054	-0,137
PI1	0,517	0,448	0,429	0,561	0,598	0,664	0,504	0,461	**0,882**	0,725	0,695	0,682	0,437	0,510	0,401	0,210	-0,242
PI2	0,362	0,307	0,232	0,490	0,363	0,475	0,350	0,221	**0,843**	0,488	0,469	0,501	0,328	0,392	0,410	0,204	-0,207
PI3	0,345	0,386	0,314	0,443	0,544	0,519	0,403	0,273	**0,873**	0,519	0,430	0,587	0,338	0,435	0,569	0,269	-0,322
MT1	0,359	0,235	**0,914**	0,328	0,296	0,581	0,399	0,328	0,344	0,423	0,370	0,369	0,229	0,316	0,289	0,232	-0,194

	PBA	BH	MT	AGS	KI	KL	PBE	APO	PI	SE	ASO	VD	AZL	GEM	HE	SS	UT
MT2	0,320	0,273	**0,921**	0,327	0,372	0,528	0,442	0,306	0,373	0,441	0,354	0,394	0,260	0,280	0,300	0,175	-0,216
VD1	0,469	0,554	0,415	0,510	0,569	0,630	0,494	0,364	0,608	0,655	0,566	**0,846**	0,429	0,574	0,489	0,205	-0,262
VD2	0,306	0,593	0,313	0,346	0,550	0,481	0,447	0,180	0,456	0,421	0,375	**0,811**	0,298	0,357	0,439	0,169	-0,288
VD3	0,332	0,509	0,358	0,409	0,673	0,622	0,466	0,279	0,673	0,589	0,493	**0,912**	0,377	0,588	0,618	0,304	-0,386
VD4	0,368	0,523	0,341	0,399	0,609	0,584	0,460	0,265	0,642	0,547	0,473	**0,903**	0,346	0,487	0,540	0,263	-0,333
PBA1	**0,865**	0,284	0,292	0,658	0,181	0,466	0,339	0,381	0,414	0,527	0,580	0,370	0,470	0,312	0,209	0,141	-0,173
PBA2	**0,859**	0,354	0,328	0,617	0,301	0,479	0,427	0,328	0,382	0,618	0,565	0,363	0,533	0,355	0,188	0,093	-0,122
PBA3	**0,888**	0,279	0,331	0,649	0,208	0,481	0,420	0,381	0,451	0,530	0,520	0,373	0,520	0,347	0,263	0,070	-0,204
PBA4	**0,917**	0,356	0,348	0,728	0,234	0,558	0,471	0,347	0,469	0,645	0,651	0,416	0,573	0,360	0,248	0,084	-0,183
AGS1	0,702	0,347	0,319	**0,871**	0,276	0,538	0,408	0,321	0,483	0,637	0,630	0,435	0,626	0,321	0,255	0,060	-0,172
AGS2	0,422	0,271	0,251	**0,679**	0,231	0,365	0,269	0,326	0,407	0,455	0,478	0,329	0,348	0,311	0,202	0,108	-0,171
AGS3	0,613	0,411	0,277	**0,843**	0,316	0,528	0,437	0,254	0,480	0,609	0,580	0,443	0,628	0,370	0,257	0,030	-0,123
AGS4	0,688	0,272	0,281	**0,846**	0,226	0,456	0,301	0,387	0,469	0,594	0,641	0,374	0,485	0,304	0,201	0,157	-0,165
AGS5	0,552	0,286	0,302	**0,749**	0,283	0,463	0,438	0,419	0,495	0,527	0,494	0,361	0,534	0,294	0,228	0,005	-0,210
APO1	0,240	0,019	0,230	0,215	0,164	0,301	0,226	**0,813**	0,158	0,333	0,331	0,162	0,129	0,194	0,139	0,121	-0,115
APO2	0,145	0,106	0,180	0,238	0,199	0,219	0,190	**0,632**	0,237	0,214	0,231	0,135	0,187	0,111	0,169	0,130	0,020
APO3	0,470	0,254	0,312	0,480	0,345	0,514	0,397	**0,897**	0,389	0,535	0,600	0,367	0,338	0,299	0,270	0,160	-0,169
APO4	0,320	0,146	0,337	0,328	0,321	0,409	0,315	**0,811**	0,391	0,422	0,473	0,282	0,224	0,231	0,257	0,317	-0,160
ASO1	0,540	0,353	0,394	0,559	0,393	0,588	0,456	0,481	0,586	0,626	**0,802**	0,526	0,433	0,374	0,277	0,146	-0,201
ASO2	0,600	0,276	0,303	0,655	0,319	0,487	0,343	0,439	0,504	0,566	**0,805**	0,404	0,367	0,282	0,187	0,210	-0,189

	PBA	BH	MT	AGS	KI	KL	PBE	APO	PI	SE	ASO	VD	AZL	GEM	HE	SS	UT
ASO3	0,503	0,347	0,344	0,559	0,376	0,629	0,404	0,535	0,516	0,652	**0,880**	0,469	0,424	0,314	0,207	0,096	-0,173
ASO4	0,639	0,312	0,338	0,650	0,316	0,602	0,426	0,484	0,525	0,673	**0,863**	0,460	0,491	0,319	0,194	0,118	-0,119
ASO5	0,407	0,310	0,221	0,477	0,352	0,462	0,383	0,307	0,470	0,534	**0,737**	0,429	0,436	0,341	0,268	0,049	-0,145
AZL1	0,488	0,297	0,234	0,629	0,245	0,385	0,338	0,231	0,386	0,516	0,471	0,395	**0,760**	0,337	0,224	0,007	-0,135
AZL2	0,507	0,320	0,235	0,560	0,247	0,394	0,440	0,225	0,362	0,521	0,442	0,370	**0,878**	0,312	0,197	-0,088	-0,107
AZL3	0,377	0,202	0,211	0,319	0,090	0,196	0,272	0,257	0,201	0,262	0,251	0,210	**0,688**	0,152	0,203	0,006	-0,024
AZL4	0,445	0,387	0,230	0,495	0,301	0,344	0,464	0,194	0,334	0,465	0,393	0,371	**0,849**	0,219	0,183	-0,071	-0,089
AZL5	0,527	0,278	0,174	0,550	0,203	0,350	0,401	0,216	0,346	0,466	0,443	0,286	**0,839**	0,217	0,145	-0,097	-0,128
AZL6	0,474	0,269	0,191	0,528	0,200	0,326	0,263	0,292	0,387	0,438	0,447	0,341	**0,732**	0,228	0,208	-0,011	-0,130
GEM1	0,326	0,232	0,247	0,345	0,308	0,403	0,275	0,234	0,450	0,517	0,372	0,411	0,250	**0,887**	0,332	0,104	-0,184
GEM2	0,376	0,443	0,332	0,373	0,519	0,516	0,401	0,271	0,492	0,597	0,347	0,640	0,319	**0,916**	0,639	0,285	-0,375
HE1	0,267	0,434	0,314	0,253	0,487	0,457	0,413	0,266	0,383	0,396	0,242	0,539	0,293	0,480	**0,854**	0,324	-0,511
HE2	0,223	0,365	0,289	0,264	0,500	0,470	0,326	0,248	0,540	0,402	0,256	0,565	0,201	0,506	**0,940**	0,392	-0,550
HE3	0,196	0,302	0,259	0,252	0,465	0,403	0,260	0,218	0,485	0,352	0,241	0,521	0,147	0,493	**0,897**	0,403	-0,547
SS1	0,081	0,032	0,266	0,063	0,144	0,200	0,024	0,206	0,238	0,148	0,110	0,208	-0,090	0,179	0,374	**0,877**	-0,117
SS2	-0,013	0,046	0,088	-0,069	0,045	0,084	0,003	0,095	0,137	0,017	-0,024	0,149	-0,077	0,056	0,213	**0,699**	0,091
SS3	0,096	0,061	0,191	0,116	0,223	0,240	0,017	0,210	0,266	0,197	0,184	0,312	-0,012	0,241	0,421	**0,879**	-0,169
SS4	0,112	0,089	0,120	0,052	0,139	0,174	0,092	0,189	0,154	0,152	0,092	0,164	-0,055	0,146	0,257	**0,800**	-0,016
UT1	-0,044	-0,130	-0,130	-0,064	-0,296	-0,148	-0,075	-0,056	-0,161	-0,124	-0,062	-0,194	0,021	-0,145	-0,355	-0,007	**0,778**
UT2	-0,227	-0,209	-0,234	-0,239	-0,370	-0,351	-0,224	-0,177	-0,313	-0,314	-0,232	-0,388	-0,181	-0,348	-0,622	-0,148	**0,969**
SE1	0,609	0,464	0,436	0,615	0,567	0,714	0,523	0,469	0,657	**0,922**	0,668	0,643	0,522	0,550	0,447	0,244	-0,271

	PBA	BH	MT	AGS	KI	KL	PBE	APO	PI	SE	ASO	VD	AZL	GEM	HE	SS	UT
SE2	0,622	0,351	0,405	0,645	0,452	0,680	0,495	0,496	0,574	**0,900**	0,703	0,539	0,518	0,549	0,314	0,116	-0,263
SE3	0,641	0,402	0,392	0,699	0,479	0,700	0,519	0,473	0,623	**0,942**	0,720	0,569	0,582	0,538	0,359	0,124	-0,251
SE4	0,611	0,431	0,484	0,685	0,485	0,684	0,504	0,431	0,638	**0,919**	0,683	0,597	0,522	0,596	0,388	0,194	-0,230
SE5	0,593	0,443	0,465	0,650	0,554	0,743	0,523	0,480	0,689	**0,953**	0,701	0,658	0,533	0,639	0,469	0,207	-0,302

Bezeichnungen: PBA = Professionalität des Beratungsangebots, BH = Bonhöhe, MT = Fehler-/Mängeltoleranz, AGS = Annehmlichkeit der Geschäftsstätte, KI = Kaufimpulsivität, KL = Kundenloyalität, PBE = Preisbereitschaft, APO = Attraktivität der Preisposition, PI = Produktinteresse, SE = Shopping Enjoyment, ASO = Attraktivität des Sortiments, VD = Verweildauer, AZL = Attraktivität des Angebots an Zusatzleistungen, GEM = Globaler Gemütszustand, HE = Hedonistische Shoppingorientierung, SS = Smart Shoppingorientierung, UT = Utilitaristische Shoppingorientierung

Tabelle 5–15: Fornell-Larcker-Kriterium zur Beurteilung der Diskriminanzvalidität auf Konstruktebene

	PBA	BH	MT	GEM	AGS	HE	KI	KL	PBE	APO	PI	SE	SS	ASO	UT	VD	AZL
PBA	1																
BH	0,132	1															
MT	0,137	0,077	1														
GEM	0,153	0,146	0,105	1													
AGS	0,566	0,159	0,128	0,159	1												
HE	0,066	0,169	0,103	0,302	0,082	1											
KI	0,070	0,419	0,133	0,218	0,111	0,291	1										
KL	0,319	0,276	0,365	0,264	0,350	0,246	0,351	1									
PBE	0,224	0,367	0,210	0,144	0,216	0,140	0,284	0,414	1								
APO	0,164	0,034	0,119	0,079	0,178	0,075	0,115	0,235	0,141	1							
PI	0,236	0,202	0,153	0,274	0,339	0,273	0,353	0,427	0,246	0,150	1						
SE	0,439	0,204	0,222	0,385	0,504	0,184	0,301	0,577	0,306	0,256	0,472	1					
SS	0,012	0,005	0,049	0,050	0,008	0,172	0,040	0,058	0,002	0,055	0,068	0,037	1				
ASO	0,435	0,153	0,155	0,158	0,503	0,075	0,183	0,463	0,243	0,307	0,404	0,560	0,023	1			
UT	0,037	0,042	0,050	0,101	0,043	0,356	0,145	0,103	0,040	0,024	0,087	0,081	0,014	0,040	1		
VD	0,187	0,387	0,173	0,349	0,238	0,366	0,479	0,456	0,290	0,105	0,482	0,423	0,075	0,313	0,133	1	
AZL	0,356	0,140	0,071	0,101	0,440	0,058	0,079	0,186	0,216	0,085	0,188	0,333	0,003	0,277	0,018	0,180	1
DEV	0,778	0,844	0,842	0,814	0,641	0,806	0,795	0,780	0,844	0,631	0,750	0,861	0,668	0,671	0,772	0,755	0,631

Bezeichnungen: PBA = Professionalität des Beratungsangebots, BH = Bonhöhe, MT = Fehler-/Mängeltoleranz, AGS = Annehmlichkeit der Geschäftsstätte, KI = Kaufimpulsivität, KL = Kundenloyalität, PBE = Preisbereitschaft, APO = Attraktivität der Preisposition, PI = Produktinteresse, SE = Shopping Enjoyment, ASO = Attraktivität des Sortiments, VD = Verweildauer, AZL = Attraktivität des Angebots an Zusatzleistungen, GEM = Globaler Gemütszustand, HE = Hedonistische Shoppingorientierung, SS = Smart Shoppingorientierung, UT = Utilitaristische Shoppingorientierung

5.1.2 Ergebnisse der Hypothesenprüfung

An die Güteprüfung der Messmodelle schließt sich die empirische Überprüfung der Hypothesen zu den Wirkungszusammenhängen zwischen den Konstrukten (Abschnitt 3.2) mittels einer PLS-Schätzung an. Die Ergebnisse aller geprüften Hypothesen zu den direkten Effekten im Untersuchungsmodell werden in Tabelle 5–16 bis Tabelle 5–20 abgebildet. Sie stellen alle Gütemaße einschließlich des abschließenden Fazits zu den aufgestellten Hypothesen dar. Basierend auf dem vorliegenden Datensatz werden in diesem Abschnitt folglich Forschungsfragen eins und zwei dieser Untersuchung abschließend beantwortet.

5.1.2.1 Wirkungszusammenhänge zwischen den Determinanten und Shopping Enjoyment

Die Ergebnisse der Hypothesenprüfung (vgl. Tabelle 5–16) bestätigen die vermuteten direkten Wirkungsbeziehungen zwischen den Determinanten und dem zentralen Konstrukt Shopping Enjoyment (H1-H5) aufgrund der hochsignifikanten positiven Pfadkoeffizienten. Die Annehmlichkeit der Geschäftsstätte, die Professionalität des Beratungsangebots, die Attraktivität des Sortiments, die Attraktivität der Preisposition und die Attraktivität des Angebots an Zusatzleistungen haben somit einen entsprechend signifikanten positiven Einfluss auf Shopping Enjoyment. Das Bestimmheitsmaß R^2 sagt aus, dass 65,3% der Varianz von Shopping Enjoyment durch die Gesamtheit aller Determinanten erklärt werden können, was einen substanziellen Erklärungsbeitrag an der zentralen Variable des Modells darstellt (vgl. Chin 1998, S. 323). Die Erklärung dieses Konstrukts als eines der zentralen Ziele der vorliegenden Untersuchung gelingt somit durch das entwickelte Strukturmodell. Mit einem Q^2 von 0,644 verfügt das Modell über eine hohe Prognoserelevanz, die es zur Bestimmung von Shopping Enjoyment befähigt.

Unter den fünf Determinanten von Shopping Enjoyment besitzt die **Attraktivität des Sortiments** den stärksten Pfadkoeffizienten von β=0,387 und somit den größten Einfluss auf die Einkaufsfreude von Konsumenten. Auch die Effektstärke des Wirkungszusammenhangs f^2=0,18 ist größer als bei den anderen Determinanten, was eine Aussage über die zusätzlich erklärbare Varianz der endogenen Variable Shopping Enjoyment zulässt beziehungsweise den großen Einfluss der Sortimentsattraktivität auf diese untermauert.

Der Einfluss der **Annehmlichkeit der Geschäftsstätte** liegt mit einem hochsignifikanten Pfadkoeffizienten von β=0,204 vor dem der **Professionalität des Beratungsangebots** (β=0,132). Demnach verursacht ein Einkaufsumfeld, das allen Aspekten der vorgenommenen Operationalisierung entsprechend von Konsumenten positiv beurteilt wird, Freude beim Einkauf. Ein als professionell wahrgenommenes Beratungsangebot hat hingegen keinen starken Einfluss auf Shopping Enjoyment, was durch den geringeren Pfadkoeffizienten auf dem 5%-Signifikanzniveau begründet ist.

Entgegen der weit verbreiteten Auffassung vieler amerikanischer Wissenschaftler (vgl. Abschnitt 3.2.1.4) hat die Analyse des empirischen Datenmaterials ergeben, dass der **Attraktivität der Preisposition** keine überlegene Rolle bei der Beeinflussung von Shopping Enjoyment zukommt. Der Pfadkoeffizient von β=0,116 bestätigt einen Einfluss, der auf dem 1%-Niveau signifikant ist. Allerdings ist er geringer als bei allen anderen Determinanten von Shopping Enjoyment und folgt erst nach der Einflussstärke der **Attraktivität des Angebots an Zusatzleistungen** mit einem hochsignifikanten Pfadkoeffizienten von β=0,125.

Tabelle 5–16: Ergebnisse der Hypothesenprüfung zu den direkten Effekten zwischen Shopping Enjoyment und den Determinanten

Hypothese	**Pfadkoeffizient**	**t-Wert**	**Effektstärke f^2**	**R^2**	**Q^2**	**Hypothesenprüfung**
H1: AGS → SE	0,204	3,232***	0,03	0,653	0,644	☑
H2: PBA → SE	0,132	2,272**	0,01			☑
H3: ASO → SE	0,387	6,209***	0,18			☑
H4: APO → SE	0,116	2,331***	0,02			☑
H5: AZL → SE	0,125	2,562***	0,03			☑
Signifikanzniveau	*(α ≤ 0,1) **(α ≤ 0,05) ***(α ≤ 0,01) n.s. (nicht signifikant)					
Effektstärke	>0,02 schwach >0,15 moderat >0,35 substanziell					

Bezeichnungen: AGS = Annehmlichkeit der Geschäftsstätte, PBA = Professionalität des Beratungsangebots, ASO = Attraktivität des Sortiments, APO = Attraktivität der Preisposition, AZL = Attraktivität des Angebots an Zusatzleistungen, SE = Shopping Enjoyment

5.1.2.2 Wirkungszusammenhänge zwischen Shopping Enjoyment und den Auswirkungsvariablen

Unmittelbare Verhaltensauswirkungen

Wie aus Bezeichnungen: SE = Shopping Enjoyment, VD = Verweildauer, PI = Produktinteresse, KI = Kaufimpulsivität Tabelle 5–17 hervorgeht, können die Hypothesen 6a-6c zu den Wirkungsbeziehungen zwischen Shopping Enjoyment und den **unmittelbaren Verhaltensauswirkungen** Verweildauer, Produktinteresse und Kaufimpulsivität bestätigt werden, da alle Pfadkoeffizienten positiv signifikant sind.

Der Zusammenhang zwischen Shopping Enjoyment und der **Verweildauer** (H6a) weist hierbei einen starken Pfadkoeffizienten mit β=0,650 auf dem 1%-Signifikanzniveau auf. Mit R^2=0,423 bescheinigt das Bestimmtheitsmaß eine moderate bis substanzielle Anpassungsgüte der Regressionsfunktion. Das Q^2 von 0,295 deutet zudem auf Prognoserelevanz des Modells hin.

Der stärkste Wirkungszusammenhang besteht zwischen Shopping Enjoyment und dem **Produktinteresse** (H6b), was der hochsignifikante Pfadkoeffizient mit β=0,687 belegt. Dem Bestimmtheitsmaß zufolge erklärt die exogene Variable Shopping Enjoyment 47,2% der Varianz des Produktinteresses, was einem moderaten bis substanziellen Niveau entspricht. Das Modell verfügt mit einem Q^2=0,335 über Prognoserelevanz.

Auch auf die **Kaufimpulsivität** hat Shopping Enjoyment (H6c) einen positiven hochsignifikanten Einfluss. Der Pfadkoeffizient dieses Wirkungszusammenhangs beträgt β=0,548. Mit einem Anteil von 30,1% an der Erklärung der Varianz dieser Auswirkungsvariable besitzt die Regressionsfunktion eine schwache bis moderate Anpassungsgüte. Das Q^2 von 0,224 bestätigt die Prognoserelevanz des geprüften Modells.

Tabelle 5–17: Ergebnisse der Hypothesenprüfung zu den direkten Effekten zwischen Shopping Enjoyment und den unmittelbaren Verhaltensauswirkungen

Hypothese	Pfadkoeffizient	t-Wert	R^2	Q^2	Hypothesenprüfung
H6a: SE → VD	0,650	17,483***	0,423	0,295	☑
H6b: SE → PI	0,687	15,181***	0,472	0,333	☑
H6c: SE → KI	0,548	11,699***	0,301	0,231	☑
Signifikanzniveau		*(α ≤ 0,1) **(α ≤ 0,05) ***(α ≤ 0,01) n.s. (nicht signifikant)			

Bezeichnungen: SE = Shopping Enjoyment, VD = Verweildauer, PI = Produktinteresse, KI = Kaufimpulsivität

Auswirkungen auf die Einstellung

Die **Fehler-/Mängeltoleranz** als Einstellungskonstrukt wird mit β=0,471 auf dem 1%-Niveau zwar positiv signifikant von Shopping Enjoyment beeinflusst (vgl. Tabelle 5–18), womit Hypothese H7 zu bestätigen ist, jedoch werden dem Bestimmheitsmaß zufolge nur 22,2% der Varianz dieser Auswirkungsvariable von Shopping Enjoyment erklärt, was dafür spricht, dass noch weitere Variablen die Fehler-/Mängeltoleranz erklären, die jedoch nicht Bestandteil der vorliegenden Untersuchung sind. Der Fokus der Arbeit liegt schließlich nicht in der maximalen Erklärung der Auswirkungsvariablen, sondern im Nachweis bestehender

Wirkungsbeziehungen zwischen Shopping Enjoyment und den übrigen Variablen. Prognoserelevanz des Modells ist mit einem Q^2 von 0,173 gegeben.

Tabelle 5–18: Ergebnisse der Hypothesenprüfung zu den direkten Effekten zwischen Shopping Enjoyment und den Auswirkungen auf die Einstellung

Hypothese	Pfadkoeffizient	t-Wert	R^2	Q^2	Hypothesenprüfung
H7: SE → MT	0,471	8,685***	0,222	0,173	☑
Signifikanzniveau		*(α ≤ 0,1) **(α ≤ 0,05) ***(α ≤ 0,01) n.s. (nicht signifikant)			

Bezeichnungen: SE = Shopping Enjoyment, MT = Fehler-/Mängeltoleranz

Auswirkungen auf Verhaltensabsichten

Hypothesen H8a und H8b zum Wirkungszusammenhang zwischen Shopping Enjoyment und den Verhaltensabsichten von Konsumenten können durch die empirische Analyse bestätigt werden. Ein höheres Shopping Enjoyment führt den positiv signifikanten Pfadkoeffizienten entsprechend zu höherer Kundenloyalität und Preisbereitschaft (vgl. Tabelle 5–19).

Mit einem Pfadkoeffizienten von β=0,760 auf 1%-Signifikanzniveau hat Shopping Enjoyment einen starken Einfluss auf **Kundenloyalität** (H8a). Dem Bestimmtheitsmaß zufolge werden 57,7% der Varianz von Kundenloyalität durch die exogene Variable Shopping Enjoyment erklärt, was einem moderaten bis substanziellen Niveau entspricht. Der vermutete Wirkungszusammenhang der Hypothese H8a verfügt mit einem Q^2 von 0,448 über Prognoserelevanz.

Die Wirkungsbeziehung zwischen Shopping Enjoyment und **Preisbereitschaft** (H8b) kann mit dem signifikanten Pfadkoeffizienten von β=0,553 bestätigt werden. Das R^2 von 0,306 belegt für das der Preisbereitschaft zugrunde liegende Modell eine moderate Anpassungsgüte der Regressionsfunktion. Neben dem positiv signifikanten Pfadkoeffizienten verfügt das Modell über Prognoserelevanz.

Tabelle 5–19: Ergebnisse der Hypothesenprüfung zu den direkten Effekten zwischen Shopping Enjoyment und den Verhaltensabsichten

Hypothese	Pfadkoeffizient	t-Wert	R^2	Q^2	Hypothesenprüfung
H8a: SE → KL	0,760	21,041***	0,577	0,448	☑
H8b: SE → PBE	0,553	11,939***	0,306	0,256	☑
Signifikanzniveau		*(α ≤ 0,1) **(α ≤ 0,05) ***(α ≤ 0,01) n.s. (nicht signifikant)			

Bezeichnungen: SE = Shopping Enjoyment, KL = Kundenloyalität, PBE = Preisbereitschaft

Erfolgsauswirkungen

Hypothese H9 unterstellt einen direkten Zusammenhang zwischen Shopping Enjoyment und der Bon-/Ausgabenhöhe, was die empirische Analyse bestätigt. Mir einem Pfadkoeffizienten von β=0,452 auf dem 1%-Signifikanzniveau besitzt Shopping Enjoyment einen positiven Einfluss auf die Bon-/Ausgabenhöhe (vgl. Bezeichnungen: SE = Shopping Enjoyment, BH = Bon-/Ausgabenhöhe Tabelle 5–20). Das R^2 von 0,204 bescheinigt eine schwache bis moderate Anpassungsgüte der Regressionsfunktion, was dafür spricht, dass weitere Variablen die Höhe dieser Auswirkungsvariable beeinflussen. Mit Q^2=0,166 verfügt das Modell über Prognoserelevanz.

Tabelle 5–20: Ergebnisse der Hypothesenprüfung zu den direkten Effekten zwischen Shopping Enjoyment und den Erfolgsauswirkungen

Hypothese	Pfadkoeffizient	t-Wert	R^2	Q^2	Hypothesenprüfung
H9: SE → BH	0,452	9,007***	0,204	0,166	☑
Signifikanzniveau		*(α ≤ 0,1) **(α ≤ 0,05) ***(α ≤ 0,01) n.s. (nicht signifikant)			

Bezeichnungen: SE = Shopping Enjoyment, BH = Bon-/Ausgabenhöhe

5.1.3 Fazit

Basierend auf den Befunden der empirischen Untersuchungen zu den direkten Effekten im Untersuchungsmodell kann festgehalten werden, dass alle Hypothesen bestätigt werden können. Insgesamt werden die zwölf Hypothesen zu den direkten Wirkungszusammenhängen zwischen den handelsseitigen Determinanten und Shopping Enjoyment und dessen Auswirkungen durch das empirische Datenmaterial gestützt.

Ergebnisse zu den Wirkungszusammenhängen zwischen den Determinanten und Shopping Enjoyment

Aus den empirischen Daten geht zunächst hervor, dass **alle Determinanten einen signifikant positiven Einfluss** auf Shopping Enjoyment haben. Das Ergebnis bestätigt, dass die erarbeiteten Variablen tatsächlich Einflussfaktoren von Shopping Enjoyment im Kontext des Bekleidungseinkaufs von Konsumenten darstellen.

Darüber hinaus kann auf Basis der berechneten Pfadkoeffizienten eine **relative Gewichtung der Determinanten** hinsichtlich ihres Einflusses auf Shopping Enjoyment vorgenommen werden. Hieraus ergibt sich folgende Reihenfolge der Determinanten: (1) Attraktivität des Sortiments, (2) Annehmlichkeit der Geschäftsstätte, (3) Professionalität des Beratungsangebots, (4) Attraktivität des Angebots an Zusatzleistungen und (5) Attraktivität der Preisposition.

Dementsprechend löst ein **attraktives Sortiment in einer angenehmen Einkaufsumgebung** mehr Shopping Enjoyment aus. Dieses Ergebnis steht in Einklang mit der Aussage von Gröppel (1990, S. 139), die bereits zu Beginn der 1990er Jahre feststellte: „Konsumenten möchten gerne unverwechselbare Produkte erstehen und sich in einem besonderen, nicht-alltäglichen Ambiente bewegen." Eine Erklärung hierfür bietet die eingangs beschriebene Situation der Angleichung ursprünglich konkurrierender Geschäftsstätten aufgrund austauschbarer Sortimente zu vergleichbaren Preisen. Der Profilverlust der Einkaufsstätten und damit verbundene monotone Einkaufserlebnisse führen zu einer besonderen Wertschätzung und emotionalen Aktivierung im Fall differenzierter und individualisierter Einkaufsumwelten und Sortimente.

Hinsichtlich der **Professionalität des Beratungsangebots** kann festgehalten werden, dass fachliche Kompetenz, Freundlichkeit, ein gepflegtes Äußeres und eine hohe Verfügbarkeit der Mitarbeiter von Konsumenten geschätzt werden und Freude stiften können. Aufbauend auf den Ausführungen des vorangehenden Absatzes führen diese Aspekte zu einer Individualisierung des Einkaufserlebnisses, da Handelsunternehmen infolge ohnehin niedriger Umsatzrenditen kostenintensives Fachpersonal heutzutage oftmals einsparen. Gerade im Textileinzelhandel wird dies von Konsumenten als kritisch erachtet, was aus der durchgeführten Fokusgruppendiskussion hervorging. Beim Bekleidungseinkauf, der als überwiegend hedonistisch geprägt gilt, kommt der Beratung eine wichtige Bedeutung zu. Sie schafft Sicherheit, zudem führt eine gute Beratung häufig zu einer Qualitätsvermutung hinsichtlich der Ware.

Insbesondere im Einzelhandel können Unternehmen sich über die Auswahl spezifischer Dienstleistungen von anderen Wettbewerbern abheben. Insofern ist es verwunderlich, dass der Einfluss der **Attraktivität des Angebots an Zusatzleistungen** auf Shopping Enjoyment nicht größer ausfällt. Eine Erklärung hierfür kann die geringe Verbreitung eines umfassenden Angebots solcher Leistungen in vielen Einkaufsstätten sein, so dass ihnen daher empirisch (noch) keine große Bedeutung zukommt. Zudem befürchten Konsumenten häufig, dass Zusatzangebote in Form von Dienstleistungen mit einem expliziten oder einkalkulierten Preisaufschlag einhergehen.

Entgegen der weit verbreiteten Annahme, dass Preise der größte Treiber von Shopping Enjoyment sind, konnte die empirische Untersuchung nur einen geringen Wirkungszusammenhang zwischen beiden Konstrukten ermitteln.

Dieses Ergebnis lässt sich dadurch erklären, dass die Konzeptualisierung dieses Konstrukts ein Globalurteil über die Preise eines Anbieters umfasst und sich nicht ausschließlich auf „Schnäppchen" bezieht. Das Ergebnis des Hypothesentests zeigt, dass **attraktiven Preisen** generell keine bedeutende Rolle hinsichtlich der Schaffung von Shopping Enjoyment zukommt. Daher liegt die Vermutung nahe, dass sie eher als Hygienefaktoren eines Einkaufserlebnisses anzusehen sind.

Ergebnisse zu den Wirkungszusammenhängen zwischen Shopping Enjoyment und den Auswirkungsvariablen

Die Ergebnisse der empirischen Hypothesentests bestätigen, dass das zentrale Konstrukt Shopping Enjoyment **signifikanten positiven Einfluss auf die unmittelbaren Verhaltensauswirkungen, die Einstellung und Verhaltensabsichten** von Konsumenten hat und zudem **erfolgswirksam** ist. Insgesamt bestätigen diese Ergebnisse, dass Shopping Enjoyment mit Bezug zum umwelttheoretischen Verhaltensmodell von Mehrabian/Russell (1974) als theoretischem Bezugspunkt ein Annäherungsverhalten von Konsumenten an die Einkaufsumwelt bewirkt und als zentrales Konstrukt für handelsrelevante konsumentenseitige Auswirkungen gilt.

Aus den empirischen Daten geht hervor, dass Shopping Enjoyment im Kontext des Bekleidungseinkaufs eine wichtige Rolle hinsichtlich der **unmittelbaren Verhaltensauswirkungen** spielt. Auf das Produktinteresse hat das zentrale Konstrukt dieser Untersuchung hierbei den größten Einfluss. Nur unwesentlich geringer ist der Einfluss auf die beiden Auswirkungskonstrukte Verweildauer und Kaufimpulsivität. Eine mögliche Erklärung für die besondere Stärke des erstgenannten Wirkungszusammenhangs ist der unverbindliche Charakter des Produktinteresses, der diesem definitorisch zugrunde liegt. Die erhöhte Aufnahmebereitschaft der Konsumenten bezüglich der Einkaufs-umwelt im weiteren sowie produktbezogener Informationen im engeren Sinne hat zunächst keine tatsächlichen finanziellen Auswirkungen für Konsumenten zur Folge. Gleiches gilt für die Erhöhung der Verweildauer. Interessant ist in diesem Zusammenhang jedoch, dass Shopping Enjoyment auch die Kaufimpulsivität von Konsumenten erhöht, die schließlich einen faktischen Kauf einschließt. Insofern stützt dieser Befund auch die ermittelten Ergebnisse zur Erfolgswirksamkeit von Shopping Enjoyment.

Die Wirkung von Shopping Enjoyment auf die **Einstellung** von Konsumenten wurde anhand des Konstrukts Fehler-/Mängeltoleranz überprüft. Der vermutete Wirkungszusammenhang konnte durch die empirische Untersuchung bestätigt werden, was eine Erhöhung der Duldsamkeit von Konsumenten in Bezug auf geringe Fehler und Mängel bei der Leistungserstellung eines Unternehmens im Fall von Shopping Enjoyment bedeutet. Konsumenten, die während ihres Einkaufs Freude empfinden, sind aufgrund ihrer positiven emotionalen Aktivierung demnach toleranter und neigen zu weniger nachhaltiger Verärgerung sowie handelsseitig unerwünschtem Verhalten, etwa negativer Mundpropaganda oder Beziehungseinschränkung. Einkaufsfreude, die durch eine positive Wahrnehmung der handelsseitigen Aktionsbereiche ausgelöst wird, überkompensiert als intensive Emotion vermutlich nur kurze Zeit dauernde Verärgerung wegen geringfügiger Unzulänglichkeiten eines Handelsunternehmens.

Auch die vermuteten Wirkungszusammenhänge zwischen Shopping Enjoyment und den **Verhaltensabsichten** von Konsumenten in Form von Kundenloyalität und Preisbereitschaft konnte die Analyse der empirischen Daten bestätigen. Kundenloyalität wird im Vergleich zur Gesamtheit der Auswirkungsvariablen von Shopping Enjoyment am stärksten beeinflusst. Dieser Befund lässt darauf schließen, dass positive Gefühle eine nachhaltige Wirkung entfalten, da diese von Konsumenten während überwiegend hedonistischer Aktivitäten wie dem Bekleidungseinkaufs besondere Wertschätzung erfahren. Es kann daher angenommen werden, dass einmal gemachte positive Einkaufserlebnisse bei einer Einkaufsstätte zu einem erneuten Besuch führen und das Weiterempfehlungsverhalten positiv beeinflussen. Diese Argumentation erklärt auch den positiven Einfluss auf die Preisbereitschaft von Konsumenten. Darüber hinaus könnte in diesem Zusammenhang eine Erklärung sein, dass der „Gewinn“ an Shopping Enjoyment das empfundene Opfer in Form von höheren Preisen übersteigt und somit zur Zahlungsbereitschaft höherer Preise in der Zukunft führt.

Die **Erfolgswirksamkeit** von Shopping Enjoyment konnte durch den positiven signifikanten Zusammenhang zwischen Shopping Enjoyment und der Bon-/Ausgabenhöhe bestätigt werden. Dieser Befund ist insbesondere für den Handel von besonderer Bedeutung, da Maßnahmen zur Verursachung von Shopping Enjoyment für diesen zunächst finanziellen Aufwand bedingen. Eine mögliche Erklärung hierfür konnte bereits durch die erhöhte Kaufimpulsivität geliefert werden. Konsumenten, die während eines Bekleidungseinkaufs positive Gefühle empfinden, verändern demnach neben internen nicht-beobachtbaren Prozessen auch ihr tatsächlich beobachtbares Verhalten in Form von Einkäufen, was einem Annäherungsverhalten an die Einkaufsumwelt entspricht. Zum einen stellt der Kauf gewissermaßen eine Fortführung und Vollendung der positiven emotionsgetriebenen Kausalkette dar, darüber hinaus kann vermutet werden, dass ein Belohnungsverhalten gegenüber der jeweiligen Einkaufsstätte vorliegt.

5.2 Untersuchung der moderierenden Effekte

5.2.1 Messung der relevanten Konstrukte

5.2.1.1 Psychographische Konsumentenmerkmale

5.2.1.1.1 Shoppingorientierung

Hedonistische Shoppingorientierung

Die Operationalisierung der Moderatorvariable Hedonistische Shoppingorientierung erfolgt in Anlehnung an die zugrunde liegende Konzeptualisierung in Abschnitt 3.3.1.1. Indikatoren zur Konstruktmessung werden aus der bestehenden Literatur abgeleitet, da kein der grundlegenden Shoppingorientierung entsprechendes Messmodell existiert. Insbesondere die Arbeiten von Babin/Darden/Griffin (1994, S. 649) und Beatty/Ferrell (1998, S. 181) werden zu diesem Zweck herangezogen, auf deren Grundlage schließlich drei geeignete Indikatoren formuliert werden.

Bezeichnungen: DEV = Durchschnittlich erfasste Varianz, MW = Mittelwert, S = Standardabweichung Tabelle 5–21 zeigt eine sehr hohe Konvergenzvalidität des Konstrukts, da sowohl das Cronbachsche Alpha (0,879) als auch die Faktorreliabilität (0,926) und die durchschnittliche erfasste Varianz (0,806) die geforderten Anspruchsniveaus deutlich übertreffen. Auch beide Bedingungen für Diskriminanzvalidität sind erfüllt, was aus Tabelle 5–14 (Cross-Loadings) und Tabelle 5–15 (Fornell-Larcker-Kriterium) hervorgeht.

Auf Indikatorebene übersteigen die Ladungen aller Items den Mindestwert von 0,707. Die t-Werte sind auf dem 1%-Niveau signifikant. Insgesamt verfügt das Messmodell von Shopping Enjoyment somit über sehr gute Gütemaße die über den in Abschnitt 4.2.4 angeführten Mindestgrößen liegen (vgl. Tabelle 4–3) und wird den Voraussetzungen für Validität und Reliabilität gerecht.

Tabelle 5–21: Gütebeurteilung des Konstrukts Hedonistische Shoppingorientierung

Hedonistische Shopping Orientierung						
Konvergenzvalidität		Cronbachsches Alpha				0,879
		Faktorreliabilität				0,926
		DEV				0,806
Diskriminanzvalidität		Cross Loadings				☑
		Fornell-Larcker-Kriterium				☑
Indikatorreliabilität		MW	S	Item-to-Total Korrelation	Ladung	t-Wert
HE1	Der Besuch von Bekleidungsgeschäften stellt für mich eine gute Freizeitbeschäftigung dar	3,67	2,010	0,672	0,854	37,810***
HE2	Ich genieße das Herumstöbern unabhängig davon, ob ich etwas finde bzw. kaufe	4,78	1,893	0,843	0,940	91,299***
HE3	Beim Einkauf von Kleidung schaue ich mich gerne einfach mal um	5,31	1,549	0,778	0,897	61,286***
Signifikanzniveau		*(α ≤ 0,1) **(α ≤ 0,05) ***(α ≤ 0,01) n.s. (nicht signifikant)				

Bezeichnungen: DEV = Durchschnittlich erfasste Varianz, MW = Mittelwert, S = Standardabweichung

Utilitaristische Shoppingorientierung

Zur Entwicklung eines geeigneten Messinstruments für die Moderatorvariable Utilitaristische Shoppingorientierung werden Indikatoren aus der bestehenden Literatur abgeleitet, die die zugrunde liegende Konzeptualisierung des Konstrukts reflektieren (vgl. Abschnitt 3.3.1.1). Auf Grundlage der Arbeiten von Babin/Darden/Griffin (1994, S. 649), Beatty/Ferrell (1998, S 181) und Baker/Wakefield (2011, S. 9) werden zwei geeignete Indikatoren zur Messung des Konstrukts formuliert Die Überprüfung der Validität des Messmodells zeigt, dass das Cronbachsche Alpha (0,748), die Faktorreliabilität (0,870) und die durchschnittlich erfasste Varianz (0,772) die geforderten Anspruchsniveaus erfüllen. Diskriminanzvalidität des Modells ist vorhanden, da die Indikatoren auf das jeweils zugrunde liegende Konstrukt am stärksten laden (Cross-Loadings) und auch das Fornell-Larcker-Kriterium erfüllt ist (vgl. Tabelle 5–14 und Tabelle 5–15).

Beide Indikatoren laden signifikant über dem Anspruchsniveau von 0,707 auf das Konstrukt. Somit kann insgesamt von einer validen und reliablen Messung des Konstrukts gesprochen werden.

Tabelle 5–22: Gütebeurteilung des Konstrukts Utilitaristische Shoppingorientierung

Utilitaristische Shopping Orientierung						
Konvergenzvalidität		Cronbachsches Alpha				0,748
		Faktorreliabilität				0,967
		DEV				0,772
Diskriminanzvalidität		Cross Loadings				☑
		Fornell-Larcker-Kriterium				☑
Indikatorreliabilität		MW	S	Item-to-Total Korrelation	Ladung	t-Wert
UT1	Beim Einkauf von Kleidung suche ich gezielt nur nach den Dingen, die ich mir vorgenommen habe	4,50	1,845	0,597	0,778	9,118***
UT2	Für den Einkauf von Kleidung möchte ich so wenig Zeit wie möglich aufwenden	3,98	1,986	0,597	0,969	52,482***
Signifikanzniveau *($\alpha \leq 0,1$) **($\alpha \leq 0,05$) ***($\alpha \leq 0,01$) n.s. (nicht signifikant)						

Bezeichnungen: DEV = Durchschnittlich erfasste Varianz, MW = Mittelwert, S = Standardabweichung

Smart Shoppingorientierung

Die Messung des Moderators Smart Shoppingorientierung erfolgt entsprechend der Konzeptualisierung in Abschnitt 3.3.1.1. Geeignete Indikatoren zur Messung dieses Konstrukts können aus den Arbeiten von Donthu/Gilliland (1996, S. 74) und Tat/Bejou (1994, S. 31) zu „price consciousness" abgeleitet werden. Zusätzlich wird ein Indikator entwickelt, der den Aspekt der Smart Shopper Feelings reflektiert. Insgesamt umfasst das Messmodell vier Indikatoren (vgl. Bezeichnungen: DEV = Durchschnittlich erfasste Varianz, MW = Mittelwert, S = Standardabweichung Tabelle 5–23).

Konvergenz- und Diskriminanzvalidität des Messmodells sind gegeben, da sowohl das Cronbachsche Alpha (0,850), die Faktorreliabilität (0,889) als auch die durchschnittlich erfasste Varianz (0,668) die Anspruchsniveaus an das jeweilige Gütekriterium erfüllen und zusätzlich die Cross-Loadings-Bedingung (vgl. Tabelle 5–14) sowie das Fornell-Larcker-Kriterium (vgl. Tabelle 5–15) erfüllt sind.

Tabelle 5–23: Gütebeurteilung des Konstrukts Smart Shoppingorientierung

Smart Shopping Orientierung						
Konvergenzvalidität		Cronbachsches Alpha				0,850
		Faktorreliabilität				0,889
		DEV				0,668
Diskriminanzvalidität		Cross Loadings				☑
		Fornell-Larcker-Kriterium				☑
Indikatorreliabilität		MW	S	Item-to-Total Korrelation	Ladung	t-Wert
SS1	Gewöhnlich suche ich beim Kleidungseinkauf auch nach Sonderangeboten bzw. Schnäppchen	5,54	1,482	0,784	0,877	9,755***
SS2	Meine Kaufentscheidung hängt meistens davon ab, ob ich einen Artikel besonders günstig ergattern kann	4,14	1,776	0,810	0,699	4,978***
SS3	Ich fühle mich einfach gut, wenn ich ein Schnäppchen ergattere	5,10	1,681	0,803	0,879	10,210***
SS4	Ich vergleiche Preise meistens auch bei günstigen Kleidungsstücken	4,93	1,663	0,826	0,800	7,435***
Signifikanzniveau *(α ≤ 0,1) **(α ≤ 0,05) ***(α ≤ 0,01) n.s. (nicht signifikant)						

Bezeichnungen: DEV = Durchschnittlich erfasste Varianz, MW = Mittelwert, S = Standardabweichung

Die Indikatoren des Konstrukts weisen hohe Ladungen auf dem 1%-Niveau auf, die das Mindestniveau von 0,707 übertreffen. Lediglich Indikator zwei liegt mit einem Wert von 0,699 geringfügig darunter, was jedoch nicht zu einer Eliminierung des Indikators aus dem Modell führt. Diese Entscheidung begründet sich zum einen mit einer ohnehin hohen Güte des Messmodells, die es nicht zu verbessern gilt, vor allem aber kommt dem Indikator eine wichtige inhaltliche Bedeutung zu, da er in den durchgeführten qualitativen Interviews wie auch in der Fokusgruppendiskussion häufig erwähnt wurde. Zudem findet die Suche nach Schnäppchen und Sonderangeboten in Zusammenhang mit Einkaufsfreude in den Veröffentlichungen hochrangiger amerikanischer Zeitschriften fast durchweg Erwähnung. Das Messmodell verfügt über Validität und Reliabilität, so dass die Operationalisierung des Konstrukts im Ganzen eine hohe Güte aufweist.

5.2.1.1.2 Globaler Gemütszustand

Das Messmodell des Globalen Gemütszustands wird entsprechend der vorgenommenen Konzeptualisierung in Abschnitt 3.3.1.2 entwickelt. In Anlehnung an Swinyard (1993, S. 276), der eine direkte Abfrage des „overall mood" durchführt, wird der globale Gemütszustand einschließlich des Bezugs zum anstehenden Shoppingerlebnis durch zwei Items gemessen (vgl. Bezeichnungen: DEV = Durchschnittlich erfasste Varianz, MW = Mittelwert, S = Standardabweichung Tabelle 5–24).

Tabelle 5–24: Gütebeurteilung des Konstrukts Globaler Gemütszustand

Globaler Gemütszustand						
Konvergenzvalidität		Cronbachsches Alpha				0,772
		Faktorreliabilität				0,897
		DEV				0,814
Diskriminanzvalidität		Cross Loadings				☑
		Fornell-Larcker-Kriterium				☑
Indikatorreliabilität		MW	S	Item-to-Total Korrelation	Ladung	t-Wert
GEM1	Bereits vor meinem Besuch bei dem genannten Bekleidungsgeschäft hatte ich gute Laune	5,32	1,403	0,628	0,887	44,652***
GEM2	Ich habe mich vorab auf das Stöbern nach bzw. den Einkauf von Kleidung gefreut	4,63	1,863	0,628	0,916	71,279***
Signifikanzniveau *(α ≤ 0,1) **(α ≤ 0,05) ***(α ≤ 0,01) n.s. (nicht signifikant)						

Bezeichnungen: DEV = Durchschnittlich erfasste Varianz, MW = Mittelwert, S = Standardabweichung

Das Messmodell besitzt eine hohe Konvergenzvalidität, da sowohl das Cronbachsche Alpha (0,772), die Faktorreliabilität (0,897) als auch die durchschnittlich erfasste Varianz (0,814) die Anspruchsniveaus an das jeweilige Gütekriterium erfüllen. Zusätzlich weist es Diskriminanzvalidität auf, da die Cross-Loadings-Bedingung (vgl. Tabelle 5–14) sowie das Fornell-Larcker-Kriterium (vgl. Tabelle Tabelle 5–15) erfüllt sind.

Indikatorreliabilität ist gegeben, da beide Indikatoren signifikante Ladungen aufweisen, die das Anspruchsniveau von 0,707 übertreffen. Insgesamt liegt somit ein valides und reliables Messmodell des Konstrukts vor.

5.2.1.2 Soziodemographische Konsumentenmerkmale

Der Einfluss soziodemographischer Merkmale besonders im Bereich der Konsumentenverhaltensforschung wird in zahlreichen Arbeiten belegt. Aufgrund der dieser Untersuchung zugrunde liegenden Stichprobendefinition wurden unterschiedliche soziodemographische Merkmale erhoben (vgl. Tabelle 4–1). Aus diesen werden für die Untersuchung moderierender Effekte das **Alter, Geschlecht, die Haushaltsgröße und monatlichen Haushaltsnettoeinkünfte** gewählt, da diese am gebräuchlichsten erscheinen.

Während das Geschlecht auf Basis der beiden Kategorien „Frau" und „Mann" abgefragt wurde, wurden für die anderen Variablen mehrere Antwortkategorien gebildet. Ursächlich hierfür ist, dass Konsumenten Angaben zu soziodemographischen Merkmalen gewöhnlich nicht exakt machen möchten, durch geeignete Antwortkategorien jedoch dennoch eine feingliedrige Annäherung an die geplante Nationalrepräsentativität der Stichprobe gewährleistet werden konnte (vgl. Abschnitt 0). Für das Alter wurden daher sechs („<20", „20–29", „30–39", „40–49", „50–59", „60+" Jahre), für die Haushaltsgröße fünf („1", „2", „3", „4", „5 oder mehr" Person/en) und für die monatlichen Haushaltsnettoeinkünfte acht („<500", „500–999", „1000–1499", „1500–1999", „2000–2499", „2500–2999", „3000–3999", „4000+" €) Antwortkategorien gebildet.

5.2.2 Ergebnisse der Hypothesenprüfung

An die Überprüfung der Messmodelle der latenten Moderatorvariablen schließt sich im Folgenden die Prüfung der aufgestellten Hypothesen zu moderierenden Effekten auf die direkten Wirkungszusammenhänge zwischen den Determinanten und Shopping Enjoyment an, wodurch Forschungsfrage drei der vorliegenden Untersuchung beantwortet wird.

Abhängig vom Skalenniveau der Moderatorvariable erfolgt die Wahl der Analysemethode. Um den Einfluss metrisch skalierter Moderatorvariablen zu überprüfen, wird eine Interaktionsvariable als Produkt der unabhängigen und moderierenden Variablen gebildet. Ihr Einfluss auf die endogene Variable im Modell kann anschließend geschätzt werden. Im Fall kategorialer Variablen werden multiple Gruppenvergleiche durch den Vergleich von Teilstichproben durchgeführt (vgl. Abschnitt 4.2.6).

5.2.2.1 Psychographische Konsumentenmerkmale

5.2.2.1.1 Shoppingorientierung

Bei den Konstrukten der Shoppingorientierung handelt es sich um metrisch skalierte Variablen, so dass hypothetisierte Moderatoreffekte durch die Einführung von Interaktionstermen in die Strukturgleichungen untersucht werden (vgl. Abschnitt 4.2.6).

Hedonistische Shoppingorientierung

Die Hypothesen H10a-H10d postulieren, dass die direkten Effekte zwischen den Determinanten und Shopping Enjoyment verstärkt werden, wenn Kunden eine ausgeprägte hedonistische Shoppingorientierung besitzen. Die Ergebnisse der PLS-Schätzungen in Bezeichnungen: AGS = Annehmlichkeit der Geschäftsstätte, PBA = Professionalität des Beratungsangebots, ASO = Attraktivität des Sortiments, APO = Attraktivität der Preisposition, AZL = Attraktivität des Angebots an Zusatzleistungen, HE = Hedonistische Shoppingorientierung Tabelle 5–25 zeigen, dass lediglich Hypothese H10a gestützt werden kann, da der gebildete Interaktionsterm aus den gekreuzten Indikatoren der Determinante Annehmlichkeit der Geschäftsstätte und dem Moderator Hedonistische Shoppingorientierung als einziger einen signifikanten Pfadkoeffizienten auf dem 5%-Niveau aufweist. Die Effektstärke von f^2=0,02 des untersuchten Zusammenhangs sagt zwar aus, dass sich das Bestimmtheitsmaß durch Hinzufügen der Interaktionsvariable zum Haupteffektmodell nur in vernachlässigbarem Ausmaß verändert, dennoch deutet dies gemäß Chin/Marcolin/Newsted (2003, S. 211) nicht grundsätzlich auf die Unwichtigkeit eines Effekts hin. Mit einem betragsmäßig niedrigen Pfadkoeffizienten (β=0,079) fällt die moderierende Wirkung auf den direkten Effekt jedoch gering aus.

Hypothesen H10b-H10d müssen aufgrund der fehlenden Signifikanz des getesteten Effekts verworfen werden. Somit hat eine hedonistische Shoppingorientierung von Konsumenten keinen Einfluss auf die Stärke des Wirkungszusammenhangs zwischen Shopping Enjoyment und den Determinanten Professionalität des Beratungsangebots, Attraktivität des Sortiments sowie Attraktivität des Angebots an Zusatzleistungen.

Tabelle 5–25: Empirische Überprüfung moderierender Effekte einer hedonistischen Shoppingorientierung

Hypothese	Pfadkoeffizient	t-Wert	Effektstärke f^2	Hypothesenprüfung
H10a: AGS*HE	0,079	1,874*	0,02	☑
H10b: PBA*HE	0,048	1,183$^{n.s.}$	–	☒
H10c: ASO*HE	0,055	1,190$^{n.s.}$	–	☒
H10d: AZL*HE	0,052	1,064$^{n.s.}$	–	☒
Signifikanzniveau *(α ≤ 0,1) **(α ≤ 0,05) ***(α ≤ 0,01) n.s. (nicht signifikant)				
Effektstärke >0,02 schwach >0,15 moderat >0,35 substanziell				

Bezeichnungen: AGS = Annehmlichkeit der Geschäftsstätte, PBA = Professionalität des Beratungsangebots, ASO = Attraktivität des Sortiments, APO = Attraktivität der Preisposition, AZL = Attraktivität des Angebots an Zusatzleistungen, HE = Hedonistische Shoppingorientierung

Utilitaristische Shoppingorientierung

Die direkten Effekte zwischen den beiden Determinanten Annehmlichkeit der Geschäftsstätte sowie Attraktivität des Sortiments und Shopping Enjoyment werden den Hypothesen H11a und H11b zufolge durch eine ausgeprägte utilitaristische Shoppingorientierung der Konsumenten verstärkt. Die PLS-Schätzungen beider Interaktionsterme (vgl. Bezeichnungen: AGS = Annehmlichkeit der Geschäftsstätte, ASO = Attraktivität des Sortiments, UT = Utilitaristische Shoppingorientierung Tabelle 5–26) haben jedoch keine signifikanten Pfadkoeffizienten ermittelt. Die Stärke der genannten direkten Effekte wird demnach nicht durch das Ausmaß einer utilitaristischen Shoppingorientierung von Konsumenten beeinflusst.

Tabelle 5–26: Empirische Überprüfung moderierender Effekte einer utilitaristischen Shoppingorientierung

Hypothese	Pfadkoeffizient	t-Wert	Effektstärke f^2	Hypothesenprüfung
H11a: AGS*UT	0,036	0,551$^{n.s.}$	–	☒
H11b: ASO*UT	0,031	0,776$^{n.s.}$	–	☒
Signifikanzniveau *(α ≤ 0,1) **(α ≤ 0,05) ***(α ≤ 0,01) n.s. (nicht signifikant)				
Effektstärke >0,02 schwach >0,15 moderat >0,35 substanziell				

Bezeichnungen: AGS = Annehmlichkeit der Geschäftsstätte, ASO = Attraktivität des Sortiments, UT = Utilitaristische Shoppingorientierung

Smart Shoppingorientierung

Den Hypothesen H12a-H12e zufolge wirkt sich eine ausgeprägte Smart Shoppingorientierung verstärkend auf alle direkten Effekte zwischen den fünf Determinanten und Shopping Enjoyment aus. Infolge nichtsignifikanter Pfadkoeffizienten der Interaktionsterme werden Hypothesen H12b und H12c jedoch verworfen (vgl. Bezeichnungen: AGS = Annehmlichkeit der Geschäftsstätte, PBA = Professionalität des Beratungsangebots, ASO = Attraktivität des Sortiments, APO = Attraktivität der Preisposition, AZL = Attraktivität des Angebots an Zusatzleistungen, SS = Smart Shoppingorientierung Tabelle 5–27). Somit werden die direkten Effekte der Professionalität des Beratungsangebots sowie der Attraktivität des Sortiments auf Shopping Enjoyment von dieser Variable nicht moderiert.

Die Pfadkoeffizienten der übrigen drei Interaktionsterme sind auf dem 5%-Niveau signifikant, so dass ein moderierender Einfluss auf die Beziehungen zwischen den Determinanten Annehmlichkeit der Geschäftsstätte, Attraktivität der Preisposition sowie Attraktivität des Angebots an Zusatzleistungen und Shopping Enjoyment bestätigt werden kann. Gleichwohl kann aufgrund der betragsmäßig kleinen Pfadkoeffizienten für alle drei untersuchten Moderatorwirkungen nur eine geringe Einflussstärke ermittelt werden, was zudem durch die geringen Effektstärken f^2=0,01 für H12a und f^2=0,02 für H12d und H12e gestützt wird.

Tabelle 5–27: Empirische Überprüfung moderierender Effekte einer Smart Shoppingorientierung

Hypothese	Pfadkoeffizient	t-Wert	Effektstärke f^2	Hypothesenprüfung
H12a: AGS*SS	0,074	1,699**	0,01	☑
H12b: PBA*SS	0,039	0,937$^{n.s.}$	-	☒
H12c: ASO*SS	0,038	0,888$^{n.s.}$	-	☒
H12d: APO*SS	0,084	1,894**	0,02	☑
H12e: AZL*SS	0,078	2,028**	0,02	☑
Signifikanzniveau *(α ≤ 0,1) **(α ≤ 0,05) ***(α ≤ 0,01) n.s. (nicht signifikant)				
Effektstärke >0,02 schwach >0,15 moderat >0,35 substanziell				

Bezeichnungen: AGS = Annehmlichkeit der Geschäftsstätte, PBA = Professionalität des Beratungsangebots, ASO = Attraktivität des Sortiments, APO = Attraktivität der Preisposition, AZL = Attraktivität des Angebots an Zusatzleistungen, SS = Smart Shoppingorientierung

Insgesamt ist das Untersuchungsmodell aufgrund seiner sehr geringen Abhängigkeit von der Ausprägung der jeweiligen Shoppingorientierung als stabil zu bezeichnen. Die beschriebenen direkten Wirkungszusammenhänge zwischen den Determinanten und Shopping Enjoyment sind demnach kaum durch die Ausprägung einer spezifischen Shoppingorientierung der Konsumenten beeinflussbar. Obwohl dieses Ergebnis insbesondere vor dem Hintergrund der konzeptionellen Nähe zwischen einer hedonistischen Shoppingorientierung von Konsumenten und dem Empfinden von Freude während des Einkaufs überrascht, kann eine mögliche Erklärung hierfür sein, dass emotionsrelevante Prozesse im Insystem von Konsumenten unabhängig von ihrer kognitiven Einstellung zu wirken scheinen. Eine insgesamt positive Wahrnehmung der handelsseitigen Stimuli während des Einkaufs löst demnach ein etwa gleichbleibend hohes Maß an Shopping Enjoyment über unterschiedliche Shoppingtypen hinweg aus, was ein für den Handel interessantes Ergebnis darstellt, da hinsichtlich der Shoppingorientierung tendenziell auf eine komplexe Zielgruppendifferenzierung verzichtet werden kann.

5.2.2.1.2 Globaler Gemütszustand

Die Hypothesen H13a-H13e unterstellen, dass der globale Gemütszustand die direkten Effekte der Determinanten auf Shopping Enjoyment moderiert. Aus Bezeichnungen: AGS = Annehmlichkeit der Geschäftsstätte, PBA = Professionalität des Beratungsangebots, ASO = Attraktivität des Sortiments, APO = Attraktivität der Preisposition, AZL = Attraktivität des Angebots an Zusatzleistungen, GEM = Globaler Gemütszustand Tabelle 5–28 geht hervor, dass dieser Moderatoreffekt infolge signifikanter Pfadkoeffizienten der gebildeten Interaktionsterme für Hypothesen H13a-H13d bestätigt werden kann. Insgesamt fällt die Moderatorwirkung aufgrund der betragsmäßig kleinen Pfadkoeffizienten jedoch sehr gering aus. Lediglich für den direkten Effekt zwischen Shopping Enjoyment und den beiden Determinanten Annehmlichkeit der Geschäftsstätte und Professionalität des Beratungsangebots beträgt der Pfadkoeffizient etwa den Wert von 0,1. Die Effektstärke der untersuchten Zusammenhänge fällt mit f^2=0,02 bis f^2=0,04 gering aus, d. h. durch Hinzufügen der jeweiligen Interaktionsvariable verändert sich das Bestimmtheitsmaß des Haupteffektmodells nur in geringem Umfang. Der globale Gemütszustand von Konsumenten hat demnach in begrenztem Umfang Einfluss auf die Wirkungszusammenhänge zwischen den unterschiedlichen Determinanten und Shopping Enjoyment.

Tabelle 5–28: Empirische Überprüfung moderierender Effekte des globalen Gemütszustands

Hypothese	Pfadkoeffizient	t-Wert	Effektstärke f^2	Hypothesenprüfung
H13a: AGS*GEM	0,105	2,209**	0,04	☑
H13b: PBA*GEM	0,097	2,316**	0,04	☑
H13c: ASO*GEM	0,082	1,803*	0,02	☑
H13d: APO*GEM	0,070	1,649*	0,02	☑
H13e: AZL*GEM	0,054	1,332$^{n.s.}$	–	☒
Signifikanzniveau	*(α ≤ 0,1) **(α ≤ 0,05) ***(α ≤ 0,01) n.s. (nicht signifikant)			
Effektstärke	>0,02 schwach >0,15 moderat >0,35 substanziell			

Bezeichnungen: AGS = Annehmlichkeit der Geschäftsstätte, PBA = Professionalität des Beratungsangebots, ASO = Attraktivität des Sortiments, APO = Attraktivität der Preisposition, AZL = Attraktivität des Angebots an Zusatzleistungen, GEM = Globaler Gemütszustand

Für den Wirkungszusammenhang zwischen der Attraktivität des Angebots an Zusatzleistungen und Shopping Enjoyment (H13e) kann infolge fehlender Signifikanz des Pfadkoeffizienten kein moderierender Effekt ermittelt werden. Der zugrunde liegende direkte Effekt ist somit stabil.

Insgesamt kann aufgrund der vier bestätigten Hypothesen für den globalen Gemütszustand im Kontext der psychographischen Konsumentenmerkmale der umfänglichste moderierende Einfluss auf die direkten Wirkungszusammenhänge zwischen den Determinanten und Shopping Enjoyment ermittelt werden, wenngleich dieser nur sehr schwach ausfällt. Dem definitorisch zugrunde liegenden Verständnis des Konstrukts entsprechend besitzt der globale Gemütszustand von Konsumenten einen nachhaltigeren Charakter als kurzfristige Gefühle und hinsichtlich seiner Intensität keine Eingrenzungen. Insofern kann hierin eine Erklärung für die empirisch bestätigte Moderatorwirkung des Konstrukts gesehen werden. Dass die Wirkungszusammenhänge zwischen der Annehmlichkeit der Geschäftsstätte und Shopping Enjoyment sowie der Professionalität des Beratungsangebots und Shopping Enjoyment durch den globalen Gemütszustand etwas stärker moderiert werden als die restlichen direkten Effekte, lässt sich möglicherweise durch deren Dominanz in der initialen Wahrnehmung einer Geschäftsstätte erklären. Beim Betreten einer Geschäftsstätte nehmen Konsumenten die physischen Räumlichkeiten und die darin befindlichen Personen einschließlich des Beratungspersonals bewusst oder unbewusst zuerst wahr, da sie nicht mit Suchaufwand wie etwa im Fall von Produkten, Preisen und sonstigen Zusatzleistungen eines Unternehmens verbunden sind. Eine positive Grundstimmung wirkt daher mutmaßlich stärker auf diese bestehenden direkten Wirkungszusammenhänge ein, sofern sie mit ihr in

Einklang stehen (vgl. Abschnitt 3.3.1.2). Der ausbleibende signifikante Interaktionseffekt auf den Wirkungszusammenhang zwischen dem Angebot an Zusatzleistungen und Shopping Enjoyment impliziert, dass Zusatzleistungen unabhängig von der vorherrschenden Stimmung von Konsumenten ein gleichbleibend hohes Maß an Shopping Enjoyment verursachen. Eine Erklärung hierfür kann der Charakter einer kostenlosen Zugabe dieser Leistungen zur eigentlich zu erwerbenden Leistung von Handelsunternehmen sein, der von Konsumenten gleichbleibend geschätzt wird.

5.2.2.2 Soziodemographische Konsumentenmerkmale

5.2.2.2.1 Alter

Den Hypothesen H14a-H14e liegt die Annahme zugrunde, dass mit zunehmendem Alter die Wirkungszusammenhänge zwischen den Determinanten und Shopping Enjoyment beeinflusst werden. Hierbei wurde keine Annahme über die Richtung des moderierenden Effekts des Alters getroffen. Die Ergebnisse der PLS-Schätzungen in Bezeichnungen: AGS = Annehmlichkeit der Geschäftsstätte, PBA = Professionalität des Beratungsangebots, ASO = Attraktivität des Sortiments, APO = Attraktivität der Preisposition, AZL = Attraktivität des Angebots an Zusatzleistungen, ALT = Alter Tabelle 5–29 zeigen, dass das Alter der Konsumenten auf keinen der direkten Effekte zwischen den Determinanten und Shopping Enjoyment moderierend einwirkt. Dies wird belegt durch die fehlende Signifikanz der Pfadkoeffizienten der gebildeten Interaktionsterme, so dass alle fünf Hypothesen abgelehnt werden. Demnach ist das Haupteffektmodell in Bezug auf diese Variable als stabil zu bewerten.

Tabelle 5–29: Empirische Überprüfung moderierender Effekte des Alters

Hypothese	Pfadkoeffizient	t-Wert	Effektstärke f^2	Hypothesenprüfung
H14a: AGS*ALT	0,071	$1,389^{n.s.}$	-	☒
H14b: PBA*ALT	0,020	$0,691^{n.s.}$	-	☒
H14c: ASO*ALT	0,026	$0,843^{n.s.}$	-	☒
H14d: APO*ALT	-0,019	$0,536^{n.s.}$	-	☒
H14e: AZL*ALT	-0,065	$1,582^{n.s.}$	-	☒
Signifikanzniveau	*($\alpha \leq 0,1$) **($\alpha \leq 0,05$) ***($\alpha \leq 0,01$) n.s. (nicht signifikant)			
Effektstärke	>0,02 schwach >0,15 moderat >0,35 substanziell			

Bezeichnungen: AGS = Annehmlichkeit der Geschäftsstätte, PBA = Professionalität des Beratungsangebots, ASO = Attraktivität des Sortiments, APO = Attraktivität der Preisposition, AZL = Attraktivität des Angebots an Zusatzleistungen, ALT = Alter

5.2.2.2.2 Geschlecht

Die moderierende Wirkung des Geschlechts lässt sich aufgrund des kategorialen Skalenniveaus nicht mithilfe eines Interaktionsterms ermitteln. Sie wird daher durch den Vergleich der Teilgruppenergebnisse von Männern und Frauen analysiert. Zu diesem Zweck wird die Stichprobe anhand der beiden Ausprägungen der Moderatorvariable Geschlecht in zwei Teilstichproben Männer und Frauen zerlegt. Im Anschluss wird für beide Teilgruppen das Strukturmodell separat berechnet (vgl. Abschnitt 4.2.6).

Den Hypothesen H15a-H15e zufolge hat das Geschlecht Einfluss auf die Wirkungszusammenhänge zwischen den Determinanten und Shopping Enjoyment. Die empirische Datenanalyse zeigt jedoch, dass das Geschlecht die Stärke dieser Wirkungszusammenhänge nicht beeinflusst und die Hypothesen somit abgelehnt werden, da die Pfadkoeffizienten beider Teilgruppen keine signifikanten Unterschiede aufweisen (vgl. Bezeichnungen: AGS = Annehmlichkeit der Geschäftsstätte, PBA = Professionalität des Beratungsangebots, ASO = Attraktivität des Sortiments, APO = Attraktivität der Preisposition, AZL = Attraktivität des Angebots an Zusatzleistungen, SE = Shopping Enjoyment Tabelle 5–30).

Demnach existieren bei Frauen und Männern keine signifikanten Unterschiede bezüglich der Stärke der direkten Effekte zwischen den Determinanten und Shopping Enjoyment. Eine Erklärung hierfür kann die inzwischen belegte Heterogenität der Shoppingtypen innerhalb der Geschlechtergruppen sein (vgl. Otnes/McGrath 2001), die eine stereotype Hypothesenbildung nicht stützt.

Tabelle 5–30: Empirische Überprüfung moderierender Effekte des Geschlechts

Hypothese	Pfadkoeffizient		Signifikanztest auf Varianzungleichheit	t-Wert	Hypothesenprüfung
	Mann	Frau			
H15a: AGS → SE	0,125	0,240	0,999	0,993$^{n.s.}$	☒
H15b: PBA → SE	0,110	0,131	0,920	0,190$^{n.s.}$	☒
H15c: ASO → SE	0,471	0,356	0,736	0,972$^{n.s.}$	☒
H15d: APO → SE	0,048	0,131	0,992	0,960$^{n.s.}$	☒
H15e: AZL → SE	0,210	0,119	0,006	0,959$^{n.s.}$	☒
Signifikanzniveau	*(α ≤ 0,1) **(α ≤ 0,05) ***(α ≤ 0,01) n.s. (nicht signifikant)				

Bezeichnungen: AGS = Annehmlichkeit der Geschäftsstätte, PBA = Professionalität des Beratungsangebots, ASO = Attraktivität des Sortiments, APO = Attraktivität der Preisposition, AZL = Attraktivität des Angebots an Zusatzleistungen, SE = Shopping Enjoyment

5.2.2.2.3 Haushaltsgröße

Im Rahmen der Hypothesenformulierung wurde in Bezug auf eine mögliche moderierende Wirkung der Haushaltsgröße keine Annahme zur Richtung der Moderatoreffekte getroffen. Hypothesen H16a-H16e unterstellen einen ungerichteten Einfluss der Haushaltsgröße auf die direkten Effekte zwischen den fünf Determinanten und Shopping Enjoyment, die jedoch durchweg verworfen werden müssen aufgrund der nichtsignifikanten Pfadkoeffizienten der gebildeten Interaktionsterme. Das Haupteffektmodell der Wirkungszusammenhänge zwischen Determinanten und Shopping Enjoyment ist somit stabil in Bezug auf die Haushaltsgröße. Die direkte Wirkung der Determinanten auf Shopping Enjoyment verändert sich demzufolge mit zunehmender Haushaltsgröße nicht, was die Unabhängigkeit des emotionalen Empfindens von dieser Variable belegt (vgl. Bezeichnungen: AGS = Annehmlichkeit der Geschäftsstätte, PBA = Professionalität des Beratungsangebots, ASO = Attraktivität des Sortiments, APO = Attraktivität der Preisposition, AZL = Attraktivität des Angebots an Zusatzleistungen, HHGR = Haushaltsgröße Tabelle 5–31).

Tabelle 5–31: Empirische Überprüfung moderierender Effekte der Haushaltsgröße

Hypothese	Pfadkoeffizient	t-Wert	Effektstärke f^2	Hypothesenprüfung
H16a: AGS*HHGR	0,057	$1{,}365^{n.s.}$	-	☒
H16b: PBA*HHGR	0,021	$0{,}757^{n.s.}$	-	☒
H16c: ASO*HHGR	0,057	$1{,}534^{n.s.}$	-	☒
H16d: APO*HHGR	0,053	$1{,}265^{n.s.}$	-	☒
H16e: AZL*HHGR	0,006	$0{,}234^{n.s.}$	-	☒
Signifikanzniveau	*($\alpha \leq 0{,}1$) **($\alpha \leq 0{,}05$) ***($\alpha \leq 0{,}01$) n.s. (nicht signifikant)			
Effektstärke	>0,02 schwach >0,15 moderat >0,35 substanziell			

Bezeichnungen: AGS = Annehmlichkeit der Geschäftsstätte, PBA = Professionalität des Beratungsangebots, ASO = Attraktivität des Sortiments, APO = Attraktivität der Preisposition, AZL = Attraktivität des Angebots an Zusatzleistungen, HHGR = Haushaltsgröße

5.2.2.2.4 Monatliche Haushaltsnettoeinkünfte

Die Hypothesen H17a-H17e unterstellen einen positiv moderierenden Einfluss der monatlichen Haushaltsnettoeinkünfte auf die Wirkungszusammenhänge der einzelnen Determinanten und Shopping Enjoyment. Die Ergebnisse der Empirie bestätigen für vier der fünf Hypothesen (H17a-c,e) die vermutete Moderatorwirkung nicht (vgl. Tabelle 5–32). Die untersuchten Effekte weisen bei diesen Hypothesentests keine signifikanten Pfadkoeffizienten der Interaktionsterme auf.

Lediglich Hypothese H17d wird durch die PLS-Schätzungen bestätigt, da der Pfadkoeffizient von β=0,117 auf dem 1%-Niveau signifikant ist. Zudem besitzt er eine geringe Effektstärke mit f^2=0,04, was eine Veränderung des Bestimmtheitsmaßes des Haupteffektmodells durch Hinzufügen der Interaktionsvariable impliziert. Demnach verstärkt ein hohes Einkommen den Wirkungszusammenhang zwischen der Attraktivität der Preisposition und Shopping Enjoyment. Eine mögliche Erklärung hierfür ist die fehlende Suche nach geringen Preisen durch Konsumenten höherer Einkommensklassen, so dass ein (unerwartet) günstiger Einkauf bei Ihnen zu mehr Freude führt als bei geringerverdienenden Konsumenten, die gezielt nach einer günstigen Einkaufsmöglichkeit suchen. Grundsätzlich gilt, dass aufgrund des betragsmäßig kleinen Pfadkoeffizienten der Hypothese H17d und der fehlenden moderierenden Wirkung des Einkommens auf die übrigen direkten Effekte das Haupteffektmodell als stabil anzusehen ist.

Tabelle 5–32: Empirische Überprüfung moderierender Effekte der monatlichen Haushaltsnettoeinkünfte

Hypothese	Pfadkoeffizient	t-Wert	Effektstärke f^2	Hypothesenprüfung
H17a: AGS*HHEK	-0,042	$1{,}321^{n.s.}$	–	☒
H17b: PBA*HHEK	-0,001	$0{,}051^{n.s.}$	–	☒
H17c: ASO*HHEK	0,047	$1{,}362^{n.s.}$	–	☒
H17d: APO*HHEK	0,117	2,740***	0,04	☑
H17e: AZL*HHEK	0,020	$0{,}700^{n.s.}$	–	☒
Signifikanzniveau	*(α ≤ 0,1) **(α ≤ 0,05) ***(α ≤ 0,01) n.s. (nicht signifikant)			
Effektstärke	>0,02 schwach >0,15 moderat >0,35 substanziell			

Bezeichnungen: AGS = Annehmlichkeit der Geschäftsstätte, PBA = Professionalität des Beratungsangebots, ASO = Attraktivität des Sortiments, APO = Attraktivität der Preisposition, AZL = Attraktivität des Angebots an Zusatzleistungen, HHEK = Haushaltseinkommen

5.2.3 Fazit

Die Ergebnisse der empirischen Untersuchungen zu den moderierenden Effekten im Untersuchungsmodell zeigen, dass die bestehenden direkten Wirkungszusammenhänge nur in wenigen Ausnahmefällen moderiert werden. Insgesamt konnten nur neun Hypothesen bestätigt werden. Ein Überblick aller signifikanten moderierenden Effekte wird in Tabelle 5–33 abgebildet.

Tabelle 5–33: Moderierende Effekte im Überblick

Haupteffekt	HE	UT	SS	GEM	ALT	GESCH	HHGR	HHEK
AGS → SE	☑	–	☑	☑	–	–	–	–
PBA → SE	–	–	–	☑	–	–	–	–
ASO → SE	–	–	–	☑	–	–	–	–
APO → SE	–	–	☑	☑	–	–	–	☑
AZL → SE	–	–	☑	–	–	–	–	–

Bezeichnungen: AGS = Annehmlichkeit der Geschäftsstätte, PBA = Professionalität des Beratungsangebots, ASO = Attraktivität des Sortiments, APO = Attraktivität der Preisposition, AZL = Attraktivität des Angebots an Zusatzleistungen, SE = Shopping Enjoyment, HE = Hedonistische Shoppingorientierung, UT = Utilitaristische Shoppingorientierung, SS = Smart Shoppingorientierung, GEM = Globaler Gemütszustand, ALT = Alter, GESCH = Geschlecht, HHGR = Haushaltsgröße, HHEK = Haushaltseinkommen

Die **psychographischen Konsumentenmerkmale** haben den empirischen Hypothesentests zufolge einen teilweisen moderierenden Einfluss auf bestehende Wirkungszusammenhänge zwischen den Determinanten und Shopping Enjoyment. Hierbei kann deutlich zwischen den Effekten der Shoppingorientierung und des globalen Gemütszustands von Konsumenten unterschieden werden.

Eine **utilitaristische Shoppingorientierung** der Konsumenten bleibt für die bestehenden direkten Effekte wirkungslos. Von Bedeutung hierbei ist, dass sie auch keine Umkehr der Effekte bewirkt. Utilitaristen lassen sich demnach nicht von einer besonderen Leistung der jeweiligen Einkaufsstätte emotional aktivieren, da sie beim Einkauf lediglich funktionale Interessen verfolgen. **Hedonisten** hingegen empfinden mehr Shopping Enjoyment bei zunehmender Attraktivität der Geschäftsstätte, was auf ihre grundsätzliche Erlebnisorientierung zurückgeführt werden kann, die durch ein entsprechendes Einkaufsumfeld bedient wird. Eine emotionalisierende Umweltgestaltung steht in Einklang mit ihrem grundsätzlichen Nutzenziel während des Shoppingprozesses. Bei **Smart Shoppern** wirken eine hohe Annehmlichkeit der Geschäftsstätte, eine hohe Attraktivität der Preisposition und des Angebots an Zusatzleistungen stärker auf Shopping Enjoyment. Während der moderierende Effekt in Zusammenhang mit der Preisposition nahe liegend ist, kann für die beiden anderen vermutet werden, dass Smart Shopper gegenüber entsprechenden Handelsleistungen nicht emotional verschlossen sind, da sie einen Zusatznutzen darstellen, der ohne finanzielles Opfer der Konsumenten als „Gratisleistung" durch Handelsunternehmen erbracht wird.

Den umfangreichsten moderierenden Einfluss besitzt der **globale Gemütszustand** von Konsumenten in Form einer grundlegenden Stimmung. Er verstärkt die Wirkung aller Determinanten auf Shopping Enjoyment mit Ausnahme der Attraktivität des Angebots an Zusatzleistungen. Das dem Konstrukt zugrunde liegende Begriffsverständnis hat bereits die wechselseitige Abhängigkeit zwischen grundlegenden Stimmungen und eher kurzfristigen Emotionen aufgezeigt. Hierbei wurde auch beschrieben, dass gut gelaunte Personen empfänglicher gegenüber (positiven) Umweltreizen sind. Daraus resultiert, dass eine positive Gemütsverfassung vor dem Einkauf dem Maß empfundenen Shopping Enjoyments während dem Einkauf zuträglich ist.

Insgesamt kann in Bezug auf **soziodemographische Konsumentenmerkmale** festgestellt werden, dass diese keinen nennenswerten Einfluss auf die direkten Beziehungen zwischen den Determinanten und Shopping Enjoyment haben. Lediglich der Wirkungszusammenhang zwischen der Attraktivität der Preisposition und Shopping Enjoyment wird mit zunehmendem Haushaltseinkommen verstärkt. Das emotionale Empfinden ist somit grundsätzlich vom soziodemographischen Hintergrund einer Person unabhängig. Das bedeutet, dass die Stärke der Beziehung zwischen Emotionsauslösern (Determinanten) und der Emotion selbst (Shopping Enjoyment) nicht durch die Ausprägung der jeweiligen soziodemographischen Variable beeinflusst wird.

Hinsichtlich der Determinanten zeigt sich, dass die Effekte der Professionalität des Beratungsangebots und der Attraktivität des Sortiments als Kernleistungen sowie der Attraktivität des Angebots an Zusatzleistungen von Handelsunternehmen auf Shopping Enjoyment stabil sind. Die direkten Wirkungszusammenhänge zwischen den latenten Konstrukten werden mit Ausnahme jeweils eines vernachlässigbaren moderierenden Effekts durch die Ausprägung der hier untersuchten Moderatorvariablen weder positiv noch negativ verändert.

Zugänglicher für moderierende Einflüsse sind demgegenüber die direkten Effekte der Annehmlichkeit der Geschäftsstätte und der Attraktivität der Preisposition auf Shopping Enjoyment. Für die Steigerungsfähigkeit der Effektstärke der Annehmlichkeit der Geschäftsstätte kann eine mögliche Erklärung sein, dass die emotionale Wertschätzung entsprechender Maßnamen des Handels durch Konsumenten aufgrund des immanenten überwiegend hedonistischen Charakters des Konstrukts im Kontext spezifischer (über-wiegend gleichläufiger) psychographischer Konsumentenmerkmale eine noch stärkere Wirkung entfaltet. Die Attraktivität der Preisposition, die die geringste direkte Effektstärke der handelsseitigen Determinanten auf Shopping Enjoyment aufweist, kann vermutlich aufgrund des damit verbundenen finanziell nachhaltigen Opfers von Konsumenten im situativen Kontext eine stärkere Wirkung entfalten.

Grundsätzlich ist in diesem Zusammenhang zu erwähnen, dass Handelsunternehmen auf die Ausprägung der hier untersuchten Moderatorvariablen nur geringen oder keinen Einfluss nehmen können, so dass eine Veränderung der direkten Wirkungszusammenhänge demzufolge nicht vollumfänglich gesteuert werden kann. Das hypothetisierte Haupteffektmodell ist gegenüber möglichen moderierenden Einflüssen insgesamt als stabil zu betrachten, da die jeweiligen moderierenden Effekte nur sehr geringe Pfadkoeffizienten aufweisen.

6. Abschließende Betrachtung

Die vorliegende Arbeit wird innerhalb dieses abschließenden Kapitels hinsichtlich ihrer Erkenntnisbeiträge betrachtet. In Abschnitt 6.1 erfolgt zunächst eine zusammenfassende Bewertung der Arbeit, indem die zenralen Ergebnisse dargestellt werden und die Arbeit aus wissenschaftlicher Sicht bewertet wird. Aus den zentralen Ergebnissen werden Implikationen der Arbeit in Abschnitt 6.2 abgeleitet. Hierbei erfolgt zunächst eine Darstellung der Ansatzpunkte für weitere Forschungsbeiträge unter inhaltlichen und methodischen Aspekten. Abschließend werden Implikationen auf Basis der konzeptionellen und empirischen Ergebnisse der Arbeit für die Unternehmenspraxis erörtert.

6.1 Zusammenfassende Bewertung der Arbeit

6.1.1 Zentrale Ergebnisse

Die Anspruchshaltung von Konsumenten an zeitkonsumierende Aktivitäten hat sich im Zuge des gestiegenen Breitenwohlstands zugunsten eines gefühlsbetonten Genuss- und Erlebniswunsches verändert. In Verknüpfung mit der Entwicklung einer produkt- beziehungsweise kaufunabhängigen Bedeutung des Shopping resultieren Ansatzpunkte für Unternehmen, um einerseits konsumentenseitige Bedürfnisse zu befriedigen und andererseits eine differenzierte Marktposition zur Begegnung der wirtschaftlichen Herausforderungen der Handelsbranche einzunehmen. Die positive emotionale Aktivierung von Konsumenten in Form von Shopping Enjoyment stellt hierzu einen entscheidenden Wettbewerbsfaktor für stationäre Einzelhändler dar. Vor diesem Hintergrund war die zentrale Zielsetzung der vorliegenden Arbeit die Erarbeitung eines besseren Verständnisses managementrelevanter Stellhebel zur Schaffung von Shopping Enjoyment und der sich daraus ergebenden Auswirkungen für Handelsunternehmen. Hieraus wurden drei Forschungsfragen abgeleitet, deren Beantwortung theoretisch-konzeptionell sowie durch empirische Überprüfung erfolgen sollte. Vor der Beantwortung dieser Forschungsfragen wurde hinsichtlich des fokalen Konstrukts Shopping Enjoyment jedoch zunächst eine grundlegende Definition sowie Konzeptualisierung und Operationalisierung angestrebt.

Theoretisch-konzeptionelle Grundlagenarbeit der Untersuchung: *Definition, Konzeptualisierung und Operationalisierung von Shopping Enjoyment*

Obwohl Emotionen im Allgemeinen und Shopping Enjoyment im Besonderen Gegenstand einer Vielzahl wissenschaftlicher Untersuchungen sind, erwies eine Bestandsaufnahme der relevanten Literatur Lücken hinsichtlich eines allgemeingültigen Begriffsverständnisses. Shopping Enjoyment erfährt häufig lediglich eine beiläufige Erwähnung im Rahmen der konzeptionellen Einordnung des Untersuchungsgegenstands wissenschaftlicher Fragestellungen. An einer theoretischen Fundierung des Konstrukts mangelt es. Eine allgemeingültige Definition und Konzeptualisierung des Konstrukts liegen auch in Folge einer unzureichenden Berücksichtigung emotionstheoretischer Erkenntnisse nicht vor. Gleiches gilt folglich für die Operationalisierung des Konstrukts.

Diese Defizite wurden im Rahmen der vorliegenden Arbeit adressiert und eine klare Abgrenzung des Untersuchungsobjekts Shopping vorgenommen. Aufbauend auf den Erkenntnissen der Konsumentenverhaltensforschung wurde eine trennscharfe Unterscheidung der Begriffe Einkaufen und Shopping auf Basis einer inhaltlichen sowie prozessualen Sichtweise getroffen. Hinsichtlich des emotionalen Bedeutungsinhalts von Shopping Enjoyment wurde auf den Erkenntnissen der Emotionsforschung aufgebaut. Ihr zufolge weisen Emotionen drei Ebenen auf (vgl. Izard 1999, S. 20; Scherer 2000, S. 138): Subjektives Empfinden, neurophysiologische Reaktionen und beobachtbarer Ausdruck. Für die vorliegende Arbeit wurde das subjektive Empfinden als Gefühlsebene aufgegriffen. Hinsichtlich der konzeptionellen Abgrenzung von Shopping Enjoyment hat sich der zweidimensionale Emotionsansatz von Russell/Pratt (1980) als geeigneter theoretischer Bezugspunkt herauskristallisiert. Emotionen werden hierbei anhand der Richtung und Stärke der Gefühlsempfindungen beschrieben und gemessen. Shopping Enjoyment wird als einfaktorielles Konstrukt konzeptualisiert, das intensive positive Emotionen im Shoppingkontext abbildet. In enger Anlehnung hieran wurde schließlich eine eigene Definition von Shopping Enjoyment entwickelt. Dieses Begriffsverständnis ist infolge seines generischen Charakters auf die gesamte Einzelhandelsbranche sowie weitere Bereiche des Business-to-Consumer-Marktes übertragbar.

Auf Basis dieser Konzeptualisierung wurde eine Multi-Item-Skala als Messinstrument zur Operationalisierung von Shopping Enjoyment erarbeitet. Die empirische Überprüfung des entwickelten Messmodells erfolgte auf Basis einer Datengrundlage, die durch eine breit angelegte nationalrepräsentative Konsumentenbefragung erhoben wurde. Durch die empirische Untersuchung konnte das Messmodell aufgrund exzellenter Gütemaße validiert werden. Insbesondere vor dem Hintergrund der hohen nationalen Repräsentativität der Stichprobe wird die Übertragbarkeit des Messmodells auch empirisch bestätigt.

Die **erste Forschungsfrage** der Arbeit lautete: *Welche handelsseitigen Determinanten von Shopping Enjoyment existieren?*

Hinsichtlich der handelsseitigen Stellhebel zur Schaffung von Shopping Enjoyment besteht in der wissenschaftlichen Literatur ein lückenhafter Kenntnisstand. Zur Entwicklung einer theoretisch fundierten und umfassenden Taxonomie handelsseitiger Determinanten von Shopping Enjoyment wurden eine Bestandsaufnahme in der Literatur sowie qualitative Voruntersuchungen in Form von Kunden- und Experteninterviews sowie einer Fokusgruppendiskussion durchgeführt. Die Erkenntnisse hieraus wurden systematisiert und zu unterschiedlichen Aktionsbereichen von Handelsunternehmen zusammengefasst. Insgesamt konnten durch diese Vorgehensweise die fünf Determinanten Annehmlichkeit der Geschäftsstätte, Professionalität des Beratungsangebots, Attraktivität des Sortiments, Attraktivität der Preisposition sowie Attraktivität des Angebots an Zusatzleistungen identifiziert werden.

Damit einhergehend wurde die jeweilige inhaltliche Begriffsbestimmung der Konstrukte erarbeitet, die einfaktoriell konzeptualisiert werden. Analog zum zentralen Konstrukt Shopping Enjoyment wurden auf der jeweiligen Konzeptualisierung aufbauend Multi-Item-Skalen zur Operationalisierung der Konstrukte entwickelt. Insgesamt wurde hierbei ein breiter Messansatz gewählt, der die grundlegenden inhaltlichen Facetten der jeweiligen Determinanten widerspiegelt. Durch die empirische Untersuchung konnten die fünf Messmodelle der Determinanten validiert werden.

Auf Grundlage des umweltpsychologischen Verhaltensmodells nach Mehrabian/Russell (1974) als theoretischem Bezugspunkt sowie bestehender literaturbasierter Forschungsergebnisse wurden Hypothesen zu direkten Wirkungszusammenhängen zwischen den Determinanten und Shopping Enjoyment abgeleitet. **Zentrales Ergebnis** der empirischen Hypothesentests ist die Bestätigung aller vermuteten direkten Effekte: Je höher die Ausprägungen der einzelnen Determinanten aus Konsumentensicht wahrgenommen werden, desto mehr Shopping Enjoyment empfinden sie. Zusätzlich konnte anhand der berechneten Pfadkoeffizienten eine relative Gewichtung der Determinanten vorgenommen werden. Hierbei zeigte sich, dass die Attraktivität des Sortiments den größten Einfluss auf Shopping Enjoyment besitzt. Danach folgen in entsprechender Reihenfolge die Annehmlichkeit der Geschäftsstätte, die Professionalität des Beratungsangebots und die Attraktivität des Angebots an Zusatzleistungen. Den geringsten Einfluss besitzt die Attraktivität der Preisposition, wobei die vorliegenden Ergebnisse der etablierten Meinung widersprechen, dass günstigen Preisen eine überlegene Rolle hinsichtlich der Schaffung von Shopping Enjoyment zukommt. Dieses Ergebnis verdeutlicht, dass Konsumenten emotional am stärksten durch das Angebot attraktiver Produkte in attraktiver Verkaufsumgebung angesprochen werden. Generell zeigt es auch, dass die Gesamtheit aller Aktionsbereiche des Handels, die einen direkten Berührungspunkt zum Konsumenten aufweisen, managementrelevante Stellhebel darstellen.

Die **zweite Forschungsfrage** der Arbeit lautete: *Welche handelsrelevanten Auswirkungen hat Shopping Enjoyment?*

Auswirkungen von Shopping Enjoyment wurden bereits in einigen wissenschaftlichen Arbeiten untersucht, an einer umfassenden Systematik unterschiedlicher Auswirkungskonstrukte mangelt es jedoch. Zur Ergänzung bestehender Erkenntnisse wurden auf Basis einer breiten Literaturrecherche mögliche Auswirkungskonstrukte von Shopping Enjoyment identifiziert, die freudestiftende Aktivitäten aus Handelssicht begründen. Anschließend wurde eine grundlegende konsumentenverhaltenstheoriebasierte Systematik dieser Auswirkungskonstrukte erarbeitet. Diese umfasst unmittelbare Verhaltensauswirkungen, Auswirkungen auf die Einstellung, Auswirkungen auf Verhaltensabsichten und Erfolgsauswirkungen. Insgesamt wurden diesen vier Auswirkungskategorien sieben Auswirkungskonstrukte zugeordnet, bei denen es sich um Verweildauer, Produktinteresse und Kaufimpulsivität sowie Fehler-/Mängeltoleranz und Kundenloyalität, Preisbereitschaft sowie Bon-/Ausgabenhöhe handelt.

Analog zu den Determinanten wurden inhaltliche Begriffsbestimmungen sowie Konzeptualisierungen und Operationalisierungen der Konstrukte erarbeitet. Bei der Entwicklung geeigneter Messmodelle konnte teilweise literaturbasiert vorgegangen werden. Anpassungen bestehender Skalen zur Messung der Konstrukte waren jedoch erforderlich, um den gewünschten Bedeutungsinhalt durch den jeweiligen Messansatz zu erfassen. Alle Messmodelle konnten durch die empirische Untersuchung bestätigt werden.

Das umweltpsychologische Verhaltensmodell nach Mehrabian/Russell (1974) stellt den theoretischen Bezugspunkt zur Ableitung von Hypothesen zu direkten Wirkungszusammenhängen zwischen Shopping Enjoyment und den Auswirkungskonstrukten dar. Die empirischen Hypothesentests führen zu zwei **zentralen Erkenntnissen**: Je mehr Shopping Enjoyment Konsumenten während des Shoppingprozesses empfinden, desto stärker sind die positiven Effekte auf das unmittelbare Verhalten, die Einstellung sowie die Verhaltensabsichten von Konsumenten. Auch hinsichtlich der Bon-/Aus-gabenhöhe von Konsumenten wurde ein direkter Wirkungszusammenhang ermittelt. Entsprechend konnten die Hypothesen zu den direkten Effekten zwischen Shopping Enjoyment und diesen Auswirkungskonstrukten bestätigt werden. Da die genannten

Auswirkungskategorien interne nicht-beobachtbare Prozesse sowie beobachtbare Handlungen subsummieren, bildet dieses Ergebnis einen Beleg des globalen Wirkungsradius von Shopping Enjoyment ab. Besondere Bedeutung für den Handel hat insbesondere die Erfolgswirksamkeit von Shopping Enjoyment, die als Return on Investment in freudestiftende Maßnahmen erachtet werden kann. Die Etablierung eines attraktiven Einkaufsumfelds stellt somit keinen Selbstzweck für Unternehmen dar, sondern verursacht in der direkten Wirkungskette Determinanten → Shopping Enjoyment → Auswirkungen schließlich Ertrag.

Die **dritte Forschungsfrage** der Arbeit lautete: *Welche Faktoren moderieren die Stärke der Wirkungsbeziehungen zwischen den Determinanten und Shopping Enjoyment?*

Die Analyse der bestehenden Literatur brachte Erkenntnisse bezüglich möglicher moderierender Effekte auf bestehende direkte Wirkungszusammenhänge zwischen den Determinanten und Shopping Enjoyment hervor. Im Kontext der Konsumentenverhaltensforschung wurden unterschiedliche dauerhafte Shoppingorientierungen von Konsumenten identifiziert, die grundlegende Haltungen gegenüber Shopping als Freizeitbeschäftigung beziehungsweise den angestrebten Nutzen durch Einkaufsaktivitäten ausdrücken. Darüber hinaus konnte die grundlegende Stimmung in Form eines globalen Gemütszustands als weiteres psychographisches Konsumentenmerkmal ermittelt werden, das einen möglichen moderierenden Einfluss besitzt. Zusätzlich wurden soziodemographische Konsumentenmerkmale ergänzt, so dass insgesamt zwei Kategorien möglicher Moderatoren untersucht wurden.

Analog zu den Determinanten und Auswirkungen wurden inhaltliche Begriffsbestimmungen sowie Konzeptualisierungen und Operationalisierungen der psychographischen Konstrukte erarbeitet. Bei der Entwicklung geeigneter Messmodelle konnte teilweise literaturbasiert vorgegangen werden. Anpassungen bestehender Skalen zur Messung der Konstrukte waren jedoch erforderlich, um den gewünschten Bedeutungsinhalt durch den jeweiligen Messansatz zu erfassen. Alle Messmodelle konnten durch die empirische Untersuchung bestätigt werden.

Als theoretischer Bezugspunkts der Hypothesenbildung zu moderierenden Effekten im Untersuchungsmodell wurde das umweltpsychologische Verhaltensmodell nach Mehrabian/Russell (1974) gewählt, bei dem eigene Anpassungen der Variablenspezifikation vorgenommen wurden. **Wesentliche Erkenntnis** der Hypothesentests ist eine grundsätzlich hohe Stabilität der ermittelten direkten Effekte im Rahmen von Forschungsfrage eins. Hinsichtlich der Determinanten zeigte sich, dass die Professionalität des Beratungsangebots, die Attraktivität des

Sortiments und die Attraktivität des Angebots an Zusatzleistungen am stabilsten auf Shopping Enjoyment wirken. Zugänglicher für moderierende Einflüsse sind demgegenüber die direkten Effekte der Annehmlichkeit der Geschäftsstätte und der Attraktivität der Preisposition auf Shopping Enjoyment. Nennenswert hinsichtlich der untersuchten Moderatoren ist der Einfluss des globalen Gemütszustands auf alle direkten Effekte mit Ausnahme der Beziehung zwischen Attraktivität des Angebots an Zusatzleistungen und Shopping Enjoyment.

6.1.2 Wissenschaftliche Bewertung

Die vorliegende Arbeit leistet einen theoretischen, inhaltlichen und methodischen Beitrag zur Erweiterung der bisherigen Erkenntnisse im Bereich Shopping Enjoyment. In **theoretischer Hinsicht** ist die gründliche theoretische Fundierung der Arbeit zu betonen, die in bisher veröffentlichten Untersuchungen dieses Forschungsbereichs nur eingeschränkt vorgenommen wurde. Die theoretische Fundierung des vorliegenden Forschungsprojekts basiert auf emotionstheoretischen Erkenntnissen zur Entwicklung des Begriffsverständnisses von Shopping Enjoyment und der Anwendung des umweltpsychologischen Verhaltensmodells auf die Wirkungsbeziehungen zwischen möglichen Determinanten, Shopping Enjoyment und dessen Auswirkungen. Durch die hieraus resultierende Konzeptualisierung und Operationalisierung des zentralen Konstrukts Shopping Enjoyment und die Entwicklung eines breit angelegten Untersuchungsmodells leistet diese Arbeit einen wissenschaftlichen Beitrag in theoretischer Hinsicht. Dieser wird angereichert durch die theoretisch-konzeptionelle Weiterentwicklung des umweltpsychologischen Verhaltensmodells zur Modellierung moderierender Effekte im Untersuchungsmodell.

In **inhaltlicher Hinsicht** trägt die vorliegende Arbeit zu einem besseren Verständnis managementrelevanter Stellhebel zur Schaffung von Shopping Enjoyment und der sich daraus ergebenden Auswirkungen für Handelsunternehmen bei. Auf Basis der Ergebnisse einer umfassenden Literaturrecherche, insbesondere im Bereich der Emotions- und Konsumentenverhaltensforschung, wurde zunächst eine Definition und die darauf aufbauende Konzeptualisierung und Operationalisierung von Shopping Enjoyment erarbeitet. Unter Einbeziehung der Erkenntnisse qualitativer Voruntersuchungen in Form von Kunden- und Experteninterviews sowie einer Fokusgruppendiskussion ermittelte diese Arbeit eine Systematik an Determinanten und Auswirkungen von Shopping Enjoyment sowie Moderatoren bestehender direkter Wirkungszusammenhänge. Insgesamt konnten fünf handelsseitige Determinanten, vier Auswirkungskategorien mit sieben Auswirkungsvariablen und zwei Moderatorkategorien mit acht

Moderatoren, davon vier latente Konstrukte, erarbeitet werden. Die empirische Untersuchung direkter und moderierender Effekte im Untersuchungsmodell generierte wertvolle Erkenntnisse hinsichtlich relevanter handelsseitiger Einflussfaktoren von Shopping Enjoyment sowie handelsrelevanter Auswirkungen.

Hinsichtlich des **methodischen Beitrags** dieser Arbeit ist die Überprüfung komplexer Effektstrukturen durch die Integration moderierender Variablen zu betonen. Die vorliegende Arbeit untersucht nach Wissen der Verfasserin damit erstmalig in einem breit angelegten Strukturgleichungsmodell, unter welchen Bedingungen die Stärke der Wirkungszusammenhänge zwischen Shopping Enjoyment und seinen Determinanten stärker oder schwächer ausgeprägt sind. Grundsätzlich gilt es auch die teilweise Neuentwicklung von Messmodellen der latenten Konstrukte im Untersuchungsmodell hervorzuheben, die besonders in Bezug auf Shopping Enjoyment einen wertvollen wissenschaftlichen Erkenntnisfortschritt für künftige Untersuchungen darstellt.

Ein weiterer methodischer Beitrag der vorliegenden Arbeit besteht in der erhobenen Datengrundlage. Die Übertragung soziodemographischer Quoten der gesamtdeutschen Bevölkerung auf die geplante Stichprobe führte zur Erhebung eines nationalrepräsentativen Datensatzes, der zu einer Verallgemeinerbarkeit der Untersuchungsergebnisse in hohem Maß beiträgt. Die Rekrutierung der Probanden aus einem kontextfreien Online-Panel verhinderte zudem eine Verzerrung der Datenqualität infolge prädisponierter Einstellungen und Präferenzen bezüglich des Untersuchungsobjekts „Shopping im stationären Textileinzelhandel".

Zusammenfassend bleibt festzuhalten, dass die vorliegende Untersuchung in theoretischer, inhaltlicher und methodischer Sicht einen wertvollen Beitrag zur bisherigen Forschung im Bereich von Shopping Enjoyment leistet. Hieraus leiten sich Implikationen für Forschung und Praxis ab, die im nachfolgenden Abschnitt diskutiert werden.

6.2 Implikationen der Arbeit

6.2.1 Ansatzpunkte für die Forschung

Schwerpunkt der vorliegenden Arbeit war die Erarbeitung eines breit angelegten theoretisch-konzeptionellen Untersuchungsmodells, das die Determinanten und Auswirkungen von Shopping Enjoyment im Handelskontext sowie moderierende Variablen integriert. Die Arbeit verfügt somit über Grundlagencharakter und dient als Basis für künftige Forschungsarbeiten, für die vielfältige inhaltliche und methodische Anknüpfungspunkte bestehen.

Infolge des breit angelegten Untersuchungsmodells, das eine Vielzahl theoretischer Konstrukte und komplexer Wirkungszusammenhänge abbildet, konnte nicht gleichzeitig eine hohe Detaillierung einzelner Konstrukte angestrebt werden. Auf Basis dieser globalen Sichtweise der vorliegenden Arbeit könnten einzelne Aspekte in Zusammenhang mit Shopping Enjoyment detaillierter untersucht werden. So könnten etwa die **Determinanten** mit dem größten Einfluss auf Shopping Enjoyment durch eine komplexere Konzeptualisierung und Operationalisierung eingehender analysiert werden, um hieraus konkrete und detaillierte Aussagen hinsichtlich einzelner operativer Maßnahmen und ihrer Bedeutung abzuleiten. Hierbei wäre auch zwischen einer reflektiven und formativen Operationalisierung der jeweiligen Indikatoren abzuwägen.

Durch das generische Begriffsverständnis von Shopping Enjoyment, das im Rahmen dieser Arbeit erarbeitet wurde, sollte dessen Übertragbarkeit auf unterschiedliche Bereiche der Einzelhandelsbranche gewährleistet werden. Aufbauend auf dem vorliegenden Modell der handelsseitigen Determinanten von Shopping Enjoyment könnten im Rahmen künftiger Forschungsarbeiten Stellhebel im **Kontext weiterer Business-to-Consumer-Märkte** untersucht werden, um branchenspezifische Erkenntnisse bezüglich der Ursachen positiver emotionaler Einkaufserlebnisse von Konsumenten zu generieren.

Eine Alternative stellt die Übertragung des Untersuchungsmodells auf **weitere geographische Märkte** dar, da aufgrund kultureller Unterschiede Abweichungen hinsichtlich der Bedeutung einzelner Determinanten zur Schaffung von Shopping Enjoyment unterstellt werden können. Hierauf weist bereits das Ergebnis einer europäischen länderübergreifenden Konsumentenstudie hin, dass Konsumenten unterschiedlicher Nationalitäten eine unterschiedlich hohe Ausprägung hinsichtlich grundsätzlicher Einkaufsfreude empfinden (vgl. METRO AG 2006). Insbesondere für Unternehmen, die auf stark wachsenden und bevölkerungsreichen Märkten ehemaliger Schwellenländer agieren, etwa den BRICS-Staaten (Brasilien, Russland, Indien, China und Südafrika), würden diesbezügliche Erkenntnisse einen wertvollen Beitrag darstellen. In der wissenschaftlichen Literatur wurde eine Empfehlung dahingehen bereits von Jin/Sternquist (2004, S. 1) gegeben: „There is something universal about the love of shopping. (…) The service industry in general and retailing specifically need to understand what gives consumers shopping joy and if the causes are similar across cultures."

Grundsätzlich besteht im vorliegenden Untersuchungsmodell Potenzial für die Integration **weiterer Auswirkungsvariablen** von Shopping Enjoyment, die für den Handel von Interesse sein könnten. So könnten etwa konkrete finanzielle Erfolgsgrößen wie Umsatzvolumen in Verknüpfung mit dem bestehenden

Modell interessante Ergebnisse liefern. Auch hinsichtlich moderierender Effekte könnten **weitere Moderatorvariablen** erarbeitet und aufgenommen werden, die die direkten Wirkungszusammenhänge im Modell verändern. Beispiele hierfür sind der Zeitdruck und das Involvement bezüglich unterschiedlicher Produktkategorien.

Unter methodischen Gesichtspunkten würde die Untersuchung **mediierender Effekte** einen Erkenntnisbeitrag durch künftige Forschungsarbeiten darstellen. Hierbei könnte untersucht werden, wie stark der Einfluss einzelner Determinanten auf bestimmte Auswirkungen ist, wobei Shopping Enjoyment als Mediator dieser jeweiligen Wirkungszusammenhänge zu modellieren wäre. Auch durch die Modellierung interdependenter Abhängigkeitsbeziehungen zwischen den Auswirkungsvariablen könnten weitere mediierende Konstruktbeziehungen untersucht werden. Darüber hinaus würde die Untersuchung **moderierender Effekte** auf die Wirkungszusammenhänge zwischen Shopping Enjoyment und den Auswirkungskonstrukten neue Erkenntnisse generieren. So wäre vor dem Hintergrund indirekter Effekte von Shopping Enjoyment auf die Bon-/Ausgabenhöhe etwa die Fragestellung interessant, unter welchen Bedingungen Shopping Enjoyment stärker oder schwächer auf weitere Konstrukte einer komplexen Wirkungskette wirkt.

Zur Überprüfung der tatsächlichen monetären Erfolgsauswirkungen von Shopping Enjoyment würde sich die **Integration von Kundendaten** in künftigen Forschungarbeiten empfehlen. Die subjektive Bewertung der relativen Höhe der Ausgaben würde mit realen Daten zu den Ausgaben bei einem spezifischen Einkauf validiert werden. Auch eine grundsätzliche Fundierung der gewonnenen empirischen Erkenntnisse mithilfe von **Replikationsstudien** würde einen Mehrwert bieten.

6.2.2 Implikationen für die Unternehmenspraxis

Neben der wissenschaftlichen Durchdringung der aufgezeigten Forschungsfragen bestand auch in der Ableitung von Implikationen für die Unternehmenspraxis ein Ziel der vorliegenden Arbeit. Aufbauend auf den zentralen Ergebnissen werden daher im Folgenden Empfehlungen für die Schaffung von Shopping Enjoyment abgeleitet.

Insgesamt können einerseits die Erarbeitung der handelsseitigen Stellhebel von Shopping Enjoyment und andererseits dessen positiver Auswirkungen als **wichtigstes Ergebnis** der vorliegenden Arbeit bewertet werden. In Verbindung mit dem eingangs beschriebenen konsumentenseitigen Genuss- und Erlebniswunsch in Form positiver Emotionen begründet dieses Ergebnis eine besondere

Beachtung und Unterstützung freudestiftender Aktivitäten im Handel durch die relevanten Entscheidungsträger in Unternehmen. Aus diesem Grund sollten grundsätzlich entsprechende Maßnahmen getroffen und ausreichend Kapazitäten hierfür zur Verfügung gestellt werden.

Im Rahmen der empirischen Untersuchung konnten signifikant positive Zusammenhänge zwischen Shopping Enjoyment und den Determinanten Attraktivität des Sortiments, Annehmlichkeit der Geschäftsstätte, Professionalität des Beratungsangebots, Attraktivität des Angebots an Zusatzleistungen sowie Attraktivität der Preisposition ermittelt werden. Auf Basis einer Analyse der Stärke des jeweiligen Wirkungszusammenhangs zeigte sich die **relative Bedeutung der Determinanten** in der angegebenen Reihenfolge. Dementsprechend hohe Aufmerksamkeit sollte den unternehmerischen Aktivitäten im Bereich der Sortimentspolitik sowie der Geschäftsstättengestaltung zuteil werden. Basierend auf einer eindeutigen strategischen Positionierung und damit verbundenen Zielgruppendefinition, sollten Maßnahmen der unterschiedlichen Aktivitätsbereiche konsistent aufeinander abgestimmt sein. Ein Praxisbeispiel stellt der Outdoorhändler Globetrotter dar, der sich auf Produkte des Outdoorsports spezialisiert hat und diese in aufwendig gestalteten Geschäftsstätten durch Mitarbeiter verkauft, die durchweg Sporttreibende sind. Insofern ist ein authentisches Verkaufskonzept entstanden, das am Markt Erfolg hat.

Hinsichtlich der **Attraktivität von Sortimenten** ist für Kunden entscheidend, ob sie in einem Geschäft ansprechende Produkte in der gewünschten Qualität auf attraktive Weise präsentiert bekommen. Zusätzlich kommt der Verfügbarkeit der Waren eine hohe Bedeutung zu. Bei der Zusammenstellung von Sortimenten sollte daher eine Orientierung an der gewünschten Zielgruppe erfolgen, um sicherzustellen, dass Kunden sich von den angebotenen Waren angesprochen fühlen. Hierzu ist auf strategischer Ebene zunächst eine Eingrenzung des gewünschten Kundenprofils beispielsweise hinsichtlich soziodemographischer Merkmale oder eines optimalen Lifestyle-Fits mit dem eigenen Geschäftskonzept vorzunehmen. Häufig mangelt es jedoch bereits aufgrund der beschriebenen fehlenden eindeutigen Stellung von Handelsunternehmen am Markt an einer Definition des eigenen Geschäftsprofils. Im operativen Geschäft können etwa durch den Einsatz von Planungstools (beispielsweise geeigneter Softwarelösungen) Out-of-Stock-Situationen vermieden werden, so dass Kunden nicht aufgrund fehlender Ware verärgert sind und keinen Kaufabschluss tätigen.

Eine hohe **Annehmlichkeit der Geschäftsstätte** können Unternehmen durch eine angenehme atmosphärische und funktionale Gestaltung ihrer Verkaufsräume erzielen. Hierbei spielen sensorische Elemente wie etwa Licht, Farben, Musik und Düfte, aber auch Designelemente eine wichtige Rolle. Ein abgestimmtes Ladenkonzept trägt zu einer differenzierten Wahrnehmung der Einkaufsstätte durch Konsumenten bei. Peek & Cloppenburg agiert beispielsweise durch ein überzeugendes Ladenkonzept in den architektonisch anspruchsvollen sogenannten Weltstadthäusern sehr erfolgreich am Markt. Konsumenten schätzen zudem ein ordentliches und sauberes Erscheinungsbild der Verkaufsräume, was durch aufmerksames Personal während des Tagesgeschäfts kontinuierlich sichergestellt werden kann. Orientierungshilfen in Form von Hinweisschildern oder Fahrstühle für ältere Menschen und Kunden mit Kinderwägen beispielsweise können zu einem positiven Einkaufserlebnis beitragen, da sie die für den Einkauf aufzuwendenden Mühen reduzieren. Bei Sport Scheck etwa führt ein leicht verständliches und deutlich angebrachtes Orientierungskonzept zu einer vereinfachten Navigation der Konsumenten durch die unterschiedlichen Abteilungen beziehungsweise Warenbereiche der Verkaufsräume.

Professionelle Mitarbeiter in ausreichender Anzahl und ordentlichem Erscheinungsbild bieten Unternehmen Ansatzpunkte, um Shopping Enjoyment bei Kunden auszulösen. In den Flagship Stores von Apple etwa wird der Personalbedarf entsprechend des Kundenaufkommens angepasst. Obwohl auch im Fall von Product Releases oder anderen Ausnahmesituationen der Kundenandrang ein Vielfaches des durchschnittlichen Tagesaufkommens beträgt, gelingt es Apple, die persönliche Betreuung jedes Kunden innerhalb eines angemessenen Zeitraums zu gewährleisten. Alle Mitarbeiter tragen zudem Kleidung im Corporate Identity Erscheinungsbild und sind mit technischen Endgeräten von Apple zur Bearbeitung aller Kundenanfragen ausgestattet. Durch geeignete Maßnahmen können Unternehmen fachliche Kompetenzen der Mitarbeiter und den Umgang mit Kunden schulen. Die Kundenkontaktsituation stellt einen kritischen Moment im Rahmen des Einkaufserlebnisses von Konsumenten dar. Mitarbeiter, die unfreundlich sind oder Verkaufsdruck ausüben, können negative Emotionen auslösen, die sich negativ auf den Unternehmenserfolg auswirken. Im Fall unangenehmer Einkaufserlebnisse verweigern Konsumenten den Kaufabschluss, ihre Kundenbindung wird negativ beeinflusst wird, in extremen Fällen üben sie schließlich negative Mundpropaganda aus.

Ein **attraktives Angebot an Zusatzleistungen** umfasst eine hohe Vielfalt möglicher Maßnahmen von Unternehmen, die sich an den unterschiedlichen Bedürfnissen von Konsumenten orientieren sollten. So stellen Angebote zur Gepäckaufbewahrung, kostenlose Getränke, persönliche Einkaufsberater, Warenreservierung, Warenlieferung nach Hause, Sitzmöglichkeiten, gastronomische Bereiche, Kinderbetreuung, Produktschauen und Musikevents sowie unterschiedliche Bezahl- und Finanzierungsmöglichkeiten für Einkäufe nur einige der möglichen Maßnahmen dar, um Shopping Enjoyment zu schaffen. Unternehmen, die ihre Kunden durch das zusätzliche Angebot kreativer Leistungen und Ideen überraschen, tragen zu einem positiven Einkaufserlebnis und einer individuellen Unique Selling Proposition (USP) bei. Peek & Cloppenburg bietet beispielsweise auf die unterschiedlichen Warenbereiche und gewünschten Zielgruppen abgestimmte Musikevents mit fallweise integrierten Produktschauen an, bei denen Konsumenten während ihres Geschäftsstättenaufenthalts in erfahrbare Konsumwelten versetzt werden. So gelingt es dem Unternehmen, durch Zusatzleistungen Atmosphäre zu kreieren und Produkte akzentuiert in Szene zu setzen, um entsprechende Erlebniswünsche bei Konsumenten zu stimulieren.

Unternehmen können eine **attraktive Preisposition** aus Kundenperspektive durch unterschiedliche Maßnahmen erreichen. Neben Sonderangeboten und Kundenbindungsprogrammen sind für Konsumenten eine insgesamt ansprechende Preislage der angebotenen Waren und ein angemessenes Preis-/Leistungsverhältnis von Bedeutung. Hierfür sind die zuvor beschriebene Definition des eigenen Leistungsprofils und die Kenntnis der Bedürfnisse der gewünschten Zielgruppe erforderlich. Die Gestaltung preislicher Parameter sollte sich an der definierten Zielgruppe orientieren, die eine Verkaufsstätte gewöhnlich mit einer bestimmten Preisvorstellung betritt. Gelingt dieser Fit, kann auch das Einkaufserlebnis von Konsumenten positiv beeinflusst werden. Eine attraktive Preisposition kann demzufolge auch beinhalten, dass im Fall hochpreisiger Produkte auf eine intensive Angebotspolitik verzichtet wird, um die eigene Stellung am Markt aus Kundenperspektive nicht zu verwässern.

Die **Auswirkungen von Shopping Enjoyment** sind in unterschiedlicher Hinsicht von Praxisrelevanz. Zum einen verdeutlichen sie die Bedeutung intensiver positiver Emotionen während des Shopping für das Verhalten von Konsumenten, deren Einstellung und Verhaltensabsichten. Zum anderen tragen positive Emotionen zum wirtschaftlichen Erfolg von Unternehmen bei. Die Ergebnisse der empirischen Untersuchung belegen, dass höheres Shopping Enjoyment ein längeres Verweilen in der Einkaufsstätte und ein stärkeres Interesse für die angebotenen Produkte bewirkt. Zudem tätigen Kunden mehr Impulskäufe. Außerdem entwickeln sie eine tolerantere Einstellung in Bezug auf geringe Fehler, die einem Anbieter unterlaufen können wie beispielsweise das „Herumliegen“ von Ware. Auch die auf die Zukunft gerichteten Verhaltensabsichten von Konsumenten werden positiv beeinflusst. So ziehen sie eher einen erneuten Besuch und Wiederkauf bei diesem Geschäft und eine Empfehlung gegenüber Dritten in Erwägung. Interessant ist zudem eine zunehmende Preisbereitschaft, die beinhaltet, dass Konsumenten im Falle von Preiserhöhungen nicht abwandern würden oder gar grundsätzlich in einer höheren Preisklasse einkaufen würden. Schließlich geben Kunden während ihres Einkaufs mehr Geld aus, was die Erfolgswirksamkeit von Shopping Enjoyment faktisch belegt.

Diese Ergebnisse sind von hoher Managementrelevanz, da Maßnahmen zur Schaffung von Shopping Enjoyment gewöhnlich Kosten verursachen, die nur durch einen anschließenden wirtschaftlichen Erfolg hieraus zu rechtfertigen sind. Zusätzlich eröffnet dies weitere Ansatzpunkte für den Handel, der die positiven Effekte etwa auf unmittelbare Verhaltensauswirkungen nutzen sollte, um Konsumenten für impulsive Käufe zu begeistern. Dies kann beispielsweise durch eine aus Kundensicht nutzenstiftende Warengruppierung erfolgen, bei der Kunden zu Verbundkäufen neigen, oder die Platzierung für Spontankäufe geeigneter Produkte. Auch die positiven Auswirkungen auf die Verhaltensabsichten implizieren Ansatzpunkte für den Handel. So könnte ein professionelles Kundenbeziehungsmanagement, das Verkaufschancen durch aktive Ansprache von Kunden während des Kundenlebenszyklus schafft, eine hohe Kundenloyalität beispielsweise zur Erhöhung der Besuchsfrequenz oder Mundpropaganda nutzen. Zudem bieten sich aufgrund der erhöhten Preisbereitschaft von Konsumenten Möglichkeiten einer partiellen beziehungsweise sukzessiven Preisanhebung oder einer Einführung höherpreisiger Produkte.

Schließlich wurden in der vorliegenden Untersuchung auch **moderierende Einflüsse weiterer Faktoren auf diese Ergebnisse** ermittelt. Hierbei wurden Veränderungen der bestehenden Wirkungszusammenhänge zwischen den Determinanten und Shopping Enjoyment beleuchtet, wenn zusätzlich die grundlegende Haltung von Konsumenten gegenüber dem Shopping (sogenannte Shoppingorientierung) und deren globaler Gemütszustand vor dem Einkauf berücksichtigt werden. Darüber hinaus wurden soziodemographische Konsumentenmerkmale in die Betrachtung einbezogen. Hinsichtlich der letztgenannten Moderatorgruppe konnten keine nennenswerten Effekte ermittelt werden. Insofern liefert dieses Ergebnis Anhaltspunkte dafür, auf eine komplexe Zielgruppendifferenzierung auf Basis soziodemographischer Variablen zu verzichten.

Demgegenüber moderiert der globale Gemütszustand von Konsumenten alle beschriebenen direkten Effekte mit Ausnahme der Beziehung zwischen Attraktivität des Angebots an Zusatzleistungen und Shopping Enjoyment. Der moderierende Effekt bewirkt, dass die Determinanten auf Shopping Enjoyment umso stärker wirken, je besser Konsumenten grundsätzlich gelaunt sind. Interessant für den Handel ist in diesem Zusammenhang, wie die Stimmung der Konsumenten bereits vor ihrem Aufenthalt in der Geschäftsstätte positiv beeinflusst werden kann, um die bestehenden direkten Effekte auf Shopping Enjoyment steuern zu können. Ein grundsätzliches Problem ergibt sich hierbei aus der Tatsache, dass der Gemütszustand einen dauerhaften Charakter aufweist, der kaum durch kurzfristige Impulse geändert werden kann. Da jedoch eine enge Verbindung zu (momentanen) Gefühlen besteht, sind Aktivitäten des Handels denkbar, um eine positive Beeinflussung herbeizuführen. So kann beispielsweise vor dem Betreten einer Einkaufsstätte durch zuvorkommenden Empfang am Eingangsbereich in Form von namentlicher Begrüßung und Willkommensgetränken hierauf eingewirkt werden. Als Handlungsrahmen mit langfristigem Wirkungsgrad im Sinne einer Stimmungsbeeinflussung könnten hierbei beispielweise Maßnahmen dienen, die eine Kultbildung von Einkaufsstätten beziehungsweise Marken bewirken, indem etwa deren Zugang künstlich verknappt wird. Insofern kann bereits der geplante Besuch einer Einkaufsstätte emotionalisiert werden, da Konsumenten sich darauf freuen, einem ausgewählten Kreis mit Zugangsmöglichkeit anzugehören Der US-amerikanischen Modemarke Abercrombie & Fitch ist es durch entsprechende Maßnahmen gelungen, die Begehrlichkeit ihrer Produkte auf ein ungewöhnliches Maß zu erhöhen und einen anhaltend hohen Zulauf zur Neueröffnung, aber auch zum täglichen Geschäftsbetrieb jedes Verkaufspunkts in Europa zu erzeugen.

Resümierend kann trotz der genannten moderierenden Effekte eine hohe Stabilität der ermittelten direkten Effekte zwischen den handelsseitigen Determinanten und Shopping Enjoyment bestätigt werden. Aufgrund dieses Ergebnisses und den ausschließlich positiv gerichteten moderierenden Effekten, die eine Verstärkung der bestehenden direkten Wirkungszusammenhänge zur Folge haben, können freudestiftende Aktivitäten des Handels gerechtfertigt werden.

Auch vor dem Hintergrund der wachsenden Bedeutung und des zunehmenden Marktvolumens des Internethandels sind diese Ergebnisse von hoher Bedeutung für den stationären Einzelhandel. Die identifizierten handelsseitigen Möglichkeiten zur Schaffung von positiven Gefühlen während eines „realen" Einkaufserlebnisses von Konsumenten stellen einen strategischen Wettbewerbsvorteil gegenüber der virtuellen Einkaufsumwelt am Computerbildschirm dar. Hierauf aufbauend können Unternehmen durch die Entwicklung kreativer Maßnahmen weitere Erfolgspotenziale erschließen.

Literaturverzeichnis

Abeele, P. V./Maclachlan, D. L. (1994): Process Tracing of Emotional Responses to TV Ads: Revisiting the Warmth Monitor, in: Journal of Consumer Research, 20. Jg., H. 4, S. 586–600.

Ackermann, C. (1997): Konzepte der Ladengestaltung: Beitrag zur Profilierung und Rationalisierung im Einzelhandel, Lohmar: Josef Eul Verlag.

Ahlert, D./Kenning, P. (2007): Handelsmarketing – Grundlagen der marktorientierten Führung von Handelsbetrieben, Heidelberg: Springer.

Ahtola, O. T. (1985): Hedonic and Utilitarian Aspects of Consumer Behavior: An Attitudinal Perspective, in: Advances in Consumer Research, 12. Jg., H. 1, S. 7–10.

Aiken, L. S./West, S. G. (1991): Multiple Regression: Testing and Interpreting Interactions, Thousand Oaks: Sage.

Albers, S./Hildebrandt, L. (2006): Methodische Probleme bei der Erfolgsfaktorenforschung – Messfehler, formative versus reflektive Indikatoren und die Wahl des Strukturgleichungs-Modells, in: Zeitschrift für betriebswirtschaftliche Forschung, 58. Jg., S. 2–33.

Allen, C. T. (1993): Putting More Emotion into Consumer Research: Integrating Emotional/Hedonic Experience with Traditional Attitude Models, in: McAlister, L./Rothschild, M. L. (Hrsg.): Advances in Consumer Research, Provo, S. 314.

Allen, C. T./Machleit, K. A./Kleine, S. S./Notani, A. S. (2005): A Place for Emotion in Attitude Models, in: Journal of Business Research, 58. Jg., H. 4, S. 494–499.

Alwitt, L./Donley, T. (1996): The Low Income Consumer: Adjusting the Balance of Exchange, Thousand Oaks: Sage.

Anderson, E. W. (1996): Customer Satisfaction and Price Tolerance, in: Marketing Letters, 7. Jg., H. 3, S. 265–274.

Applebaum, W. (1951): Studying Customer Behavior in Retail Stores, in: Journal of Marketing, 16. Jg., H. 2, S. 172–178.

Areni, C. S./Kim, D. (1994): The Influence of In-store Lighting on Consumers' Examination of Merchandise in a Wine Store, in: International Journal of Research in Marketing, 11. Jg., H. 2, S. 117–125.

Arnold, M. J./Reynolds, K. E. (2003): Hedonic Shopping Motivations, in: Journal of Retailing, 79. Jg., H. 2, S. 77–95.

Arnold, M. J./Reynolds, K. E./Ponder, N./Lueg, J. E. (2005): Customer Delight in a Retail Context: Investigating Delightful and Terrible Shopping Experiences, in: Journal of Business Research, 58. Jg., H. 8, S. 1132–1145.

Ausschuss für Definitionen zu Handel und Distribution (2006): Definitionen zu Handel und Distribution, Katalog E, Köln.

Babin, B. J./Darden, W. R. (1996): Good and Bad Shopping Vibes: Spending and Patronage Satisfaction, in: Journal of Business Research, 35. Jg., H. 3, S. 201–206.

Babin, B. J./Darden, W. R./Griffin, M. (1994): Work and/or Fun: Measuring Hedonic and Utilitarian Shopping Value, in: Journal of Consumer Research, 20. Jg., H. 4, S. 644–656.

Backhaus, K./Erichson, B./Plinke, W./Weiber, R. (2003): Multivariate Analysemethoden: Eine anwendungsorientierte Einführung, 10. Auflage, Berlin u. a.: Springer.

Bäckström, K. (2006): Understanding Recreational Shopping: A New Approach, in: International Review of Retail, Distribution & Consumer Research, 16. Jg., H. 2, S. 143–158.

Bagozzi, R. P. (1979): The Role of Measurement in Theory Construction and Hypothesis Testing: Toward a Holistic Model, in: Ferrell, O./Brown, S./Lamb, C. (Hrsg.): Conceptual and Theoretical Dvelopments in Marketing, Chicago: American Marketing Association, S. 15–32.

Bagozzi, R. P. (1982): An Examination of the Validity of Two Models of Attitude, in: Fornell, C. (Hrsg.): A Second Generation of Mulitvariate Analysis, Volume II: Measurement and Evaluation, New York: Praeger, S. 145–184.

Bagozzi, R. P. (1991): The Role of Psychophysiology in Consumer Research, in: Robertson, T. S./Kassarjian, H. H. (Hrsg.): Handbook of Consumer Behavior, Englewood Cliffs: Prentice-Hall, S. 124–161.

Bagozzi, R. P. (1994): Structural Equation Models in Marketing Research: Basic Principles, in: Bagozzi, R. P. (Hrsg.): Principles of Marketing Research, Cambridge: Blackwell, S. 317–385.

Bagozzi, R. P./Gopinath, M./Nyer, P. U. (1999): The Role of Emotions in Marketing, in: Journal of the Academy of Marketing Science, 27. Jg., H. 2, S. 184–206.

Bagozzi, R. P./Phillips, L. W. (1982): Representing and Testing Organizational Theories: A Holistic Construal, in: Administrative Science Quarterly, 27. Jg., H. 3, S. 459–489.

Bagozzi, R. P./Yi, Y. (1988): On the Evaluation of Structural Equation Models, in: Journal of the Academy of Marketing Science, 16. Jg., H. 1, S. 74–94.

Baker, J. (1987): The Role of the Environment in Marketing Services: The Consumer Perspective, in: Czepiel, J.A./Congram, C.A./Shanahan, J. (Hrsg.): The Services Challenge: Integrating for Competitive Advantage, Chicago, IL: American Marketing Association, pp. 97–84.

Baker, J./Levy, M./Grewal, D. (1992): An Experimental Approach to Making Retail Store Environmental Decisions, in: Journal of Retailing, 68. Jg., H. 4, S. 445–460.

Baker, J./Parasuraman, A./Grewal, D./Voss, G. B. (2002): The Influence of Multiple Store Environment Cues on Perceived Merchandise Value and Patronage Intentions, in: Journal of Marketing, 66. Jg., H. 2, S. 120–141.

Baker, J./Wakefield, K. L. (2011): How Consumer Shopping Orientation Influences Perceived Crowding, Excitement, and Stress at the Mall, in: Journal of the Academy of Marketing Science, 39. Jg., S. 1–16.

Bakewell, C./Mitchell, V.-W. (2004): Male Consumer Decision-Making Styles, in: International Review of Retail, Distribution and Consumer Research, 14. Jg., H. 2, S. 223–240.

Baron, R. M./Kenny, D. A. (1986): The Moderator-Mediator Variable Distinction in Social Psychological Research: Conceptual, Strategic, and Statistical Considerations, in: Journal of Personality and Social Psychology, 51. Jg., H. 6, S. 1173–1182.

Barrett, L. F./Russell, J. A. (1998): Independence and Bipolarity in the Structure of Current Affect, in: Journal of Personality and Social Psychology, 74. Jg., H. 4, S. 967–984.

Batinic, B. (2001): Fragebogenuntersuchungen im Internet, Aachen: Shaker.

Batra, R./Ahtola, O. T. (1991): Measuring the Hedonic and Utilitarian Sources of Consumer Attitudes, in: Marketing Letters, 2. Jg., H. 2, S. 159–170.

Baumgartner, R. (1981): Ladenerneuerung: Store Modernization, St. Gallen: Auditorium.

Bayerisches Staatsministerium für Wirtschaft, Infrastruktur, Verkehr und Technologie (Hrsg.), (2009): Erfolgsstrategien für den mittelständischen

Einzelhandel: http://www.stmwivt.bayern.de/fileadmin/Web-Dateien/Dokumente/Wirtschaft/Erfolgsstrategien_Einzelhandel.pdf, Abruf am 20.08.2011.

Beatty, S. E./Ferrell, M. E. (1998): Impulse Buying: Modeling its Precursors, in: Journal of Retailing, 74. Jg., H. 2, S. 169–191.

Becker, G. S. (1965): A Theory of the Allocation of Time, in: Economic Journal, 75. Jg., H. 299, S. 493–517.

Bell, P. A./Greene, T. C./Fisher, J./Baum, A. (2001): Environmental Psychology, 5. Auflage, Orlando: Harcourt College.

Bell, S. J. (1999): Image and Consumer Attraction to Intraurban Retail Areas: An Environmental Psychology Approach, in: Journal of Retailing and Consumer Services, 6. Jg., H. 2, S. 67–78.

Bellante, D./Foster, A. C. (1984): Working Wives and Expenditure on Services, in: Journal of Consumer Research, 11. Jg., H. 2, S. 700–707.

Bellenger, D. N./Korgaonkar, P. K. (1980): Profiling the Recreational Shopper, in: Journal of Retailing, 56. Jg., H. 3, S. 77–91.

Bellenger, D. N./Robertson, D. H./Greenberg, B. A. (1977): Shopping Center Patronage Motives, in: Journal of Retailing, 53. Jg., H. 2, S. 29–38.

Bellenger, D. N./Robertson, D. H./Hirschman, E. C. (1978): Impulse Buying Varies by Product, in: Journal of Advertising Research, 18. Jg., H. 6, S. 15–18.

Bellizzi, J. A./Crowley, A. E./Hasty, R. W. (1983): The Effects of Color in Store Design, in: Journal of Retailing, 59. Jg., H. 1, S. 21–45.

Berekoven, L. (1995): Erfolgreiches Einzelhandelsmarketing: Grundlagen und Entschei-dungshilfen, 2. Auflage, München: Beck.

Berekoven, L./Eckert, W./Ellenrieder, P. (2006): Marktforschung – Methodische Grundlagen und praktische Anwendung, 12. Auflage, Wiesbaden: Gabler.

Berger, D. (2007): Handelsmarketingtechnische Besonderheiten für eine reife Zielgruppe – eine empirische Analyse der Generation "50plus", in: Trommsdorff, V. (Hrsg.): Handelsforschung 2007, Stuttgart: Kohlhammer, S. 43–53.

Berman, B./Evans, J. R. (2010): Retail Management: A Strategic Approach, 11. Auf-lage, Englewood Cliffs: Prentice Hall.

Berry, L. L. (1969): The Components of Department Store Image: A Theoretical and Empirical Analysis, in: Journal of Retailing, 45. Jg., H. 1, S. 3–20.

Berry, R. M. (2005): Web-based Survey Research: Lessons from the University of Akron Study, in: International Journal of Public Administration, 28. Jg., H. 1/2, S. 57–72.

Betzin, J./Henseler, J. (2005): Einführung in die Funktionsweise des PLS-Algorithmus, in: Bliemel, F./Eggert, A./Fassott, G./Henseler, J. (Hrsg.): Handbuch PLS-Pfadmodellierung: Methode, Anwendung, Praxisbeispiele, Stuttgart: Schäffer-Poeschel, S. 49–69.

Beutin, N. (2008): Kundenbindung durch Zusatzleistungen (Value-Added Services), in: Bruhn, M./Homburg, C. (Hrsg.): Handbuch Kundenbindungsmanagement, 6. Auflage, Wiesbaden: Gabler, S. 297–314.

Bidlingmaier, J. (1974): Einzelhandel, Betriebsformen des, in: Tietz, B. (Hrsg.): Handwörterbuch des Absatzwirtschaft, Stuttgart: S. 526–546.

Bitner, M. J. (1992): Servicescapes: The Impact of Physical Surroundings on Customers and Employees, in: Journal of Marketing, 56. Jg., H. 2, S. 57–71.

Bitner, M. J./Booms, B. H./Tetreault, M. S. (1990): The Service Encounter: Diagnosing Favorable and Unfavorable Incidents, in: Journal of Marketing, 54. Jg., H. 1, S. 71–84.

Bliemel, F./Eggert, A./Fassott, G./Henseler, J. (2005): Die PLS-Pfadmodellierung: Mehr als eine Alternative zur Kovarianzstrukturanalyse, in: Bliemel, F./Eggert, A./Fassott, G./Henseler, J. (Hrsg.): Handbuch PLS-Pfadmodellierung: Methode – Anwendung – Praxisbeispiele, Stuttgart: Schäffer-Poeschel, S. 9–16.

Bloch, P. H./Richins, M. L. (1983): Shopping without Purchase: An Investigation of Consumer Browsing Behavior, in: Advances in Consumer Research, 10. Jg., H. 1, S. 389–393.

Bloch, P. H./Ridgway, N. M./Dawson, S. A. (1994): The Shopping Mall as Consumer Habitat, in: Journal of Retailing, 70. Jg., H. 1, S. 23–42.

Boedeker, M. (1995): New-type and Traditional Shoppers: a Comparison of Two Major Consumer Groups, in: International Journal of Retail and Distribution Management, 23. Jg., H. 3/4, S. 17–27.

Bohrnstedt, G. W. (1970): Reliability and Validity Assessment in Attitude Measurement, in: Summers, G. F. (Hrsg.): Attitude Measurement, Chicago: Rand McNally, S. 80–99.

Bollen, K. A. (1984): Multiple Indicators: Internal Consistency or No Necessary Relationship?, in: Quality & Quantity, 18. Jg., H. 4, S. 377–385.

Bollen, K. A./Lennox, R. (1991): Conventional Wisdom on Measurement: A Structural Equation Perspective, in: Psychological Bulletin, 110. Jg., H. 2, S. 305–314.

Bollen, K. A./Stine, R. A. (1993): Bootstrapping Goodness-of-Fit Measures in Structural Equation Models, in: Bollen, K. A./Long, J. S. (Hrsg.): Testing Structural Equation Models, Newbury Park et al.: Sage, S. 111–134.

Bollen, K. A./Ting, K. (2000): A Tetrad Test for Causal Indicators, in: Psychological Methods, 5. Jg., H. 1, S. 3–22.

Bonner, P. G./Nelson, R. (1985): Product Attributes and Perceived Quality: Foods, in: Jacoby, J./Olsen, J. C. (Hrsg.): Perceived Quality: How Consumers view Stores and Merchandise, Lexington: D. C. Heath and Company, S. 65–79.

Boßow-Thies, S./Panten, G. (2009): Analyse kausaler Wirkungszusammenhänge mit Hilfe von Partial Least Squares (PLS), in: Albers, S./Klapper, D./Konradt, U./Walter, A./Wolf, J. (Hrsg.): Methodik der empirischen Forschung, 3. Auflage, Wiesbaden: Deutscher Universitätsverlag, S. 365–380.

Bost, E. (1987): Ladenatmosphäre und Konsumentenverhalten, Heidelberg: Physica.

Boucsein, W. (1992): Electrodermal Activity, New York: Springer.

Boyer, K. K./Olson, J. R./Calantone, R. J./Jackson, E. C. (2002): Print versus Electronic Surveys: a Comparison of two Data Collection Methodologies, in: Journal of Operations Management, 20. Jg., H. 4, S. 357–373.

Brady, M. K./Cronin, J. J. (2001): Some New Thoughts on Conceptualizing Perceived Service Quality: A Hierarchical Approach, in: Journal of Marketing, 65. Jg., H. 3, S. 34–49.

Braunstein, C. (2001): Einstellungsforschung und Kundenbindung: Zur Erklärung des Treueverhaltens von Konsumenten, Wiesbaden: Deutscher Universitäts-Verlag.

Brengman, M./Ketelslegers, J. (2007): Gender and Store Shopping Enjoyment. Are the Pleasures of Store Shopping Experienced by Women also Relevant for Men?, in: Proceedings of the 36th EMAC Conference, Reykjavik, S. 1–12.

Bruhn, M. (1999): Verfahren zur Messung der Qualität interner Dienstleistungen, in: Bruhn, M. (Hrsg.): Internes Marketing: Integration der Kunden- und Mitarbeiterorientierung: Grundlagen – Implementierung – Praxisbeispiele, Wiesbaden: Gabler, S. 537–575.

Bruner, G. C./Hensel, P. J. (1993): Multi-Item Scale Usage in Marketing Journals: 1980 to 1989, in: Journal of the Academy of Marketing Science, 21. Jg., H. 4, S. 339–344.

Buck, R. (1985): Prime Theory: An Integrated View of Motivation and Emotion, in: Psychological Review, 92. Jg., H. 3, S. 389–413.

Buck, R. (1988): Human Motivation and Emotion, 2. Auflage, New York: John Wiley & Sons.

Buddeberg, H. (1955): Über die Vergleichbarkeit der Handelsbetriebe, Opladen: Westdeutscher Verlag.

Bundesministerium für Familie, Senioren, Frauen und Jugend (Hrsg.) (2005): Fünfter Bericht zur Lage der älteren Generation in der Bundesrepublik Deutschland. Potenziale des Alters in Wirtschaft und Gesellschaft. Der Beitrag älterer Menschen zum Zusammenhalt der Generationen. Bericht der Sachverständigenkommission: http://www.bmfsfj.de/RedaktionBMFSFJ/Abteilung3/Pdf-Anlagen/fuenfteraltenbericht,property=pdf,bereich=,rwb=true.pdf, Abruf am 11.11.2011.

bvh (Hrsg.) (2010): 2009 war Rekordjahr für den Versand- und Online-Handel: http://www.versandhandel.org/presse/pressemitteilungen/details/datum/2010/februar/artikel/2009-war-rekordjahr-fuer-den-versand-und-online-handel, Abruf am 20.08.2011.

Cacioppo, J. T./Losch, M. L./Tassinary, L. G./Petty, R. E. (1986): Properties of Affect and Affect Laden Information Processing as Viewed through the Facial Response System, in: Peterson, R. A./Hoyer, W. D./Wilson, W. R. (Hrsg.): The Role of Affect in Consumer Behavior. Emerging Theories and Applications, Lexington, MA: D. C. Heath, S. 87–118.

Cai, S./Xu, Y. (2006): Effects of Outcome, Process and Shopping Enjoyment on Online Consumer Behaviour, in: Electronic Commerce Research and Applications, 5. Jg., H. 4, S. 272–281.

Campbell, C. (1997): Shopping, Pleasure and the Sex War, in: Falk, P./Campbell, C. (Hrsg.): The Shopping Experience, London: Sage, S. 166–177.

Canter, D. (1983): The Purposive Evaluation of Places, in: Environment and Behavior, 15. Jg., H. 6, S. 659–698.

Carmines, E. G./Zeller, R. A. (1979): Reliability and Validity Assessment, Beverly Hills: Sage.

Carstensen, L. L./Fung, H./Charles, S. T. (2003): Socioemotional Selectivity Theory and the Regulation of Emotion in the Second Half of Life, in: Motivation and Emotion, 27. Jg., H. 2, S. 103–123.

Carstensen, L. L./Isaacowitz, D. M./Charles, S. T. (1999): Taking Time Seriously: A Theory of Socioemotional Selectivity, in: American Psychologist, 54. Jg., H. 3, S. 165–181.

Carte, A./Russell, C. (2003): In Pursuit of Moderation: Nine Common Errors and Their Solutions, in: Management Information Systems (MIS) Quarterly, 27. Jg., H. 3, S. 479–501.

Chin, W. W. (1995): Partial Least Squares is to LISREL as Principal Components Analysis is to Common Factor Analysis, in: Technology Studies, 2. Jg., H. 2, S. 315–319.

Chin, W. W. (1998): The Partial Least Squares Approach to Structural Equation Modeling, in: Marcoulides, G. A. (Hrsg.): Modern Methods for Business Research, Mahwah/London: Lawrence Erlbaum Association, S. 295–336.

Chin, W. W. (2000): Frequently Asked Questions – Partial Least Squares & PLS-Graph: http://disc-nt.cba.uh.edu/chin/plsfaq/plsfaq.htm, Abruf am 10.08.2011.

Chin, W. W./Marcolin, B. L./Newsted, P. R. (1996): A Partial Least Squares Latent Variable Modelling Approach for Measuring Interaction Effects: Results From a Monte Carlo Simulation Study and Voice Mail Emotion/Adaption Study, in: DeGross, J. I./Jarvenpaa, S./Srinivasan, A. (Hrsg.): Proceedings of the Seventeenth International Conference on Information Systems, Cleveland: S. 21–41.

Chin, W. W./Marcolin, B. L./Newsted, P. R. (2003): A Partial Least Squares Latent Variable Modeling Approach for Measuring Interaction Effects: Results from a Monte Carlo Simulation Study and an Electronic-Mail Emotion/Adoption Study, in: Information Systems Research, 14. Jg., H. 2, S. 189–217.

Chin, W. W./Peterson, R. A./Brown, S. P. (2008): Structural Equation Modeling in Marketing: Some Practical Reminders, in: Journal of Marketing Theory and Practice, 16. Jg., H. 4, S. 287–298.

Churchill, G. A. (1979): A Paradigm for Developing Better Measures of Marketing Constructs, in: Journal of Marketing Research, 16. Jg., H. 1, S. 64–73.

Cobb, C. J./Hoyer, W. B. (1986): Planned Versus Impulse Purchase Behavior, in: Journal of Retailing, 62. Jg., H. 4, S. 384–409.

Cohen, J./Cohen, P./West, S. G./Aiken, L. S. (2003): Applied Mutliple Regression / Correlation Analysis for the Behavioral Sciences, 3. Auflage, Mahwah: Lawrence Erlbaum.

Cohen, J. B./Areni, C. S. (1991): Affect and Consumer Behavior, in: Robertson, T. S./Kassarjian, H. H. (Hrsg.): Handbook of Consumer Behavior, Englewood Cliffs: Prentice-Hall, S. 188–240.

Cole, C./Laurent, G./Drolet, A./Ebert, J./Gutchess, A./Lambert-Pandraud, R./Mullet, E./Norton, M./Peters, E. (2008): Decision Making and Brand Choice by Older Consumers, in: Marketing Letters, 19. Jg., H. 3/4, S. 355–365.

Commons, J. R. (1931): Institutional Economics, in: American Economic Review, 21. Jg., H. 4, S. 648–657.

Copeland, P. (1967): The Revolution in Interior Store Design, in: Gist, R.R. (Hrsg.): Management Perspectives in Retailing, New York, NY: Wiley, S. 152–156.

Corsten, H. (1990): Betriebswirtschaftslehre der Dienstleistungsunternehmungen: Einführung, 2. Aufl., München: Oldenbourg.

Cortina, J. M. (1993): What is Coefficient Alpha? An Examination of Theory and Applications, in: Journal of Applied Psychology, 78. Jg., H. 1, S. 98–104.

Cox, A. D./Cox, D./Anderson, R. D. (2005): Reassessing the pleasures of store shopping, in: Journal of Business Research, 58. Jg., H. 3, S. 250–259.

Cronbach, L. (1951): Coefficient alpha and the internal structure of tests, in: Psychometrika, 16. Jg., H. 3, S. 297–334.

Csikszentmihalyi, M. (2006): Flow im Beruf. Das Geheimnis des Glücks am Arbeitsplatz. Das Summa Summarum des Erfolgs, in: Boersch, C./von Diest, F. (Hrsg.): Das Summa Summarum des Erfolgs – Die 25 wichtigsten Werke für Motivation, Effektiviztät und persönlichen Erfolg, Wiesbaden: Gabler, S. 157–172.

Cunningham, R. M. (1961): Customer Loyalty to Store and Brand, in: Harvard Business Review, 39. Jg., H. 6, S. 127–137.

Czepeil, J. A./Solomon, M. R./Surprenant, C. F. (1985): The Service Encounter, Lexington: Lexington Books.

Darden, W. R./Babin, B. J. (1994): Exploring the Concept of Affective Quality: Expanding the Concept of Retail Personality, in: Journal of Business Research, 29. Jg., H. 2, S. 101–109.

Darwin, C. (1872): The Expression of Emotion in Man and Animals, London: John Murray.

Davies, B. J./Kooijman, D./Ward, P. (2003): The Sweet Smell of Success: Olfaction in Retailing, in: Journal of Marketing Management, 19. Jg., H. 5/6, S. 611–627.

Dawson, S. A./Bloch, P. H./Ridgway, N. M. (1990): Shopping Motives, Emotional States, and Retail Outcomes, in: Journal of Retailing, 66. Jg., H. 4, S. 408–428.

DeKinder, J. S./Kohli, A. K. (2008): Flow Signals: How Patterns over Time Affect the Acceptance of Start-Up Firms, in: Journal of Marketing, 72. Jg., H. 5, S. 84–97.

Derbaix, C./Pham, M. T. (1991): Affective Reactions to Consumption Situations: A Pilot Investigation, in: Journal of Economic Psychology, 12. Jg., H. 2, S. 325–355.

Desmet, P. M. A./Hekkert, P. (2002): The Basis of Product Emotions, in: Green, W./Jordans, P. (Hrsg.): Pleasure with Products, beyond Usability, London: Taylor & Francis, S. 60–68.

Desmet, P. M. A./Hekkert, P./Jacobs, J. J. (2000): When a Car Makes You Smile: Development and Application of an Instrument to Measure Product Emotions, in: Advances in Consumer Research, 27. Jg., H. 1, S. 111–117.

Dhar, R./Wertenbroch, K. (2000): Consumer Choice Between Hedonic and Utilitarian Goods, in: Journal of Marketing Research, 37. Jg., H. 1, S. 60–71.

Dholakia, R. R. (1999): Going Shopping: Key Determinants of Shopping Behaviors and Motivations, in: International Journal of Retail and Distribution Management, 27. Jg., H. 4, S. 154–165.

Diamantopoulos, A. (1999): Export Performance Measurement: Reflective versus Formative Indicators, in: International Marketing Review, 16. Jg., H. 6, S. 444–457.

Diamantopoulos, A./Riefler, P./Roth, K. P. (2008): Advancing Formative Measurement Models, in: Journal of Business Research, 61. Jg., H. 12, S. 1203–1218.

Diamantopoulos, A./Winklhofer, H. M. (2001): Index Construction with Formative Indicators: An Alternative to Scale Development, in: Journal of Marketing Research, 38. Jg., H. 2, S. 269–277.

Dick, A. S./Basu, K. (1994): Customer Loyalty: Toward an Integrated Conceptual Framework, in: Journal of the Academy of Marketing Science, 22. Jg., H. 2, S. 99–113.

Diehl, S. (2004): Möglichkeiten der Beeinflussung des Konsumenten in Einkaufsstätten in Abhängigkeit von Kundentypen und Einkaufsstättendeterminanten – unter Berücksichtigung von machttheoretischen Aspekten, in: Gröppel-Klein, A. (Hrsg.): Konsumentenverhaltensforschung im 21. 143

– Gewidmet Peter Weinberg zum 65. Geburtstag, Wiesbaden: Deutscher Universitäts-Verlag, S. 211–234.

Diller, H. (1996): Kundenbindung als Marketingziel, in: Marketing – Zeitschrift für Forschung und Praxis, 18. Jg., H. 2, S. 81–94.

Diller, H. (2008): Preispolitik, 4. Auflage, Stuttgart u. a.: Kohlhammer.

Dillman, D. (2000): Mail and Internet Surveys: The Tailored Design Method, 2. Auflage, New York et al.: John Wiley.

Dillman, D. (2009): Internet, Mail, and Mixed-mode Surveys – The Tailored Design Method, 3. Auflage, Hoboken: Wiley.

Donovan, R. J./Rossiter, J. R. (1982): Store Atmosphere: An Environmental Psychology Approach, in: Journal of Retailing, 58. Jg., H. 1, S. 34–57.

Donovan, R. J./Rossiter, J. R./Marcoolyn, G./Nesdale, A. (1994): Store Atmosphere and Purchasing Behavior, in: Journal of Retailing, 70. Jg., H. 3, S. 283–294.

Donthu, N./Gilliland, D. (1996): Observations: The Infomercial Shopper, in: Journal of Advertising Research, 36. Jg., H. 2, S. 69–77.

Dubé, L./Cervellon, M.-C./Jingyuan, H. (2003): Should Consumer Attitudes be Reduced to their Affective and Cognitive Bases? Validation of a Hierarchical Model, in: International Journal of Research in Marketing, 20. Jg., H. 3, S. 259–272.

East, R./Hammond, K./Harris, P./Lomax, W. (2000): First-Store Loyalty and Retention, in: Journal of Marketing Management, 16. Jg., H. 4, S. 307–325.

Eberl, M. (2006a): Unternehmensreputation und Kaufverhalten. Methodische Aspekte komplexer Strukturmodelle, Wiesbaden: Deutscher Universitäts-Verlag.

Eberl, M. (2006b): Formative und reflektive Konstrukte und die Wahl des Strukturgleichungsverfahrens, in: Die Betriebswirtschaft, 66. Jg., H. 6, S. 651–668.

Edwards, J. R./Bagozzi, R. P. (2000): On the Nature and Direction of Relationships Between Constructs and Measures, in: Psychological Methods, 5. Jg., H. 2, S. 155–174.

Efron, B./Gong, G. (1983): A Leisurely Look at the Bootstrap, the Jackknife, and Cross-Validation, in: The American Statistician, 37. Jg., H. 1, S. 36–48.

Efron, B./Tibishirani, R. (1993): An Introduction to the Bootstrap, New York u. a.: Chapman & Hall.

Eggert, A./Fassott, G./Helm, S. (2005): Identifizierung und Quantifizierung mediierender und moderierender Effekte in komplexen Kausalstrukturen, in: Bliemel, F. W./Eggert, A./Fassott, G./Henseler, J. (Hrsg.): Handbuch PLS Pfadmodellierung: Methode, Anwendung, Praxisbeispiele, Stuttgart: Schäffer-Poeschel, S. 101–116.

Ekman, P./Friesen, W. V. (1978): Facial Action Coding System, Englewood Cliffs: Prentice Hall.

Ekman, P./Friesen, W. V./Tomkins, S. S. (1971): Facial Affect Scoring Technique – A First Validity Study, in: Semiotica, 3. Jg., S. 37–58.

Ekman, P./Oster, H. (1979): Facial Expression of Emotion, in: Annual Review of Psychology, 30. Jg., H. 1, S. 527–554.

Engel, J.F./Blackwell, R.D./Miniard, P.W. (2006): Consumer Behavior, 10. Auflage, Mason, OH: Thomson/South Western.

Engelhardt, J.-F./Weihe, K./Wandt, J./Steinebach, K. (2004): Erklärung impulsiver Kaufentscheidungen: Eine theoretische Fundierung auf Grundlage der Flow-Theorie, in: Wiedmann, K.-P. (Hrsg.): Fundierung des Marketing: Verhaltenswissenschaftliche Erkenntnisse als Grundlage einer angewandten Marketingforschung, Wiesbaden: Deutscher Universitäts-Verlag, S. 317–340.

Erickson, G. M./Johansson, J. K. (1985): The Role of Price in Multi-Attribute Product Evaluations, in: Journal of Consumer Research, 12. Jg., H. 2, S. 195–199.

Ettinger, A. (2009): Auswirkungen von Einkaufsconvenience, Frankfurt am Main: Peter Lang.

Evans, J. R./Mathur, A. (2005): The Value of Online Surveys, in: Internet Research, 15. Jg., H. 2, S. 195–219.

Ewert, O. (1983): Ergebnisse und Probleme der Emotionsforschung, in: Thomä, H. (Hrsg.): Enzyklopädie der Psychologie. Band 1, Theorien und Formen der Motivation, Göttingen: Hogrefe, S. 397–452.

Fassnacht, M. (2000): Dienstleistungen im Einzelhandel: Angebot und Management, in: Die Unternehmung, 54. Jg., H. 2, S. 87–106.

Fassnacht, M. (2003): Eine dienstleistungsorientierte Perspektive des Handelsmarketing, Wiesbaden: Deutscher Universitäts-Verlag.

Fassnacht, M./Wriedt, S. (2011): Online Grocery Shopping: Determinants of Online Impulse Buying Behavior, in: Wagner, U./Wiedmann, K.-P./von der Oelsnitz, D. (Hrsg.): Das Internet der Zukunft – Bewährte Erfolgstreiber und neue Chancen, Wiesbaden: Gabler, S. 269–284.

Fassott, G. (2005): Die PLS-Pfadmodellierung: Entwicklungen, Möglichkeiten, Grenzen, in: Bliemel, F./Eggert, A./Fassott, G./Henseler, J. (Hrsg.): Handbuch PLS-Pfadmodellierung: Methode, Anwendung, Praxisbeispiele, Stuttgart: Schäffer-Poeschel, S. 19–29.

Fassott, G./Eggert, A. (2005): Zur Verwendung formativer und reflektiver Indikatoren in Strukturgleichungsmodellen: Bestandsaufnahme und Anwendungsempfehlungen, in: Bliemel, F./Eggert, A./Fassott, G./Henseler, J. (Hrsg.): Handbuch PLS-Pfadmodellierung, Stuttgart: Schäffer-Poeschel, S. 31–47.

Fischer, E./Arnold, S. J. (1994): Sex, Gender Identity, Gender Role Attitudes, and Consumer Behavior, in: Psychology & Marketing, 11. Jg., H. 2, S. 163–182.

Fischer, M./Völckner, F./Sattler, H. (2010): How Important Are Brands? A Cross-Category, Cross-Country Study, in: Journal of Marketing Research, 47. Jg., H. 5, S. 823–839.

Fischer, L./Wiswede, G. (2002): Grundlagen der Sozialpsychologie, 2. Aufl., München: Oldenbourg.

Fiske, S. (1981): Social Cognition and Affect, in: Harvey, J. (Hrsg.): Cognition, Social Behavior, and the Environment, Hillsdale: Lawrence Erlbaum, S. 227–264.

Fornell, C./Bookstein, F. L. (1982): Two Structural Equation Models: LISREL and PLS Applied to Consumer Exit-Voice Theory, in: Journal of Marketing Research, 19. Jg., H. 4, S. 440–452.

Fornell, C./Cha, J. (1994): Partial Least Squares, in: Bagozzi, R. P. (Hrsg.): Advanced Methods of Marketing Research, Cambridge: Blackwell, S. 52–78.

Forsythe, S./Butler, S./Schaefer, R. (1990): Surrogate Usage in the Acquisition of Women's Business Apparel, in: Journal of Retailing, 66. Jg., H. 4, S. 446–469.

Forsythe, S. M./Bailey, A. W. (1996): Shopping Enjoyment, Perceived Time Poverty, and Time Spent Shopping, in: Clothing and Textiles Research Journal, 14. Jg., H. 3, S. 185–191.

Frazier, P. A./Tix, A. P./Barron, K. E. (2004): Testing Moderator and Mediator Effects in Counseling Psychology Research, in: Journal of Counseling Psychology, 51. Jg., H. 1, S. 115–134.

Frijda, N. H. (1986): The Emotions, New York: Cambridge University Press.

Frijda, N. H. (2008): The Psychologists' Point of View, in: Lewis, M./Haviland-Jones, J. M./Barrett, L. F. (Hrsg.): Handbook of Emotions, 3. Auflage, New York: Guilford Press, S. 68–87.

Garcia-Acebron, C./Vazquez-Casielles, R./Iglesias, V. (2010): The Effect of Perceived Value and Switching Barriers on Customer Price Tolerance in Industrial Energy Markets, in: Journal of Business-to-Business Marketing, 17. Jg., H. 4, S. 317–335.

Gardner, M. P. (1985): Mood States and Consumer Behavior: A Critical Review, in: Journal of Consumer Research, 12. Jg., H. 3, S. 281–300.

Gedenk, K. (2002): Verkaufsförderung, München: Vahlen.

Gefen, D./Straub, D. W./Boudreau, M.-C. (2000): Structural Equation Modeling and Regression: Guidelines for Research Practice, in: Communications of the Association for Informations Research, 4. Jg., H. 7, S. 1–78.

Geisser, S. (1974): A Predictive Approach to the Random Effect Model, in: Biometrika, 61. Jg., H. 1, S. 101–107.

Gerbing, D. W./Ahadi, S. A./Patton, J. H. (1987): Toward a Conceptualization of Impulsivity: Components across the Behavioral and Self-Report Domains, in: Multivariate Behavioral Research, 22. Jg., H. 3, S. 357–379.

Gerhards, J. (1988): Soziologie der Emotionen – Fragestellungen, Systematik und Perspektiven, Weinheim: Juventa.

Gerpott, T. J. (2000): Kundenbindung – Konzepteinordnung und Bestandsaufnahme der neueren empirischen Forschung, in: Die Unternehmung, 54. Jg., H. 1, S. 23–42.

Giering, A. (2000): Der Zusammenhang zwischen Kundenzufriedenheit und Kunden-loyalität. Eine Untersuchung moderierender Effekte, Wiesbaden: Deutscher Universitäts-Verlag.

Gilboa, S./Rafaeli, A. (2003): Store Environment, Emotions and Approach Behaviour: Applying Environmental Aesthetics to Retailing, in: The International Review of Retail, Distribution and Consumer Research, 13. Jg., H. 2, S. 195–211.

Gilligan, S. G./Bower, G. H. (1984): Cognitive Consequences of Emotional Arousal, in: Izard, C. E./Kagan, J./Zajonc, R. B. (Hrsg.): Emotions, Cognition, and Behavior, Cambridge u. a.: Cambridge University Press, S. 547–588.

Gnambs, T./Strassnig, B. (2007): Experimentelle Online-Untersuchungen, in: Welker, M./Wenzel, O. (Hrsg.): Online-Forschung 2007 – Grundlagen und Fallstudien, Köln: Halem, S. 233–250.

Godes, D./Mayzlin, D. (2009): Firm-Created Word-of-Mouth Communication: Evidence from a Field Test, in: Marketing Science, 28. Jg., H. 4, S. 721–739.

Golden, L. L./Zimmer, M. R. (1986): Relationships Between Affect, Patronage Frequency and Amount of Money Spent With a Comment on Affect Scaling and Measurement, in: Lutz, R. J. (Hrsg.): Advances in Consumer Research, Provo, S. 53–57.

Goldman, A./Johansson, J. K. (1978): Determinants of Search for Lower Prices: An Empirical Assessment of the Economics of Information Theory, in: Journal of Consumer Research, 5. Jg., H. 3, S. 176–186.

Goldstein, D. G./Johnson, E. J./Sharpe, W. F. (2008): Choosing Outcomes versus Choosing Products: Consumer-Focused Retirement Investment Advice, in: Journal of Consumer Research, 35. Jg., H. 3, S. 440–456.

Göritz, A./Reinhold, N./Batinic, B. (2000): Marktforschung mit Online-Panels, in: Planung & Analyse, 28. Jg., H. 3, S. 62–67.

Götz, O. (2007): Strukturgleichungsanalsye auf Basis der Partial-Least-Squares(PLS)-Methode – Methodisch-konzeptionelle Fundierung und empirische Anwendung in der betriebswirtschaftlichen Forschung, Vallendar: Wissenschaftliche Hoch-schule für Unternehmensführung (WHU).

Götz, O./Liehr-Gobbers, K. (2004): Analyse von Strukturgleichungsmodellen mit Hilfe der Partial-Least-Squares(PLS)-Methode, in: Die Betriebswirtschaft, 64. Jg., H. 6, S. 714–738.

Goyal, B. B./Mittal, A. (2007): Gender Influence on Shopping Enjoyment An Empirical Study, in: Indian Management Studies Journal, 11. Jg., S. 103–116.

Grewal, D./Baker, J. (1994): Do Retail Store Environmental Factors Affect Consumers' Price Acceptability? An Empirical Examination, in: International Journal of Research in Marketing, 11. Jg., H. 2, S. 107–115.

Grewal, D./Levy, M./Kumar, V. (2009): Customer Experience Management in Retailing: An Organizing Framework, in: Journal of Retailing, 85. Jg., H. 1, S. 1–14.

Grewal, D./Sharma, A. (1991): The Effect of Salesforce Behavior on Customer Satisfaction: An Interactive Framework, in: Journal of Personal Selling & Sales Management, 11. Jg., H. 3, S. 13–23.

Grings, W. W./Dawson, M. E. (1978): Emotions and Bodily Responses – A Psychophysiological Approach, New York: Academic Press.

Gronroos, C. (1982), *Strategic Management and Marketing in the Service Sector, Helsingfors*: Swedish School of Economics and Business Administration.

Grönroos, C. (1984): A Service Quality Model and Its Marketing Implications, in: European Journal of Marketing, Vol. 18, No. 4, pp. 36–44.

Grönroos, C. (1990): Service Management and Marketing: Managing the Moments of Truth in Service Competitions, Lexington, MA: D.C. Heath and Company.

Gröppel-Klein, A./Germelmann, C. (2010): „Der Kunde ist König" – Warum die subjektiv empfundene Dominanz des Kunden ein entscheidender Erfolgsfaktor für das Handelsmarketing ist, in: Marketing Review St. Gallen, 27. Jg., H. 3, S. 32–37.

Gröppel, A. (1991): Erlebnisstrategien im Einzelhandel, Heidelberg: Physica.

Grubor, E. (2004): Die Attraktivität von Einkaufsstätten im Handel – Eine Analyse aus verhaltenswissenschaftlicher Perspektive, Wiesbaden: Deutscher Universitäts-Verlag.

Guiry, M./Lutz, R. J. (2000): Recreational Shopper Identity: Implications of Recreational Shopping for Consumer Self-Definition, University of Florida.

Gulas, C./Schewe, C. D. (1994): Atmospheric Segmentation: Managing Store Image with Background Music, in: Achrol, R./Mitchell, A. (Hrsg.): Enhancing Knowledge Development in Marketing 1994 AMA Educators' Proceedings, Chicago, S. 325–330.

Hair, J. F./Black, W. C./Babin, B. J./Anderson, J. C. (2010): Multivariate Data Analysis – A Global Perspective, 7. Auflage, Upper Saddel River: Pearson Education.

Hair, J. F./Ringle, C. M./Sarstedt, M. (2011): PLS-SEM: Indeed a Silver Bullet, in: Journal of Marketing Theory & Practice, 19. Jg., H. 2, S. 139–152.

Hair, J. F./Sarstedt, M./Ringle, C. M./Mena, J. (2012): An Assessment of the Use of Partial Least Squares Structural Equation Modeling in Marketing Research, in: Journal of the Academy of Marketing Science, S. 1–20.

Hampel, R. (1977): Adjektiv-Skalen zur Einschätzung der Stimmung (SES), in: Diagnostica, 23. Jg., H. 1, S. 43–60.

Han, Y. K./Morgan, G. A./Kotsiopulos, A./Kang-Park, J. (1991): Impulse Buying Behavior of Apparel Purchasers, in: Clothing and Textiles Research Journal, 9. Jg., H. 3, S. 15–21.

Hansen, U. (1990): Absatz- und Beschaffungsmarketing des Einzelhandels: Eine Aktionsanalyse, 2. Auflage, Göttingen: Vandenhoeck & Ruprecht.

Hart, C./Farrell, A. M./Stachow, G./Reed, G./Cadogan, J. W. (2007): Enjoyment of the Shopping Experience: Impact on Customers' Repatronage Intentions and Gender Influence, in: Service Industries Journal, 27. Jg., H. 5, S. 583–604.

Hatfield, E./Cacioppo, J. T./Rapson, R. L. (1993): Emotional Contagion, in: Current Directions in Psychological Science, 2. Jg., H. 3, S. 96–99.

Hausman, A. (2000): A Multi-method Investigation of Consumer Motivations in Impulse Buying Behavior, in: Journal of Consumer Marketing, 17. Jg., H. 15, S. 403–419.

Havlena, W. J./Holbrook, M. B. (1986): The Varieties of Consumption Experience: Comparing Two Typologies of Emotion in Consumer Behavior, in: Journal of Consumer Research, 13. Jg., H. 3, S. 394–404.

Haytko, D. L./Baker, J. (2004): It's All at the Mall: Exploring Adolescent Girls' Experiences, in: Journal of Retailing, 80. Jg., H. 1, S. 67–83.

Helaba Research (Hrsg.) (2011): Deutscher Einzelhandel weiter im Schneckentempo: www.helaba.de/de/MaerkteUndAnalysen/ResearchUndVolkswirtschaft/Branchen/Downloads/20110804-Branchenfokus.pdf, Abruf am 10.11.2011.

Hennig-Thurau, T. (2004): Customer Orientation of Service Employees: Its Impact on Customer Satisfaction, Commitment, and Retention, in: International Journal of Service Industry Management, 15. Jg., H. 5, S. 460–478.

Hennig-Thurau, T./Groth, M./Paul, M./Gremler D. D. (2006): Are All Smiles Created Equal? How Emotional Contagion and Emotional Labor Affect Service Relationships, in: Journal of Marketing, 70. Jg., H. 3, S. 58–73.

Henseler, J. (2005): Einführung in die PLS-Pfadmodellierung, in: Wirtschaftswissenschaftliches Studium, 34. Jg., H. 2, S. 70–75.

Henseler, J. (2006): Das Wechselverhalten von Konsumenten im Strommarkt, Wiesbaden: Deutscher Universitäts-Verlag.

Henseler, J./Chin, W. W. (2010): A Comparison of Approaches for the Analysis of Interaction Effects Between Latent Variables Using Partial Least Squares Path Modeling, in: Structural Equation Modeling: A Multidisciplinary Journal, 17. Jg., H. 1, S. 82–109.

Henseler, J./Ringle, C. M./Sinkovics, R. (2009): The Use of Partial Least Squares Path Modeling, in: Advances in International Marketing, 20. Jg., S. 277–320.

Herrington, J./Capella, L. (1995): Shopper Reactions to Perceived Time Pressure, in: International Journal of Retail & Distribution Management, 23. Jg., H. 12, S. 13–20.

Herrmann, A./Homburg, C. (2000): Marktforschung: Ziele, Vorgehensweisen und Methoden, in: Herrmann, A./Homburg, C. (Hrsg.): Marktforschung: Methoden – Anwendungen – Praxisbeispiele, 2. Auflage, Wiesbaden: Gabler, S. 13–32.

Herrmann, A./Homburg, C./Klarmann, M. (2008): Marktforschung: Ziele, Vorgehensweise und Nutzung, in: Herrmann, A./Homburg, C./Klarmann, M. (Hrsg.): Handbuch Marktforschung: Methoden – Anwendungen – Praxisbeispiele, 3. Auflage, Wiesbaden: Gabler, S. 3–19.

Herrmann, A./Huber, F./Kressmann, F. (2006): Varianz- und kovarianzbasierte Strukturgleichungsmodelle – Ein Leitfaden zu deren Spezifikation, Schätzung und Beurteilung, in: Zeitschrift für betriebswirtschaftliche Forschung, 58. Jg., H. 2, S. 34–66.

Herrmann, A./Huber, F./Sivakumar, K./Wricke, M. (2004): An Empirical Analysis of the Determinants of Price Tolerance, in: Psychology & Marketing, 21. Jg., H. 7, S. 533–551.

Hewer, P./Campbell, C. (1997): Research on Shopping – A Brief History and Selected Literature, in: Falk, P./Campbell, C. (Hrsg.): The Shopping Experience, London: Sage, S. 186–206.

Himme, A. (2009): Gütekriterien der Messung: Reliabilität, Validität und Generalisierbarkeit, in: Albers, S./Klapper, D./Konradt, U./Walter, A./Wolf, J. (Hrsg.): Methodik der empirischen Forschung, 3. Auflage, Wiesbaden: Deutscher Universitäts-Verlag, S. 485–500.

Hirschman, E. C./Holbrook, M. B. (1982): Hedonic Consumption: Emerging Concepts, Methods and Propositions, in: Journal of Marketing, 46. Jg., H. 3, S. 92–101.

Holbrook, M. B./Batra, R. (1987): Assessing the Role of Emotions as Mediators of Consumer Responses to Advertising, in: Journal of Consumer Research, 14. Jg., H. 3, S. 404–420.

Holbrook, M. B./Gardner, M. P. (1993): An Approach to Investigating the Emotional Determinants of Consumption Durations: Why Do People Consume What They Consume for as Long as They Consume It?, in: Journal of Consumer Psychology, 2. Jg., H. 2, S. 123–142.

Holbrook, M. B./Hirschman, E. C. (1982): The Experiential Aspects of Consumption: Consumer Fantasies, Feelings, and Fun, in: Journal of Consumer Research, 9. Jg., H. 2, S. 132–140.

Holohan, C. J. (1982): Environmental Psychology, New York: Random House.

Homburg, C. (2007): Betriebswirtschaftslehre als empirische Wissenschaft – Bestandsaufnahme und Empfehlungen, in: Zeitschrift für betriebswirtschaftliche Forschung, Sonderheft, 57. Jg., S. 27–60.

Homburg, C./Baumgartner, H. (1995): Beurteilung von Kausalmodellen: Bestandsaufnahme und Anwendungsempfehlungen, in: Marketing – Zeitschrift für Forschung und Praxis, 17. Jg., H. 3, S. 162–172.

Homburg, C./Bruhn, M. (2008): Kundenbindungsmanagement – Eine Einführung in die theoretischen und praktischen Problemstellungen, in: Bruhn, M./Homburg, C. (Hrsg.): Handbuch Kundenbindungsmanagement: Strategien und Instrumente für ein erfolgreiches CRM, 6. Auflage, Wiesbaden: Gabler, S. 3–40.

Homburg, C./Dobratz, A. (1998): Iterative Modellselektion in der Kausalanalyse, in: Hildebrandt, L./Homburg, C. (Hrsg.): Die Kausalanalyse, Stuttgart: Schäffer-Poeschel, S. 447–474.

Homburg, C./Fassnacht, M. (2001): Kundennähe, Kundenzufriedenheit und Kundenbindung bei Dienstleistungsunternehmen, in: Meffert, H./Bruhn, M. (Hrsg.): Handbuch Dienstleistungsmanagement, 2. Auflage, Wiesbaden: Gabler, S. 441–463.

Homburg, C./Giering, A. (1996): Konzeptualisierung und Operationalisierung komplexer Konstrukte: Ein Leitfaden für die Marketingforschung, in: Marketing – Zeitschrift für Forschung und Praxis, 18. Jg., H. 1, S. 5–24.

Homburg, C./Giering, A. (2001): Personal Characteristics as Moderators of the Relationship Between Customer Satisfaction and Loyalty – An Empirical Analysis, in: Psychology & Marketing, 18. Jg., H. 1, S. 43–66.

Homburg, C./Klarmann, M. (2006): Die Kausalanalyse in der empirischen betriebswirtschaftlichen Forschung – Problemfelder und Anwendungsempfehlungen, in: Die Betriebswirtschaft, 66. Jg., H. 6, S. 727–748.

Homburg, C./Koschate, N. (2005): Behavioral Pricing-Forschung im Überblick, in: Zeitschrift für betriebswirtschaftliche Forschung, 75. Jg., H. 5, S. 501–524.

Homburg, C./Koschate, N./Hoyer, W. D. (2005): Do Satisfied Customers Really Pay More? A Study of the Relationship Between Customer Satisfaction and Willingness to Pay, in: Journal of Marketing, 69. Jg., H. 2, S. 84–96.

Hopkins, R./Fletcher, J. E. (1994): Electrodermal Measurement: Particularly Effective for Forecasting Message Influence on Sales Appeal, in: Lang, E. (Hrsg.): Measuring psychological Responses to Media Messages, Hillsdale: L. Erlbaum, S. 113–132.

Hornik, J. (1984): Subjective vs. Objective Time Measures: A Note on the Perception of Time in Consumer Behavior, in: Journal of Consumer Research, 11. Jg., H. 1, S. 615–618.

Howell, R. D./Breivik, E./Wilcox, J. B. (2007): Reconsidering Formative Measurement, in: Psychological Methods, 12. Jg., H. 2, S. 205–218.

Huber, F./Heitmann, M./Herrmann, A. (2006): Ansätze zur Kausalmodellierung mit Interaktionseffekten, in: Die Betriebswirtschaft, 66. Jg., H. 6, S. 696–710.

Huber, F./Herrmann, A./Kressmann, F./Vollhardt, K. (2005): Zur Eignung von kovarianz- und varianzbasierten Verfahren zur Schätzung komplexer Strukturgleichungsmodelle, Working Paper, Zentrum für Business Metrics, Universität St. Gallen, St. Gallen.

Huber, F./Herrmann, A./Meyer, F./Vogel, J./Vollhardt, K. (2007): Kausalmodellierung mit Partial Least Squares – Eine anwendungsorientierte Einführung, Wiesbaden: Gabler.

Hui, M. K./Bateson, J. E. G. (1991): Perceived Control and the Effects of Crowding and Consumer Choice on the Service Experience, in: Journal of Consumer Research, 18. Jg., H. 2, S. 174–184.

Hulland, J. (1999): Use of Partial Least Squares (PLS) in Strategic Management Research: A Review of Four Recent Studies, in: Strategic Management Journal, 20. Jg., H. 2, S. 195–204.

Hummel, J. W./Savitt, R. (1988): Integrated Customer Service and Retail Strategy, in: International Journal of Retailing, 3. Jg., H. 2, S. 5–21.

Hunt, S. (1991): Modern Marketing Theory: Critical Issues in the Philosophy of Marketing Science, Cincinnati: South-Western Publishing.

Ibrahim, M. F./Ng, C. W. (2002): Determinants of Entertaining Shopping Experiences and Their Link to Consumer Behaviour: Case Studies of Shopping Centres in Singapore, in: Journal of Leisure Property, 2. Jg., H. 4, S. 338–357.

Isaacowitz, D. M./Charles, S. T./Carstensen, L. L. (2000): Emotion and Cognition, in: Craik, F. I. M./Salthouse, T. A. (Hrsg.): The Handbook of Aging and Cognition, 2. Auflage, London: Lawrence Erlbaum, S. 593–631.

Isen, A. M. (1987): Positive Affect, Cognitive Processes, and Social Behavior, in: Berkowitz, L. (Hrsg.): Advances in Experimental Social Psychology, 20. Auflage, New York: Academic Press, S. 203–253.

Isen, A. M. (1989): Some Ways in which Affect Influences Cognitive Processes: Implications for Advertising and Consumer Behavior, in: Cafferata, P./Tybout, A. M. (Hrsg.): Cognitive and Affective Responses to Advertising, Lexington: Lexington Books, S. 3–37.

Izard, C. E. (1999): Die Emotionen des Menschen – Eine Einführung in die Grundlagen der Emotionspsychologie, 4. Auflage, Weinheim: Beltz.

Jacoby, J. (1978): Consumer Research: A State of the Art Review, in: Journal of Marketing, 42. Jg., H. 2, S. 87–96.

Jacoby, J./Szybillo, G. J./Berning, C. K. (1976): Time and Consumer Behavior: An Interdisciplinary Overview, in: Journal of Consumer Research, 2. Jg., H. 4, S. 320–338.

Jarvis, C. B./Mackenzie, S. B./Podsakoff, P. M./Mick, D. G./Bearden, W. O. (2003): A Critical Review of Construct Indicators and Measurement Model Misspecification in Marketing and Consumer Research, in: Journal of Consumer Research, 30. Jg., H. 2, S. 199–218.

Jeon, J.-O. (1990): An Empirical Investigation of the Relationship between Affective States, In-store Browsing, and Impulse Buying, Tuscaloosa: University of Alabama.

Jin, B./Sternquist, B. (2004): Shopping is truly a Joy, in: Service Industries Journal, 24. Jg., H. 6, S. 1–18.

Jones, M. A. (1999): Entertaining Shopping Experiences: An Exploratory Investigation, in: Journal of Retailing and Consumer Services, 6. Jg., H. 3, S. 129–139.

Jöreskog, K. (1967): Some Contributions to Maximum Likelihood Factor Analysis, in: Psychometrika, 32. Jg., H. 4, S. 443–482.

Jöreskog, K. (1969): A General Approach to Confirmatory Maximum Likelihood Factor Analysis, in: Psychometrika, 34. Jg., H. 2, S. 183–202.

Jöreskog, K. (1970): A General Method for Analysis of Covariance Structures, in: Biometrika, 57. Jg., H. 2, S. 239–251.

Jöreskog, K. (1971): Simultaneous Factor Analysis in Several Populations, in: Psychometrika, 36. Jg., H. 4, S. 409–426.

Jöreskog, K. (1973): A General Method for Estimating a Linear Structural Equation System, in: Goldberger, A. S./Duncan, O. D. (Hrsg.): Structural Equation Models in the Social Science, New York: Seminar Press, S. 85–112.

Kaltcheva, V. D./Weitz, B. A. (2006): When Should a Retailer Create an Exciting Store Environment?, in: Journal of Marketing, 70. Jg., H. 1, S. 107–118.

Keaveney, S. M. (1995): Customer Switching Behavior in Service Industries: An Exploratory Study, in: Journal of Marketing, 59. Jg., H. 2, S. 71.

Khalid, H. M./Helander, M. G. (2006): Customer Emotional Needs in Product Design, in: Concurrent Engineering, 14. Jg., H. 3, S. 197–206.

Kidwell, B./Hardesty, D. M./Childers, T. L. (2008): Consumer Emotional Intelligence: Conceptualization, Measurement, and the Prediction of Consumer Decision Making, in: Journal of Consumer Research, 35. Jg., H. 1, S. 154–166.

Kim, H.-Y./Kim, Y.-K. (2008): Shopping Enjoyment and Store Shopping Modes: The Moderating Influence of Chronic Time Pressure, in: Journal of Retailing and Consumer Services, 15. Jg., H. 5, S. 410–419.

Kim, J./Fiore, A. M./Lee, H.-H. (2007): Influences of Online Store Perception, Shopping Enjoyment, and Shopping Involvement on Consumer Patronage Behavior Towards an Online Retailer, in: Journal of Retailing and Consumer Services, 14. Jg., H. 2, S. 95–107.

Kinnear, T./Taylor, J. (1996): Marketing Research – An Applied Approach, New York: McGraw-Hill.

Kirchmair, R. (2005): Senioren: die sparsame Generation?, in: Wirtschaftspsychologie aktuell, H. 2, S. 53.

Klein, A./Moosbrugger, H. (2000): Moderatormodelle – Verfahren zur Analyse von Moderator-effekten in Strukturgleichungsmodellen, Hamburg: Kovac.

Kleinaltenkamp, M. (2001): Begriffsabgrenzungen und Erscheinungsformen von Dienstleistungen, in: Bruhn, M./Meffert, H. (Hrsg.): Handbuch Dienstleistungsmanagement: Von der strategischen Konzeption zur praktischen Umsetzung, Wiesbaden: Gabler, S. 27–50.

Kleinginna, J. P. R./Kleinginna, A. M. (1981): A Categorized List of Emotion Definitions, with Suggestions for a Consensual Definition, in: Motivation and Emotion, 5. Jg., H. 4, S. 345–379.

Kollat, D. T./Willett, R. P. (1967): Customer Impulse Purchasing Behavior, in: Journal of Marketing Research, 4. Jg., H. 1, S. 21–31.

Konert, F.-J. (1986): Vermittlung emotionaler Erlebniswerte. Eine Marketingstrategie für gesättigte Märkte, Heidelberg: Physica.

Koschate, N. (2002): Kundenzufriedenheit und Preisverhalten: Theoretische und empirisch experimentelle Analysen, Wiesbaden: Deutscher Universitäts-Verlag.

Köse, I. (2007): Qualität elektronischer Dienstleistungen: Messung und Auswirkungen, Frankfurt am Main: Peter Lang.

Kotler, P. (1973): Atmospherics as a Marketing Tool, in: Journal of Retailing, 49. Jg., H. 4, S. 48–65.

Kotler, P./Armstrong, G. (1999): Principles of Marketing, 8. Auflage, Upper Saddle River: Prentice Hall.

Kotler, P./Keller, K. L./Bliemel, F. (2007): Marketing-Management – Strategien für wertschaffendes Handeln, 12. Auflage, München: Pearson Studium.

KPMG (Hrsg.) (2005): Der deutsche Textilhandel aus Verbrauchersicht, Köln.

KPMG (Hrsg.) (2006): Consumer Markets & Retail. Trends im Handel 2010, Köln.

Krafft, M. (2002): Kundenbindung und Kundenwert, Heidelberg: Physica-Verlag.

Krafft, M./Götz, O./Liehr-Gobbers, K. (2005): Die Validierung von Struktur-gleichungsmodellen mit Hilfe des Partial-Least-Squares (PLS)-Ansatzes, in: Bliemel, F./Eggert, A./Fassott, G./Henseler, J. (Hrsg.): Handbuch PLS-Pfad-modellierung: Methode, Anwendung, Praxisbeispiele, Stuttgart: Schäffer-Poeschel, S. 71–86.

Kroeber-Riel, W. (1984): Analysis of Non-Cognitive Behavior – Especially by Nonverbal Measurement, Saarbrücken.

Kroeber-Riel, W./Weinberg, P. (2003): Konsumentenverhalten, 8. Auflage, München: Vahlen.

Kukar-Kinney, M./Close, A. G. (2010): The Determinants of Consumers' Online Shopping Cart Abandonment, in: Journal of the Academy of Marketing Science, 38. Jg., H. 2, S. 240–250.

Kuß, A./Tomczak, T. (2007): Käuferverhalten, 4. Auflage, Stuttgart: Lucius & Lucius.

Lambert-Pandraud, R./Laurent, G./Lapersonne, E. (2005): Repeat Purchasing of New Automobiles by Older Consumers: Empirical Evidence and Interpretations, in: Journal of Marketing, 69. Jg., H. 2, S. 97–113.

Lang, P. J. (1980): Behavioral Treatment and Bio-behavioral Assessment: Computer Applications, in: Sidowski, J./Johnson, J./Williams, T. (Hrsg.): Technology in Mental Health Care Delivery Systems, Norwood: Ablex, S. 119–137.

Langrehr, F. W. (1991): Retail Shopping Mall Semiotics and Hedonic Consumption, in: Holman, R. H./Solomon, M. R. (Hrsg.): Advances in Consumer Research, Provo, S. 428–433.

Lazarus, R. S. (1984): On the Primacy of Cognition, in: American Psychologist, 39. Jg., H. 2, S. 124–129.

Leclerc, F./Schmitt, B. H./Dubé, L. (1995): Waiting Time and Decision Making: Is Time like Money?, in: Journal of Consumer Research, 22. Jg., H. 1, S. 110–119.

Lee, S. L./Ibrahim, M. F./Hsueh-Shan, C. (2005): Shopping-centre Attributes Affecting Male Shopping Behaviour, in: Journal of Retail and Leisure Property, 4. Jg., H. 4, S. 324–340.

Lehoten, T./Maenpaa, P. (1997): Shopping in East Center Mall, in: Falk, P./Campbell, C. (Hrsg.): The Shopping Experience, London: Sage, S. 136–165.

Lehtinen, U./Lehtinen, J.R. (1982), *"Service Quality*: A Study of Quality Dimensions," unpublished working paper, Helsinki: Service Management Institute, Finland OY.

Lehtinen, U./Lehtinen, J.R. (1991): Two Approaches to Service Quality Dimensions, in: Service Industries Journal, Vol. 11, No. 3, pp. 287–303.

Leischnig, A./Schwertfeger, M./Geigenmüller, A. (2011): Shopping Events, Shopping Enjoyment, and Consumers' Attitudes toward Retail Brands – An Empirical Examination, in: Journal of Retailing and Consumer Services, 18. Jg., H. 3, S. 218–223.

Levy, S. (1966): Social Class and Consumer Behavior, in: Howard, J. (Hrsg.): Knowing the Consumer, New York: Wiley, S. 146–160.

Lichtenstein, D. R./Ridgway, N. M./Netemeyer, R. G. (1993): Price Perceptions and Consumer Shopping Behavior: A Field Study, in: Journal of Marketing Research, 30. Jg., H. 2, S. 234–245.

Liebmann, H.-P./Zentes, J./Swoboda, B. (2008): Handelsmanagement, 2. Auflage, München: Vahlen.

Liu, W. (2008): Focusing on Desirability: The Effect of Decision Interruption and Suspension on Preferences, in: Journal of Consumer Research, 35. Jg., H. 4, S. 640–652.

Lohmöller, J.-B. (1988): The PLS Program System: Latent Variables Path Analysis with Partial Least Squares Estimation, in: Multivariate Behavioral Research, 23. Jg., H. 1, S. 125–127.

Lohmöller, J.-B. (1989): Latent Variable Path Modeling with Partial Least Squares, Heidelberg: Physica.

Mahadevan, J. (2009): Wahrgenommene Preisfairness bei personenbezogener Preisdifferenzierung, Frankfurt am Main: Peter Lang.

Malhotra, N. K. (1983): A Threshold Model of Store Choice, in: Journal of Retailing, 59. Jg., H. 2, S. 3–21.

Manfreda, K. L./Bosnjak, M./Berzelak, J./Haas, I./Vehovar, V. (2008): Web Surveys versus Other Survey Modes, in: International Journal of Market Research, 50. Jg., H. 1, S. 79–104.

Mano, H./Elliott, M. T. (1997): Smart Shopping: The Origins and Consequences of Price Savings, in: Brucks, M./MacInnis, D. J. (Hrsg.): Advances in Consumer Research, Provo, S. 504–510.

Mano, H./Oliver, R. L. (1993): Assessing the Dimensionality and Structure of the Consumption Experience: Evaluation, Feeling, and Satisfaction, in: Journal of Consumer Research, 20. Jg., H. 3, S. 451–466.

Marmorstein, H./Grewal, D. (1992): The Value of Time Spent in Price-Comparison Shopping: Survey and Experimental Evidence, in: Journal of Consumer Research, 19. Jg., H. 1, S. 52–61.

Marn, M. V./Rosiello, R. L. (1992): Managing Price, Gaining Profit, in: Harvard Business Review, 70. Jg., H. 5, S. 84–94.

Marsh, H. W./Hau, K.-T./Balla, J. R./Grayson, D. (1998): Is More Ever too Much? The Number of Indicators per Factor in Confirmatory Factor Analysis, in: Multivariate Behavioral Research, 33. Jg., H. 2, S. 181–220.

Martineau, P. (1958): The Personality of the Retail Store, in: Harvard Business Review, 36. Jg., H. 1, S. 47–55.

McDonald, W. J. (1994): Time Use in Shopping: The Role of Personal Characteristics, in: Journal of Retailing, 70. Jg., H. 4, S. 345–365.

Meffert, H. (1987): Kundendienstpolitik: Eine Bestandsaufnahme zu einem komplexen Marketinginstrument, in: Marketing – Zeitschrift für Forschung und Praxis, 9. Jg., H. 2, S. 93–102.

Meffert, H. (1994): Marktorientierte Führung von Dienstleistungsunternehmen – neuere Entwicklungen in Theorie und Praxis, in: Die Betriebswirtschaft, 54. Jg., H. 4, S. 519–541.

Meffert, H./Bruhn, M. (2009): Dienstleistungsmarketing – Grundlagen – Konzepte – Methoden, 6. Auflage, Wiesbaden: Gabler.

Mehrabian, A. (1976): Public Places and Private Spaces, New York: Basic Books.

Mehrabian, A. (1978): Räume des Alltags: Wie die Umwelt unser Verhalten bestimmt, Frankfurt a. M.: Campus Verlag.

Mehrabian, A. (1980): Basic Dimensions for a General Psychology Theory, Cambridge: Oelgeschlager, Gunn and Hain.

Mehrabian, A./Russell, J. A. (1974): An Approach to Environmental Psychology, Cambridge u. a.: MIT Press.

Merkle, W./Kreutzer, R. T. (2008): Emotion, Leidenschaft und Begeisterung – Ein (noch immer) unterschätzter Erfolgsfaktor im Marketing, in: Merkle, W./ Kreutzer, R. T. (Hrsg.): Die neue Macht des Marketing – Wie Sie Ihr Unternehmen mit Emotion, Innovation und Präzision profilieren Heidelberg: Springer, S. 21–48.

METRO AG (Hrsg.) (2006): METRO Group European Consumption Report: Der europäische Konsument – Ergebnisse einer Studie der METRO Group zum Konsumentenverhalten in Europa, Düsseldorf: METRO AG.

Meyer-Hentschel, H./Meyer-Hentschel, G. (2005): Marketing für reife Zielgruppen, in: GDI impuls, H. 1, S. 38–43.

Meyer, A./Blümelhuber, C. (1994): Interdependenzen zwischen Absatz und Produktion in Dienstleistungsunternehmen und ihre Auswirkungen auf konzeptionelle Fragen des Absatzmarketing, in: Corsten, H./Hilke, W. (Hrsg.): Dienstleistungsproduktion, Wiesbaden: Gabler, S. 5–41.

Meyer, A./Blümelhuber, C. (2000): Kundenbindung durch Services, in: Bruhn, M./Homburg, C. (Hrsg.): Handbuch Kundenbindungsmanagement, Grundlagen – Konzepte – Erfahrungen, 3. Auflage, Wiesbaden: Gabler, S. 270–292.

Möhlenbruch, D. (1995): Sortimentspolitik, in: Tietz, B./Köhler, R./Zentes, J. (Hrsg.): Handwörterbuch des Marketing, 2. Auflage, Stuttgart: Schäffer-Poeschel, S. 2316–2329.

Mohr, L. A./Bitner, M. J. (1995): The Role of Employee Effort in Satisfaction with Service Transactions, in: Journal of Business Research, 32. Jg., H. 3, S. 239–252.

Monroe, K. B./Krishnan, R. (1985): The Effect of Price on Subjective Product Evaluations, in: Jacoby, J./Olson, J. C. (Hrsg.): The Perception of Merchandise and Store Quality, Lexington: Lexington Books, S. 209–232.

Moreau, C. P./Bonney, L./Herd, K. B. (2011): It's the Thought (and the Effort) That Counts: How Customizing for Others Differs from Customizing for Oneself, in: Journal of Marketing, 75. Jg., H. 5, S. 120–133.

Morris, B. (1987): As a Favored Pastime, Shopping Ranks high with Most Americans, in: Wall Street Journal, 30.07.1987, S. 13.

Morris, J. D. (1995): Observations: SAM: The Self-Assessment Manikin, in: Journal of Advertising Research, 35. Jg., H. 6, S. 63–68.

Morris, J. D./Chongmoo, W./Geason, J. A./Jooyoung, K. (2002): The Power of Affect: Predicting Intention, in: Journal of Advertising Research, 42. Jg., H. 3, S. 7–17.

Müller-Hagedorn, L. (1998): Der Handel, Stuttgart: Kohlhammer.

Müller-Hagedorn, L. (2005): Handelsmarketing, 4. Auflage, Stuttgart: Kohlhammer.

Müller-Hagedorn, L./Schuckel, M. (2003): Einführung in das Marketing, 3. Auflage, Stuttgart: Schäffer-Poeschel.

Müller, C. (2007): Differenzierung von Handelsunternehmen, Frankfurt am Main: Peter Lang

Müller, D. (2009): Moderatoren und Mediatoren in Regressionen, in: Albers, S./Klapper, D./Konradt, U./Walter, A./Wolf, J. (Hrsg.): Methodik der Empirischen Forschung, 3. Auflage, Wiesbaden: Gabler, S. 237–252.

Myers, D. G. (2008): Psychologie, 2. Auflage, Heidelberg: Springer.

Narayandas, D. (1998): Measuring and Managing the Benefits of Customer Retention: An Empirical Investigation, in: Journal of Service Research, 1. Jg., H. 2, S. 108–128.

Nava, M. (1997): Women, City and the Department Store, in: Falk, P./Campbell, C. (Hrsg.): The Shopping Experience, London: Sage, S. 56–91.

Nerdinger, F. W. (2001): Gefühlsarbeit in Dienstleistungsunternehmen, in: Bruhn, M./Stauss, B. (Hrsg.): Jahrbuch Dienstleistungsmanagement 2001, Wiesbaden: Gabler, S. 501–519.

Netemeyer, R. G./Bearden, W. O./Sharma, S. (2003): Scaling Procedures: Issues and Applications, Thousand Oaks: Sage.

Nickols, S. Y./Fox, K. D. (1983): Buying Time and Saving Time: Strategies for Managing Household Production, in: Journal of Consumer Research, 10. Jg., H. 2, S. 197–208.

Nitzl, C. (2010): Eine anwendungsorientierte Einführung in die Partial Least Square (PLS)-Methode: http://www.ibl-unihh.de/ap21_Juni2010.pdf, Abruf am 30.08.2010.

Nitzl, C./Schloderer, M. (2011): Die Prüfung von Interaktionseffekten in Partial Least Squares (PLS)-Modellen – Eine Fallstudie zur Nutzung von Online-Bezahlsystemen, in: Wirtschaftswissenschaftliches Studium, 40. Jg., H. 8, S. 432–437.

Nunnally, J. C. (1978): Psychometric Theory, 2. Auflage, New York: McGraw-Hill.

O'Guinn, T. C. /Faber, R. J. (1989): Compulsive Buying: A Phenomenological Exploration, in: Journal of Consumer Research, 16 Jg., H. 2., S. 147–157.

O'Neill, M. J./Jasper, C. R. (1992): An Evaluation of Models of Consumer Spatial Behavior Using the Environment-Behavior Paradigm, in: Environment and Behavior, 24. Jg., H. 4, S. 411–440.

o. V. (2002): Business Läden. Die Hot-Spots der Ladenarchitektur, in: Textil-Wirtschaft, 57. Jg., H. 20, S. 66.

o. V. (2005): Mercer-Studie zum Einzelhandel: Der deutsche Einzelhandel ist bei der Preiskommunikation Schlusslicht in Europa: http://www.finanznachrichten.de/nachrichten-2005-01/4329463-mercer-studie-zum-einzelhandel-der-deutsche-einzelhandel-ist-bei-der-preiskommunikation-schlusslicht-in-euro-pa-007.htm, Abruf am 10.10.2011.

o. V. (2011a): Frequently Asked Questions – Partial Least Squares & PLS Graph: http://scholar.google.co.uk/scholar?q=The+moderator-mediaor+variale+distin-ction+in+social+psychological+research%3A+Conceptual%2C+strategic%2C+and+statistical+consideration-s.&hl=de&btnG=Suche&lr=, Abruf am 10.08. 2011.

o. V. (2011b): Europäischer Einzelhandel erholt sich: http://www.derhandel.de/news/finanzen/pages/Europaeischer-Einzelhandel-erholt-sich-7560.html, Abruf am 15.12.2011.

Odin, Y./Odin, N./Valette-Florence, P. (2001): Conceptual and Operational Aspects of Brand Loyalty: An Empirical Investigation, in: Journal of Business Research, 53. Jg., H. 2, S. 75–84.

Okada, E. M./Hoch, S. J. (2004): Spending Time versus Spending Money, in: Journal of Consumer Research, 31. Jg., H. 2, S. 313–323.

Olney, T. J./Holbrook, M. B./Batra, R. (1991): Consumer Responses to Advertising: The Effect of Ad Content, Emotions, and Attitude toward the Ad on Viewing Time, in: Journal of Consumer Research, 17. Jg., H. 4, S. 440–453.

Oppewal, H./Timmermans, H. (1999): Modeling Consumer Perception of Public Space in Shopping Centers, in: Environment and Behavior, 31. Jg., H. 1, S. 45–65.

Ortony, A./Turner, T. J. (1990): What's basic about basic emotions?, in: Psychological Review, 97. Jg., H. 3, S. 315–331.

Osgood, C. E./Suci, G. J./Tannenbaum, P. H. (1957): The Measurement of Meaning, Urbana: University of Illinois Press.

Otnes, C./McGrath, M. A. (2001): Perceptions and realities of male shopping behavior, in: Journal of Retailing, 77. Jg., H. 1, S. 111–137.

Otto, J. H./Euler, H. A./Mandl, H. (2000): Emotionspsychologie: Ein Handbuch, Beltz: Weinheim.

Palan, K. (2001): Gender Identity in Consumer Behavior Research: A Literature Review and Research Agenda, in: Academy of Marketing Science Review, 29. Jg., H. 1, S. 1–31.

Parasuraman, A./Zeithaml, V.A./Berry, L.L. (1985): A Conceptual Model of Service Quality and Its Implications for Future Research, in: Journal of Marketing, Vol. 49, No. 4, pp. 41–50.

Parasuraman, A./Zeithaml, V. A./Berry, L. L. (1988): SERVQUAL: A Multiple-Item Scale for Measuring Consumer Perceptions of Service Quality, in: Journal of Retailing, 64. Jg., H. 1, S. 12–40.

Park, E. J./Kim, E. Y./Forney, J. C. (2006): A Structural Model of Fashion-oriented Impulse Buying Behavior, in: Journal of Fashion Marketing & Management, 10. Jg., H. 4, S. 433–446.

Peter, J. P. (1979): Reliability: A Review of Psychometric Basics and Recent Marketing Practices, in: Journal of Marketing Research, 16. Jg., H. 1, S. 6–17.

Peter, J. P. (1981): Construct Validity: A Review of Basic Issues and Marketing Practices, in: Journal of Marketing Research, 18. Jg., H. 2, S. 133–145.

Peter, J. P./Churchill Jr., G. A. (1986): Relationships Among Research Design Choices and Psychometric Properties of Rating Scales: A Meta-Analysis, in: Journal of Marketing Research, 23. Jg., H. 1, S. 1–10.

Peter, S. I. (1997): Kundenbindung als Marketingziel – Indentifikation und Analyse zentraler Determinanten, 2. Auflage, Wiesbaden: Gabler.

Petras, A. (2006): Wertorientiertes Finanzmarketing in der Best Ager-Zielgruppe, in: Hunke, R./Gerstner, G. (Hrsg.): 55plus Marketing. Zukunftsmarkt Senioren, Wiesbaden: Gabler, S. 67–82.

Petras, A. (o. J.): Semiometrie. Best Ager-Typologie Status Quo und aktuelle Trends: http://www.tns-infratest.com/marketing_tools/semiometrie/pdf/Semiometrie_ Best%20Ager.pdf, Abruf am 13.11.2011.

Peytchev, A./Couper, M. P./McCabe, S. E./Crawford, S. D. (2006): Web Survey Design, in: Public Opinion Quarterly, 70. Jg., H. 4, S. 596–607.

Pflesser, C. (1999): Marktorientierte Unternehmenskultur: Konzeption und Untersuchung eines Mehrebenenmodells, Wiesbaden: Deutscher Universitäts-Verlag.

Phillips, D. M./Baumgartner, H. (2002): The Role of Consumption Emotions in the Satisfaction Response, in: Journal of Consumer Psychology, 12. Jg., H. 3, S. 243–252.

Pieper, O. (2009): Erlebnisqualität im Einzelhandel: Die Freude am Einkauf und ihre Auswirkungen auf das Konsumentenverhalten, Frankfurt am Main: Peter Lang.

Plutchik, R. (1991): The Emotions, Lanham: University Press of America.

Plutchik, R. (1996): The Psychology and Biology of Emotions, 2. Auflage, New York: Longman.

Plutchik, R. (2003): Emotions and Life: Perspectives from Psychology, Biology, and Evolution, Washington: American Psychological Association.

Plutchik, R./Kellerman, H. (1989): Emotion: Theory, Research and Experience. The Measurement of Emotions: Theories, Research and Experience, Bd. 4, San Diego: Academic Press Inc.

Poels, K./Dewitte, S. (2006): How to Capture the Heart? Reviewing 20 Years of Emotion Measurement in Advertising, in: Journal of Advertising Research, 46. Jg., H. 1, S. 18–37.

Prus, R./Dawson, L. (1991): Shop 'til You Drop: Shopping as Recreational and Laborious Activity, in: Canadian Journal of Sociology, 16. Jg., H. 2, S. 145–164.

Reichheld, F. F./Sasser Jr., W. E. (1990): Zero Defections: Quality Comes to Services, in: Harvard Business Review, 68. Jg., H. 5, S. 105–111.

Reilly, M. D. (1982): Working Wives and Convenience Consumption, in: Journal of Consumer Research, 8. Jg., H. 4, S. 407–418.

Reinartz, W./Haenlein, M./Henseler, J. (2009): An Empirical Comparison of the Efficacy of Covariance-based and Variance-based SEM, in: International Journal of Research in Marketing, 26. Jg., H. 4, S. 332–344.

Reinecke, J. (1999): Interaktionseffekte in Strukturgleichungsmodellen mit der Theorie des geplanten Verhaltens: Multiple Gruppenvergleiche und Produktterme mit latenten Variablen, in: ZUMA-Nachrichten, 23. Jg., H. 45, S. 88–114.

Reith, C. (2007): Convenience im Handel, Frankfurt am Main: Peter Lang.

Renggli, F. (1973): Analyse des Raumeinsatzes und der Raumnutzung im schweizerischen Ladeneinzelhandel unter besonderer Berücksichtigung des Verkaufsraumes, München: A. Koch.

Richins, M. L. (1997): Measuring Emotions in the Consumption Experience, in: Journal of Consumer Research, 24. Jg., H. 2, S. 127–146.

Ridgway, N. M./Kukar-Kinney, M./Monroe, K. B. (2008): An Expanded Conceptualization and a New Measure of Compulsive Buying, in: Journal of Consumer Research, 35. Jg., H. 4, S. 622–639.

Rigdon, E. E./Ringle, C. M./Sarstedt, M. (2010): Structural Modeling of Heterogeneous Data with Partial Least Squares, in: Review of Marketing Research, 7. Jg., S. 255–296.

Riis, J./Simmons, J. P./Goodwin, G. P. (2008): Preferences for Enhancement Pharmaceuticals: The Reluctance to Enhance Fundamental Traits, in: Journal of Consumer Research, 35. Jg., H. 3, S. 495–508.

Ringle, C. M. (2004a): Messung von Kausalmodellen: Ein Methodenvergleich, Hamburg.

Ringle, C. M. (2004b): Gütemaße für den Partial Least Squares-Ansatz zur Bestimmung von Kausalmodellen, Arbeitspapier Nr. 16, Institut für Industriebetriebslehre und Organisation, Arbeitsbereich Industrielles Management, Universität Hamburg, Hamburg.

Ringle, C. M./Wende, S./Will, S. (2005): SmartPLS 2.0 (beta) M3: http//:www.smart pls.de, Abruf am 20.08.2011.

Rook, D. W. (1987): The Buying Impulse, in: Journal of Consumer Research, 14. Jg., H. 2, S. 189–199.

Rook, D. W./Fisher, R. J. (1995): Normative Influences on Impulsive Buying Behavior, in: Journal of Consumer Research, 22. Jg., H. 3, S. 305–313.

Rook, D. W./Gardner, M. P. (1993): In the Mood: Impulse Buying's Affective Antecedents, in: Research in Consumer Behavior, 6. Jg., H. 1, S. 1–26.

Rook, D. W./Hoch, S. J. (1985): Consuming Impulses, in: Holbrook, M. B./Hirschman, E. C. (Hrsg.): Advances in Consumer Research, S. 23–27.

Rothermund, K./Eder, A. (2011): Allgemeine Psychologie: Motivation und Emotion, Heidelberg: Springer.

Rötzer, F. (2008): In deutschen Großstädten wächst der Anteil der Single-Haushalte stetig weiter: http://www.heise.de/tp/blogs/3/119887, Abruf am 22.10.2011.

Rusche, T. (1990): Strategisches Sortimentsmanagement im Handel: Die organisatorische Gestaltung des strategischen Sortimentsmanagements und die methodische Entwicklung der Sortimentsstrategie auf der Grundlage eines Aktionsforschungsprojekts, Münster: Lit.

Russell, J. A./Pratt, G. (1980): A Description of the Affective Quality Attributed to Environments, in: Journal of Personality and Social Psychology, 38. Jg., H. 2, S. 311–322.

Russell, J. A./Ward, J. C./Pratt, G. (1978): A Factor Analytic Study of the Affective Quality Attributed to Environments.

Sambandam, R./Lord, K. A. (1995): Switching Behavior in Automobile Markets: A Consideration-Sets Model, in: Journal of the Academy of Marketing Science, 23. Jg., H. 1, S. 57–65.

Sarkar, M. B./Echambadi, R./Cavusgil, S. T./Aulakh, P. S. (2001): The Influence of Complementarity, Compatibility, and Relationship Capital on Alliance Performance, in: Journal of the Academy of Marketing Science, 29. Jg., H. 4, S. 358–373.

Sarstedt, M./Henseler, J./Ringle, C. M. (2011): Multigroup Analysis in Partial Least Squares (PLS) Path Modeling: Alternative Methods and Empirical Results, in: Advances in International Marketing, 22. Jg., S. 195–218.

Sasser, W. E, Jr./Olsen R. P./Wyckoff D. D. (1978), *Management of Service Operations*: Text and Cases, Boston: Allyn & Bacon.

Scheffler, H. (2000): Stichprobenbildung und Datenerhebung, in: Herrmann, A./ Homburg, C. (Hrsg.): Marktforschung: Methoden – Anwendungen – Praxisbeispiele, 2. Auflage, Wiesbaden: Gabler, S. 59–77.

Scherer, K. R. (2000): Psychological Models of Emotion, in: Borod, J. C. (Hrsg.): The Neuropsychology of Emotion, New York: Oxford University Press, S. 137–162.

Schindler, R. (1989): The Excitement of Getting a Bargain: Some Hypotheses concerning the Origins and Effects of Smart-Shopper Feelings, in: Srull, T. (Hrsg.): Advances in Consumer Research, 16. Auflage, Provo: Association for Consumer Research, S. 447–453.

Schloderer, M./Ringle, C. M./Sarstedt, M. (2009): Einführung in varianzbasierte Strukturgleichungsmodellierung: Grundlagen, Modellevaluation und Interaktionseffekte am Beispiel von SmartPLS, in: Meyer, A./Schwaiger, M. (Hrsg.): Theorien und Methoden der Betriebswirtschaft, Stuttgart: Vahlen, S. 573–611.

Schmidt-Atzert, L. (1996): Lehrbuch der Emotionspsychologie, Stuttgart: Kohlhammer.

Schnell, R./Hill, P. B./Esser, E. (2008): Methoden der empirischen Sozialforschung, 8. Auflage, München: Oldenbourg.

Schoenewolf, G. (1990): Emotional Contagion: Behavior Induction in Individuals and Groups, in: Modern Psychoanalysis, 15. Jg., H. 1, S. 49–61.

Scholderer, J./Balderjahn, I. (2005): PLS versus LISREL: Ein Methodenvergleich, in: Bliemel, F./Eggert, A./Fassott, G./Henseler, J. (Hrsg.): Handbuch PLS-Pfadmodellierung: Methode – Anwendung – Praxisbeispiele, Stuttgart: Schäffer-Poeschel, S. 87–98.

Schröder, H. (2002): Handelsmarketing – Methoden und Instrumente im Einzelhandel, München: Moderne Industrie.

Schröder, H./Rödl, A. (2006): Category-Management – Kooperative Sortimentspolitik, in: Zentes, J. (Hrsg.): Handbuch Handel, Wiesbaden: Gabler, S. 567–595.

Schwarz, N. (1987): Stimmung als Information – Untersuchungen zum Einfluß von Stimmungen auf die Bewertung des eigenen Lebens, Heidelberg: Springer.

Seiders, K./Berry, L./Gresham, L. (2000): Attention, Retailers! How Convenient Is Your Convenience Strategy?, in: Sloan Management Review, 41. Jg., Nr. 3, S. 79–89.

Seiders, K./Voss, G. B./Godfrey, A. L./Grewal, D. (2007): SERVCON: Development and Validation of a Multidimensional Service Convenience Scale, in: Journal of the Academy of Marketing Science, 35. Jg., Nr. 1, S. 144–156.

Seltin, N./Keeves, J. P. (1994): Path Analysis with Latent Variables, in: Husen, T./Postlethwaite, T. (Hrsg.): The International Encyclopedia of Education, Oxford: Pergamon, S. 4352–4359.

Shannon, D. M./Bradshaw, C. C. (2002): A Comparison of Response Rate, Response Time, and Costs of Mail and Electronic Surveys, in: The Journal of Experimental Education, 70. Jg., H. 2, S. 179–192.

Sherman, E./Mathur, A./Smith, R. B. (1997): Store Environment and Consumer Purchase Behavior: Mediating Role of Consumer Emotions, in: Psychology and Marketing, 14. Jg., H. 4, S. 361–378.

Sherman, E./Smith, R. B. (1987): Mood States of Shoppers and Store Image: Promising Interactions and Possible Behavioral Effects, in: Wallendorf, M./Anderson, P. (Hrsg.): Advances in Consumer Research, Provo, S. 251–254.

Silberer, G./Jaekel, M. (1996): Marketingfaktor Stimmungen – Grundlagen, Aktionsinstrumente, Fallbeispiele, Stuttgart: Schäffer-Poeschel.

Simon, H./Fassnacht, M. (2009): Preismanagement, Strategie – Analyse – Entscheidung – Umsetzung, 3. Auflage, Wiesbaden: Gabler.

Sit, J./Merrilees, B./Birch, D. (2003): Entertainment-seeking Shopping Centre Patrons: The Missing Segments, in: International Journal of Retail & Distribution Management, 31. Jg., H. 2, S. 80–94.

Skiera, B./Revenstorff, I. (1999): Auktionen als Instrument zur Erhebung von Zahlungsbereitschaften, in: Zeitschrift für betriebswirtschaftliche Forschung, 51. Jg., H. 3, S. 224–242.

Slama, M.E./Tashchian, A. (1985): Selected Socioeconomic and Demographic Characteristics Associated with Purchasing Involvement, in: Journal of Marketing, 49. Jg., H. 1, S. 72–82.

Smith, A.K./Bolton, R.N. (2002): The Effect of Customers' Emotional Responses to Service Failures on Their Recovery Effort Evaluations and Satisfaction Judgments, in: Journal of the Academy of Marketing Science, 30. Jg., H. 1, S. 5–23.

Sokolowski, K. (2008): Emotion, in: Müsseler, J. (Hrsg.): Allgemeine Psychologie, 2. Auflage, Heidelberg: Spektrum Akademischer Verlag, S. 294–333.

Solomon, M.R. (1985): Packaging the Service Provider, in: Service Industries Journal, 5. Jg., H. 1, S. 64–72.

Solomon, M.R. (1987): The Wardrobe Consultant: Exploring the Role of a New Retailing Partner, in: Journal of Retailing, 63. Jg., H. 2, S. 110–128.

SPIEGEL-Gruppe (Hrsg.) (2007): DER SPIEGEL: SPIEGEL-Studie Outfit 6: Die „Outfit-Elite" gibt über 2000 Euro jährlich für Mode aus: http://www. spiegel gruppe.de/spiegelgruppe/home.nsf/pmweb/745101DAE5F9F226C12572C70 0398DE3, Abruf am 20.09.2011.

Spies, K./Hesse, F./Loesch, K. (1997): Store Atmosphere, Mood and Purchasing Behavior, in: International Journal of Research in Marketing, 14. Jg., H. 1, S. 1–17.

Srinivasan, S.S./Anderson, R.D./Ponnavolu, K. (2002): Customer Loyalty in e-commerce: An Exploration of its Antecedents and Consequences, in: Journal of Retailing, 78. Jg., H. 1, S. 41–50.

Statistisches Bundesamt Deutschland (Hrsg.) (2011a): Bevölkerung und Erwerbstätigkeit. Entwicklung der Privathaushalte bis 2030. Ergebnisse der Haushaltsvorausberechnung, Wiesbaden.

Statistisches Bundesamt Deutschland (Hrsg.) (2011b): Statistisches Jahrbuch 2011, Wiesbaden.

Statistisches Bundesamt Deutschland (Hrsg.) (2011c): Pressemitteilung Nr. 042: Einzelhandelsumsatz 2010 real um 1,2% gegenüber 2009 gestiegen, Wiesbaden.

Stephens, N./Gwinner, K. P. (1998): Why Don't Some People Complain? A Cognitive-Emotive Process Model of Consumer Complaint Behavior, in: Journal of the Academy of Marketing Science, 26. Jg., H. 3, S. 172–189.

Stern, B. B. (1988): Sex-Role Self-Concept Measures and Marketing: A Research Note, in: Psychology & Marketing, 5. Jg., H. 1, S. 85–99.

Stern, H. (1962): The Significance of Impulse Buying Today, in: Journal of Marketing, 26. Jg., H. 2, S. 59–62.

Stock-Homburg, R. (2009): Der Zusammenhang zwischen Mitarbeiter- und Kundenzufriedenheit. Direkte, indirekte und moderierende Effekte, 4. Auflage, Wiesbaden: Gabler.

Stone, G. P. (1954): City Shoppers and Urban Identification: Observations on the Social Psychology of City Life, in: American Journal of Sociology, 60. Jg., H. 1, S. 36–45.

Stone, M. (1974): Cross-Validatory Choice and Assessment of Statistical Predictions, in: Journal of the Royal Statistical Society. Series B (Methodological), 36. Jg., H. 2, S. 111–147.

Stout, P. A./Leckenby, J. D. (1986): Measuring Emotional Response to Advertising, in: Journal of Advertising, 15. Jg., H. 4, S. 35–42.

Strauss, A./Fagerhaugh, H./Suczekk, B./Wiener, C. (1980): Gefühlsarbeit – ein Beitrag zur Arbeits- und Berufssoziologie, in: Kölner Zeitschrift für Soziologie und Sozialpsychologie, 32. Jg., H. 4, S. 629–651.

Swinyard, W. R. (1993): The Effects of Mood, Involvement, and Quality of Store Experience on Shopping Intentions, in: Journal of Consumer Research, 20. Jg., H. 2, S. 271–280.

Talukdar, D. (2008): Cost of Being Poor: Retail Price and Consumer Price Search Differences across Inner-City and Suburban Neighborhoods, in: Journal of Consumer Research, 35. Jg., H. 3, S. 457–471.

Tat, P. K./Bejou, D. (1994): Examining Black Consumer Motives for Coupon Usage, in: Journal of Advertising Research, 34. Jg., H. 2, S. 29–35.

Tauber, E.M. (1972): Why Do People Shop?, in: Journal of Marketing, 36. Jg., H. 4, S. 46–49.

Tauber, E.M. (1995): Why Do People Shop?, in: Marketing Management, 4. Jg., H. 2, S. 58–60.

Temme, D./Kreis, H. (2005): Der PLS-Ansatz zur Schätzung von Strukturgleichungsmodellen mit latenten Variablen: Ein Softwareüberblick, in: Bliemel, F./Eggert, A./Fassott, G./Henseler, J. (Hrsg.): Handbuch PLS-Pfadmodellierung: Methode, Anwendung, Praxisbeispiele, Stuttgart: Schäffer-Poeschel, S. 193–208.

Tenenhaus, M./Vinzi, V.E./Chatelin, Y.-M./Lauro, C. (2005): PLS Path Modeling, in: Computational Statistics & Data Analysis, 48. Jg., S. 159–205.

Terlutter, R. (2000): Lebensstilorientiertes Kulturmarketing. Besucher-orientierung bei Ausstellungen und Museen, Wiesbaden: Deutscher Universitäts-Verlag.

Tietz, B. (1974): Sortimentspolitik: Das Marketingwissen unserer Zeit in drei Bänden, in: o.V.: Marketing-Enzyklopädie, Teilband 3, München: Verlag Moderne Industrie, S. 223–244.

Tietz, B. (1992): Einzelhandelsperspektiven für die Bundesrepublik Deutschland bis zum Jahre 2010, Frankfurt a.M.: Deutscher Fachverlag.

TNS Infratest (Hrsg.) (2005): Heterogene Zielgruppe: Generation 50plus: http://www.tns-infratest.com/presse/pdf/Presse/20051012_BestAgerTypologie2005.pdf, Abruf am 13.11.2011.

Torres, E.N./Kline, S. (2006): From Satisfaction to Delight: A Model for the Hotel Industry, in: International Journal of Contemporary Hospitality Management, 18. Jg., H. 4, S. 290–300.

Trommsdorff, V./Teichert, T. (2009): Konsumentenverhalten, 7. Auflage, Stuttgart: Kohlhammer.

Turley, L.W./Milliman, R.E. (2000): Atmospheric Effects on Shopping Behavior: A Review of the Experimental Evidence, in: Journal of Business Research, 49. Jg., H. 2, S. 193–211.

Van Dolen, W./de Ruyter, K./Lemmink, J. (2004): An Empirical Assessment of the Influence of Customer Emotions and Contact Employee Performance on Encounter and Relationship Satisfaction, in: Journal of Business Research, 57. Jg., H. 4, S. 437–444.

Verhoef, P.C./Lemon, K.N./Parasuraman, A./Roggeveen, A./Tsiros, M./Schlesinger, L.A. (2009): Customer Experience Creation: Determinants, Dynamics and Management Strategies, in: Journal of Retailing, 85. Jg., H. 1, S. 31–41.

Verplanken, B./Sato, A. (2011): The Psychology of Impulse Buying: An Integrative Self-Regulation Approach, in: Journal of Consumer Policy, 34. Jg., H. 2, S. 197–210.

Viehöver, C.A. (2006): Das Verhältnis von Emotionen und Kognitionen und ihre Verhaltensrelevanz. Eine empirische Untersuchung der Informationsvermittlung über Audioführungen in Museen, Köln: Universität zu Köln.

Wagner, T. (2007): Shopping Motivation Revised: A Means-End Chain Analytical Perspective, in: International Journal of Retail & Distribution Management, 35. Jg., H. 7, S. 569–582.

Wakefield, K.L./Baker, J. (1998): Excitement at the Mall: Determinants and Effects on Shopping Response, in: Journal of Retailing, 74. Jg., H. 4, S. 515–539.

Wansink, B. (1994): The Dark Side of Consumer Behavior: Empirical Examinations of Impulsive and Compulsive Consumption, in: Advances in Consumer Research, 21. Jg., H. 1, S. 508.

Watson, D./Wiese, D./Vaidya, J./Tellegen, A. (1999): The Two General Activation Systems of Affect: Structural Findings, Evolutionary Considerations, and Psychobiological Evidence, in: Journal of Personality and Social Psychology, 76. Jg., H. 5, S. 820–838.

Weinberg, P. (1981): Das Entscheidungsverhalten der Konsumenten, Paderborn u.a.: UTB.

Weinberg, P. (1986a): Erlebnisorientierte Einkaufsstättengestaltung im Einzelhandel, in: Marketing – Zeitschrift für Forschung und Praxis, 8. Jg., H. 1, S. 97–102.

Weinberg, P. (1986b): Nonverbale Marktkommunikation, Heidelberg: Physica.

Weinberg, P./Gottward, W. (1982): Impulsive Consumer Buying as a Result of Emotions, in: Journal of Business Research, 10. Jg., H. 1, S. 43–57.

Weinberg, P./Purper, G. (2006): Ladengestaltung – Grundlagen und Konzepte, in: Zentes, J. (Hrsg.): Handbuch Handel – Strategien – Perspektiven – Internationaler Wettbewerb, Wiesbaden: Gabler, S. 658–670.

Weitzman, M. (1979): Optimal Search for the Best Alternative, in: Econometrica, 47. Jg., H. 3, S. 641.

Westbrook, R. A./Black, W. C. (1985): A Motivation-Based Shopper Typology, in: Journal of Retailing, 61. Jg., H. 1, S. 78–103.

Westbrook, R. (1987): Product/Consumption-Based Affective Responses and Postpurchase Processes, in: Journal of Marketing Research, 24. Jg., H. 3, S. 258–270.

Westbrook, R. A./Oliver, R. L. (1991): The Dimensionality of Consumption Emotion Patterns and Consumer Satisfaction, in: Journal of Consumer Research, 18. Jg., H. 1, S. 84–91.

Wicker, A. (1973): Undermanning Theory and Research: Implications for the Study of Psychological Behavioral Effects of Excess Human Populations, in: Representative Research in Social Psychology, 54. Jg., H. 6, S. 1063–1070.

Wilson, E. O. (1980): Biologie als Schicksal. Die soziobiologischen Grundlagen menschlichen Verhaltens, Frankfurt a. M.: Ullstein.

Winkielman, P./Berntson, G. G./Cacioppo, J. T. (2001): The Psychophysiological Perspective on the Social Mind, in: Tesser, A./Schwarz, N. (Hrsg.): Blackwell Handbook of Social Psychology: Intraindividual Processes, Oxford: Wiley-Blackwell,

Witkowski, T. H. (1999): The Early Development of Purchasing Roles in the American Household, 1750 to 1840, in: Journal of Macromarketing, 19. Jg., H. 2, S. 104–114.

Wold, H. (1966): Non-Linear Estimation by Iterative Least Squares Procedures, in: David, F. (Hrsg.): Research Papers in Statistics, New York: John Wiley, S. 411–444.

Wold, H. (1980): Model Construction and Evaluation When Theoretical Knowledge is Scarce: Theory and Application of PLS, in: Kmenta, J./Ramsey, J. B. (Hrsg.): Evaluation of Econometric Models, New York: Academic Press.

Wold, H. (1982a): Systems under Indirect Observation Using PLS, in: Fornell, C. (Hrsg.): A Second Generation of Multivariate Analysis, New York: Praeger, S. 325–347.

Wold, H. (1982b): Soft Modeling: The Basic Design and Some Extensions, in: Jöreskog, K./Wold, H. (Hrsg.): Systems under Indirect Observation: Causality, Structure, Prediction, Amsterdam: Elsevier Science, S. 1–54.

Wold, H. (1985): Partial Least Squares, in: Kotz, S./Johnson, N. L. (Hrsg.): Encyclopedia of Statistical Sciences, New York: Wiley, S. 581–591.

Wricke, M. (2000): Preistoleranz von Nachfragern, Wiesbaden: Deutscher Universitäts-Verlag.

Wundt, W. M. (1901): Grundriß der Psychologie, 4. Auflage, Leipzig: Verlag Wilhelm Engelmann.

Yalch, R./Spangenberg, E. R. (1990): Effects of Store Music on Shopping Behavior, in: Journal of Consumer Marketing, 7. Jg., H. 2, S. 55–63.

Youngdahl, W. E./Kellogg, D. L. (1997): The Relationship Between Service Customers' Quality Assurance Behaviors, Satisfaction, and Effort: A Cost of Quality Perspective, in: Journal of Operations Management, 15. Jg., H. 1, S. 19–32.

Zaltman, G. (1997): Rethinking Market Research: Putting People Back In, in: Journal of Marketing Research, 34. Jg., H. 4, S. 424–437.

Zeelenberg, M./Pieters, R. (1999): Comparing Service Delivery to What Might Have Been: Behavioral Responses to Regret and Disappointment, in: Journal of Service Research, 2. Jg., H. 1, S. 86–97.

Zeithaml, V. A./Berry, L. L./Parasuraman, A. (1996): The Behavioral Consequences of Service Quality, in: Journal of Marketing, 60. Jg., H. 2, S. 31–46.

Zimbardo, P. G./Gerrig, R. J. (2008): Psychologie, 18. Auflage, München: Pearson.

Schriften zu Marketing und Handel

Herausgegeben von Martin Fassnacht

Band 1 Ibrahim Köse: Qualität elektronischer Dienstleistungen: Messung und Auswirkungen. 2007.

Band 2 Christina Reith: Convenience im Handel. 2007.

Band 3 Christina Müller: Differenzierung von Handelsunternehmen. 2007.

Band 4 Sonja Klose: Gefährdung existierender Kundenbeziehungen. 2008.

Band 5 Saskia Hardwig: Der Einfluss des Geschäftsstättenimages auf die Produktbewertung von Handelsmarken. 2008.

Band 6 Andreas Ettinger: Auswirkungen von Einkaufsconvenience. 2010.

Band 7 Jochen Mahadevan: Wahrgenommene Preisfairness bei personenbezogener Preisdifferenzierung. 2010.

Band 8 Christian M. Wiegner: Preis-Leistungs-Positionierung. Konzeption und Umsetzung. 2010.

Band 9 Frank Breitschwerdt: Preismanagement von Konsumgüterherstellern. Konzeption, Umsetzung und Erfolgsauswirkungen. 2011.

Band 10 Christian Stallkamp: Betriebsformen im Automobilhandel. Konzeptualisierung und empirische Ergebnisse einer multiattributiven Präferenzstrukturmodellierung. 2011.

Band 11 Katia Rumpf: Preis und Markendehnung. Eine empirische Analyse. 2011.

Band 12 Henning Mohr: Der Preismanagement-Prozess für Luxusmarken. Gestaltung und Erfolgsauswirkungen. 2013.

Band 13 Yorck Nelius: Organisation des Preismanagements von Konsumgüterherstellern. Eine empirische Untersuchung. 2013.

Band 14 Rebecca Winkelmann: Preisdifferenzierung aus Kundensicht. Eine verhaltenswissenschaftliche Untersuchung wahrgenommener Komplexität von Preisdifferenzierung. 2013.

Band 15 Sabine El Husseini: EDLP versus Hi-Lo Pricing Strategies in Retailing. Literature Review and Empirical Examinations in the German Retail Market. 2014.

Band 16 Evelyn Friedel: Price Elasticity. Research on Magnitude and Determinants. 2014.

Band 17 Eva Schuckmann: Shopping Enjoyment. Determinanten, Auswirkungen und moderierende Effekte. 2015.

www.peterlang.com

www.ingramcontent.com/pod-product-compliance
Ingram Content Group UK Ltd.
Pitfield, Milton Keynes, MK11 3LW, UK
UKHW041824031026
15587UKWH00002B/556

9 783631 650486